KB202005

내러티브로 읽는
사사기

내러티브로 읽는 사사기

박유미 지음

사사기의 구조와
의미에 관한 서사 분석

새물결플러스

차례

서문

박사학위를 받고 사사기를 가르친 지 10년 만에 그동안 공부하고 강의했던 내용을 책으로 내놓게 되었다. 학위논문은 사사기 4-5장으로 썼지만 막상 강의를 해보니 내가 사사기에 관해 제대로 아는 것이 별로 없다는 사실을 깨닫게 될 때가 여러 번이었다. 그래서 강의를 이어가고 새로운 논문들을 쓰면서 교안에 조금씩 조금씩 뼈대를 잇고 살을 붙였다. 처음에 한두 학자의 의견으로 가득했던 나의 강의안은, 시간이 지나면서 다양한 학자의 견해와 나 자신의 새로운 의견으로 점차 풍성해졌다.

　하지만 나는 그 내용을 책으로 낼 엄두는 못 내고 계속해서 강의안만 손보았다. 아직도 부족한 점이 많아 단행본으로 내기에는 부끄럽다는 생각이 들었기 때문이다. 그러던 어느 날 한 가지 생각이 스쳤다. '모든 사람을 만족시킬 만한 아주 훌륭한 책을 내려면 내가 죽을 때에 가서나 가능하지 않을까?' 하는 것이었다. 공부는 계속해서 이어질 테니 비록 부족하지만 지금까지의 성과를 일단 책으로 엮는 것이 좋겠구나 싶었다. 학위를 받은 지 10년이 지나도록 여전히 공부는 어설프고 글 쓰는 일은 쉽지 않지만, 목회자들이 쓸 만한 적당한 사사기 해설서가 별로 없는 현실을 감안할 때 일단 책을 내는 것이 여러 사람에게 도움이 되지 않을까 하는 생각도 들었다. 그렇게 결심이 서서 이 책이 세상에 나오게 되었다.

사사기는 읽을수록 그 생동감과 현실감에 감탄하게 되는 성경이다. 사사기에 등장하는 다양한 인물들은 너무도 생생하게 자기 생각을 드러내며 자기 의지에 따라 움직인다. 그리고 그들과 함께하시며, 혹은 그들을 통해서 일하시는 하나님은 놀라운 능력으로, 그리고 소용돌이치는 안타까운 마음과 격렬한 사랑으로 그들을 만나가신다. 어떤 사람은 사사 시대가 하나님이 안 보이는 시대라고 말한다. 하지만 내 생각에는 사사 시대처럼 하나님이 강력하게 자신을 드러내신 시대도 드물다. 이스라엘에 아직 왕이나 귀족이나 정규군이 없던 사사 시대는, 하나님만이 온전히 왕으로 자리매김하시는 신정정치를 가장 잘 드러내는 시대였다. 더 나아가 모두가 평등한 형제자매로 맺어진 공동체로서의 이스라엘, 즉 종교적·정치적 권력이 세습되지 않고 오직 하나님의 선택에 따라 지도자가 세워지는 이상적 제도가 작동하는 이스라엘을 볼 수 있는 시대이기도 했다. 나는 이런 사사기를 통해 하나님과 사람과 세상을 알아가는 여정을 즐기고 있다. 그리고 되도록 많은 사람과 이런 즐거움을 함께 누리고 싶다.

이 "서문"을 쓰며 남편에게 어떤 감사의 말을 해줄까 물었다. 돌아온 답은 "모든 것을 인내해준 것에 대해 감사해달라"는 것이었다. 그 말을 들으며 피식 웃었지만 한편으로는 학문의 여정에, 그리고 인생의 여정에 함께하며 모든 것을 지지해주고 인내해준 남편에게 정말 감사하다는 마음이 들었다. 그리고 생명을 가진 순간부터, 공부하는 엄마와 살아간다는 게 쉽지 않았겠지만 이런 엄마를 늘 응원하고 사랑해주는 딸 지혜와 아들 지민이에게 고마운 마음을 전한다. 또한 학문과 삶의 영역에서 항상 서로를 격려하며 자극을 주는 우리 비블로스 성경인 문학연구소 식구들에게도 감사한다. 그들과 함께했기에 가장 힘든 시절을 덜 힘들게 보낼 수 있었다. 특별히 나로 인해 어려움을 겪으면서도 항상 좋은 친구가 되어준 강호숙 박사님께 감사의 마음을 전한다. 마지막으로 이 책에 정성을 쏟아준 새물결플러스의 직원들과, 총신대학교 신학대학원 동기로서 힘들 때마다 기도로 도와줄 뿐 아니라 새물결아카데미에서 강의하고 이 책을 낼 수 있도록 기회를 준 새물결플러스의 대표 김요한 목사님께 감사를 전한다.

　감사의 글을 쓰면서 지난 시간을 되돌아보니 많은 사람의 도움으로 지금 여기까지 왔다는 사실을 새삼스레 깨닫게 된다. 이런 좋은 사람들을 만나게 해주시고 이 책을 낼 수 있도록 인도해주신 하나님께 가장 큰 감사를 올려드린다.

2018년 6월 29일
박유미

사사기는 삼손, 기드온, 드보라 등 유명 성경 인물들의 이야기로 가득
하다. 그런데 사사기 혹은 사사 시대를 이야기하면 "그때에 이스라엘
에 왕이 없으므로 각기 자기 소견에 옳은 대로 행하였더라"(삿 21:25)는
성구만 기억하는 사람이 많다. 그런 관점에서 사사기 혹은 사사 시대
를 바라보면 영적으로 매우 혼란스럽고 사회적으로 공의가 완전히 상
실된, 불의하고 어두우며 하나님은 전혀 보이지 않는 이미지가 떠오른
다. 하지만 이는 사사기의 한쪽 면만을 고려한 판단이다. 사사기는 어
둡고 혼란스러운 면을 가지고 있는 동시에 밝고 매력적인 면도 가지고
있기 때문이다.

사사기가 매력적인 이유는 거기에 등장하는 여러 인물들이 매우 역
동적으로 움직이기 때문이다. 그리고 그 이면에서는 하나님이 그런 인
물들을 통해 매우 역동적으로 일하시는 모습을 볼 수 있다. 사사기는
이스라엘에 왕정이 들어서기 이전의 이야기를 다룬다. 사사기에서 하
나님은 이스라엘 백성이 부르짖을 때 그들을 구원할 구원자를 세워 적
들의 손에서 구원해주신다. 이때 구원자로 세워지는 사사들은 매우 다
양한 이력과 성격을 보인다. 그들이 "야웨의 전쟁"을 치르는 방식도
매우 다양하다. 또한 그 안에서 드러나는 하나님의 안타깝고 섭섭하고
고민스러운 마음 역시 극적이다. 이스라엘 백성은 참된 왕이신 야웨
하나님을 반복해서 배신하지만, 하나님은 변함없는 신실함으로 그들

을 구원하신다.

반면 사사기가 혼란스러운 이유는 그것이 비록 문학적으로 정형화된 형식으로 되어 있더라도 그 안의 인물들이 정형화되지 않은 다양한 모습과 방식으로 야웨 하나님과 관계를 맺기 때문이다. 특히 이스라엘의 구원자로 등장하는 사사들은 도덕적이고 신앙적인 모습부터 부도덕하고 비신앙적인 모습까지 다양한 스펙트럼을 가지고 있다. 따라서 각각의 사사와 함께 일하시는 하나님의 의도를 파악하거나 그들을 제대로 평가하기가 쉽지 않다. 더구나 사사기의 마지막 부분에 이르면 과연 하나님이 살아 계신지 의문이 들 정도로 이스라엘 사회는 타락한 모습으로 그려진다.

이처럼 매력적이면서도 혼란스러운 사사기에 올바로 접근하는 방법은 무엇일까? 질서와 혼돈, 빛과 어둠, 신실한 사람들과 이기적인 사람들이 혼재하는 사사기를 신앙적으로, 그리고 신학적으로 어떻게 읽어야 할지 고민하는 사람이 많다. 나는 이 책에서 그런 고민에 대한 답으로 작은 실마리를 주고자 한다.

이 책은 다음과 같은 네 가지 특징이 있다.

첫째, 사사기를 해석하는 방법론으로 내러티브 분석을 사용했다. 이는 이 책에 내러티브 분석에서 사용하는 구조와 용어가 등장하는 부분에서 분명하게 드러난다. 하지만 전문적이고 까다로운 용어들은 많이 사용하지 않았기에 그런 분석 방법을 몰라도 내용을 이해하는 데 전혀 어려움이 없을 것이다.

둘째, 여성 등장인물에 대한 관심이다. 사사기에는 많은 여성이 등장하며 그 안에는 그동안 한국교회가 제대로 주목하지 않은 영웅들도 있다. 그리고 그들의 삶과 운명은 당시 사회의 영적인 상태 및 정의 문제와 직결되어 있다. 그렇다 보니 여성 인물들은 사사 시대를 이해하는 데 중요한 열쇠 역할을 한다. 따라서 나는 이 책에서 사사기의 여성 인물들에 대해 좀 더 깊은 관심을 두었다. 사사기에서 중요한 역할을 하는 여성 인물들을 새롭게 조명한 이 책이 한국교회에서 여성의 불평등을 해소하는 데 보탬이 되기를 바란다.

셋째, 하나님에 대한 관심이다. 어떤 사람들은 사사기에서 하나님이 잘 보이시지 않는다고 말한다. 하지만 사사 시대만큼 하나님이 역동적인 방법으로 다양하게 이스라엘의 역사 속에 개입하신 시대도 드물다. 따라서 이 책은 각 사사의 이야기 속에서 하나님이 어떤 일을 무슨 이유에서 하셨으며, 하나님이 궁극적으로 이스라엘에 바라신 관계는 무엇이었는지를 끈기 있게 추적한다. 사사기에서 하나님은 예언자를 통해, 혹은 하나님의 사자를 통해, 혹은 침묵으로, 혹은 놀라운 이적으로 계속해서 자신을 드러내시고 이스라엘과의 만남을 도모하신다. 이 책을 통해 표면적으로 잘 보이시지 않는 사사기의 하나님을 발견하는 기쁨을 누릴 수 있을 것이다.

넷째, 사랑과 정의의 문제에 대한 관심이다. 하나님이 바라신 이스라엘의 모습은 당신만을 하나님으로 섬기며 당신이 명하신 대로 사랑과 정의를 온전히 구현하는 나라였다. 하지만 사사기는 반대로 이런 하나님의 사랑과 정의가 무너질 때 하나님의 백성이 하나님의 이름을 빙자하여 어디까지 타락할 수 있는지를 적나라하게 보여준다. 이런 면에서 사사기는 현재 한국교회가 회개해야 할 부분이 무엇인지, 그리고 어떤 일들을 하면 안 되는지를 알려주는 길잡이 역할을 한다. 나는 이 책에서 그런 관점을 유지하며 적용점을 찾기 위해 노력했다.

앞서 밝혔듯이 이 책은 기본적으로 사사기가 내러티브(Narrative) 형식으로 구성되었다는 점에 주목해 서사 분석 방법론으로 사사기 본문과 등장인물들에 관한 자세한 읽기를 수행할 것이다. 이를 위해 먼저 사사기의 문학적 구조와 특징을 알아본 후 각 사사에 관한 구체적인 평가를 시도해보자.

1. 사사의 개념

"사사기"(士師記)라는 우리말 제목은 영어 제목인 "Judges"를 번역한 것이다. 이 영어 제목은 라틴어 성경인 불가타의 *"Liber Judicum"*(판관들의 책)에서 온 것이며, 이는 궁극적으로 히브리어 "쇼프팀"(שֹׁפְטִים)의 번역어들이다.[1]

이 번역들을 보면 "사사"가 주로 "재판관"의 의미로 이해된다는 사실을 알 수 있다. 하지만 사사를 가리키는 히브리어 "쇼페트"(שֹׁפֵט)는 "다스리다", "재판하다"라는 뜻을 가진 동사 "샤파트"(שָׁפַט)의 분사형이다. 즉 "쇼페트"는 "다스리는 자", "재판하는 자"라는 의미가 있으며, "사사"는 단순히 "재판관"보다 더 넓은 의미로 이해해야 한다.

사사는 사법적 기능뿐만 아니라 군사적·정치적 지도력을 모두 갖춘 지도자를 일컫는다. 실제로 사사기에 등장하는 사사 대부분은 군사

---

1   Daniel I. Block, *Judges, Ruth*(Broadman & Holman Publishers, 1999), 21.

지도자의 역할이 두드러지는 인물들이며, 재판관의 역할을 한 사사는 드보라가 유일하다. 사사 기드온은 전쟁을 끝마친 후 정치적 지도력을 발휘했다. 돌라, 야일과 같은 소사사들은 군사 지도자의 역할보다는 정치적 지도력이 돋보이는 사사들이었다. 이처럼 사사는 정치적·군사적·사법적 지도자로 폭넓게 이해해야 한다.

여기서 주의해야 할 점은 사사들이 이스라엘 전체를 다스리지는 않았다는 사실이다. 각 사사는 자신이 속한 지파를 주로 다스렸다. 다른 지파와의 관계에서는 전쟁이 일어났을 때 주변 지파들을 불러 모아 지도력을 행사하는 정도의 영향력이 있을 뿐이었다. 또한 사사의 사역 기간은 보통 하나님이 부르신 때부터 죽을 때까지였고, 세습 왕정과는 달리 사사직은 자녀들에게 물려줄 수 없었다.

2. 사사기의 연대기적 문제

사사기는 서두에 여호수아의 죽음을 기록한다. 따라서 사사기는 대략 기원전 1390년 정도의 시점에서 시작한다고 할 수 있다.[2] 여기에 이어 사사기에 등장하는 사사들의 통치 기간을 모두 합하면 410년 정도다. 그리고 열왕기상 6:1은 이스라엘의 역사를 언급하며 출애굽 때부터

---

2 이 연대는 출애굽 연대를 기원전 1440년으로 보는 견해를 따를 때 가능한 계산이다. 출애굽 연대를 기원전 1200년대로 보는 견해를 따르게 되면 사사기의 연대기적 논의가 불가능해진다 (참고. 트렌트 버틀러, 『사사기』[조호진 옮김, 솔로몬, 2011], 106).

솔로몬 성전 건축 시작 때(기원전 967년)까지가 480년이라고 말한다.[3] 하지만 이렇게 사사의 통치 기간이 400년이 넘어가면 산술적으로 어려움이 생기게 된다. 사사들의 통치 기간을 기원전 1390년부터 410년간이라고 보면 대략 기원전 980년이 되는데 이때는 이미 다윗의 통치 시기이기 때문이다.

이런 수치상의 문제를 가장 합리적으로 해결할 방법은 사사기가 사사들을 순차적으로 기록한 것이 아니라고 보는 것이다. 즉 사사기에 기록된 몇몇 사사들은 같은 시기에 활동했다고 보아야 한다. 우리는 사사기를 연구할 때 사사들의 순서가 대체로 시간 순서를 따르지만 몇몇 경우는 동시대에 다른 지역에서 활동한 사사들의 이야기임을 염두에 두어야 한다.

한편 고고학적 자료에 따르면 사사기의 끝부분에서 삼손과 갈등을 일으키는 블레셋 민족은 원래 해양 민족으로서 기원전 12, 11세기에 이르러 팔레스타인에 정착하여 세력을 넓힌 것으로 보인다. 처음에 그들은 가사, 가드, 아스글론, 에그론, 아스돗의 다섯 성읍을 중심으로 자리 잡기 시작했다. 그리고 삼손의 시대에는 해변과 저지대의 영토를 모두 점령하고 세력을 확장하면서 이스라엘 백성에게 강한 지배력을 행사하기에 이르렀다. 이때부터 본격화한 두 민족 간의 갈등은 다윗의 시대에 이르러서야 마무리된다.[4] 이는 사사기의 끝부분이 대략 기원전 11세기의 이야기를 담고 있다는 증거다. 그러므로 사사기는 기원전

---

3   벨하우젠은 이 숫자가 한 세대를 40년으로 보고 거기에 이상적인 숫자 12를 곱해서 생겨난, 단순히 특정한 공식에 따른 것이라고 보았다(버틀러, 『사사기』, 105에서 재인용).

4   필립 세터트웨이트, 고든 맥콘빌, 『역사서』(김덕중 옮김, 성서유니온, 2008), 181.

14세기에서 11세기까지 대략 300여 년간의 이스라엘 역사를 배경으로 한다고 보아야 한다.

3. 사사기의 정치제도

사사기는 이스라엘에 왕정이 형성되기 이전의 이야기를 전해준다. 이때 이스라엘은 12지파가 느슨하게 연결된 지파 동맹을 유지했다. 이스라엘의 각 지파는 하나님과의 언약을 중심으로 서로 연결되었다. 지정학적으로 특별히 어디가 중심이라고 할 것 없이 하나님의 법궤가 옮겨지는 곳이 종교의 중심이 되었다. 앞서 밝혔듯이 사사 역시 이스라엘 전체를 다스리는 지도자가 아니었다. 각 사사는 단지 한정된 지역의 지도자였으며 각 지파는 외적의 침입으로 인해 도움이 필요한 지파를 언약에 따라 서로 도와주는 관계에 있었다. 사무엘상을 보면 후일 이스라엘 자손은 이처럼 느슨한 지파 동맹체가 외적의 침입에 취약하다고 판단하고 왕정을 요구하기에 이른다. 필요에 따라 군사를 일으키는 부족 동맹체보다는 상비군을 두는 왕정이 전쟁을 치르기에 유리하기 때문이다.

4. 사사기의 문학적 구조

사사기는 문학적으로 매우 잘 짜인 구조로 되어 있으며 크게는 "프롤로그"와 여러 사사의 이야기를 다루는 "중심 이야기", 및 "에필로그"
로 나눌 수 있다. 사사기의 구조를 도식으로 나타내면 다음과 같다.

사사기의 구조

A. 프롤로그(삿 1:1–3:6)

  1. 가나안과의 전쟁: 누가 먼저 올라갈 것인가?(삿 1:1–2:5)

    a. 유다 지파와 요셉 지파의 정복: 완전 정복의 실패(베냐민과 단)

    b. 악사의 결혼: 성공과 축복의 결혼

  2. 종교적 타락: 반역의 패턴(삿 2:6–3:6)

    보김과 반역의 반복 패턴

B. 중심 이야기(삿 3:7–16:31)

  1. 옷니엘(삿 3:7–11): 유다 출신의 전형적 사사

  2. 에훗(삿 3:12–31): 베냐민 지파의 왼손잡이 사사

    ① 삼갈(삿 3:31)

  3. 드보라(삿 4:1–5:31): 에브라임 지파의 여성 사사이자 예언자

  4. 기드온(삿 6:1–10:5): 므낫세 지파의 의심 많은 전설적 용사

    a. 아비멜렉(삿 8:33–9:57): 왕이 되고자 했던 기드온의 아들

    ② 돌라(삿 10:1–2)

    ③ 야일(삿 10:3–5)

  5. 입다(삿 10:6–12:15): 길르앗의 말 잘하는 사사

    ④ 입산(삿 12:8–10)

    ⑤ 엘론(삿 12:11–12)

    ⑥ 압돈(삿 12:8–15)

  6. 삼손(삿 13:1–16:31): 단 지파의 나실인이자 용사인 사사

C. 에필로그(삿 17:1–21:25)

  1. 종교적 타락: 미가 집안의 우상과 단 지파의 이주(삿 17:1–18:31)

여기서 "프롤로그"와 "에필로그"는 서로 같은 주제를 다룬다. 바로 전쟁과 종교적 타락에 관한 문제다. "프롤로그"와 "에필로그"의 전쟁 장면에서 이스라엘은 누가 먼저 올라갈 것인지를 묻고 이에 유다가 먼저 올라가라는 하나님의 응답을 똑같이 듣는다. 하지만 "프롤로그"의 적은 그들이 정복해야 할 가나안 민족인 반면 "에필로그"의 적은 그들의 동족인 베냐민 지파다. 즉 사사기는 적에 대한 정복 전쟁으로 시작해서 동족상잔의 전쟁으로 막을 내린다.

그리고 이 "프롤로그"와 "에필로그"의 전쟁은 각각 결혼과 연결된다. 전자는 악사의 축복받은 결혼을 이야기하지만 후자는 살인과 납치로 물든, 타락한 베냐민 지파의 결혼식을 다룬다. 또한 종교적인 부분에서도 유사점과 차이점이 나타난다. "프롤로그"에서 이스라엘 백성은 하나님의 사자가 전해준 질책을 듣고 울며 회개한다. 반면 "에필로그"에서 이스라엘 백성은 우상을 만들어 섬기면서도 그에 대해 주저하거나 부끄러워하지 않는 모습을 보여준다. 이처럼 프롤로그와 에필로그는 같은 주제, 다른 상황을 통해서 사사기 시대가 얼마나 영적으로 퇴보해가는 시대였는지를 극명하게 보여준다.

한편 사사기의 "중심 이야기"는 여러 사사의 이야기로 이루어진다. 사사기는 사사들의 이야기를 전할 때도 반복적인 틀을 앞뒤에 배치하고 특정 사사만의 독특한 구원의 이야기는 중간에 위치시킨다. 특별히 처음에 등장하는 사사 3명은 중간에 있는 이야기까지 반복적인 틀을 유지한다. 하지만 이어지는 사사 기드온의 이야기를 변곡점으로 틀이 깨지기 시작해서 입다와 삼손의 이야기에서는 상당한 변이들이 생기게 된다. 이런 변이들은 이스라엘의 영적 상태가 점점 악화되는 현실을 드러내는 역할을 한다.

5. 사사기의 신학

1) 야웨의 전쟁

사사기는 여호수아서에서 이어지는 전쟁 이야기를 계속해서 들려준다. 양자의 차이점이 있다면 여호수아서의 전쟁은 가나안 땅을 점령하기 위한 정복 전쟁이고 사사기의 전쟁은 주로 가나안에 침입하는 주변 나라들로부터 땅을 지키기 위한 방어 전쟁이었다는 사실이다. 하지만 이 전쟁은 여호수아서와 마찬가지로 여전히 하나님이 참여하고 주도하시는 "야웨의 전쟁"이었다.

사사기 5장에 기록된 "드보라의 노래"에서 야웨 하나님은 비구름을 몰고 와서 가나안의 군왕들과 싸우시는 모습으로 묘사된다. 또한 사사기 7:2에서 하나님은 3만 2000명의 병사를 모은 기드온에게 "너를 따르는 백성이 너무 많은즉 내가 그들의 손에 미디안 사람을 넘겨주지 아니하리니 이는 이스라엘이 나를 거슬러 스스로 자랑하기를 '내 손이 나를 구원하였다' 할까 함이니라"라고 말씀하신다. 그리고 실제로 하나님은 이스라엘이 스스로 자랑하는 것을 방지하기 위해 기드온에게 300명의 군사만을 남기신다. 이처럼 사사기는 전쟁이 온전히 하나님께 속한 야웨의 전쟁이라는 사실을 분명하게 보여준다.

2) 나선형 타락 구조

사사기의 "중심 이야기"는 6명의 대(大)사사에 관한 기록이 주를 이룬다. 각 사사의 이야기는 기본적으로 "배교→심판→구원→재타락"이라는 틀 안에서 반복된다. 처음에 등장하는 3명의 사사인 옷니엘, 에훗, 드보라는 신앙적 결점이 기록되지 않는다. 하지만 드보라의 노래가 정점을 이룬 후 이어지는 기드온부터는 신앙적인 문제점들이 드러나기 시작한다. 이후, 사사기는 일반 백성뿐만 아니라 지도자까지 심각하게 타락해가는 모습을 점층적으로 보여준다. 특히 마지막 사사인 삼손은 하나님의 뜻보다는 자신의 눈에 보기 좋은 대로 행동함으로써 가장 타락한 시대의 모습을 대변한다. 이런 사사기의 특징을 설명하는 말이 바로 "나선형 타락 구조"다. 사사기는 나선형 타락 구조를 통해 하나님의 반복적인 구원에도 불구하고 이스라엘이 영적·도덕적으로 더욱 타락한 사회로 변질해갔다는 사실을 전해준다.

3) 야웨의 영

사사들이 전쟁에 나설 때는 야웨의 영이 그들 위에 임하는 경우가 많다. 옷니엘, 기드온, 입다에게 야웨의 영이 임했다는 기록이 있고 삼손의 경우는 야웨의 영이 임했다는 기록이 네 번이나 나타난다. 사사기에서 야웨의 영은 신약의 성령과는 성격이 다르다. 사사기에서 야웨의 영은 믿음을 향상하거나 인격적인 변화를 일으키기보다는 전쟁을 수행할 수 있는 능력과 힘을 주는 역할을 한다. 삼손은 야웨의 영이 임할 때마다 엄청난 힘을 발휘해서 맨손으로 사자를 찢어 죽이거나 나귀 턱뼈를 가지고 1,000명을 죽이기도 했다. 하지만 삼손은 여전히 하나님의 말씀대로 사는 데는 별 관심을 두지 않고 자기 눈에 보기 좋은 대로 행동하기 바빴다. 그러므로 사사기에 나타난 야웨의 영은 특별히 전쟁을 수행할 수 있는 능력과 연관된다고 보아야 한다.

4) 사사기와 왕

사사 시대의 이스라엘은 각 사사가 해당 지파를 다스리는 지방 분권 사회였다. 반면, 이스라엘의 모든 지파는 하나님의 백성으로서 오직 하나님만을 왕으로 섬겨야 했다. 이런 사실은 사사기 8:23에 기록된 기드온의 말에서 잘 나타난다.

> 기드온이 그들에게 이르되 "내가 너희를 다스리지 아니하겠고 나의 아들도 너희를 다스리지 아니할 것이요, 여호와께서 너희를 다스리시리라" 하니라(삿 8:23).

하지만 아이러니하게도 기드온이 이 말을 한 직후부터 사사기에는 왕에 관한 모티프가 등장하기 시작한다. 그리고 기드온의 아들인 아비멜렉은 이스라엘 역사에서 최초로 왕의 자리에 올랐다. 또한 종종 등장하는 소사사들의 행적을 살펴보면 사사들이 갈수록 자식을 많이 두고 위세를 부리면서 점점 왕처럼 행세하는 모습을 보였다는 사실을 알 수 있다.

이런 현상에 관해 사사기의 화자는 "이스라엘에 왕이 없었다"는 사실을 여러 차례 강조한다(삿 17:6; 18:1; 19:1; 21:25). "그때에는 이스라엘에 왕이 없었으므로 사람마다 자기 소견에 옳은 대로 행하였다"(삿 17:6). 이런 평가는 중심을 잃고 이리저리 흔들리던 사사 시대의 영적·사회적 분위기를 잘 반영해주는 동시에 인간 왕의 필요성을 지적함으로써 이스라엘의 역사가 왕정으로 나아가는 배경을 제공한다. 즉 사사기의 화자는 이스라엘의 진정한 왕이신 하나님을 왕으로 여기지 않는 이스라엘 백성에 대해 비판을 가하면서도 실제적·실용적 측면에서 정치제도가 개선되어야 함을 지적한 것이다. 이런 논리는 사무엘이 정식으로 왕을 세울 때 비판적으로 수용되었다고 볼 수 있다(삼상 8:6-22).

제1부

사사기의 프롤로그

(삿 1:1–3:6)

정복 전쟁

(삿 1:1-2:5)

앞서 우리는 사사기의 문학적 구조와 특징 그리고 신학적 주제에 관해 개괄적으로 살펴보았다. 지금부터는 사사기의 각 본문을 차례대로 짚어가면서 자세히 연구해보자.

사사기의 프롤로그(삿 1:1-3:6)는 여러 가지 에피소드의 모음이다. 특히 이번 장에서 우리가 다룰 사사기 1:1-2:5의 정복 전쟁 기사는 남쪽 지방에서 북쪽으로 시선을 옮겨가며 여러 지파의 이야기를 전해준다.

사사기 1:1-2:5의 구조

남쪽 지파의 전쟁(삿 1:1-21)
유다 지파의 전쟁(삿 1:1-1:10)
드빌 점령 및 옷니엘과 악사의 결혼(삿 1:11-15)
유다 지파의 정복 이야기 모음(삿 1:16-21)

요셉 지파의 전쟁(삿 1:22-36)
벧엘 점령 성공(삿 1:22-26)
북쪽 지파들의 점령 실패(삿 1:27-36)

보김에 나타나신 하나님(삿 2:1-5)

---

1. 남쪽 지파의 전쟁(삿 1:1-21)

1) 유다 지파의 전쟁(삿 1:1-1:10)

가. 발단: 유다 지파가 전쟁을 개시함(삿 1:1-3)

사사기는 여호수아의 죽음으로 시작한다(삿 1:1). 이는 사사기가 여호수아서와 연결되는 이스라엘의 역사를 기록하고 있다는 사실을 말해준다. 모세의 죽음 후 가나안에 들어온 이스라엘 백성은 여호수아의 지도 하에 가나안 정복을 성공적으로 수행해나갔다. 하지만 여호수아가 살아생전에 가나안 정복을 완벽하게 마무리한 것은 아니었다. 여호수아는 죽기 전 가나안 지역을 분할해 각 지파에 나누어주면서 이스라엘 백성의 다짐을 받고 남은 지역에 대한 정복의 임무를 일임한다(수 24장).

곧이어 사사기는 그 임무를 맡은 지파들이 나머지 지역을 정복하기 위해 어떻게 전쟁을 벌였는지 보여준다. 모세는 죽기 전에 여호수아를 자신의 후계자로 삼았지만 여호수아는 이스라엘 전체를 이끌 후계자를 세우지 않고 죽었다. 그렇기에 이스라엘은 개인의 지도력에 의해 통치되는 것이 아니라 지파들의 협의에 따라 통치되는 집단 통치 체제를 가진 나라가 되었다. 이런 특징은 전쟁을 하기 전에 여호수아가 야웨께 묻고 답을 들었던 여호수아서와는 달리 사사기에서는 이스라엘 자손 전체가 하나님께 묻는 장면에서 두드러진다. 이 부분에서 이스라엘 백성은 여전히 하나님을 이스라엘의 대장 혹은 지도자로 생각하고 있었다.[1]

---

1   Block, *Judges, Ruth*, 87.

당시 하나님의 성막은 세겜에 있었다. 따라서 이스라엘 백성은 세겜에 모여서 제사장들을 통해 하나님의 뜻을 물었을 것으로 여겨진다. 이스라엘 자손들은 "우리 가운데 누가 먼저 올라가서 가나안 족속과 싸우리이까?" 하고 야웨께 묻는다(삿 1:1). 이 질문에 대해 야웨 하나님은 유다가 먼저 올라가라고 대답하신다. 그리고 하나님은 유다 지파에게 전쟁에서의 승리를 보장해주신다. "내가 이 땅을 그의 손에 넘겨주었노라"(삿 1:2)라는 문구는 전쟁의 승리를 약속하는 전형적인 표현이다. 유다 지파는 전쟁의 주도권이 인간이 아니라 야웨 하나님께 있다는 사실을 명심해야 한다.

여기서 유다가 우선시되는 까닭은 두 가지 정도로 볼 수 있다. 먼저 유다 지파가 가장 인구가 많은 강력한 지파이기 때문이다. 다음으로는 창세기 49:8-10과 민수기 10:14에서 암시적으로 인정되었던 유다의 리더십이 표면적으로 나타나기 시작했기 때문이다. 이제 사사기는 여호수아가 죽은 후 남은 땅을 정복하기 위해 유다 지파가 어떻게 전쟁을 벌이는가에 초점을 맞춘다.

그런데 사사기 1:3에서 유다는 시므온 지파에게 연합을 제안한다. 유다 지파는 시므온 지파가 자신들과 함께 올라가서 가나안 사람들과 싸워준다면 자신들도 시므온 지파의 정복 전쟁을 위해 협력하겠다고 말한다. 이처럼 유다 지파가 시므온 지파와 연합한 것에 관해 다양한 해석이 제기되어왔다. 어떤 학자는 유다 지파의 이런 전략이 인간적인 방법을 택한 것이라고 평가하거나,[2] 야웨의 명령을 인간적인 관점에

---

2   김의원, 민영진, 『사사기/룻기』(대한기독교서회, 2007), 98.

서 수정해 부분적으로 순종한 것이라고 깎아내린다.[3] 하지만 여호수아 19:1에 따르면 시므온 지파의 기업은 유다 지파의 기업 내에 있었다. 따라서 시므온과 유다는 협력하는 것이 더욱 효과적이었다고 볼 수 있다.

> 둘째로 시므온 곧 시므온 자손의 지파를 위하여 그들의 가족대로 제비를 뽑았으니 그들의 기업은 유다 자손의 기업 중에서라(수 19:1).

즉 유다가 먼저 올라가라는 하나님의 명령은 반드시 유다만 올라가고 다른 지파와 연합하지 말라는 의미가 아니라, 유다가 주도권을 가지고 전쟁을 시작하라는 의미라고 볼 수 있다. 오히려 유다 지파가 시므온 지파에게 동맹을 요청한 것은 하나님이 유다에게 주신 지도자적 역할을 감당하기 시작한 징표로 평가되기도 한다.[4]

결과적으로 시므온 지파는 유다 지파의 제안을 받아들여 두 지파가 함께 적진으로 올라간다. 여기서 "올라가다"(עָלָה[알라])라는 동사가 반복되어 사용된다(삿 1:1, 2, 3). 이는 유다가 차지해야 할 곳이 지형적으로 주로 산지에 있었기 때문이다.

나. 전개: 유다 지파가 베섹을 이김(삿 1:4-7)

유다 지파의 전쟁은 "올라가다"라는 말을 매개로 "발단"에서 "전개"로 나아간다. 유다 지파는 하나님의 명령대로 "올라갔고" 야웨 하나님

---

3   Lillian R. Klein, *The triumph of irony in the book of Judges*(Almond Press, 1988), 23.
4   Robert B. Chisholm, *A Commentary on Judges and Ruth*(Kregel, 2013), 121.

은 약속대로 "가나안 족속과 브리스 족속"을 그들의 손에 넘겨주셨다. 여호수아 11:3, 17:15에 따르면 브리스 족속은 산지에 살았다고 한다. 그들은 성읍에 살던 사람들과는 대조적으로 성벽이 없는 지역에 사는 사람들이라고 추측할 수 있다.[5]

유다와 시므온 연합군은 베섹에서 전투를 치렀다. 사무엘상 11:8-11에 따르면 베섹은 많은 군사가 모일 수 있는 평야 지역으로, 유다 지파의 북쪽 지역인 세겜과 요단 골짜기 사이의 산지 어디쯤으로 추정된다. 베섹에서 유다는 적군 1만 명을 죽이고 가나안 족속과 브리스 족속을 치며 승승장구한다. 이는 야웨의 말씀에 따른 결과로서 야웨 하나님이 이 전쟁에 함께하신다는 사실을 잘 보여준다.

전쟁에서 진 아도니 베섹은 살기 위해 도망친다. 하지만 유다 지파는 끝까지 추적해서 그를 붙잡은 다음 엄지손가락과 엄지발가락을 모두 자른다. 이런 전개는 연속적으로 등장하는 동사를 통해 묘사된다. 이는 전쟁이 쉼 없이 긴박하게 진행되고 있음을 보여주기 위해서다. 여기서 "아도니 베섹"이란 "베섹의 주인"이란 뜻으로서 베섹을 통치하는 지도자를 가리키는 말이다.[6] 그리고 패배한 장수의 엄지손가락과 엄지발가락을 자르는 행위는 전투 능력을 없애기 위해 고대에 널리 행해진 관습이었다. 이로써 우리는 유다 사람들이 가나안의 풍습을 따랐다는 사실을 알게 된다.

---

5   버틀러, 『사사기』, 190.
6   Block, *Judges, Ruth*, 90.

다. 절정: 아도니 베섹의 말(삿 1:7ab)

유다 지파에게 사로잡힌 아도니 베섹의 말이 이야기의 절정을 이룬다. 아도니 베섹은 직접화법을 통해 자신이 이런 잔인한 처벌을 당한 것은 이전에 저지른 잔인한 행동에 대한 하나님의 보응이라고 고백한다. 아도니 베섹은 예전에 70명의 왕을 포로로 잡아 그들의 엄지손가락과 엄지발가락을 자른 후 그의 상 밑에서 먹을 것을 주워 먹게 했다. 이는 그가 매우 잔인하고 비열한 인물임을 말해준다.

승승장구하는 이스라엘과 비참한 가나안 족속의 대비는 이 전쟁이 하나님의 심판이라는 사실을 극명하게 드러내 준다. 가나안 전쟁은 단순한 정복 전쟁이 아니었다. 그 전쟁은 가나안 족속들의 잔인함과 폭력적인 습성에 대한 하나님의 보응이었다. 그런데 여기서 하나의 아이러니는 하나님의 심판을 불러온 가나안 족속의 잔인한 관습을 하나님의 백성인 유다 지파가 그대로 따라 했다는 사실이다. 그 이유가 어찌 되었든 간에 이것은 이스라엘 사람들이 가나안화하고 있었다는 증거라고 할 만하다.

라. 결말: 정복에 성공한 유다 지파(삿 1:7c-10)

사사기 1:7c은 아도니 베섹이 예루살렘에서 죽었다는 보고를 통해 유다 지파가 예루살렘까지 진격했음을 말해준다. 여기서 "죽다"로 번역된 히브리어 "무트"(מוּת)는 주로 자연적인 죽음을 나타내는 단어로서 아도니 베섹이 예루살렘에서 포로로 생활하다가 자연적인 죽음을 맞이했다는 의미를 내포한다. 여기서 유다 지파가 진멸의 명령을 온전히

수행하지 않았을 가능성이 제기된다.[7]

또한 사사기 1:21은 베냐민 자손도 예루살렘에 거주하는 여부스 족속을 쫓아내지 못하고 함께 거주했다고 말한다. 즉 유다 지파는 예루살렘을 칼날로 치고 성읍을 불살랐지만 예루살렘을 완전한 소유로 만들지는 못했고, 이후에도 예루살렘은 완전히 정복되지 않은 채로 남아있었다. 성경은 이스라엘이 다윗 시대에 이르러서야 예루살렘을 완전히 정복했다고 말한다(삼하 5:6-7). 여기서도 우리는 유다 지파가 하나님의 도우심으로 전쟁에서 승리하지만 진멸시키라는 명령에 온전히 순종하지 않음으로써 정복을 완료하지 못했다는 사실을 알게 된다. 여기까지가 유다 지파가 기업으로 받은 북쪽 지역에서 벌인 정복 전쟁에 관한 사사기의 설명이다.

이어지는 사사기 1:9-10은 남쪽 지역에서 유다 지파가 이룬 성과를 요약해서 설명해준다. 9절은 "그 후에"라는 표현을 통해 북쪽 지역의 정복 이야기와 앞으로 펼쳐질 이야기를 구분 짓는다. 유다 지파는 남쪽으로 내려가서 산지와 남방과 평지에 거주하는 가나안 족속과 싸웠다. 여기서 산지는 유다 산지를 뜻하며, 남방은 네게브이고, 평지는 쉐펠라라는 특정 지역의 이름이다. 유다 지파는 자신에게 주어진 기업을 차지하기 위해 이처럼 광범위한 전선에서 치열하게 싸웠다.

이때 사사기 화자는 유다 지파가 헤브론 산지에 거하는 세새와 아히만과 달매를 죽였다는 사실을 특별히 언급한다(삿 1:10). 민수기 13:22은 헤브론의 세새와 아히만과 달매가 아낙 자손이라고 소개한

---

7 치좀은 유다가 아도니 베섹을 죽이지 않은 것과 사울이 아말렉을 진멸하지 않은 것을 연결한다. Chisholm, *A Commentary on Judges and Ruth*, 122.

다. 아낙 자손은 거대한 체구로 유명했으며 이스라엘 자손들에게는 공포의 대상이었다. 여호수아 15:14에 따르면 이들을 죽인 사람은 갈렙이며 사사기는 이 사건을 유다 지파의 업적으로 다시 기록한다. 이는 뒤에 이어지는 드빌 점령에 관한 기록도 마찬가지다(삿 1:11-15; 수 15:15-19). 사사기가 이처럼 여호수아서에 기록된 갈렙과 옷니엘의 승리를 여기서 다시 언급하는 것은 갈렙과 옷니엘의 승리가 유다 지파의 가장 중요한 업적이었기 때문이다. 여기서 우리는 사사기 1장에 기록된 각 지파의 전쟁 이야기가 시간 순서와 상관없이 각 지파의 가장 중요한 업적들을 수집해놓은 것임을 알 수 있다.

여호수아 14:14은 갈렙이 "그니스 사람 여분네의 아들"이라고 말한다. 창세기 36:11, 15, 42을 보면 그니스(그나스)가 에돔 족속과 연결됨을 알 수 있다. 즉 갈렙은 원래 이스라엘 사람이 아니었다. 그가 속한 부족은 이스라엘이 애굽에서 나올 때 합류한 "수많은 잡족" 중 하나인 듯하다(출 12:38). 하지만 그의 출신 성분은 중요하지 않다. 그의 가문은 어느 순간 이스라엘에 속했고 여호수아서와 사사기는 그들이 유다 지파의 한 가문이라고 말하는 데 아무런 주저함이 없다.

갈렙의 가문은 그렇게 큰 가문이 아니었고 원래 이스라엘에 속한 것도 아니었다. 하지만 85세의 갈렙은 가장 무서운 적들인 아낙 자손이 사는 땅을 달라고 요청한다. 그가 보기에 그곳을 점령할 수 있는가 없는가는 오직 하나님이 그와 함께하시느냐 그렇지 않으냐의 문제였다. 갈렙은 아낙 자손 자체가 문제의 본질이 아님을 꿰뚫어 보았다.

유다 지파는 여러 지파 중 가장 많은 인원수를 가지고 있었다. 하지만 유다 지파에서 가장 중요한 업적을 세운 가문은 이방 민족 출신이

자 그렇게 힘이 강하지도 않은 갈렙의 가문이었다. 이 사실은 땅을 차지하는 문제가 군사력이나 전술이 아니라 오로지 하나님을 신뢰하는 믿음에 달려 있다는 사실을 잘 보여준다. 이렇게 유다 지파는 성공적으로 땅을 정복해나갔다.

2) 드빌 점령 및 옷니엘과 악사의 결혼(삿 1:11-15)

이 단락은 여호수아 15:15-19에 기록된, 옷니엘이 드빌을 점령하고 악사와 결혼한 사건을 다시 한번 언급한다. 여호수아서는 갈렙의 신실함과 용맹을 보여주려는 맥락에서 이 사건을 다루었다. 반면 사사기는 유다 지파의 성공적인 정복 전쟁을 묘사하기 위해 그들의 가장 중요한 업적 중 하나인 드빌 점령 이야기를 다시 꺼낸다.

사사기 1:11은 유다 지파의 드빌 점령을 요약해서 보여주고 실제적인 설명은 12절부터 시작된다. 헤브론의 남쪽에 자리한 드빌에 대한 정복 전쟁은 여호수아의 명령 하에 갈렙이 지휘한 것으로 보인다. 갈렙은 드빌과의 전투를 시작하면서 군인들을 독려하기 위해 기럇 세벨 즉 드빌을 쳐서 점령하는 자에게 자신의 딸 악사를 아내로 주겠다고 선언한다.[8] 전쟁에 공을 세운 사람을 자신의 사위로 삼아 신분 상승을 시켜주는 것은 고대 사회의 관습 중 하나였다. 이스라엘의 초대 왕인

---

8 웹은 이 부분이 입다의 맹세와 같은 모티프를 갖는다고 평가했다. 하지만 입다의 잘못된 맹세는 하나님을 향했고 갈렙은 사람들에게 약속했을 뿐이다. 또한 갈렙의 약속에는 불법적인 요소가 없는 반면 입다의 맹세는 하나님이 금지하신 것을 포함했다. 그러므로 갈렙의 약속을 입다의 맹세와 비교하는 웹의 지적은 정당하지 못하다(Barry G. Webb, *The Book of Judges*[Eerdmans, 2012], 104).

사울도 골리앗을 이기는 사람을 자신의 딸과 결혼시키겠다고 공언했다(삼상 17:25).

갈렙의 이런 행동은 당시 가부장적인 사회의 관습 속에서는 이해될 수 있지만 현대적인 관점에서는 정당하지 않다. 이처럼 구약성경에는 현대적 관점이나 신앙적 관점에서 옳지 않지만 암묵적으로 허용되는 관습들이 몇 가지 있다. 예를 들어 남성 중심의 가부장제나 일부다처제, 노예제도나 이혼에 관한 규례 등이다. 학자들은 이런 허용을 "조건부 관용"이라는 개념으로 설명한다. 즉 하나님이 보시기에 선하지 않은 관습이라도 당대의 의식과 문화 수준에 맞게 관용을 베풀어 허용하셨다는 것이다. 하지만 남녀평등과 민주주의가 중요한 가치로 대두한 현대 사회와 교회에서 이런 것들을 긍정적으로 평가하기 어렵다는 사실은 분명하다.

결과적으로는 갈렙의 조카인 옷니엘이 나서서 드빌을 점령한다. 그리고 갈렙은 약속대로 악사를 그의 아내로 준다. 갈렙은 약속을 지키지 않은 사울과 달리 자신이 한 약속을 철저하게 지켰다. 사사기 1장은 그 사실을 강조하듯이 12절과 13절에서 똑같은 단어와 어순을 사용해 사건을 설명한다.

한편 사사기 1:14에서는 그동안 남자들에 의해 전리품처럼 취급되던 여성이 "그녀가 갈 때"라는 시간 절을 시작으로 대화의 주도권을 쥐고 등장한다. 갈렙의 딸 악사는 출가하는 날 자신의 남편인 옷니엘에게 아버지에게 밭을 달라고 요청하자고 말한다. 우리말로 "청하다"로 번역된 히브리어 "테시테후"(תְּסִיתֵהוּ)는 원래 "그녀가 그를 부추기다"라는 의미다. 즉 악사가 남편인 옷니엘에게 밭을 달라는 말을 하라고 부추겼다는 것이다.

그리고 악사는 집을 떠나기 위해 올라탔던 나귀에서 갑자기 내린다. 악사의 이런 예사롭지 않은 행동에 대해 갈렙은 그녀에게 "무슨 일이냐?"라고 묻는다. 개역개정 성경에서 "네가 무엇을 원하느냐?"로 번역된 "마-라크"(מַה־לָּךְ)는 단순히 "무슨 일이냐?"라는 의미다. 즉 악사가 갑자기 나귀에서 내린 것은 갈렙이 이상하게 여길 정도로 의외의 행동이었다.

악사는 아버지 갈렙에게 먼저 복을 달라고 요청한 후 구체적으로 샘물을 요구한다. 여기서 "복"으로 번역된 "베라카"(בְּרָכָה)란 단어는 단순히 축복의 말을 가리킬 수도 있지만 에서와 야곱, 요셉의 예를 보면 장자권과 연결되기도 한다. 물론 사사기 1장의 문맥에서는 "선물"의 의미로 보는 것이 적당하다.

악사가 복을 요청하는 이유는 아버지가 자신에게 남방(네게브) 땅을 주었기 때문이다. 네게브는 이스라엘 최남단에 위치하는 사막 지역으로 물이 부족하여 농사를 짓거나 목축하기 어려운 곳이다. 따라서 악사가 그곳에서의 삶을 유지하기 위해서는 샘물이 있어야 한다. 즉 악사는 살기가 힘든 곳으로 가면서 삶을 유지하기 위한 최소한의 안전장치를 아버지에게 요청한 것이다. 이는 단순히 재산에 대한 욕심이 아니라 생존권과 복지에 관한 문제라고 볼 수 있다. 남성들인 아버지와 남편이 전쟁에만 관심을 둘 때 악사는 이처럼 자신이 살 곳의 상황을 알아보고 가족이 생계를 이어갈 방법을 찾았다.

아버지에 의해 결혼 대상이 일방적으로 결정되는 이야기를 전해주는 사사기 1:12-13에서 악사는 남성들의 손에 운명을 맡길 수밖에 없는 수동적·소극적 인물로 그려진다. 하지만 이어지는 14-15절을 통해 우리는 악사가 자신의 삶을 책임질 수 있을 뿐 아니라 남편과 아버지가 놓친 부분을 주도적으로 챙기는 매우 적극적이고 지혜로운 여성임을 알 수 있다. 웹(Barry G. Webb)은 이런 악사의 모습이 사사기에서 남성들을 주도하는 적극적인 여성 모티프—예를 들어 야엘, 데베스의 여성, 들릴라 등—의 시작이라고 지적했다.[9]

갈렙은 출가하는 딸의 합리적이고 적극적인 요청을 받아들여 윗샘과 아랫샘을 선물로 준다. 샘을 준다는 것은 샘에 딸린 땅도 같이 준다는 의미다. 딸의 적극적인 요청과 그런 딸의 요청에 풍성하게 응답해 주는 아버지 모습은 아름다운 부녀관계를 보여준다. 이는 이후에 자신의 권력 강화를 위해 딸을 희생시키는 입다의 모습과 대조를 이룬다. 또한 악사가 받은 두 개의 샘은 악사와 옷니엘의 결혼이 매우 축복받은 결혼이라는 사실을 보여준다. 이는 사사기 21장에 나타나는, 착취와 폭력으로 얼룩진 결혼과 대조를 이룬다.

구약성경에서 긍정적으로 평가받는 여성들은 항상 적극적으로 자신의 인생을 개척하는 인물들이었다. 자신의 불행한 처지를 한탄하며 눈물만 흘리는 것은 하나님의 백성다운 모습이 아니다. 오히려 어려움이나 부당함을 느낄 때 적극적으로 하나님께 기도하며 주위 사람들에게 도움을 요청하는 것이 참다운 지혜요 신앙이다.

---

9   Webb, *The Book of Judges*, 104.

3) 정복 이야기 모음(삿 1:16-21)

가. 유다 지파와 동행한 겐 사람(삿 1:16)

이 부분은 일종의 모음집으로서 통일된 틀 없이 유다 정복의 후기를
나열한다. 그중 가장 먼저 등장하는 이야기는 모세의 장인이 속했던
부족과 관련된다. 겐 사람들은 유다 지파와 함께 종려나무 성읍, 즉 여
리고에 올라갔다. 그리고 유다 지파와 함께 이동해 아랏 남방의 유다
황무지에서 살게 되었다. 여기서 여리고에 올라갔다는 것은 겐 사람들
이 여호수아 시대에 유다 지파와 함께 가나안에 입성했다는 의미다.
그리고 그들이 유다 황무지에 이른 것은 사사기 시대의 일이다. 결론
적으로 그들은 유다 지파에 속한 한 지역을 얻어 유다 지파 가운데서
살게 되었는데 이는 민수기 10:29-32에서 모세가 겐 족속의 도움을
요청하면서 "우리와 동행하자. 그리하면 선대하리라"고 한 약속이 이
루어진 것이다.[10]

나. 유다의 다른 점령 지역(삿 1:17-20)

사사기 1:17은 유다 지파가 시므온 지파와 한 약속을 지키는 이야기를
전해준다.

> 유다가 그의 형제 시므온과 함께 가서 스밧에 거주하는 가나안 족속을
> 쳐서 그곳을 진멸하였으므로 그 성읍의 이름을 호르마라 하니라(삿 1:17).

---

10 Webb, *The Book of Judges*, 105.

여기서 "진멸"이란 단어는 이들이 하나님의 명령을 충실하게 따랐다는 것과 이 전쟁이 야웨의 전쟁이라는 사실을 말해준다. 이어지는 사사기 1:18은 유다가 블레셋 지역인 가사와 아스글론과 에그론 및 그 주변 지역들을 점령했다고 보고한다. 여호수아 13:2-3의 시점에서 이 성읍들은 아직 정복하지 못한 블레셋의 땅이었는데, 사사 시대에 이르러 유다 지파가 비로소 정복에 성공한 것이다.

사사기 1:19은 성공과 실패를 동시에 보고한다. 유다 지파는 야웨 하나님이 함께하심으로 산지 주민을 쫓아낼 수 있었다. 하지만 그들은 골짜기의 주민들을 쫓아내는 데는 실패했다. 왜냐하면 골짜기의 주민들은 철 병거를 가지고 있었기 때문이다. 철 병거에 대한 이스라엘의 두려움은 낯선 것이 아니다. 여호수아서에서 요셉 자손은 다음과 같이 말한다.

> 요셉 자손이 이르되 "그 산지는 우리에게 넉넉하지도 못하고 골짜기 땅에 거주하는 모든 가나안 족속에게는 벧스안과 그 마을들에 거주하는 자이든지 이스르엘 골짜기에 거주하는 자이든지 다 철 병거가 있나이다" 하니(수 17:16).

에브라임 지파는 자신들이 개척해야 할 지역에 철 병거를 가진 족속들이 있다고 투덜거린다. 이에 대해 여호수아는 "가나안 족속이 비록 철 병거를 가졌고 강할지라도 네가 능히 그를 쫓아내리라"(수 17:18)고 말하며 그들을 격려한다. 즉 믿음이 있으면 철 병거도 이길 수 있다고 말한 것이다. 또한 하나님은 여호수아 13:6에서 가나안의 남은 땅을 분배할 때 "내가 그들을 이스라엘 자손 앞에서 쫓아내리니"라고 분명히 약속하셨다. 그러므로 유다 지파가 철 병거를 가진 골짜기 지역을 정복하지 못한 것은 그들의 믿음이 약해졌음을 의미한다. 그들은 철 병거라는 강력한 무기를 보는 순간 지금까지 함께하신 하나님을 잊고 두려움에 떨며 싸움을 멈추었다. 그 결과 하나님이 주시겠다고 약속하신 땅을 모두 점령할 기회를 잃게 된다.

사사기 1:20은 앞서 10절에서 다룬 갈렙의 성공을 다시 언급하며 그가 아낙의 세 아들을 죽였다고 기록한다. 이는 믿음이 있으면 철 병거도 얼마든지 쫓아낼 수 있다는 사실을 간접적으로 말하기 위함인 듯하다. 가나안 정복 전쟁에서 이스라엘 자손들이 가장 두려워한 것은 철 병거와 아낙 자손이었다. 민수기 13장에서 10명의 정탐꾼은 가나안을 정복할 수 없는 이유를 나열하면서 특별히 아낙 자손에 관해 이야기한다. 그리고 앞서 살펴본 것처럼 에브라임 지파는 철 병거에 대한 두려움 때문에 자신들이 할당받은 땅에 대해 불평한다.

유다 지파 역시 철 병거 앞에서 더 나아가지 못하고 전쟁을 멈추었다. 하지만 갈렙은 오직 믿음으로 무시무시한 아낙 자손을 이기고 헤브론을 점령했다. 그러므로 사사기 1:19, 20은 대조를 통해서 유다가 하나님의 약속에도 불구하고 온전히 하나님을 신뢰하지 못한 것을 비난하고, 전쟁은 적의 강력함에 따라 좌우되는 것이 아니라 오직 하나님을 믿음으로 승리할 수 있다는 사실을 우리에게 말해준다.

다. 베냐민의 전쟁 보고(삿 1:21)

사사기 1:21은 베냐민 자손이 예루살렘에 거하는 여부스 사람을 쫓아내지 못했다고 기록한다. 그 결과 여부스 사람은 베냐민 자손과 현재까지 예루살렘에 거주하게 되었다. 앞서도 밝혔지만 예루살렘에 대한 완전한 정복은 다윗 시대에 이루어졌다(삼하 5:6–10). 베냐민 지파가 예루살렘 정복에 실패한 것 역시 단순히 힘이 없어서가 아니었다. 그들은 여부스 족속을 완전히 쫓아낼 때까지 싸우는 것을 원치 않았던 것으로 보인다. 즉 베냐민 사람들은 무슨 이유에서인지―힘이 들었을 수도 있고 사회·경제적인 이득을 원했을 수도 있다―어느 순간 그들과 함께 살기로 타협했다. 이런 타협은 가나안 족속을 진멸하라는 하나님의 명령을 어긴 것으로서 하나님을 온전히 신뢰하지 못한 불신앙을 보여준다.

2. 요셉 지파의 전쟁(삿 1:22–36)

1) 벧엘 점령 성공(삿 1:22-26)

사사기 1장의 나머지 부분(삿 1:22–36)은 북쪽 지파의 점령 이야기를 소개한다. 이 단락의 앞부분과 뒷부분에서 거듭 사용되는 "요셉 가문"이라는 어휘는 이 이야기를 하나로 연결해준다(삿 1:22, 23, 35). 여기서 요셉 가문은 정확하게 말하면 에브라임과 므낫세 지파다. 이 두 지파는 북쪽에 자리한 지파 가운데 가장 강한 지파들로서 북쪽 지파를 대표한다고 할 수 있다.

사사기 1:22-26은 먼저 요셉 가문이 벧엘을 점령한 이야기를 전해준다. 벧엘은 원래 베냐민 지파에 주어진 성읍으로서 에브라임과 베냐민 지파의 경계를 이루는 곳이다(수 18:13, 22). 그런데 베냐민 지파는 자신의 기업 안에 있는 주요 거점인 예루살렘과 벧엘을 점령하는 데 실패했다. 이에 요셉 가문 중에서 에브라임 지파가 벧엘을 치러 올라간다. 그들이 벧엘을 성공적으로 정복한 이유는 두 가지다. 무엇보다 가장 큰 이유는 야웨 하나님이 그들과 함께하셨다는 것이다. 하나님이 함께하신다면 아무리 강력한 요새도 점령할 수 있다. 두 번째 이유는 좋은 전술을 사용했다는 것이다. 그들은 여호수아가 여리고를 점령할 때처럼 정탐꾼을 성읍으로 보낸다.

요셉 가문의 정탐꾼들은 루스—벧엘의 원래 이름이다—에서 나오는 한 사람을 만나서 성읍의 입구를 알려달라고 정중하게 부탁한다. 그리고 자신들의 부탁을 들어주면 그를 선대하겠다는 말을 덧붙인다. "선대"로 번역된 "헤세드"(חֶסֶד)는 "은혜" 혹은 "자비"를 의미하는 말로 은혜를 베풀어 살려주겠다고 약속한 것이다. 그 사람은 정탐꾼들의 제안을 받아들여 성읍의 입구를 알려주었고 요셉 가문은 벧엘을 점령할 수 있었다.

이런 내용은 여호수아서에 기록된 여리고 점령 이야기와 비슷하다. 정탐꾼, 성읍 사람의 도움, 구원의 약속, 성읍 정복 등 똑같은 모티프가 다수 등장하기 때문이다.[11] 여호수아의 명을 받은 이스라엘의 정탐꾼들은 라합의 도움으로 작전을 무사히 마칠 수 있었다. 그와 비슷하게 에브라임 지파의 정탐꾼들은 어느 이름 없는 사람의 도움으로 중요한

---

11 블록은 유사점에 대해 자세히 설명한다(참조. Block, *Judges Ruth*, 103).

정보를 알아낼 수 있었다.

하지만 두 이야기에는 약간의 차이가 있다. 여호수아서는 라합의 이름을 밝히며 그녀의 영웅적인 행동을 강조한다. 가나안 사람인 라합이 먼저 하나님을 세상의 유일한 신으로 인정하고 나선다. 그리고 기꺼이 정탐꾼들을 도와줄 테니 자신과 자신의 집을 구원해달라고 먼저 제안한다. 그 결과 여리고 정복 시 라합과 그녀의 가족은 구원을 받았을 뿐만 아니라 이스라엘의 구성원이 되고 라합은 다윗의 족보에까지 오른다. 라합이 이스라엘의 정탐꾼과 맺은 언약은 구원의 언약이며 이스라엘 백성이 되겠다는 약속이지 살기 위한 수단이 아니었다.

하지만 루스에서 나온 한 사람—라합과는 달리 이름이 기록되지 않는다—이 요셉 가문의 정탐꾼들과 맺은 언약은 일종의 거래일 뿐이다. 그 사람은 정탐꾼들이 주도적으로 제안한 조건을 받아들여 성읍의 입구를 알려준다. 그리고 벧엘이 점령당한 후 가족을 이끌고 거기를 떠나 헷 사람의 지역에 가서 새롭게 성읍을 짓고 살았다. 그 사람은 그곳을 다시 "루스"라는 이름으로 불렀다. 그는 여전히 가나안 사람으로 살아가면서 이스라엘 안에 들어오지 않았다. 웹은 더 나아가 그가 지은 루스라는 성읍이 가나안 문화를 보존하고 부흥시켜 이스라엘 안에 퍼뜨리는 역할을 했다고 지적한다.[12]

요셉 가문은 야웨의 도우심을 입어 벧엘을 점령했다. 하지만 정탐꾼들은 성읍을 쉽게 점령하기 위해, 가나안 사람과 언약을 맺지 말라는 하나님의 명령을 어겼다. 이런 그들의 타협은 가나안 문화를 뿌리 뽑

---

12 Webb, *The Book of Judges*, 115.

지 못하고 남겨두는 아쉬운 결과를 초래했다.

2) 북쪽 지파들의 점령 실패(삿 1:27-36)

사사기 1장의 마지막 단락은 점령에 실패한 지파들의 이야기를 전해준다. 여기서 언급된 지파의 순서는 므낫세를 제외하면 남쪽에서 북쪽으로 올라가는 지역에 자리 잡은 순서를 따른다. 공교롭게도 북쪽으로 올라갈수록 점점 더 처참한 실패의 모습이 드러난다.

가. 므낫세의 점령 실패(삿 1:27-28)

이 단락은 므낫세 지파의 정복 이야기를 전해준다. 므낫세 지파는 요단강 동편과 서편 모두에 기업이 있었다. 여기서 다루는 것은 요단 서편의 정복 전쟁이다. 사사기 화자는 므낫세 지파가 벧스안과 다아낙과 돌과 이블르암과 므깃도의 주민들을 쫓아내지 못했다고 말한다. 여기 등장하는 벧스안과 다아낙과 므깃도는 모두 유명한 도시들이다. 벧스안은 애굽 시대부터 가나안을 다스리는 중요한 거점이자 무역의 중심지였다. 다아낙과 므깃도는 중요한 전투의 배경이 되는 지정학적 요충지다. 이 성읍들은 매우 강성했을 뿐만 아니라 가나안 사람들 역시 완강하게 저항했기에 므낫세 지파는 전쟁을 마무리 지을 수 없었다.

그런데 이런 기록 중에 야웨 하나님이 그들과 함께하신다는 표현이 나오지 않는다. 이것은 므낫세 지파가 하나님을 의지하지 않고 자신의 힘으로 전쟁에 나섰다는 의미다. 그렇다면 그들의 정복 전쟁은 실패할 수밖에 없다. 사사기 1:28은 "이스라엘이 강성한 후에야 가나안 족속에게 노역을 시켰고 다 쫓아내지 아니하였더라"라고 말한다. 여기서 므낫세 지파가 아닌 이스라엘이 갑자기 등장하는데, 이는 이스라엘 전체가 하나의 국가로서 힘을 모은 왕정 시대에 이르러서야 비로소 완전한 정복이 이루어졌음을 암시한다. 이스라엘은 강성해진 후에도 가나안 사람들을 진멸하지 않고 자신의 일꾼으로 삼는다. 엄밀히 말하면 이 역시 가나안 족속과 언약을 맺지 말고 그들을 진멸하라는 하나님의 명령을 어긴 것으로 볼 수 있다.

나. 에브라임과 스불론의 점령 실패(삿 1:29-30)

이 단락은 에브라임과 스불론 지파의 실패를 이야기한다. 그들은 할당받은 기업을 대부분 점령한 듯하다. 하지만 몇몇 도시는 완전히 진멸하지 못했다. 그 결과 가나안 사람들이 살아남아 함께 거하게 되었다. 여기서도 하나님이 함께하신다는 말이 없다. 어떻게 보면 이는 에브라임 지파가 유다 다음으로 많은 군사를 거느리고 있었기 때문이다. 즉 그들은 자신의 능력만 믿으면서 하나님을 의지하지 않게 되기 쉬운 조건을 가지고 있었다.

결과적으로 에브라임 지파도 므낫세 지파처럼 끝까지 싸우지 않고 적당한 시점에 가나안 족속과 동맹을 맺어 자신들의 기업 안에 가나안 사람들이 살도록 허락하게 된다. 여기서도 진멸을 명령하신 하나님의 말씀에 순종하지 않은 태도가 드러난다.

스불론 지파도 같은 잘못을 저지른다. 사사기 1:30은 가나안 사람들이 스불론의 노역을 담당했다고 보고한다. 하지만 이는 아마도 사사 시대의 사건이 아니라 앞의 28절처럼 후대의 일을 기록한 것으로 보인다.

다. 아셀과 납달리의 점령 실패(삿 1:31-33)

아셀과 납달리 지파는 스불론 지파보다 더 북쪽에 있는 지역을 기업으로 받았다. 아셀 지파는 해변가의 매우 비옥한 곳에 자리를 잡았고 납달리 지파의 기업은 아셀 지파의 동편 산지에 있었다. 그런데 이들은 자신의 기업에서 가나안 족속들을 쫓아내지 못했을 뿐만 아니라 오히려 그들 가운데 끼어 사는 처지가 되었다. 이는 가나안 족속이 에브라임과 스불론 사이에 끼어 사는 것과는 반대였다.

아마도 그들은 자신이 살 수 있는 지역만 정복한 후 거기에 만족하고 더는 싸우려 하지 않은 듯하다. 그들은 가나안 땅을 그들에게 온전히 주시고 가나안과 전쟁을 할 때 그들과 함께하시겠다는 하나님의 약속을 믿지 않은 것이 분명하다. 그렇기에 하나님은 그들과 함께하실 수 없었고 결국 그들은 자신의 힘으로 얻을 수 있는 만큼의 땅만 얻어 가나안 족속들 사이에 끼어 살면서 그들의 문화에 동화되어간다. 사사기 1:33에도 기록된, 가나안 주민에게 노역을 시켰다는 이야기는 앞의 28, 30절처럼 후대의 일이라고 보아야 한다.

라. 단의 점령 실패(삿 1:34-36)

단 지파의 상황을 보여주는 이 단락은 그들이 아직 북쪽으로 이주하지 않았을 때의 이야기를 전해준다. 단은 원래 유다 지파와 인접한 해안 지역의 비옥한 평지를 분배받았다. 하지만 단 지파는 나중에 가나안 북단의 라이스로 이주한다. 그 모든 역사를 알고 있는 사사기의 저자는 단 지파의 이야기를 맨 마지막에 기록했다.

단 지파는 원래 분배받은 기업을 차지하기는커녕 오히려 쫓겨가는 신세가 된다. 사사기 1:34은 아예 아모리 족속을 주어로 삼아 이야기를 전한다. 아모리 족속은 가나안 남부의 해안 지역에 살던 사람들이었다.[13] 그들은 단 지파를 산지로 몰아넣고 골짜기로 내려오지 못하게 하는 등 매우 강력하게 영토를 지킬 뿐만 아니라 반대로 단 지파를 괴롭히기까지 했다.

사사기 1:36은 아모리 족속의 경계가 "아그랍빔 비탈의 바위부터 위쪽"이라고 말한다. 하지만 아그랍빔은 원래 유다 지파에게 주어진 땅이다. 여호수아 15:3은 유다의 남쪽 경계가 "아그랍빔 비탈 남쪽으로 지나 신에" 이른다고 했기 때문이다. 따라서 아그랍빔 비탈 북쪽 지역이 아모리의 경계가 된 지금의 상황은 유다 지파의 정복이 완성되지 못했을 뿐만 아니라 오히려 그 지경이 줄어들었음을 보여준다.[14]

아모리 족속을 이기지 못한 단 지파는 결국 북쪽으로 이주해버린다 (삿 18장). 훗날 아모리 족속을 정복하고 노역을 시킨 것은 요셉의 가문이었다(삿 1:35). 여기서도 요셉 지파가 그들에게 노역을 시킨 것은 하나님의 명령에 어긋나는 처사였다. 노역을 시킬 정도의 힘이면 완전히 정복할 수도 있을 텐데 경제적인 이득을 위해서 그렇게 하지 않은 것이기 때문이다. 여하튼 다시 등장한 요셉 가문이 북쪽 지파의 점령 이야기를 감싸며 결론을 이끈다.

요셉 지파에 관한 기록을 살펴보면 뒤쪽으로 갈수록 점점 더 가나안 족속을 이기지 못하는 모습이 그려진다. 사사기 1:22-26에서는 가나

---

13 Webb, *The Book of Judges*, 126.
14 김의원, 민영진, 『사사기/룻기』, 130.

안 족속의 한 가족이 살아남을 뿐이지만 이어지는 27-33절에서는 수많은 지역에서 이스라엘이 가나안 사람들과 함께 살았다는 기록이 전해진다. 그리고 마지막 34-36절에는 이스라엘 사람들이 오히려 가나안 족속에게 핍박을 받는 모습까지 나온다.

이처럼 사사기 1장은 하나님의 말씀에 순종하면 축복을 받아 땅을 얻고, 불순종하면 땅은커녕 오히려 저주를 받을 것이라는 여호수아의 유언(수 23장)에 대해 이스라엘 자손이 어떻게 반응했는지를 보여준다. 하나님과 함께하며 순종한 지파들은 땅을 차지했지만 하나님의 말씀에 불순종한 지파들은 땅을 온전히 얻지 못했다. 이로써 우리는 우리 삶의 성패가 우리 자신의 능력이나 외적 조건에 있는 것이 아니라 오직 하나님의 말씀에 순종하는 데 있다는 사실을 알게 된다.

3. 보김에 나타나신 하나님(삿 2:1-5)

사사기 2:1에서는 갑자기 야웨의 사자가 등장한다. 야웨의 사자는 신적인 존재로서 하나님의 말씀을 전달하는 천사를 의미한다. 사사기에서는 야웨의 사자 혹은 하나님의 사자가 종종 등장해 하나님의 말씀을 직접 전달한다. 이것은 하나님이 왕으로서 이스라엘을 직접 통치하신다는 표시다. 왕정 시대로 들어서면 야웨의 사자가 등장했다는 기록이 급감한다. 사무엘하 24:16에 한 번, 열왕기에서 엘리야 및 엘리사와 관련해 세 번 등장하는 것이 전부다(왕하 1:3; 1:15; 19:35).

사사기 2장에서 야웨의 사자는 길갈에서 보김으로 올라온다. 길갈은 여리고 근처의 지역으로서 이스라엘 자손이 요단강을 건넌 후 처음으로 장막을 치고 할례를 행했을 뿐 아니라 제비뽑기를 통해 가나안 땅을 분배하던 매우 거룩하고 중요한 장소다. 그리고 보김이란 지명은 1절과 5절에 등장하면서 단락을 여닫는 기능을 한다.

야웨 하나님은 당신의 사자를 통해 다음과 같이 말씀하신다.

1…내가 너희를 애굽에서 올라오게 하여 내가 너희의 조상들에게 맹세한 땅으로 들어가게 하였으며 또 내가 이르기를 "내가 너희와 함께 한 언약을 영원히 어기지 아니하리니 2너희는 이 땅의 주민과 언약을 맺지 말며 그들의 제단들을 헐라" 하였거늘 너희가 내 목소리를 듣지 아니하였으니 어찌하여 그리하였느냐? 3그러므로 내가 또 말하기를 "내가 그들을 너희 앞에서 쫓아내지 아니하리니 그들이 너희 옆구리에 가시가 될 것이며 그들의 신들이 너희에게 올무가 되리라" 하였노라(삿 2:1-3).

여기서 하나님은 출애굽 사건과 시내산에서 맺은 언약을 상기시키신다. 하나님이 이처럼 과거의 사건들을 말씀하시는 이유는 이스라엘을 향한 당신의 신실하심을 강조하기 위해서다. 하나님의 신실성은 하나님의 말씀에 순종하지 않은 이스라엘의 신실하지 못함과 분명한 대조를 이룬다.

하나님은 이스라엘 백성에게 가나안 주민과 언약을 맺지 말고 그들의 단을 헐라고 명령하셨다. 하지만 이스라엘 백성은 가나안 족속을 진멸하지 않고 그들과 거래를 하거나 계약을 맺었다. 하나님은 이스라엘이 자신의 명령에 순종하지 않았다고 질책하신다. 우리말에서 "어찌하여 그리하였느냐?"로 번역된 문장은 "어떻게 이렇게 할 수 있느냐?"라는 의미로 질책과 함께 하나님의 섭섭한 마음을 나타내는 말이다.

여기서 이스라엘이 어떻게 하나님의 명령을 어겼는지 살펴보자. 먼저 언약을 맺지 말라는 명령은 사사기 1장에서 이스라엘 백성들이 가나안 주민들을 진멸하지 않고 남겨둔 것과 연관된다. 그들을 남겨두고 노역을 시켰다는 것은 서로 주종 관계의 언약을 맺었다는 의미이기 때문이다. 신명기 법에 따르면 가나안 일곱 족속은 오직 진멸의 대상일 뿐이다. 이스라엘 백성은 가나안 족속과 어떤 언약도 맺어서는 안 되고 결혼도 하지 말아야 한다. 그런데 그들은 하나님을 의지하며 끝까지 싸운 것이 아니라 적당한 선에서 전쟁을 그만두고 자신들에게 이익이 될 것 같은 언약을 맺어버렸다. 심판을 대행해야 하는 하나님의 전사들이 싸움을 멈추었으니 질책을 당할 수밖에 없다. 다음으로 "그들의 제단을 헐라"는 명령은 우상숭배와 연관된다. 그런데 이에 관한 자세한 설명은 사사기 2:6 이후에 제시된다. 이로 볼 때 야웨의 사자는 사사기 1장과 2장 이후를 연결하는 기능을 한다고도 할 수 있다.

하나님은 이스라엘 백성이 당신의 명령을 지키지 않았기에 가나안 사람들을 쫓아내지 않겠다고 말씀하신다. 그 결과 가나안 족속은 이스라엘 백성에게 가시가 되고 그들의 신들은 올무가 될 것이다. 이는 하나님의 말씀을 무시하고 자신의 편의와 이익을 위해 남겨두었던 것들이 오히려 삶을 힘들게 하는 원인이 될 것이라는 경고다. 이 경고는 앞으로 전개되는 사사 시대의 삶이 전혀 평탄하지 않을 것이라는 사실을 알려준다.

하나님의 질책을 들은 이스라엘 백성들은 소리 높여 운다(삿 2:4). 하나님을 전적으로 의지하지 못하고 싸움에 전력으로 임하지 못한 것을 후회하며 회개의 눈물을 흘리는 것이다. 이렇게 백성들이 모여 울었기에 이 장소를 보김이라고 부르게 되었다.[15] 그리고 그들은 그곳에서 야웨께 제사를 드리며 다시 마음을 모았다.

보김에서의 울음은 후에 사사기 20:26의 울음을 생각나게 하며 사사기의 프롤로그와 에필로그를 연결해준다. 하지만 보김에서의 회개와 예배는 지속적인 결과를 가져오지 못했다. 이후 이스라엘은 반복해서 죄를 지으며 하나님이 주시는 형벌을 받아야 했다. 물론 보김의 회개와 눈물이 거짓이라고 말하기는 어렵다. 다만 이스라엘의 마음이 쉽게 변해버리는 데 그 한계가 있는 것이다. 그리고 우리는 이렇게 마음이 잘 변하는 이스라엘의 모습이 우리의 모습과 크게 다르지 않다는 사실을 잘 기억해야 한다.

---

15 בֹּכִים(보킴)은 "울다"라는 의미의 동사 בָּכָה(바카)의 분사형이다.

1장 정복 전쟁 | 51

2장

하나님의 시험:
사사기의 기본 틀

(삿 2:6-3:6)

사사기 2:6-3:6은 사사기의 기본 틀을 요약해서 보여준다. 기본적으로 이는 사사기의 나선형 타락 구조와 연관이 있다. 즉 앞서 살펴본 "배교 →심판→구원→재타락"이라는 틀이 왜 나타나는지 그 이유를 설명하는 것이다.

여기서 여호수아의 존재는 특별하다. 여호수아로 대변되는 가나안 정복 1세대는 치열한 전쟁의 경험을 통해서 하나님이 그들과 함께하신다는 사실을 의심하지 않는 신앙을 갖게 되었다. 하지만 여호수아를 모르는 그 이후의 세대는 치열한 전투 없이 그저 부모 세대로부터 물려받은 기업 안에 머물면 되었기에 하나님의 살아 계심을 실존적으로 경험하기가 어려웠다. 이에 하나님은 그 이후의 세대들이 하나님의 도를 지켜 행하게 하시려는 목적에서 그들을 시험하신다고 말씀하신다.

이 부분의 구조를 도표로 정리하면 다음과 같다.

사사기 2:6-3:6의 구조

여호수아의 죽음에 관한 회상(삿 2:6-10)

사사기의 반복 패턴(삿 2:11-3:4)
　사사기의 기본적 틀(삿 2:11-19)
　반복의 이유: 야웨의 시험(삿 2:20-3:4)

프롤로그에 관한 결론(삿 3:5-6)

1. 여호수아의 죽음에 관한 회상(삿 2:6-10)

여호수아의 죽음을 회상하는 사사기 2:6-10은 프롤로그의 두 번째 부분을 열며 여호수아 시대에서 사사 시대로 넘어가는 시간의 전환을 보여준다. 이 부분이 다시 보여주는 장면은 원래 여호수아 24:28-31에 기록되어 있다. 이 장면의 시점은 보김 사건 이전이다. 여호수아는 나이가 많아 더는 전쟁을 수행할 수 없게 되자 가나안 땅을 나눠 각 지파에 기업으로 분배한다. 이제 각 지파는 분배받은 기업으로 흩어져 그곳을 차지하기 위한 전쟁을 벌인다.

　사사기의 화자는 이스라엘 백성이 여호수아가 살아 있는 동안 및 여호수아와 함께한 1세대의 장로들이 살아 있는 동안에는 야웨 하나님을 섬겼다고 보고한다. 그들은 하나님이 이스라엘에 행하신 모든 큰일, 즉 광야를 지나 요단강을 건너고 여리고와 아이성을 정복한 일을 본 자들이었다. 그들은 하나님에 관해서 잘 알 뿐 아니라 하나님을 향한 신뢰가 깊었다.

야웨의 종으로 존경받는 지도자였던 여호수아는 110세에 죽는다. 여기서 "야웨의 종"이라는 칭호는 이전에 오직 모세에게만 붙여진 것으로서 최고의 명예를 나타낸다. 즉 여호수아는 사후에 모세와 같은 반열에 오르게 된 것이다.[1] 이는 여호수아가 모세처럼 야웨의 명령을 충실하게 따른 자로 인정받았다는 사실을 말해준다. 여호수아는 죽은 후 그의 기업인 에브라임 산지의 딤낫 헤레스 혹은 딤낫 세라라고 불리는 곳에 묻힌다. 이렇게 신실한 지도자였던 여호수아가 죽고 그와 함께했던 사람들도 다 죽었다.

그런데 이처럼 신실한 믿음을 보였던 한 세대가 모두 죽은 후 그 뒤를 이어 등장한 세대는 이전의 세대와는 달랐다. 새로운 세대의 가장 큰 특징은 그들이 "야웨를 알지 못하며 야웨 하나님이 이스라엘을 위하여 행하신 일도 알지 못했다"는 사실이다(삿 2:10). 이런 표현은 앞서 사사기 2:7이 앞선 세대를 묘사하는 말과 정반대다.

> 백성이 여호수아가 사는 날 동안과 여호수아 뒤에 생존한 장로들 곧 여호와께서 이스라엘을 위하여 행하신 모든 큰 일을 본 자들이 사는 날 동안에 여호와를 섬겼더라(삿 2:7).

새로운 세대가 야웨와 그가 하신 일을 알지 못한 이유는 무엇일까? 두 가지 면에서 살펴볼 수 있다. 첫째, 선조들이 다음 세대에게 야웨에

---

1   장일선, 『다윗 왕가의 역사 이야기』(대한기독교서회, 1997), 220.

관한 교육을 제대로 하지 않았기 때문이다. 여호수아는 죽기 전에 다음 세대를 모아놓고 야웨가 이스라엘을 위해 행하신 일을 상기시키며 언약 갱신을 통해 하나님의 백성으로서의 정체성을 갖게 했다. 이처럼 부모 세대는 하나님의 말씀과 하나님이 행하신 일을 대대로 자손들에게 잘 전달해야 하는 의무가 있다. 하지만 여호수아를 제외한 다른 사람들은 이 의무에 충실하지 못했던 것으로 보인다.

둘째, 각 세대는 자신이 직접 하나님을 경험해야 하는데, 이스라엘의 다음 세대는 그렇지 못했기 때문이다. 그들이 하나님을 알지 못했다는 것은 단순히 그들이 하나님에 관한 "지식"이 없었다는 말이 아니다. 제 아무리 신학적 지식이 많아도 삶 속에서 하나님의 살아 계심과 능력을 실제로 체험하지 못하면 소용이 없다. 신앙은 단지 지식적으로 가르친다고 생겨나거나 전수되는 것이 아니다. 각 세대 혹은 각 개인이 자신의 문제를 가지고 씨름하며 하나님을 직접 경험해야 신앙이 싹을 틔우고 가지를 뻗는다. 그렇기에 각 세대는 자신만의 고유한 영적 체험이 필요하다. 여기서 하나님을 알고 하나님을 섬겼던 이전 세대와는 다른, 하나님을 모르는 세대의 등장은 앞으로 일어날 이스라엘의 배교를 예고한다.

2. 사사기의 반복 패턴(삿 2:11-3:4)

이어지는 사사기 2:11-3:4은 이스라엘의 타락과 야웨 하나님의 분노, 이스라엘의 회개와 하나님의 구원, 그리고 반복되는 이스라엘의 타락으로 이어지는 사이클을 소개한다. 이는 사사기의 중심을 차지하는 여러 사사의 이야기가 가진 기본적인 틀이다. 이 사이클이 반복될수록 이스라엘은 점점 더 타락해가는 모습을 보인다.

1) 사사기의 기본적 틀(삿 2:11-19)

사사기 2장이 설명하는 사사기의 반복 패턴을 정리하면 다음과 같다. 이 패턴을 염두에 두고 각 항목에 관해 자세히 살펴보자.

> a. 타락(삿 2:11-13): 야웨의 목전에서 악을 행함, 다른 신을 섬김
> b. 심판(삿 2:14-15): 이스라엘을 대적의 손에 파심
> c. 구원(삿 2:16): 사사를 통한 구원
> d. 재타락(삿 2:17-19): 열조의 길을 속히 떠남

가. 이스라엘의 타락(삿 2:11-13)

이 단락은 다음과 같은 동심원적 구조로 기록되었다. 이 구조는 이스라엘이 바알과 아스다롯 등 가나안의 신들을 섬기면서 그들의 진정한 신인 야웨를 버렸다는 사실을 강조한다.

> A. 바알을 섬김(삿 2:11b)
>   B. 야웨를 버림(삿 2:12a)
>   C. 다른 신을 따르고(삿 2:12b)
>   C'. 그들에게 절하며(삿 2:12c)
>   B'. 야웨를 버리고(삿 2:13a)

A′. 바알과 아스다롯을 섬김(삿 2:13b)

사사기 2:11은 이스라엘이 야웨의 목전에서 악을 행했다고 말한다. 이는 구체적으로 이스라엘이 바알을 섬긴 것과 연결된다. 이어지는 12절은 그 내용을 좀 더 자세히 설명한다. 이스라엘은 자신들을 애굽에서 인도해내신 하나님을 버렸다. 그들은 자신들이 (가나안에서) 누리는 것들이 하나님이 주신 선물임을 망각하고 오히려 가나안 사람들이 섬기는 신들을 섬기기 시작했다.

사실 이스라엘은 야웨 하나님께 드리는 제사를 멈춘 적이 없다. 하지만 문제는 하나님이 당신의 백성에게 오직 하나님만을 섬기라고 명령하셨다는 것이었다. 조상들이 섬기던 신인 야웨를 섬기면서 그와 더불어 가나안의 신들도 같이 섬기는 이스라엘의 행태는 하나님의 관점에서 볼 때 분명한 배교였다.

고대인들이 생각할 때 어떤 집단 간의 전쟁은 각 집단이 섬기는 신들의 힘겨루기와 마찬가지였다. 따라서 가나안이 이스라엘에게 점령당했다는 것은 가나안 신들이 야웨께 완전히 패배했고 그들이 야웨 하나님과 비교할 때 아무것도 아니라는 사실을 분명히 드러내 주는 사건이었다. 그런데도 이스라엘 자손은 오히려 그런 무능한 존재들을 신으로 섬기며 그 앞에 경배했다. 이스라엘 자손은 하나님만을 섬기라는 명령 대신 상황에 따라 여러 신을 믿는 것을 당연시하던 당시의 사고방식을 따랐다. 그것은 그렇게 함으로써 더 큰 풍요를 누릴 수 있다고 생각한 결과였다. 하나님은 그런 이스라엘의 모습에 격분하셨고 이스라엘이 당신을 버렸다고 선언하셨다.

하나님은 아무리 하나님을 향해 지극 정성을 다해도 그것이 오직 하나님만을 섬기는 것이 아니면 당신을 버린 것으로 생각하신다. 이스라엘과 하나님의 언약은 부부처럼 상호배타적인 관계를 바탕으로 맺어지기 때문이다. 그러므로 이스라엘이 하나님께 제사를 드리더라도 하나님 이외의 다른 신을 섬긴다면 그것은 하나님을 향한 배신이 분명하다. 그렇다면 자신들을 구원하시고 새로운 삶을 주신 하나님을 배반하고 가나안의 값싼 풍요를 누려보겠다고 가나안 신을 섬기기 시작한 이스라엘은 어떻게 될까?

나. 야웨의 심판(삿 2:14-15)

사사기 2:14은 다음과 같은 이중적 강조의 구조로 되어 있다.

A. 노략하는 자의 손에 넘겨주사
  B. 그들이 노략을 당하게 하시며

A′. 주위에 있는 모든 대적의 손에 팔아넘기시매
  B′. 그들이 다시는 대적을 당하지 못하였으며

이스라엘 자손의 배신에 진노하신 하나님은 그들을 노략하는 자의 손에 넘기신다. 여기서 "노략하는 자"는 가나안 족속들뿐만 아니라 가나안 땅을 침략하려고 호시탐탐 노리는 주변의 모든 민족을 의미한다. "손에 넘겨주다"라는 표현은 원래 하나님이 이스라엘 백성에게 승리를 약속하실 때 사용되었다. 하지만 이제는 적들이 이스라엘을 괴롭힌다는 의미로 사용된다. 여기서도 사사기의 화자는 이스라엘이 인정하

든 하지 않든, 승리하든 패배하든 상관없이 전쟁이 야웨의 손에 달려 있다는 사실을 강조한다.

사사기 2:15은 이스라엘 자손이 어디를 가든지 야웨의 손이 그들에게 재앙을 내리셨다고까지 말한다. 이를 통해 우리는 하나님의 징계가 매우 엄했음을 알 수 있다. 이스라엘 백성이 광야를 거치는 동안, 그리고 가나안과 전쟁을 벌이는 동안 어디를 가든지 그들을 보호하던 야웨의 손이 이제는 그들을 공격하는 손으로 바뀌었다. 이는 이스라엘이 하나님을 배반함으로써 상황이 급변했다는 사실을 잘 보여준다.

하나님의 심판은 신명기 28-29장, 31:16-21에 기록된 저주의 말씀에 따른다. 하나님은 당신의 말씀을 잘 따르면 축복을 받겠지만 그것을 따르지 않고 다른 신을 섬기면 벌을 받을 것이라고 분명히 말씀하셨다. 사랑이 충만하신 하나님은 죄에 빠진 사람을 구원하고 복 주기를 기뻐하신다. 하지만 하나님은 공평과 정의로 세상을 다스리시기에 언약을 어기고 범죄하는 자들에게 벌을 내려 하나님의 살아 계심을 깨닫고 돌이키도록 하신다.

다. 야웨의 구원(삿 2:16)

하나님은 심판을 받은 이스라엘 자손이 극심한 괴로움 속에서 부르짖으면 그들을 구원할 사사를 보내주셨다. 앞서도 살펴보았지만 사사는 어떤 한 지파를 다스리던 지도자들이었다. 그들의 주요 임무는 자신이 속한 지파가 적들에 의해 어려움에 빠졌을 때 그들을 구원하는 것이었다. 따라서 "사사"라는 말 자체가 "재판관"을 의미하더라도 실제로는 영적·군사적·정치적 지도자를 가리킨다. 사사를 구원자로 세워 부르짖는 이스라엘을 구원해주시는 야웨는 자비하신 하나님이시다.

라. 이스라엘의 재타락(삿 2:17-19)

비록 이스라엘이 범죄했을지라도 하나님은 돌이키는 그들을 다시 구원하는 일을 주저하지 않으신다. 하지만 이스라엘은 형벌과 구원에 관한 기억을 금세 잃어버린다. 그들은 또다시 사사들의 지도를 저버리고 다른 신을 따라간다.

사사기 2:17에서 "다른 신을 따라 음행을 행한다"는 것은 두 가지 의미다. 첫째, 신부인 이스라엘이 신랑인 야웨를 버리고 다른 신을 따라 간다는 상징적 의미다. 둘째, 이스라엘 자손이 가나안의 신을 섬기기 위해 실제로 가나안 종교의 음란한 제의에 참여했다는 의미다. 이는 그들이 신전 창녀들과 맺는 성관계를 통해 신들을 자극하고 비를 불러올 수 있다고 믿는 가나안 종교에 빠진 결과였다. 이런 이스라엘의 모습은 야웨의 명령에 순종하며 살아가던 여호수아 시대와 사사 시대가 얼마나 크게 다른지를 요약해서 말해준다.

사사기 2:18은 하나님이 이스라엘 백성의 배신과 타락을 아시면서도 왜 사사를 세워 그들을 구원하셨는지를 설명한다. 하나님은 이스라엘 백성이 대적의 핍박을 받으면서 뱉어내는 고통의 신음을 들으시고 그들을 불쌍히 여겨 마음을 바꾸신다. 여기서 하나님은 잘못하면 벌을 주고 잘하면 상을 주는 기계적인 분이 아니시다. 하나님은 자녀가 잘못된 길로 치우치면 돌이키게 하려고 징계하지만 그 자녀가 징계 때문에 너무 힘들어하면 가슴이 아파 참지 못하고 안아주는, 사랑이 많으신 아버지시다.

그에 비해 이스라엘은 좀 살 만해진 상태에서 경각심을 일깨워주던 사사가 죽으면 또다시 타락의 길로 들어서는 일을 반복한다. 그들은 하나님의 자비하신 은혜에 보답하기는커녕 계속하여 배교하며 더 심한 타락의 길로 나아간다. 사사기 2:19은 이런 사실을 요약해서 보여 준다.

> 그 사사가 죽은 후에는 그들이 돌이켜 그들의 조상들보다 더욱 타락하여 다른 신들을 따라 섬기며 그들에게 절하고 그들의 행위와 패역한 길을 그치지 아니하였으므로(삿 2:19).

많은 학자가 사사기의 반복되는 타락 이야기가 "나선형 타락 구조"를 이룬다는 데 동의하면서 옷니엘 이후 이스라엘은 점점 더 타락하게 될 뿐이라고 해석한다.[2] 하지만 이스라엘 전체가 점점 타락한 것과 사사 개인들의 신앙은 다소 구분해서 생각해야 한다. 초기의 사사들이었던 옷니엘과 에훗과 드보라는 모두 하나님 앞에서 신실한 모습을 보였기 때문이다. 물론 뒤이어 등장하는 기드온은 온전하지 못한 신앙의 모습을 드러내기 시작한다. 그리고 입다를 거쳐 삼손에 이르면 심지어 사사에게서라 하더라도 파산한 신앙의 모습을 볼 수 있다. 우리는 사사기에 접근할 때 이런 개별적인 특성도 염두에 두면서, 너무 단순한 구조로만 사사기를 이해하려는 태도는 지양해야 한다.

---

2   Block, *Judges, Ruth*, 132.

2) 반복의 이유: 야웨의 시험(삿 2:20-3:4)

이 단락은 이스라엘이 반복적으로 불순종하면서 다른 신을 따르던 죄에 관한 하나님의 결정을 다룬다. 분명히 하나님은 열국을 약속의 땅에서 쫓아주겠다고 이스라엘 백성에게 약속하셨다. 하지만 이스라엘의 배교로 인해 하나님은 결정 사항을 수정하신다. 이에 관해 버틀러는 하나님이 하나님의 자유를 행사하셨다고 표현한다.[3] 하나님은 다음과 같이 말씀하신다.

> 20여호와께서 이스라엘에게 진노하여 이르시되 "이 백성이 내가 그들의 조상들에게 명령한 언약을 어기고 나의 목소리를 순종하지 아니하였은즉 21나도 여호수아가 죽을 때에 남겨둔 이방 민족들을 다시는 그들 앞에서 하나도 쫓아내지 아니하리니 22이는 이스라엘이 그들의 조상들이 지킨 것 같이 나 여호와의 도를 지켜 행하나 아니하나 그들을 시험하려 함이라" 하시니라(삿 2:20-22).

여기서 "하나도" 쫓아내지 않을 것이라는 말은 하나님의 진노가 얼마나 심각한지를 잘 보여준다. 하나님이 열국을 남겨두신 목적은 이스라엘이 야웨의 도를 지키는지 안 지키는지 시험하기 위함이다.

이스라엘 백성을 향한 하나님의 요구는 분명하다. 그것은 단 하나, 곧 하나님의 말씀을 잘 지키라는 것이다. 하나님은 당신의 백성이 하

---

3   버틀러, 『사사기』, 240.

나님의 말씀만 지킨다면 그 외의 문제는 하나님이 다 책임지겠다고 약속하신다. 이때 시험은 심판과 다르다는 사실이 중요하다. 지금 이스라엘이 당하는 어려움은 하나님의 말씀을 잘 지키게 하기 위한 훈계의 방편으로서의 시험이지 결코 심판이 아니다. 사사기 3:4은 하나님이 열국을 남겨두신 이유가 이스라엘을 시험하기 위함이라는 사실을 다시 한번 강조한다.

사사기 화자는 하나님이 남겨두신 이방 민족들의 목록을 자세히 소개한다(삿 3:3). 그들은 서쪽에서부터 북쪽에 이르기까지 이스라엘을 거의 포위하는 형국으로 포진해 있다. 사사기는 그들이 남은 이유를 두 가지로 나누어 설명한다(삿 3:1-2). 첫째, 가나안의 모든 전쟁을 알지 못하는 세대를 시험하기 위해서다. 둘째, 그 세대에게 전쟁을 가르치기 위해서다.

여기서 첫째 이유는 앞서 사사기 2:22과 3:4에서 언급한 것처럼 그들이 야웨의 율법을 지켜 행하는지 행하지 않는지를 시험하는 것을 말한다. 이때 이방 민족은 하나님이 이스라엘 자손들을 징계하시기 위해 사용하는 몽둥이 역할을 한다. 둘째 이유는 전쟁을 모르는 세대에게 전쟁을 알려주어 계속해서 싸워나갈 수 있게 하려는 것을 말한다. 출애굽부터 여호수아 시대에 이르기까지 애굽을 치고 가나안을 정복한 일체의 전쟁은 야웨 하나님이 주관하신 거룩한 전쟁이었다. 이스라엘의 선조들은 그 거룩한 전쟁을 통해서 하나님의 위대하심과 능력을 보고 하나님을 믿게 되었다. 인구도 적고 무기도 열악한 상황 속에서 오직 하나님을 향한 믿음 하나로 전쟁에 나선 선조들처럼, 이스라엘 자손들 역시 어려운 상황 속에서 하나님을 의지하고 전쟁에 뛰어들어 승리하는 가운데 하나님이 이스라엘을 위해 싸우는 용사이며 이스라엘의 구원자이자 복의 근원이시라는 사실을 알게 될 것이다. 이처럼 신앙은 단순히 말로 들어서만 되지 않는다. 신앙인 각자가, 혹은 각 세대가 하나님의 말씀을 가지고 씨름하는 가운데 믿음이 생겨나고 점점 더 성장한다.

3) 프롤로그에 대한 결론(삿 3:5-6)

사사기가 보여주는 반복 패턴과 야웨의 진노 및 시험 선언은 시간상 무시간적(achrony)이다. 즉 이는 어느 특정 시점의 상황을 묘사하는 것이 아니라 전체적인 사사 이야기의 전형을 보여주고 그런 전형이 생긴 이유를 설명해준다. 그리고 거기에 이어지는 사사기 3:5-6은 하나님의 시험에 따른 결과를 보여주면서 사사기의 프롤로그를 마무리 짓는다.

이스라엘은 가나안을 정복했지만 완전히 점령하지는 못했다. 이스라엘 백성은 오히려 수많은 가나안 족속 가운데서 살아가야 했다. 하지만 사사기 화자는 그런 상황이 시험의 결과로서 이스라엘이 가나안화되는 것에 저항하며 하나님의 명령을 지키는 하나님의 백성으로 살아가게 하기 위함이라고 말한다. 하지만 이런 하나님의 의도와는 달리 이스라엘은 그들이 진멸해야 할 가나안 일곱 족속과 평화 협정을 체결할 뿐 아니라 그들의 딸을 아내로 삼고 자신들의 딸을 그들의 아내로 주면서 그들의 신까지 섬기게 되었다. 이는 사사 시대 내내 극복하지 못한 이스라엘의 모습으로서 하나님의 시험이 계속될 수밖에 없는 이유가 된다.

제2부

사사들의 이야기
(삿 3:7-16:31)

3장

옷니엘과 에훗

(삿 3:7-30)

1. 옷니엘(삿 3:7-11)

갈렙의 사위이자 사사였던 옷니엘은 사사기의 중심 이야기를 여는 첫
번째 인물로서 사사의 전형을 보여주는 모델 역할을 한다.[1] 옷니엘 이
야기에서는 그의 성격, 인품, 특징들이 전혀 드러나지 않으며 그가 벌
인 전쟁도 구체적으로 묘사되지 않는다. 또한 그의 이야기에서는 극적
인 요소도 발견할 수 없다. 즉 옷니엘의 이야기는 "이스라엘 자손이 야
웨께 악을 행함→야웨 하나님이 이스라엘을 적의 손에 파심→이스라
엘 자손이 적을 섬김→이스라엘이 야웨께 부르짖음→사사를 세우심
→구원→이스라엘의 평안"이라는 사사 이야기의 문예적인 틀을 보여
주는 기능만을 한다.[2] 옷니엘 이후에 이어지는 사사들의 이야기는 이

---

1   Webb, *The Book of Judges*, 127.
2   김지찬, 『요단강에서 바벨론 물가까지: 구약 역사서의 문예적-신학적 서론』(생명의 말씀사,
     1999), 167.

문예적인 틀을 유지하면서 각 사사의 특징이 드러나는 형식으로 전개된다.

옷니엘은 갈렙의 동생인 그나스의 아들이다. 옷니엘은 갈렙의 후계자로서 여호수아 세대와 가나안 세대를 연결한다. 원래 그의 가문은 순수 이스라엘 혈통은 아니지만 유다 지파에 속하게 되었다. 사사기 1장에서 유다 지파가 가나안과의 전쟁을 위해 제일 먼저 올라간 것처럼 유다 지파의 옷니엘이 사사기의 처음 사사로 등장한다.

사사기 3:7-8은 사사가 등장하게 된 배경을 말해준다. 이스라엘은 야웨의 목전에 악을 행했다. 그 악의 내용은 이스라엘이 야웨 하나님을 잊어버리고 바알들과 아세라들을 섬긴 것이다. 즉 이스라엘은 자신들을 구원하고 가나안 땅까지 주신 하나님을 완전히 잊어버리고 가나안 땅을 주관한다는 풍요의 신 앞에 무릎을 꿇었다. 여기서 우리는 하나님이 유월절이나 무교절, 초막절, 성막과 각종 제사 등 다양한 방법으로 하나님과 당신이 하신 일을 기억하게 하는 많은 장치를 마련하신 이유를 알게 된다. 그런데 이스라엘 자손은 그 모든 장치와 말씀에도 불구하고 하나님을 잊었다.

그 결과 이스라엘 자손은 그들의 눈에 보이는 우상을 섬기게 되었다. 그들이 섬긴 바알은 신상의 형태이고 아세라는 여신으로서 나무 기둥의 형태다. 사사기 3:7은 "바알들과 아세라들"이라는 복수형 표현을 통해 이스라엘 자손이 섬긴 우상의 신전과 제단이 이스라엘의 곳곳에 만연했다는 사실을 말해준다.

하나님은 이스라엘의 이런 악에 대해 진노하셔서 그들을 메소포타미아 왕 구산 리사다임의 손에 파셨다. 이스라엘 백성은 그를 8년 동안이나 섬겨야 했다. 우리말에서 "메소포타미아"로 번역된 지명은 히브리어로 "아람 나하라임"으로서 직역하면 "강들 사이의 아람"이란 의미이며 기본적으로 티그리스강과 유프라테스강 사이에 있는 국가를 말한다. 이 국가의 영토는 유프라테스강의 서쪽 지역에 자리한 하란, 나홀, 베돌 등의 성읍들도 포함했다.[3] 그곳을 다스리는 왕은 "구산 리사다임"이었는데 그 이름의 뜻은 "두 배로 악한 구산"이다. 이스라엘 백성은 자신을 심하게 괴롭히는 메소포타미아 왕을 "두 배로 악한 구산"이라고 부를 수밖에 없었다. 하나님이 이스라엘을 포악한 지배자에게 넘겨주시자 그들은 극심한 압제에 시달리게 되었다.

이스라엘 백성은 그들의 조상이 애굽의 학정을 못 이기고 하나님께 부르짖었던 것처럼 하나님께 부르짖는다. 여기서 "부르짖다"로 번역된 히브리어 "자아크"(זָעַק)는 고통 속에서 하나님께 구원해달라고 호소하는 것을 가리키는 전형적인 단어다. 하나님은 그들의 부르짖음을 들으시고 한 구원자를 세우신다. 여기서 일부 학자들은 "사사"와 "구원자"를 구별하려고 한다. 하지만 사사기 2:16은 야웨 하나님이 "사사들을 세우사 노략자의 손에서 그들을 구원하게" 하셨다고 말한다. 즉 하나님이 사사를 세우신 목적 자체가 이스라엘을 구원하기 위한 것임을 알 수 있다. 그러므로 사사와 구원자를 따로 생각할 이유는 없다.

사사기 3:10에 등장하는 "야웨의 영이 임했다"는 표현은 야웨 하나님이 그의 권능을 어떻게 행사하시는지를 보여준다. 하나님은 당신이 선택한 사사가 전쟁을 치를 때 자신의 영을 부어주신다. 사사에게 야

---

3   버틀러, 『사사기』, 269.

웨의 영이 부어지면 영적·인격적 변화가 나타나기보다는 탁월한 군사적 능력이 두드러지면서 전쟁을 승리로 이끌게 된다. 즉 사사기에서 야웨의 영은 전쟁을 거침없이 수행할 능력과 직접적으로 연결된다. 앞서도 살펴보았지만 입다, 삼손 등은 야웨의 영을 받고도 신앙적·인격적 문제를 일으켰음에 유의해야 한다.

한편 옷니엘의 이야기에는 "손"이라는 소재가 반복해서 사용된다. 하나님은 구산 리사다임의 "손"에 이스라엘을 파셨고(삿 3:8), 그들이 부르짖자 구산 리사다임을 옷니엘의 "손"에 넘겨주셔서 옷니엘의 "손"이 그를 이겼다(삿 3:10). 이런 "손 바뀜"의 묘사는 전쟁을 주장하는 주권자가 오직 야웨 하나님이시라는 사실을 강조한다.

사사기는 옷니엘이 구산 리사다임을 이긴 후 그 땅이 40년 동안 평안했다고 말한다(삿 3:11). 여기서 40년은 사사기에서 한 세대를 뜻하는 기간이다. 따라서 이는 옷니엘과 함께 전쟁을 경험한 세대가 그 전쟁을 통해 야웨를 알게 되었고 신실하게 야웨를 섬겼다는 사실을 말해준다. 사사 옷니엘의 이야기는 하나님이 이스라엘을 시험하며 대적을 허락하신 목적이 훌륭하게 성취되었음을 보여주며 마무리된다.

2. 에훗(삿 3:12-30)

앞서 설명했듯이 첫 번째 사사 옷니엘에 관한 기록은 이어지는 사사 이야기들이 구성되는 틀을 제시한다. 뒤에 나오는 사사들의 이야기는 그 틀을 기초로 독자적인 구원 사건들이 덧붙으면서 형성될 뿐이다.

옷니엘의 이야기에서 드러나는 사사 이야기의 구조를 간략하게 정리하면 다음과 같다.

사사 이야기의 구조

프롤로그: 이스라엘의 배교, 하나님이 이스라엘을 파심, 수난과 부르짖음

중심 이야기: 사사에 관한 소개와 구원 전쟁

에필로그: 이스라엘의 평안, 사사의 죽음

이 틀을 바탕으로 에훗 이야기의 구조를 살펴보면 다음과 같이 정리할 수 있다. 이 구조를 따라 에훗의 이야기를 자세히 살펴보자.

에훗 이야기의 구조

프롤로그(삿 3:12–15b)

중심 이야기(삿 3:15c–29)

　　해설(삿 3:15c): 에훗 소개

　　발단(삿 3:15d–18): 공물을 바치러 가는 에훗

　　전개(삿 3:19–20): 에훗이 비밀을 알리려 돌아옴

　　절정(삿 3:21–26): 에훗이 에글론을 죽임

　　결말(삿 3:27–29): 이스라엘이 모압을 이김

에필로그(삿 3:30)

1) 프롤로그(삿 3:12-15b)

에훗 이야기의 프롤로그는 이스라엘의 타락과 하나님이 이스라엘을 이방 민족에게 파신다는 내용, 이스라엘의 수난과 부르짖음으로 구성된다.

> 이스라엘 자손이 또 여호와의 목전에 악을 행하니라. 이스라엘 자손이 여호와의 목전에 악을 행하므로 여호와께서 모압 왕 에글론을 강성하게 하사 그들을 대적하게 하시매(삿 3:12).

여기서 사사기의 화자는 이스라엘이 "또" 야웨의 목전에서 악을 행했다고 기록한다. "또"라는 말은 이스라엘이 반복해서 악을 행하는 모습을 강조한다. 이번에 또다시 악을 행한 이스라엘을 괴롭히는 대적은 "송아지"라는 이름 뜻을 가진 모압 왕 에글론이다. 에글론의 등장과 관련해 사사기 3:12은 하나님을 주어로 사용하면서 에글론이 하나님에 의해 심판의 도구로 사용된다는 사실을 분명히 한다. 하나님은 이스라엘을 시험하기 위해 에글론을 강성하게 만드셔서 이스라엘을 대적하게 하셨다. 사사기의 이런 관점은 하나님이 이스라엘만이 아니라 세상의 모든 나라를 통치하고 계신다는 사상을 배경으로 한다.

이어지는 사사기 3:13에서 에글론이 점령한 "종려나무 성읍"은 여리고를 말한다. 여리고는 요단강 동편에서 서편으로 들어가는 관문으로서 가나안에 침략할 때 교두보가 되는 전략적 요충지다. 이스라엘 역시 가나안에 처음 들어올 때 여리고를 가장 먼저 공격했었다. 또한 여리고는 예루살렘, 벧엘 등 이스라엘의 주요 도시와 매우 가깝다. 따라서 암몬과 아말렉의 동맹군을 이끌고 침략한 모압 왕 에글론에게 여리고를 빼앗겼다는 것은 가나안 전체를 다시 잃을 수도 있는 매우 심각한 상황이었다는 의미다.

이스라엘 자손들은 강성해진 모압에 눌려 18년 동안이나 조공을 바치며 섬겨야 했다. 하나님은 당신의 눈앞에서 악을 행한 이스라엘이 에글론 왕을 하나님 대신 섬기며 고난을 받게 하신다. 하나님은 이런 징벌을 통해 하나님이 아닌 다른 신이나 왕을 섬기는 것이 얼마나 힘든 일인지를 알게 하신다. 모압 왕 에글론의 억압과 착취로 인해 고통을 당한 이스라엘 자손은 결국 하나님께 구원해달라고 부르짖는다. 그 부르짖음을 들으신 하나님은 그들을 또다시 불쌍히 여기셔서 한 구원자를 세우신다(삿 3:15).

2) 중심 이야기(삿 3:15c-29)

가. 해설(삿 3:15c): 에훗 소개

에글론의 압제에 신음하는 이스라엘의 부르짖음을 들으시고 하나님이 세우신 구원자는 베냐민 사람 게라의 아들 에훗이었다. 사사기는 그의 가장 큰 특징으로 그가 왼손잡이라는 사실을 언급한다. 그런데 "왼손잡이"로 번역된 히브리어 "이테르 야드-예미노"(אִטֵּר יַד־יְמִינוֹ)는 직역하면 "오른손이 묶인 자"다. 그래서 몇몇 학자는 에훗이 오른손에 뚜렷한 장애가 있었다고 보기도 한다.[4] 하지만 사사기 20:16은 베냐민의 용사 700명을 묘사할 때도 똑같은 표현을 사용한다.

이 모든 백성 중에서 택한 칠백 명은 다 왼손잡이라. 물매로 돌을 던지면 조금도 틀림이 없는 자들이더라(삿 20:16).

따라서 에훗의 오른손에 장애가 있었다기보다는 그가 오른손보다 왼손을 더 잘 사용하는 사람이었다고 보는 것이 합리적이다. 에훗이 왼손잡이라는 사실은 에훗 이야기에서 매우 중요한 요소다.

나. 발단(삿 3:15d-18): 공물을 바치러 가는 에훗

에훗이 이스라엘을 구원하는 사건은 그가 에글론에게 공물을 바치러 가는 데서 시작한다. 이스라엘 자손이 에훗을 통해 에글론에게 공물을 바친 것을 보면 에훗은 사절단의 대표였던 듯하다. 그는 공물을 바치러 가면서 1규빗[5] 정도 되는 양날 검을 만들어 오른쪽 허벅지 옷 속에 숨긴다. 보통 오른손잡이들이 왼쪽 허벅지 쪽에 칼을 찬다면 왼손잡이인 에훗은 반대편에 칼을 숨긴 것이므로 일반적으로 행해지는 무기 검색을 통과하기가 쉬웠을 것이다. 즉 에훗이 왼손잡이라는 기록은 그가 불구라거나 어디가 부족한 사람이라는 의미가 아니라 하나님의 일을 수행하기에 적합한 자질을 갖추고 있었다는 의미가 된다. 이는 사사의 특징이 내러티브의 복선으로 작용하는 경우다.

에글론 역시 특징이 뚜렷한 인물이다. 그는 "매우 비둔한 자"라고 표현된다. 에글론의 비둔한 외양은 그의 이름 뜻과 맞물려 살이 많이

---

4   김지찬, 『요단강에서 바벨론 물가까지』, 173, n. 33.

5   1규빗은 팔꿈치에서부터 중지 끝까지의 길이를 말하며 보통은 45센티미터 정도다.

찐 가축을 연상시킨다. 여기서 청중은 이스라엘 백성이 이런 인물에게 공물을 바치고 있다는 사실에 분개하게 된다. 게다가 에글론에게 공물을 바친다고 할 때 쓴 "바친다"는 말은 하나님께 제물을 드리는 것을 지칭하는 말과 같다. 살찐 송아지가 하나님을 대신해서 이스라엘의 섬김을 받는 모습은 즉시 시정되어야 한다.

다. 전개(삿 3:19-20): 에훗이 비밀을 알리려 돌아옴

공물을 바친 후 돌아가던 에훗은 다른 사람들을 모두 보낸 뒤 길갈 근처 돌 뜨는 곳에서 발걸음을 돌려 되돌아온다. "돌 뜨는 곳"으로 번역된 히브리어 "페실림"(פְּסִילִים)은 "우상들"이란 뜻이 있다. 즉 여기서 "돌 뜨는 곳"은 돌로 우상을 만들었거나 돌로 만든 우상이 있는 곳이란 의미다. 즉 에훗은 우상이 있는 곳에서 다시 돌아와 "은밀한 일"을 왕에게 아뢰겠다고 한다. 이는 우상들이 있는 곳에서 왕을 위한 신탁을 받아 온 듯한 뉘앙스를 풍기는 말이었다. 여기서 "은밀한"이란 어휘는 에훗의 말에 신비로움을 더하고 주변 사람들을 모두 물리쳐 왕을 독대하기 위해 선택한 것이다. 비밀스러운 것은 왕이 혼자 들어야만 하기 때문이다.

이제 에훗의 의도대로 에글론 왕은 서늘한 2층 방에 혼자 앉아 있게 되었다. 개역개정 성경에서 "다락방"으로 번역된 히브리어 "알리야"(עֲלִיָּה)는 우리가 보통 생각하는 모습의 다락방이 아니라 2층에 있는 넓은 방으로서 바람이 잘 통하는 시원한 방을 뜻한다. 그곳에 혼자 앉아 있던 에글론은 에훗이 하나님의 명령을 전해주겠다고 하자 자리에서 일어난다. 신탁을 받기 위해 예의를 차린 것이다. 여기서 (은밀한)

"일", (하나님의) "명령"으로 번역된 히브리어는 모두 "다바르"(דָּבָר)다. "다바르"는 "일", "말", "전갈" 등의 뜻을 모두 갖고 있는데 에훗은 일종의 언어 유희를 하는 듯하다. 즉 에훗은 모압 왕에게 하나님의 "말씀"을 전하는 체하지만 그의 진짜 목표는 왕에게 하나님의 일을 행하는 것이다.

라. 절정(삿 3:21-26): 에훗이 에글론을 죽임

이 단락은 에훗 내러티브의 절정 부분으로서 매우 자세하게 묘사된다. 긴박하게 전개되던 이야기는 에훗이 에글론을 죽이는 장면에서 속도가 매우 느려진다. 특히 에훗이 에글론을 칼로 찌르는 장면은 거의 시간이 멈춘 듯이 슬로모션으로 처리된다. 앞서도 밝혔지만 성경 내러티브에서는 일반적으로 시간이 늘어지면서 사건을 자세하게 설명하는 부분이 절정에 해당한다.

에글론이 에훗의 말을 듣고 하나님의 말씀을 듣기 위해 자리에서 일어나자 에훗은 자신이 준비한 칼을 빼 왕의 몸을 찌른다. "왼손을 뻗쳐 그의 오른쪽 허벅지 위에서"(삿 3:21) 칼을 뺐다는 동선 묘사는 특별히 에훗이 왼손잡이라는 사실이 적의 우두머리를 암살하는 데 유리한 조건이었음을 강조한다. 에훗은 망설임 없이 단번에 힘 있게 에글론을 칼로 찔러 죽였다. "칼자루도 날을 따라 들어가서 그 끝이 등 뒤까지 나갔고"(삿 3:22)라는 상세한 묘사는 에훗의 동작이 단호하고 확실했음을 보여준다.

비둔한 적을 칼로 찔러서 칼날이 등 뒤로 나올 정도가 되려면 있는 힘을 다해 한 번에 밀어 넣어야 한다. 조금이라도 머뭇거리거나 힘을 빼면 적의 저항 때문에 공격하는 사람도 무사하지 못하다. 에훗도 에글론에게 상처만 입히는 정도에서 그쳤을지 모른다. 여기서 청중은 에훗의 용맹함과 단호함을 확인하게 된다.

사사기 3:22은 에훗이 칼을 빼지 않아서 칼날에 기름이 엉겼다고 말한다. 여기서 "기름"으로 번역된 히브리어 "파르쉐도나"(פַּרְשְׁדֹנָה)는 원래 "대변이나 대장의 찌꺼기"를 나타낸다. 즉 에훗의 공격으로 에글론의 대장이 손상되었고 상처를 통해 내용물이 흘러나왔다. 이 때문에 대변 냄새가 퍼졌고 에글론의 신하들은 "왕이 발을 가리운다"고, 즉 용변을 보고 있다고 생각했다(삿 3:24).[6]

이렇게 대담하게 적의 심장부인 왕궁에서 모압 왕을 죽인 에훗은 밖으로 나와 문구멍을 통해 빗장을 걸어 문을 잠근 후 유유히 빠져나간다. 그리고 에훗이 나오자마자 에글론의 신하들이 들어온다. 사사기 화자는 나옴과 들어옴을 통해 에훗의 성공과 신하들의 실패를 대조한다. 신하들은 문이 안에서 잠긴 것과 대변 냄새 때문에 왕이 용변을 본다고 생각하고 밖에서 기다렸다. 그사이 에훗은 왕궁을 빠져나와 스이라로 도망할 수 있었다.

당시 문은 안에서나 밖에서 내부의 빗장을 걸 수 있었고 밖에서 열 때는 열쇠가 필요했다. 에글론의 신하들은 오랫동안 인기척이 없는 왕의 방을 열기 위해 열쇠를 가져와야 했다. 그들이 그렇게 헛발질을 하는 동안 에훗은 도망칠 시간을 벌 수 있었다. 에훗은 완벽하게 자신의 계획을 실행에 옮겼지만 에글론의 신하들이 할 수 있는 유일한 일은

---

6 매캔은 이 장면이 화장실 유머의 성격을 강하게 드러낸다고 하면서 이런 유머는 억압 속에 있던 사람들의 저항 수단이라고 해석한다(J. 클린턴 매캔, 『사사기』[한국장로교출판사, 2010], 92).

뒤늦게 죽은 왕을 발견하는 것뿐이었다. 모압 왕궁의 수많은 신하는 본진 한가운데서 군주를 지키는 데 실패했다. 하지만 에훗은 혼자 적의 심장부에 들어가 적의 수장을 죽이고 무사히 도망치는 데 성공한다.

마. 결말(삿 3:27-29): 이스라엘이 모압을 이김

사사기 화자는 망연자실한 모압 궁전을 보여주던 카메라를 발 빠르게 움직이는 에훗에게로 옮긴다. 에훗은 시간이 촉박하다는 사실을 잘 아는 듯 에브라임 산지로 돌아가자마자 나팔을 불어 야웨의 전쟁을 위한 군대를 소집한다. 이스라엘 자손은 에훗의 소집 명령에 따라 그에게로 모여들었다. 에훗은 앞서가며 자신의 뒤를 따르는 이스라엘 자손을 격려한다. 그는 야웨 하나님이 이스라엘의 원수인 모압을 자신들의 손에 넘겨주셨다고 선언하며 이 전쟁이 거룩한 야웨의 전쟁임을 선포한다. 에훗의 지휘에 따라 이스라엘 군대는 모압 맞은편 나루를 점령해 퇴로를 차단한 후 모압 사람 약 만 명을 죽였다. 특별히 "한 사람도 도망하지 못하였더라"(삿 3: 29)라는 기록은 야웨의 전쟁에 따르는 특징 중 하나인 진멸과 연결된다.

　이때 죽임을 당한 모압의 군사들은 "모두 장사요, 모두 용사"라고 묘사된다(삿 3:29). 여기서 "장사"로 번역된 히브리어 "샤멘"(שָׁמֵן)는 원래 형용사로 "기름진" 혹은 "살찐"이란 의미다. 이는 에글론의 비둔함과 겹치는 표현으로서 모압 사람들이 이스라엘을 수탈해 배를 불렸다는 사실을 말해준다.

　이처럼 에훗은 충실하게 야웨 하나님의 명령을 수행했다. 그는 홀로 적진에 뛰어들어 적의 수장을 죽이고 이스라엘을 압제자의 손에서 구원했다. 왼손잡이 에훗은 사사이자 구원자로서 성공적으로 야웨의 전쟁을 이끈 영웅이었다.

3) 에필로그(삿 3:30)

에훗이 이끈 이스라엘 군대는 모압의 점령군을 상대로 대승을 거두었고 모압은 이스라엘에게 굴복했다. 사사기 화자는 그 땅이 80년 동안 평온했다고 보고한다. 사사기에서 평안의 보고는 그 기간 동안 이스라엘 자손이 하나님의 말씀대로 살았음을 나타내준다. 80년이라는 기간은 다른 어떤 사사의 경우보다 길다. 이는 에훗의 영웅적 신앙에 고무된 이스라엘 자손이 두 세대 동안 야웨의 전쟁을 기억하며 야웨를 섬겼다는 사실을 알려준다. 그만큼 에훗 사사의 구원은 인상적이고 위대한 사건이었다.

4) 에훗에 관한 쟁점들

에훗은 독특한 인물로서 그의 특징에 관한 쟁점이 크게 두 가지 정도 있다. 그가 왼손잡이라는 사실에 관한 것과 그가 사용한 방법에 관한 것이다.

먼저 에훗이 왼손잡이라는 사실과 관련한 쟁점을 살펴보자. 그동안 많은 사람이 왼손잡이라는 이유로 에훗을 부정적으로 평가했다. 에훗이 오른손을 못 쓰는 장애를 가졌고, 그렇기에 제의적으로 온전하지 못하며 부정하다는 것이다. 하지만 정작 성경에는 왼손잡이를 부정적으로 보는 흔적이 없다. 또한 사사기 화자도 에훗이 왼손잡이라는 사실에 관해 어떤 부정적인 언급도 하지 않는다.

이처럼 왼손잡이에 관한 쟁점이 문제가 되는 이유는 우리가 사는 지금 시대 혹은 이전 시대의 가치관을 가지고 성경을 읽기 때문이다. 서구도 그렇지만 특히 우리나라에는 여전히 왼손잡이가 정상적이지 않고 문제가 있다거나 고쳐야 하는 나쁜 습관이라고 생각하는 사람들이 있다. 예전에 어르신들은 왼손잡이를 보면 혀를 차면서 얼른 오른손잡이로 고치라고 말씀하셨다. 하지만 왼손잡이는 선천적으로 결정된다. 타고나기를 오른손보다 왼손이 더 강하고 수월하게 움직일 뿐이지 결코 문제가 있는 것은 아니다. 이에 관한 뿌리 깊은 적대감은 말 그대로 편견일 뿐이다.

그리고 성경에서는 왼손잡이에 대한, 혹은 오른손이 불편한 것에 대한 어떤 제약도 없다. 성경에서 신체적인 결함으로 인한 제약을 기록한 곳은 두 곳이다. 하나는 레위기 21:16-21로서 육체에 흠이 있는 자는 제사장을 할 수 없다는 규례이고, 또 하나는 신명기 23:1로서 음경이나 고환이 상한 자는 하나님의 총회에 들어오지 못한다는 규례다. 그런데 이 두 본문에서도 왼손잡이는 문제시되지 않으며 특히 제사장이 아닌 일반인에 대해서는 음경이나 고환이 상한 자를 제외하고는 어떤 제약도 발견할 수 없다. 그러므로 레위인이나 제사장도 아닌 에훗이 왼손잡이라는 사실을 근거로 그가 흠이 있다거나 부족하다고 평가하는 것은 다수를 차지하는 오른손잡이들의 횡포가 담긴 해석일 뿐이다.

사사기 본문은 오히려 에훗이 왼손잡이로서의 특징을 이용해 이스라엘을 억압하는 원수의 우두머리인 에글론을 수월하게 제거할 수 있었다고 말한다. 앞서 밝혔듯이 그는 왼손잡이였기에 적의 왕궁에 들어갈 때 칼을 숨길 수 있었다. 일반적으로 인간 사회에서는 빈부나 학벌, 배경이나 신체 조건 등이 문제가 된다. 하지만 하나님께는 그런 것들이 전혀 문제가 되지 않는다. 사람들은 사회가 정해놓은 기준에서 벗어나는 사람을 부정적으로 평가하기 쉽다. 하지만 하나님은 그런 인위적 기준과 관계없이 당신이 필요로 하는 사람을 부르시고 그가 그 부름에 기꺼이 응답하면 그를 통해 놀라운 일들을 이루어가신다. 그가 건강한 사람인지 장애인인지, 남자인지 여자인지, 주인인지 종인지는 전혀 문제가 되지 않는다.

다음으로는 에훗이 영웅적인 인물인지에 관한 쟁점을 살펴보자. 에훗은 에글론을 죽일 때 매우 주도면밀하고 용감한 모습을 보여준다. 그는 칼을 숨겼고 왕에게 은밀한 일을 말하겠다고 언질을 주어 에글론과 독대할 기회를 잡는다. 그리고 그의 의도대로 왕과 단둘이 있게 되자 조금도 주저하지 않고 칼을 뽑아 상대를 찌른다. 그가 칼을 얼마나 힘차게 찔러 넣었는지 칼자루까지 비둔한 에글론의 배에 박혔고 칼날은 등을 뚫고 삐져나올 정도였다. 에훗은 처참한 살해 현장을 뒤로하고 현관으로 빠져나와 밖에서 문을 닫고는 태연하게 왕궁을 떠났다. 그의 이런 조치는 효과가 있어서 방문이 잠긴 것을 본 에글론의 신하들은 왕이 혼자 용변을 보는 것으로 착각해 상당한 시간을 허비했다. 그 사이 에훗은 이스라엘 경내의 스이라까지 무사히 도망할 수 있었다.

몇몇 학자와 설교자는 이런 에훗의 행동을 부정적으로 평가한다. 에글론을 암살한 것이 속임수를 쓴 비겁한 행동이었다고 비난하는 것이다.[7] 하지만 사사기 화자는 에훗의 행동을 전혀 문제시하지 않는다. 오히려 에훗이 에글론을 죽이는 장면을 자세히 묘사하면서 이야기의 절정으로 삼는다. 이런 강조는 에훗의 행동을 영웅적으로 추켜세우기 위한 것이다. 사실 적의 심장부라 할 수 있는 왕궁에 혈혈단신으로 들어가 삼엄한 경비를 뚫고 목표를 제거한 후 유유히 빠져나오는 일은 아무나 할 수 없다. 조금이라도 수가 틀리면 계획이 물거품이 될 뿐 아니라 바로 체포되어 대역 죄인으로 처참하게 죽임을 당할 만큼 위험천만한 일이기 때문이다.

모압의 속국이 된 이스라엘처럼 우리나라도 일본 제국의 속국이 된 적이 있다. 그때 안중근 의사나 윤봉길 의사 등 많은 애국지사가 독립을 앞당기기 위해 암살이라는 우회적 방법을 선택했다. 왜냐하면 우리나라가 일제와 비교할 때 군사적으로 매우 열세여서 전면전을 펼칠 상황이 되지 않았기 때문이다. 마찬가지로 에훗 당시의 이스라엘도 월등한 전력을 가진 모압과 싸워 이기기 위해서는 무언가 색다른 방법을 사용해야 했다. 이런 상황에서 에훗은 먼저 적의 최고 지도자를 암살하여 백성에게 용기를 심어주고 군대를 소집하여 우왕좌왕하는 모압의 군대를 쳐부순 것이다. 따라서 에훗은 하나님의 부르심에 따라 모압을 몰아내는 가장 효율적인 방법을 사용해 이스라엘을 구원한 진정한 영웅으로 평가되어야 한다.

그리고 무엇보다 우리가 놓치지 말아야 할 것은 이 모든 일의 배후

---

7 클라인은 에훗의 업적이 덜 명예로우며 하나님이 그의 일에 개입하지 않으셨다고 비판했다. 블록은 에훗의 행동을 배반과 무자비한 것으로 규정하며 이런 가나안 사람의 특징을 가진 에훗의 행동에 하나님이 가담하셨다고 비판적으로 수용했다(Chisholm, *Judges and Ruth*, 193). 매캔은 하나님이 속이는 자를 하나님의 회복된 정의의 도구로 사용하신다고 보면서 크게 문제 삼지 않는다(매캔, 『사사기』, 94).

에 하나님이 계셨다는 사실이다. 하나님은 친히 에훗을 구원자로 세우셨을 뿐 아니라 그에게 모압 왕을 죽이는 은밀한 일을 맡기시고 모압을 이스라엘의 손에 넘겨주셨다. 에훗이 아무리 좋은 작전을 짰다고 하더라도 그것이 먹혀들지 않으면 소용이 없다. 그의 작전을 성공으로 이끌어 이스라엘에 구원을 허락해주신 분은 하나님이시다. 이에 관해 잠언은 다음과 같이 말한다.

> 사람이 마음으로 자기의 길을 계획할지라도 그의 걸음을 인도하시는 이는 여호와시니라(잠 16:9).

결국 에훗이 이스라엘을 구원한 사건은 왼손잡이라는 자신의 특징을 이용해 좋은 전략을 세우고 두려움 없이 실천에 옮긴 에훗과, 배후에서 그와 함께하시며 그 모든 계획이 성취될 수 있도록 역사하신 하나님이 만들어낸 아름다운 합작품이다.

소사사 에피소드 I: 삼갈(삿 3:31)

1. 삼갈(삿 3:31)

사사기에는 총 12명의 사사가 등장한다. 그런데 그중 6명의 이야기는 비교적 자세하게 기록된 반면, 나머지는 매우 간략한 행적만 기록되었다. 학자들은 이런 두 그룹을 구분하기 위해 "대사사"와 "소사사"라는 용어를 사용한다. 구체적으로 대사사는 옷니엘, 에훗, 드보라, 기드온, 입다, 삼손을 말하고, 소사사는 삼갈, 돌라, 야일, 입산, 엘론, 압돈을 말한다. 소사사의 이야기는 대사사들의 이야기 사이사이에 간단하게 소개된다.

소사사들은 직전에 소개된 사사의 특징을 계승한다. 에훗에 관한 기록에 이어 사사기 3:31에 소개된 삼갈은 영웅적 구원자인 에훗처럼 이스라엘을 구원했다.

> 에훗 후에는 아낫의 아들 삼갈이 있어 소 모는 막대기로 블레셋 사람 육백 명을 죽였고 그도 이스라엘을 구원하였더라(삿 3:31).

고대 근동의 문화를 알려주는 누지 문서의 내용에 따르면 삼갈은 팔레스타인을 다스렸던 후르리 사람의 후손으로 보인다. 그리고 그의 아버지로 소개된 "아낫"에 관해서는 갈릴리에 있는 벳-아낫 지역의 사람이라거나, 이방 신 아낫을 섬기기 위해 헌신된 자라거나,[8] 군대 계급

---

8 Block, *Judges, Ruth*, 173.

을 지칭하는 말이라는 등[9] 다양한 견해가 있다. 여기서 대다수 학자가 동의하는 부분은 그가 이방인이라는 사실이다. 게다가 그가 소 모는 막대기를 무기로 사용했다는 것은 그가 목동이었을 것이라는 추측을 불러일으킨다.

이처럼 삼갈은 정통 이스라엘 사람도 아니었고, 직업적으로도 사회적 지위가 높지 않았다. 그런 삼갈이 이스라엘을 구원한 사사로 활약했다는 사실은 하나님이 어떤 출신이나 "스펙"이 아니라 하나님의 부르심에 부응해 헌신하는 자를 사용하시는 분이심을 잘 드러내준다.

---

9 존 월튼, 『IVP 성경배경주석』(한국기독학생회출판부, 2010), 355.

4장

드보라[1]

(삿 4:1-5:31)

내러티브 형식으로 기록된 사사기 4장과 시 형식으로 기록된 사사기 5장은 사사 드보라의 이야기를 전해준다. 따라서 사사기 4-5장은 시 (드보라의 노래)를 포함한 하나의 내러티브라고 볼 수도 있다. 이 관점에서 보면 사사기 4:1에서 이스라엘의 범죄로 시작하는 드보라 내러티브는 5:31에서 평안의 보고로 마무리된다.

또한 드보라의 노래는 전쟁이 끝난 뒤의 상황을 기록한 두 개의 에필로그에 싸이게 된다. 사사기를 구성하는 각 사사의 이야기는 에필로그에서 통상 승리와 평안에 관해 보고하는데, 드보라의 이야기에서는 이 에필로그가 노래를 사이에 두고 둘로 나뉘면서 에필로그 1, 2가 생겨난 것이다.

1　이번 장의 내용은 나의 박사학위 논문을 바탕으로 한 『이스라엘의 어머니 드보라』를 요약했다 (참조. 박유미, 『이스라엘의 어머니 드보라』[목양, 2012]).

1. 프롤로그(삿 4:1-3): 이스라엘의 배교

사사 에훗이 죽은 후에 등장한 이스라엘의 다음 세대는 하나님을 잊고 "다시" 악을 행한다. 우리말 성경에서 "또" 혹은 "다시"라고 번역된 "야사프"(יָסַף)라는 표현은 행동이 반복적이고 전형적임을 보여준다. 사사기의 화자는 이 구문을 여러 차례 사용함으로써 하나님 앞에서 악을 행하는 이스라엘의 상태가 악화하는 과정을 묘사한다.

　이스라엘의 악으로 인해 하나님은 그들을 가나안 왕 야빈의 손에 파신다(삿 4:2). 당시 이스라엘은 가나안의 대부분 지역을 점령한 상황이었다. 야빈도 가나안 왕이라고 불리지만 가나안 전체를 통치한 것이 아니라 하솔 지역만 다스리는 지도자였다. 하지만 그에게는 당대의 최강 전투 장비인 철 병거가 900승이나 있었다. 그로 인해 야빈은 그때까지 정복당하지 않았을 뿐만 아니라 막강한 군사력을 앞세워 이스라엘 자손을 20년 동안 심하게 학대했다.

여기서 철 병거는 이스라엘과 가나안의 엄청난 전력 차를 보여주는 상징적 기능을 한다. 당시 이스라엘은 철제 칼도 변변히 만들지 못하는 상황이었다. 그래서 철기 문명을 대표하는 철 병거는 가공할 두려움의 대상이 될 수밖에 없었다. 이처럼 막강한 병거로 무장한 야빈의 군대를 지휘하는 사령관은 하로셋 학고임에 거주하는 시스라였다.

사사기 5:6은 가나안 왕 야빈이 얼마나 극심하게 이스라엘을 학대했는지를 묘사한다. 이스라엘 백성이 대로로 다닐 수가 없어서 꼬불꼬불한 산길로 몰래 다녀야 했다는 것이다. 이는 야빈이 남북으로 왕래하는 길목을 막고 북쪽 나라와의 교류를 막으며 이스라엘을 고립시켰다는 의미다. 상황이 이렇게 힘들어지자 이스라엘 백성은 자신들을 구원해달라고 하나님께 부르짖는다. 그들이 섬기는 가나안의 신들이 그들을 구원할 수 없다는 사실을 뼈저리게 깨달았기 때문이다.

2. 중심 이야기(삿 4:4-22)

1) 해설(삿 4:4-5): 드보라 소개

이스라엘의 부르짖음에 대한 하나님의 응답으로 사사 드보라가 등장한다. 드보라는 이전의 사사들에 비해 상당히 길게 소개된다. 사사기 4:4의 원문을 살펴보면 "여자, 여성 예언자, 랍비돗의 아내, 그녀가 이스라엘의 여사사가 되었다"고 하면서 화자가 직접 드보라를 소개한다. 이 소개에서 두드러지는 것은 드보라가 여성이라는 사실에 관한 강조다. 이는 남성 사사의 등장을 기대했으나 여성 사사가 등장했다는 사실에 관한 의외성을 표현하면서 동시에 드보라가 여성이지만 사사임을 확실하게 해준다.

드보라 사사는 여성이라는 것 이외에도 다른 사사들과 다른 특징들이 몇 가지 있다. 첫째, 드보라가 예언자이면서 사사라는 사실이다. 이스라엘 역사를 통틀어 예언자이면서 동시에 백성을 다스리는 역할을 한 사람은 모세, 드보라, 사무엘 세 사람뿐이다. 이는 드보라가 하나님의 음성을 직접 듣는 영성이 뛰어난 지도자였음을 의미한다. 하지만 드보라가 예언자이기에 따르는 제약도 있다. 예언자가 직접 전투에 나서지는 않기 때문이다. 드보라도 모세나 사무엘처럼 군대 장관을 따로 세워 전쟁을 명령할 뿐이지 전투에 참여하지는 않았다. 모세에게는 여호수아가, 사무엘에게는 사울이 있어서 그들이 군대 장관의 역할을 감당했다. 그러므로 드보라가 전쟁에 직접 참여하지 않았다는 이유로 드보라의 사사성을 제한하는 해석은 정당하지 않다. 더 나아가 드보라가 사사냐 아니냐를 따지는 논쟁은 무의미하다. 성경 본문이 드보라를 이스라엘의 사사라고 부르기 때문이다.

드보라의 두 번째 특징은 "랍비돗의 아내(여자)"라는 표현에서 드러난다. 이는 우선 그녀가 결혼했다는 사실을 알려준다. 하지만 다른 한편으로는 "랍비돗"이 "횃불"을 뜻한다는 사실에 주목해야 한다. 즉

"랍비돗의 아내"는 "횃불의 여자"로 해석될 수도 있다. 이 언어유희는 당시 청중들에게 뚜렷한 이미지를 전달해주었을 것이다. 즉 랍비돗의 아내 드보라는 구원의 횃불을 든 여자다.

사사 드보라의 세 번째 특징은 사람들이 그녀에게 재판을 받았다는 기록에서 찾아볼 수 있다. 물론 앞서도 살펴보았듯이 사사를 뜻하는 히브리어 "쇼페트" 자체에 "재판관"이라는 의미가 있다. 그런데 특이하게 다른 사사들의 기록에서는 재판에 관한 내용이 없다. 하지만 드보라는 한 지역에 오랫동안 머무르면서 분쟁 상황에 관한 판결을 내렸고 백성들도 당연히 드보라에게 재판을 받으러 간 것으로 보인다. 이런 설명은 이스라엘 백성이 드보라가 사사임을 모두 인정하고 그녀의 지도에 따랐다는 사실을 강조하기 위한 것이다. 여기서 특히 그녀의 거주지는 "에브라임 산지 라마와 벧엘 사이 드보라의 종려나무 아래"라고 묘사된다(삿 4:5). 이는 드보라가 에브라임 지파 사람이라는 것과 그녀가 주로 활동했던 나무에 "드보라의 종려나무"라는 이름이 붙을 정도로 명망이 높았다는 사실을 말해준다.

2) 발단(삿 4:6-9): 전쟁 명령과 바락의 반응

드보라는 여성이지만 하나님께 사사로 부름을 받고 가나안 땅의 가장 강력한 적에게서 이스라엘을 구원하는 일을 했다. 하지만 예언자이기도 했던 그녀는 전투에 직접 나선 것이 아니라 군사령관을 따로 세웠다. 드보라는 하나님의 명령에 따라 납달리의 게데스에 사는 아비노암의 아들 바락을 부른다.

바락에 관한 소개는 드보라에 관한 긴 설명과는 다르게 매우 간략하다. 게다가 드보라의 부름에 지체하지 않고 달려오는 바락의 모습은 바락이 사사가 아니라 드보라의 지도력에 순종하는 인물임을 분명히 해준다. 드보라는 전형적인 예언자의 화법을 사용해 바락에게 하나님의 말씀을 전달한다.

하나님은 바락에게 납달리 자손과 스불론 자손 중에서 군사 1만 명을 모아 다볼산으로 가라고 말씀하신다. 그리고 시스라와 그의 병거들과 그 군대를 기손강으로 "이끌어" 바락의 손에 넘겨주겠다고 제안하신다. 여기서 "이끌다"로 번역된 "마샤크"(מָשַׁךְ)는 "잡아당기다", "끌어오다"라는 의미가 있다. 즉 하나님은 적극적으로 시스라의 군대를 데려오겠다고 말씀하신 것이다. 이처럼 하나님은 직접 이 전쟁에 개입하겠다는 의지를 보여주신다. 그리고 하나님은 승리까지 약속해주신다. 가나안과 벌이는 이스라엘의 전쟁은 "야웨의 전쟁"이기에 하나님이 직접 함께하셔서 가나안을 치고 이스라엘을 위해 싸우겠다고 나서신 것이다.

하지만 바락은 이런 하나님의 명령에 순종하기를 주저한다. 그는 드보라에게 "만일 당신이 나와 함께 가면 내가 가려니와 만일 당신이 나와 함께 가지 아니하면 나도 가지 아니하겠노라"(삿 4:8)고 말한다. 하나님이 함께하시고 승리를 주겠다고 약속하셨음에도 바락은 눈에 보이지 않는 하나님을 바라보지 못하고 눈에 보이는 사사 드보라만 바라보며 그의 동행을 요청한다. 그는 하나님의 약속을 온전히 신뢰할 수 없었던 것이다.

인간적인 면에서 바락의 이런 요청은 이해가 되는 면이 있다. 가나안의 철 병거는 여호수아 때부터 두려움의 대상이었다. 여호수아 17:16에서 에브라임과 므낫세는 철 병거로 인해 자신에게 주어진 기업을 차지할 수 없다고 호소했다. 이런 상황은 사사기 1:19에서도 변함이 없었다. 드보라 사사 시대에도 철 병거는 여전히 두려움의 대상이었다. 그에 비해 이스라엘 자손은 변변한 무기조차 만들 기술이 없었다. 이런 상황 속에서 가나안의 철 병거에 대항해 전투를 벌이라는 명령은 마치 탱크에 맞서 권총 한 자루 달랑 들고 나가서 싸우라는 것과 다르지 않았다. 바락은 야웨의 전쟁이 사람의 수가 많고 적음이나 무기의 좋고 나쁨에 달리지 않았다는 사실을 알지 못했다. 그 결과 두려워하고 주저하며 드보라의 동행을 요청할 수밖에 없었다.

한편 70인역은 바락의 말에 "왜냐하면 하나님이 그의 사자를 나와 함께하시게 할 날을 알지 못하기 때문입니다"라는 내용을 덧붙인다. 이는 바락이 불신앙 때문이 아니라 전쟁을 하기에 적절한 시점을 확인하기 위한 목적으로 드보라의 동행을 요청한 것이라는 해석이다. 하지만 드보라는 사사기 4:9에서 바락의 믿음 없음을 질책한다. 드보라는 바락이 이번 전쟁에서 최고의 명예는 얻지 못할 것이라고 말한다. 고대의 전쟁에서는 적장을 사로잡거나 죽이는 것이 최고 명예였다. 그런데 드보라는 하나님이 병거 900승을 운용하는 막강한 군대의 장관을 남성이 아닌 한 여성의 손에 파실 것이라고 말한다. 이 말에는 분명히 바락에 대한 질책이 담겨 있다. 또한 여기서 전쟁에서 최고의 영광을 얻게 될 주인공이 전쟁과는 무관하다고 여겨지는 여성이라는 사실은 이 전쟁이 사람의 능력이 아니라 오직 하나님의 손에 달려 있음을 알려주는 장치다.

바락의 의심과 두려움으로 인해 드보라는 바락에게 넘기려고 했던 전쟁의 주도권을 다시 잡게 된다. 그리고 드보라 사사의 이야기는 두 개의 문제를 해결하는 방향으로 진행된다. 첫째, 과연 이스라엘은 가나안과의 전쟁에서 어떻게 이길 수 있을까? 둘째, 과연 이 전쟁에서 최고의 명예는 누구에게 돌아갈 것인가?

드보라는 바락과의 대화를 마치자마자 게데스로 가서 군사를 모아 다볼산으로 향한다. 스불론과 납달리 지파에서 일어난 군사는 1만 명에 불과했지만 드보라는 하나님이 그런 전력만 가지고도 가나안의 철병거를 이길 수 있게 하시리라고 믿었기에 전혀 주저하지 않았다. 여기서 믿음이 약한 바락의 모습은 당시 이스라엘 자손들의 상태를 대표한다. 하지만 사사인 드보라는 하나님께 대한 믿음이 확고했기에 백성들의 두려움이나 군사적 열세와 같은 상황에 흔들리지 않았으며 이스라엘 자손을 이끌고 야웨의 전쟁을 준비할 수 있었다. 이를 통해 우리는 어려운 시대일수록 하나님을 굳게 붙들고 하나님의 자녀들을 이끌어나갈 진정한 지도자가 필요하다는 사실을 알게 된다.

3) 전개(삿 4:11-16): 므깃도 전투에서의 승리

이 단락은 전체적으로 므깃도 전투를 다룬다. 그런데 사사기 4:11은 앞뒤의 흐름과는 무관하게 끼어든 것처럼 보인다.

모세의 장인 호밥의 자손 중 겐 사람 헤벨이 자기 족속을 떠나 게데스에 가까운 사아난님 상수리나무 곁에 이르러 장막을 쳤더라(삿 4:11).

이 구절은 게데스에 사는 헤벨이라는 인물을 소개한다. 그는 모세의 장인인 호밥의 부족인 겐 사람이다. 사사기 1:19에 따르면 겐 족속은 유다 지파와 함께 거했는데 헤벨은 이 지역을 떠나 그보다 북쪽인 게데스 근처로 와서 납달리 지파의 경계인 사아난님 상수리나무 곁에 거주하고 있었다. 여기서 헤벨의 이야기가 끼어든 것은 전체 이야기가 게데스라는 공간에서 벗어나 전개되기 전에 앞으로 일어날 사건의 중요한 배경을 미리 언급하기 위해서다. 즉 이 소개는 앞으로 일어날 사건의 공간을 마련해준다.

시스라는 바락이 군사를 이끌고 다볼산에 올랐다는 소식을 듣고 휘하의 군대와 철 병거 900승을 모두 이끌고 기손강에 집결한다. 여기서 기손강으로 불리는 지역은 구체적으로 강가에 자리한 므깃도와 다아낙이다. 그곳에는 병거와 군사를 집결시킬 만한 넓은 평지가 있었다. 시스라가 강가에 군대를 모은 것을 보면 이 시기가 강물이 흐르지 않는 건기였음을 알 수 있다. 우기에는 강에 물이 흐르고 그 주변은 진흙탕으로 변하기 때문에 병거를 주력으로 하는 부대가 진을 치기에는 적절하지 않다.

소수의 병력이 산에 진을 쳤을 때 다수의 적군이 산 아래에 진을 치면 산에 있는 군대는 독 안에 든 쥐의 형국이 된다. 그래서 시스라는 바락이 다볼산에 올랐다는 말을 듣자마자 다볼산 아래 기손강에 전력을 집결하는 전법을 선택한다. 하지만 결과적으로 바락과 군사들을 다볼산으로 올려보낸 것은 시스라를 기손강으로 유인하기 위한 하나님의 전략이었다. 드보라는 전쟁 준비가 모두 끝나자 바락에게 출격을 명령한다.

드보라가 바락에게 이르되 "일어나라. 이는 야웨께서 시스라를 네 손에 넘겨주신 날이라. 야웨께서 너에 앞서 나가지 아니하시느냐?" 하는지라. 이에 바락이 만 명을 거느리고 다볼 산에서 내려가니(삿 4:14).

그녀는 하나님이 시스라를 바락의 손에 넘겨주시고 바락 앞에서 싸우실 것이라고 선포한다. 이 전쟁이 하나님이 싸우시는 거룩한 전쟁임을 분명히 알았기 때문이다. 드보라의 출격 명령을 받은 바락은 군사를 이끌고 시스라의 군대와 맞붙기 위해 산 아래로 내려간다.

전투가 시작되자 하나님은 드보라의 말처럼 바락과 이스라엘 군대 앞에서 시스라와 그의 모든 병거 및 군대를 칼날로 쳐 혼란에 빠뜨리셨다. 시스라는 제대로 싸워보지도 못하고 병거 하나, 말 한 필도 건지지 못한 채 걸어서 허겁지겁 도망가기 바쁜 처지가 되었다. 반대로 바락은 하나님이 다 이겨놓으신 전쟁에서 적군의 잔당을 소탕하는 일만 하면 되었다. 그는 시스라의 고향인 하로셋 학고임까지 패잔병을 추격하며 하나도 남김없이 진멸했다.

바락이 하로셋 학고임까지 적군을 뒤쫓은 것은 적장인 시스라를 잡기 위해서였을 것이다. 바락은 최선을 다해 시스라를 잡으려 했지만 시스라는 이미 딴 곳으로 도망한 상태였다. 그럼에도 하나님이 바락 앞에서 싸우실 것이라는 드보라의 예언은 그대로 이루어져 이스라엘은 전쟁에서 대승을 거둔다.

사사기 4장은 하나님이 어떻게 시스라의 군대를 치셨는지 구체적으로 묘사하지 않는다. 그런데 사사기 5장 "드보라의 노래"는 이에 관한 보충 설명을 제공해준다. 드보라의 노래에 따르면 하나님은 예기치 못한 엄청난 폭우를 내리셨다. 그 결과 기손강이 범람했고 시스라의 병거와 군마, 군사는 진흙탕에 빠지거나 급류에 휩쓸렸다(삿 5:11). 시스라의 군대는 그들의 핵심 전력인 철 병거를 제대로 써 보지도 못하고 속수무책으로 당할 수밖에 없었다. 이는 애굽의 철 병거가 홍해의 물결에 휩쓸려 간 것과 같았다.

이처럼 하나님의 역사 앞에서는 인간의 어떤 무기나 힘, 권력이나 지혜도 무용지물이 되어버린다. 하나님은 상당히 오랫동안 이스라엘을 두렵게 했던 철 병거를 한 방에 날려버리셨다. 그리고 이런 기적의 밑바탕에는 하나님께 대한 드보라의 절대적인 신뢰가 있었다.

4) 절정(삿 4:17-21): 야엘이 시스라를 죽임

이 부분은 드보라 내러티브의 절정을 이룬다. 기본적으로 성경의 내러티브는 어떤 사건에 관해 자세하게 묘사하지 않는다. 하지만 사사기 4장은 야엘이 시스라를 죽이는 과정을 매우 자세하게 보여준다. 이렇게 사건 진행의 속도가 느려지고 설명이 자세해지는 현상은 이 부분이 사건의 절정임을 말해준다.

전쟁터에서 빠져나온 시스라가 자기 고향이 아니라 바락의 고향인 게데스에 있는 헤벨의 아내 야엘의 장막에 나타난다. 그가 헤벨에게 온 것에 관해 사사기의 화자는 "하솔 왕 야빈과 겐 사람 헤벨의 집 사이에는 화평이" 있었기 때문이라고 설명한다(삿 4:17). 여기서 "화평"이란 강한 동맹이라기보다는 상호 불가침 조약 정도의 느슨한 동맹 관계를 의미한다. 지리적으로 보면 하로셋 학고임은 다볼산 남서쪽에 위치하고 게데스의 사아난님 상수리나무는 다볼산 동쪽에 위치한다.[2] 즉 영악한 시스라는 바락의 추적을 따돌리고자 반대 방향으로 도주한 것이다. 이제 그는 성공적으로 바락의 손에서 벗어난 것처럼 보인다.

그런데 시스라는 헤벨이 아닌 "헤벨의 아내 야엘"의 장막으로 온다(삿 1:17). 여기서 야엘은 단순히 헤벨의 아내로만 소개되는데 이는 야엘이 그녀의 남편과 같이 겐 사람이라는 것과 그녀가 평범한 가정주부임을 말해준다. 구약성경에서는 아내의 고향이 남편과 다르면 일반적으로 아내의 고향이 따로 언급된다. 따라서 야엘을 이스라엘 사람으로 보는 해석은 무리가 있다.

야엘과 시스라가 만나는 장면을 자세히 살펴보자. 여성인 야엘이 군대 장관인 시스라를 주도적으로 이끈다. 야엘은 시스라가 오는 것을 알고 나가서 자신의 장막 앞을 지나가려는 시스라에게 "나의 주여, 들어오소서. 내게로 들어오소서" 하면서 자신의 장막에 들어오라고 강하게 요청한다(삿 4:18). 야엘은 시스라에게 "두려워하지 말라"는 말까지 덧붙이는데 이는 구약성경에서 주로 힘 있는 사람이 힘없는 사람에게 사용하는 표현이다. 물론 여기서 이 표현은 시스라가 쫓기는 신세임을 알고 숨겨주겠다는 뉘앙스를 풍긴다. 성경 본문은 야엘이 시스라가 전쟁에 지고 쫓기는 신세임을 어떻게 알았는지에 관해서는 별다른 언급을 하지 않는다. 하지만 야엘의 말과 행동을 보면 그녀가 시스라의 형편을 잘 알고 있다는 사실은 분명해 보인다.

야엘의 적극적인 초청에 따라 시스라는 그녀의 장막으로 들어간다.

---

2   참조. Anson F. Rainey, *The Sacred Bridge: Carta's atlas of the Biblical world*(Carta, 2006), 138.

야엘은 시스라를 이불로 덮어준다. 야엘의 호의에 마음을 놓은 시스라는 야엘에게 정중한 태도로 물을 달라고 요청한다. 이 요청을 들은 야엘은 시스라에게 물이 아닌 우유를 준다. 그 이유는 무엇일까? 표면적으로 야엘은 피곤하고 배고픈 시스라에게 좀 더 영양가 있는 음료를 제공함으로써 자신이 호의를 베풀고 있음을 보여주려는 것 같다. 하지만 실제로는 졸음을 유발하는 우유를 먹임으로써 시스라를 깊이 잠들게 하려는 듯하다. 야엘의 숨은 동기는 사건의 결말이 드러난 후에야 제대로 알 수 있다.

야엘이 제공한 우유를 마시고 이불을 덮은 시스라는 야엘을 완전히 신뢰하게 된다. 그는 급기야 그녀에게 장막 문 앞에서 보초를 서라는 명령을 내린다. "서 있으라"라는 의미로 번역되는 히브리어 "아모드"(עֲמֹד)는 2인칭 남성 단수 명령형이다. 여성인 야엘에게 사용한 남성 명령형 동사는 문법적인 오류로서 많은 논란을 불러일으켰다. 하지만 내가 보기에 이런 표현은 시스라가 야엘이 베푼 호의로 인해 완전히 마음을 놓고 오만한 군대 장관으로 돌아간 모습을 묘사하는 것이 아닌가 싶다. 시스라는 어느새 야엘을 자신의 부하처럼 다루는 것이다. 자신이 자는 동안 문 앞에서 보초를 서라고 명령하는 시스라의 태도는 자신을 도와준 여주인이 아니라 부하에게나 어울린다.

또한 그는 누가 여기 사람이 있느냐고 물어보면 없다고 대답하라고 명령한다(삿 4:20). 시스라는 자신을 쫓는 바락에게 잡히지 않기 위해 그렇게 말한 것이다. 하지만 이 말은 시스라 자신의 운명을 예고한다. 왜냐하면 야엘이 시스라를 죽임으로써 그를 진짜 "없는" 사람으로 만들어버리기 때문이다.

시스라를 정성껏 돌보던 친절한 야엘은 시스라가 깊이 잠들자마자 돌변한다. 야엘은 장막 말뚝과 방망이를 양손에 들고, 곯아떨어진 시스라에게 조용히 다가간다. 그리고는 시스라의 관자놀이에 그 말뚝을 박아 넣는다. 그녀가 방망이질을 얼마나 세게 했는지 말뚝이 관자놀이를 뚫고 나와 땅에 박힐 정도였다. 시스라는 그 자리에서 즉사한다.

야엘이 시스라를 죽이는 장면은 에훗이 에글론 왕을 죽이는 장면과 유사하다. 야엘과 에훗은 둘 다 몰래, 그러나 한 치의 망설임도 없이 단호하게 적을 처리한다. 사사기 화자는 이런 유비를 통해 야엘의 행동이 에훗의 업적과 같은 영웅적인 행동이었음을 드러낸다. 그리고 이런 야엘의 용감한 행동은 개전을 주저했던 바락의 용기없는 모습과 대조된다.

야엘이 무기로 사용한 장막 말뚝과 방망이는 원래 장막을 치는 데 사용하는 도구다. 고대 근동의 유목민들은 여성들도 장막 치는 일을 했기 때문에 말뚝과 방망이는 장막에 거하는 가정주부의 손에도 익숙한 가재도구였다. 즉 바락이라는 사령관이 전장에서 수많은 군사와 칼로도 죽일 수 없던 시스라를 야엘이라는 가정주부가 자신의 장막에서 일상 가운데 늘 사용하던 가재도구로 죽인 것이다. 이처럼 야엘은 장막 말뚝과 방망이를 가지고 야웨의 전쟁에 참여함으로써 야웨의 전쟁은 칼이나 창과 같은 무기에 달리지 않았다는 사실을 보여주었다.

또한 시스라가 여인의 손에 팔릴 것이라는 드보라의 예언이 야엘을 통해 정확히 성취된다. 야엘이 시스라를 죽이는 장면에서 그녀가 어떻게 시스라가 전쟁터에서 도망치는 신세임을 알았으며, 무슨 이유로 시스라를 장막으로 불러들여 죽였는지에 관한 설명은 전혀 나타나지 않는다. 사사기 화자가 야엘의 속사정과 의도에 관해 침묵하기 때문이다. 이는 청중의 관심을 야엘이 시스라를 죽였다는 사실에만 집중시켜 드보라의 예언이 성취되었다는 사실을 강조해준다. 즉 화자에게는 야엘이 시스라를 죽인 이유보다 사사 드보라의 예언이 성취되었다는 사실이 더 중요하다. 그러므로 이 장면을 해석할 때는 성경 저자의 의도를 따라서 본문이 언급하지 않는 야엘의 의도에 집착하기보다는 야엘이 시스라를 죽인 영웅적 행동에 주목해야 한다. 야엘이 도망 나온 시스라를 죽임으로써 드보라의 예언은 성취되었고 전쟁의 영광도 야엘이 얻게 되었다.

5) 결말(삿 4:22): 바락이 죽은 시스라를 발견함

야엘이 시스라를 죽이자마자 야엘의 집에 바락이 찾아온다. 본문은 시스라의 죽음과 바락의 등장 사이에 전혀 틈을 주지 않는다. 이는 야엘과 바락을 극명하게 대조시키기 위해서다. 야엘은 바락을 맞으며 "오라. 네가 찾는 그 사람을 네게 보이리라"라고 말하며 시스라를 부를 때처럼 주도적으로 바락을 장막으로 불러들여 말뚝이 박혀 죽은 시스라를 보여준다. 이 장면에서 바락은 어쩌면 장막으로 들어가 숨어 있는 시스라를 죽일 수 있다는 희망을 품었을 것이다. 하지만 이미 시스라가 죽은 것을 알고 있는 청중은 이제 바락에게 영광을 얻을 기회가 없다는 사실을 알기에 조롱 어린 시선, 혹은 딱한 시선으로 그를 바라보게 된다. 이렇게 등장인물과 청중이 가진 정보의 차이에서 오는 아이러니를 극적 아이러니라고 하는데, 화자는 이를 통해 간접적으로 바락의 실패를 부각한다.

그리고 전쟁 이야기는 여기서 갑자기 마무리된다. 사사기 화자는 시스라를 발견한 바락에 관해 어떤 말도 하지 않음으로써 바락 자신이 할 말을 잃은 상태임을 보여준다. 화자는 바락이 어떤 감정과 생각을 가졌을지를 온전히 청중의 몫으로 남겨둔다. 머레이(D. F. Murray)는 이런 상황에 관해 시스라만 죽어서 없는 사람이 된 것이 아니라 바락도 말 한마디 못 하는, 없는 사람 취급을 당하고 있다고 지적했다.[3]

이야기의 마지막 장면에서 바락은 야엘이 시스라를 죽였으며 드보라의 예언이 성취되었음을 증언할 목격자 역할을 맡는다. 바락은 두 여성의 업적을 증언할 증인으로서 자기 이름을 남긴다. 여기서 우리는 바락과 야엘을 대조해 생각해볼 수 있다. 바락은 남자이고 군대 장관이었으며 순수한 이스라엘 자손이었다. 하지만 그는 하나님을 온전히 신뢰하지 못했기에 명예를 빼앗겼다. 반대로 야엘은 여자이고 가정주부이며 이방인에 불과했지만 이스라엘의 적이자 가나안의 군대 장관인 시스라를 죽임으로써 전쟁에서 최고의 명예를 얻게 되었다. 이렇게 하나님은 어떤 사람을 사용하실 때 사람의 외적인 조건이 아니라 헌신하는 마음을 보신다. 왜냐하면 전쟁은 인간의 능력이 아니라 하나님 손에 달려 있기 때문이다.

---

3   D. F. Murray, "Narrative Structure and Technique in Debora-Barak Story(Judges IV 4-22)," ed. J. A. Emerton, *Studies in the Historical Books of the Old Testament*, VT Sup. 30(E. J. Brill, 1979), 183.

3. 첫 번째 에필로그(삿 4:23-24): 이스라엘의 승리

시스라가 죽음으로써 가나안 왕 야빈의 전세는 급격히 기울었다. 그리고 결국에는 이스라엘 자손의 손에 진멸당하고 만다. 사사기 4:24은 4:2-3과 대조되는 상황을 강조한다. 야빈의 손에 팔리고 그에게 눌리던 이스라엘 자손이 이제는 그 손으로 야빈을 누르게 되었다.

> 2여호와께서 하솔에서 통치하는 가나안 왕 야빈의 손에 그들을 파셨으니 그의 군대 장관은 하로셋 학고임에 거주하는 시스라요 3야빈 왕은 철 병거 구백 대가 있어 이십 년 동안 이스라엘 자손을 심히 학대했으므로 이스라엘 자손이 여호와께 부르짖었더라(삿 4:2-3).

> 이스라엘 자손의 손이 가나안 왕 야빈을 점점 더 눌러서 마침내 가나안 왕 야빈을 진멸하였더라(삿 4:24).

이런 표현은 "손"이라는 같은 소재를 통해 상황이 완전히 역전되었음을 강조한다. 이스라엘은 이제 가장 강력한 가나안 왕을 몰아내고 마침내 그 땅을 온전히 차지하게 되었다. 하나님은 드보라의 믿음을 통해 이스라엘 백성이 그동안 철 병거로 인해 완전하게 마무리 짓지 못했던 가나안 정복 전쟁의 종지부를 찍게 하셨다.

4. 드보라의 노래(삿 5:1-31a)

드보라의 노래는 전쟁을 마친 후 승리를 선사하신 야웨 하나님께 드리는 찬양뿐 아니라 전쟁에 참여한 사람들에 관한 칭송 및 참여하지 않은 사람들에 관한 저주를 담고 있다. 이런 구성 자체가 가나안 정복 전쟁이 하나님과 인간이 함께하는 전쟁이었다는 사실을 드러내준다.

드보라의 노래의 구조

서론(삿 5:1)

1연(삿 5:2–11c): **야웨를 찬양**
    야웨 하나님의 장엄한 신현(삿 5:2–5)
    이스라엘의 암울한 상황(삿 5:6–8)
    야웨를 찬양(삿 5:9–11c)

2연(삿 5:11d–18): **참여 지파와 불참 지파**
    드보라의 일어남(삿 5:11d–12)
    참여 지파와 불참 지파(삿 5:13–18)

3연(삿 5:19–22): **므깃도 전투의 승리**

4연(삿 5:23–31a): **전쟁 후의 상벌**
    메로스에 대한 저주(삿 5:23)
    야엘에 대한 축복(삿 5:24–27)
    시스라 어머니의 비극(삿 5:28–30)

노래의 결론(삿 5:31a)

---

1) 서론(삿 5:1)

드보라는 전쟁이 끝난 후 하나님을 찬양하기 위해 노래를 부른다. 여기서 드보라와 바락의 이름이 모두 거론되지만 "노래하다"로 번역된 히브리어 "타샤르"(תָּשַׁר)는 3인칭 여성 단수형이다. 따라서 이 노래를 부른 중심인물은 사사 드보라라고 보아야 한다.

2) 1연(삿 5:2-11c): 야웨를 찬양

드보라의 노래 1연은 시의 도입부로서 야웨 하나님을 찬양하는 부분이다.

가. 야웨 하나님의 장엄한 신현(삿 5:2-5)

사사기 5:2-3에서 드보라는 1인칭 화자로 등장해 야웨 하나님을 찬양하며 다른 지도자들, 즉 왕들과 통치자들에게 자신의 찬양을 들으라고 초청한다. 사사기 5:4-5에서는 찬양의 대상인 야웨의 장엄한 현현을 묘사한다. 4절에 등장하는 세일과 에돔은 같은 지역의 다른 이름이다. 세일산이 에돔 지역에 있기 때문이다(신 2:4-5). 에돔은 출애굽 당시 이스라엘 자손이 불기둥과 구름 기둥으로 함께하시는 하나님과 동행하며 지나온 지역으로 묘사된다. 야웨 하나님은 가나안과 전쟁을 벌이기 위해 그 지역을 지나 가나안으로 들어오신다.

하나님의 행진은 지진과 폭우와 비구름을 동반한다. 비구름을 동반한 신현은 성경에 드물게 나타난다. 하지만 신명기 28:12이나 시편

104편은 비의 근원이 야웨 하나님이라는 사실을 분명하게 밝힌다.[4] 사사기 5:5을 히브리어 어순을 살려 직역하면 다음과 같다.

산들이 진동했습니다. 야웨 앞에서.
시내산의 그분,
이스라엘의 하나님 야웨 앞에서.

우리말 성경들은 보통 "시내산이 진동했다"는 의미로 번역하지만, 원래의 표현은 "시내산의 그분"이며 이는 야웨 하나님의 별칭으로 사용된다. 천지를 울리며 돌진하시는 위엄스러운 야웨가 바로 이스라엘과 언약을 맺으신 시내산의 그분, 이스라엘의 하나님이시다. 이처럼 드보라는 하나님을 가리켜 이스라엘을 구원하기 위해 비구름을 몰고 땅을 울리며 달려오시는 분으로 그려낸다. 이는 자식을 구하기 위해 다급하게 나선 아버지의 모습을 연상시킨다.

나. 이스라엘의 암울한 상황(삿 5:6-8)

이 단락은 하나님이 왜 이스라엘을 구원하기 위해 오실 수밖에 없었는지와 관련해 전쟁 전 이스라엘의 비참한 상황을 설명한다. 사사기 5:6은 전쟁이 일어나기 전의 시대를 "아낫의 아들 삼갈의 날 또는 야엘의 날"이라고 표현한다. 이에 관해 블록(Daniel I. Block)은 삼갈과 야엘이라는 두 이방인에게 그 시대의 이름을 붙인 것은 이스라엘의 리더

---

4   박유미, 『이스라엘의 어머니 드보라』, 150.

십 결핍을 한탄하기 위한 것이라고 지적했다.[5]

이스라엘의 비참한 상황은 세 가지로 그려진다. 첫째, 앞서 살펴본 대로 가나안이 대로를 점령해서 이스라엘 사람들이 꾸불꾸불한 소로로 다니는 모습이다(삿 5:6).

둘째, 지도자의 부재다. 드보라가 일어나기 전까지 이스라엘에는 지도자가 없었다. 사사기 5:7을 어순에 따라 직역하면 두 행이 서로 대조를 이루며 드보라가 지도자로 일어났다는 사실을 강조하는 구조임을 알 수 있다.

- 삿 5:7a: 그쳤도다, 지도자가, 이스라엘에 그쳤도다.
- 삿 5:7b: 일어나기까지 드보라가, 일어났도다, 이스라엘의 어머니가.

여기서 특별히 드보라는 자신을 "이스라엘의 어머니"라고 부르는데, 이 호칭은 성경에서 오직 이곳에만 나온다. 반면 "이스라엘의 아버지"를 지칭하는 표현은 여러 차례 등장한다. 우선 엘리야(왕하 2:12)와 엘리사(왕하 13:14)가 이스라엘의 보호자라는 의미로 "나의 아버지"로 불렸다. 그리고 예레미야 31:9에서 하나님은 자신을 "이스라엘의 아버지"라고 말씀하신다. 여기서도 하나님은 당신에게로 돌이켜 간구하는 자녀를 어려움에서 건지시는 모습으로 그려진다. 이로 볼 때 성경에서 "이스라엘의 아버지"라는 표현은 "보호자"라는 의미로 사용된다는 사실을 알 수 있다. 따라서 "이스라엘의 어머니"라는 표현도 적들의 손

---

5   Block, *Judges Ruth*, 151.

에서 이스라엘을 구원하기 위해 일어난 "보호자"의 의미를 띠고 있다고 보아야 한다. 드보라가 자신을 이스라엘의 어머니라고 말한 것을 보면 그녀는 사사가 자녀인 이스라엘이 어려움에 빠졌을 때 그들을 보호하고 구원하는 역할을 해야 한다고 생각했음을 알 수 있다.

셋째, 이스라엘의 비참함은 그들이 야웨 하나님이 아닌 다른 신을 택한 것에서 드러난다. 사실 이것이 문제의 핵심이다. 하나님을 버리고 다른 신을 섬긴 이스라엘은 적의 손에 넘겨져 고난을 받을 수밖에 없다. 사사기 5:8b은 전쟁 직전의 상황을 묘사한다. 여기서 "전쟁이 성문에 이르렀다"는 것은 적군이 성으로 진격해서 턱밑에 이른 모습을 떠올리게 한다. 하지만 이런 위기 상황에서 이스라엘은 창과 방패 같은 기본적인 무기도 제대로 갖추지 못한 모습이다. 드보라는 이처럼 심각한 정치적·군사적·영적 위기 속에서 이스라엘의 어머니로 이스라엘을 구하기 위해서 일어난 것이다.

다. 야웨를 찬양(삿 5:9-11c)

시의 흐름은 다시 전쟁에서 이긴 현재의 시점으로 돌아온다. 드보라는 구원을 경험한 이스라엘 자손에게 야웨를 찬양하라고 명령한다. 이스라엘에 속한 각양 각층의 사람들이 모두 찬양하는 가운데 하나님이 행하신 일을 널리 알려야 한다. 사사기 5:10에 등장하는 "흰 나귀를 탄 자들"은 일반 백성들이고 "양탄자에 앉은 자들"은 말안장 위에 앉은 사람들, 즉 말을 타고 다니는 귀족들이나 군인들을 의미한다. 그리고 "길에 행하는(걸어 다니는) 자들"은 별다른 이동 수단이 없는 가난한 사람을 의미한다. 이처럼 모든 계층의 사람들이 당당하고 즐겁게 길로 다니는 모습은 전쟁 전에 꾸불꾸불한 소로로 다니던 모습과 대조를 이룬다.

사사기 5:11은 "활 쏘는 자들의 소리로부터 멀리 떨어진 물 긷는 곳"에 있는 사람들에게도 "야웨의 의로움"을 선포하라고 요청한다. 여기서 "활 쏘는 자들의 소리로부터 멀리 떨어진"이라고 어렵게 번역된 히브리어는 "미콜 메하츠침"(מִקּוֹל מְחַצְצִים)이다. 여기서 사용된 동사의 원형인 "하차츠"(חצץ)는 "나누다", "깨뜨리다"라는 의미의 아카드어 ḫaṣāṣu에 기원을 둔다. 즉 "미콜 메하츠침"을 직역하면 "나누어진 소리" 혹은 "갈라진 소리"가 된다. 그리고 보통 "물 긷는 곳"은 일상에서 잡담과 소소한 정보들이 오가며 소문이 퍼지는 장소다. 따라서 이 구절은 "떠들썩한 목소리" 정도로 번역하는 것이 더 적절하다. 즉 물가에서 많은 사람이 옹기종기 모여 이야기를 나누는 모습을 묘사하는 것이다. 또한 "전하다"로 번역된 동사 "예타누"(יְתַנּוּ)는 "반복하다"라는 뜻이 있으므로 "계속"의 의미를 살려 번역해야 한다. 결과적으로 사사기 5:11의 앞부분은 다음과 같이 번역할 수 있다.

물 긷는 곳에서는 떠들썩한 목소리로
그곳에서 계속해서 찬양하라. 야웨의 의로운 행동과
이스라엘에 있는 그의 지도자들의 의로운 행동을.

떠들썩한 우물가에서 하나님이 하신 의로운 일, 즉 이스라엘을 구원하신 일을 계속해서 찬양하라고 요청하는 이유는 야웨의 구원이 이런 일상적이고 시끌벅적하며 유쾌한 삶을 이스라엘에 다시 가져다주었기 때문이다. 그렇기에 사람들이 모인 곳 어디서나 하나님을 찬양해야 한다. 하나님의 구원을 경험한 인간들이 하나님의 은혜에 보답하는 가장 좋은 방법은 하나님을 찬양하는 것이다.

3) 2연(삿 5:11d-18): 참여 지파와 불참 지파

이 단락은 드보라의 노래 중 제2연으로서 전쟁에 참여한 지파들과 참여하지 않은 지파들의 목록을 보여준다. 드보라는 전쟁에 참여한 자들은 칭송하고 참여하지 않은 자들은 비난한다.

가. 드보라의 일어남(삿 5:11d-12)

사사기 5:11d에서 시제는 "그때"라는 지시어와 함께 과거로 돌아가 전쟁이 코앞에 닥친 상황이 재현된다. "백성이 성문에 내려갔다"는 것은 앞의 8절에서 전쟁이 성문에 이르렀다는 상황과 연결된다. 이스라엘 자손은 위급한 상황에서 적들과 싸우기 위해 한곳에 모인다. 그리고 지도자인 드보라에게 일어나라고 간절히 요청한다. 그들의 간절함은 네 번이나 반복되는 "깰지어다"라는 청원에 잘 드러난다. "깨다"라는 단어는 기본적으로 "잠에서 깨다" 혹은 "일어나다"라는 뜻이 있다. 성경에서 이 단어는 주로 도움을 요청할 때 많이 사용되는데 드보라의 노래에서는 마치 위험에 처한 아이가 잠자고 있는 엄마를 급하게 흔들어 깨우는 듯한 모습을 연상시킨다.

이스라엘 자손은 이어서 바락에게도 일어나라고 요청한다. "사로잡은 자를 끌고 갈지어다"라는 청원은 문자적으로 전쟁 포로를 잡아 오라는 의미이며 전쟁의 승리를 기원하는 상징적인 표현이다. 즉 이스라엘은 바락에게 전쟁에서 이겨달라고 요청하는 것이다. 이렇게 백성들이 모이고 사사 드보라와 군대 장관 바락이 전쟁을 위해 일어나므로 전쟁의 서막이 열린다.

사사기 4장에서는 백성들이 드보라를 부르는 장면이 나오지 않는다. 드보라가 바락을 부른 후 곧바로 전쟁 준비가 끝나고 전투가 개시된다. 반면 사사기 5장은 드보라의 입장에서 사건의 추이를 전달해준다. 재판을 감당하며 사사로서 이스라엘을 다스리던 드보라가 백성의 간절한 부르짖음을 듣고 구원자로 나서게 된 과정을 자기 고백적 태도로 서술해주는 것이다.

또한 이 노래에는 앞서와는 달리 바락의 불신앙과 주저함에 관한 부정적인 언급이 없다. 그 이유는 이 노래의 관심이 전쟁에 참여한 자와 참여하지 않은 자에 대한 축복과 비난에 있기 때문이다. 바락은 비록 주저하기는 했지만 참전했고 전쟁을 승리로 이끌었다. 이런 점에서 바락은 축복을 받기에 합당한 인물로 평가된다.

나. 참여 지파와 불참 지파(삿 5:13-18)
이 단락은 다음과 같이 참여 지파와 불참 지파를 교차적으로 배열한다.

구조

전쟁에 참여한 지파(삿 5:13-15b)
　전쟁에 참여하지 않은 지파(삿 5:15c-17)
전쟁에 참여한 지파(삿 5:18)

참여 지파에 관한 내용을 앞뒤에 반복해서 배치한 이런 구조는 불참 지파를 강하게 비판하기 위한 문학적 장치다. 게다가 드보라의 노래는 참여 지파와 불참 지파의 대조를 통해 참여 지파의 헌신과 불참 지파의 신실하지 못함을 분명하게 드러낸다.

사사 드보라와 바락이 일어나자 각 지파의 지도자들과 백성들이 전쟁을 위해 모이기 시작한다. "내려오다"라는 동사의 반복된 사용은 분위기를 고조시킨다. 그리고 사사기 5:13에서 최종적으로 야웨 하나님이 내려오시므로 전쟁의 준비가 완성된다. 야웨 하나님은 지도자들과 백성이 내려온 후 마지막으로 전쟁에 참여하기 위해 내려오신다. 전쟁에 능하신 야웨 하나님이 비구름을 몰고 세일산을 지나서 이제 가나안 땅에 도착하신 것이다.

사사기 5:14-15c은 이번 전쟁에 참여한 지파의 명단을 보여준다. 에브라임과 베냐민과 마길과 스불론과 잇사갈이 그 주인공들이다. "마길"은 므낫세의 아들 중 하나로 므낫세 지파 중 요단강 서편에 자리 잡은 무리를 가리킨다. 사사기 5:15의 앞부분은 특별히 잇사갈의 방백을 드보라와, 잇사갈의 백성을 바락과 연결한다. 즉 잇사갈과 바락은 드보라와 방백들의 뒤를 따라 골짜기로 내려가는데 이는 바락과 백성들이 드보라의 지휘에 따르고 있음을 보여준다.

이렇게 전쟁을 위해 목숨을 걸고 내려온 지파들과는 달리 전쟁에 참여하지 않은 지파들도 있었다. 사사기 5:15d-17은 불참 지파의 명단을 보여준다. 먼저 르우벤 지파와 관련하여 개역개정 성경은 "르우벤 시냇가에서 큰 결심이 있었도다"(삿 5:15d)라고 보고한다. 그런데 여기서 "큰 결심"이라고 번역된 히브리어 "히크케-레브"(חִקְקֵי־לֵב)는 원래

"마음의 살핌" 혹은 "마음의 조사"라는 의미다. 이는 확고한 결심을 말하기보다 결정을 못 내리고 끊임없이 갈등하는 모습을 보여준다. "르우벤 시냇가에서 큰 결심이 있었도다"라는 표현은 16절에서도 똑같이 반복되는데, 이는 장자 지파인 르우벤이 끊임없이 갈등하며 전쟁에 나서지 않은 것을 강하게 비판하기 위해서다. 르우벤 지파는 자신들의 안전한 터전인 시냇가에 앉아서 전쟁에 참여할지 말지를 고민만 할 뿐, 생업에 몰두하며 양들 사이에서 목가적으로 지내는 것을 포기하지 않았다.

한편 요단 동편에 거하던 길르앗 지파는 서편 지역의 전쟁에 관해 무관심했다. 그리고 단과 아셀 지파는 배 위에, 혹은 해변에 머물며 전쟁에 나서지 않았다. 여기서 불참 지파의 공통점은 주로 물가에 있다는 것과 "거주하고 있다"는 것으로서, 이는 그들이 안정된 거주지에서 꼼짝도 하지 않고 유유자적하게 지내는 모습을 보여준다. 또한 사사기 5:18은 그들과 대조적으로 목숨을 아끼지 않고 죽음을 무릅쓰며 참전한 스불론과 납달리 지파를 이야기한다. 이 역시 극명한 대조를 통해 불참 지파를 향한 비난의 강도를 높여준다.

드보라의 노래에 등장하는 참전 지파와 불참 지파의 명단은 앞서 사사기 4장의 내러티브에서는 언급되지 않는다. 바락이 불러 모은 1만 명의 군사는 모두 스불론과 납달리 지파 사람들이었다. 그렇다면 참전 지파 중에서 에브라임과 베냐민과 잇사갈과 마길은 언제 전쟁에 참여한 것일까? 이 지파들은 모두 가나안 북쪽 지역에 자리한 지파들로서 가나안 왕 야빈의 영향력 아래에 있었다. 아마도 이 지파들은 시스라가 죽은 이후에 전쟁에 참여한 것으로 보인다. 므깃도 전투 후에도 이스라엘과 가나안 왕 야빈 사이에는 계속해서 전투가 있었기 때문이다(삿 4:24).

여기서 또다시 두드러지는 것은 이 명단이 사사기 5장에만 기록된 이유다. 드보라가 노래를 남긴 주요한 목적 중 하나는 야웨의 전쟁에 참여한 자들에 대한 축복과 불참한 자들에 대한 비난이다. 즉 사사기 4장과 5장은 문학적 장르뿐만 아니라 기록 목적이 다르기에 같은 사건에 관한 다른 내용을 여러 부분에서 드러낸다.

4) 3연(삿 5:19-22): 므깃도 전투의 승리

드보라의 노래 중 제3연은 1연과 2연에서 전쟁 준비를 마친 야웨 하나님과 인간 주인공들이 실제로 치른 전쟁을 다룬다. 3연은 전쟁 장면을 상징적으로 묘사하면서 시적인 특징을 가장 잘 보여준다. 즉 이스라엘 자손들이 등장하는 것이 아니라 오직 별들이 하나님의 시종으로서 전쟁을 수행하는 것으로 그려진다. 이는 가나안과의 전쟁이 철저히 야웨의 전쟁임을 나타내기 위한 문학적 장치다.

사사기 5:19은 전쟁을 한마디로 요약한다. 가나안 왕들이 탈취물을 얻지 못했다는 표현은 가나안이 전쟁에 패배했다는 것을 우회적으로 보여준다. 여기서 앞의 내러티브에는 나오지 않는 "왕들"이란 표현이 반복된다. 이는 시적 과장에 따른 것으로서 내러티브와 달리 시는 이 전쟁을 시스라와 바락의 대결이 아니라 좀 더 거시적인 관점에서 가나안 전체와 이스라엘의 대결로 바라본다.

이어지는 사사기 5:20-22은 전쟁을 묘사하는 부분이다. 그중 20절의 내용을 원문의 순서에 따라 배열하면 다음과 같다.

하늘로부터 / 싸우다. / 별들이
그의 길로부터 / 싸우다. / 시스라와

이 구절은 이번 전쟁이 천상의 존재인 하나님과 땅의 존재인 시스라의 싸움이라는 사실을 분명히 한다. 별들이 시스라와 싸웠다는 표현은 매우 독특하다. "별들의 전쟁"이라는 개념은 구약성경 전체에서 이곳에 단 한 번 등장한다.

그런데 고대 근동의 우가리트나 메소포타미아의 서사시에서 별들은 폭우의 근원으로 묘사된다. 특히 우가리트 신화는 별들이 전쟁의 여신인 아나트의 시종들로서 아나트의 명령에 따라 폭우를 내린다고 말한다.[6] 따라서 드보라의 노래에 등장하는 "별들이 싸웠다"는 표현은 고대 근동의 이미지를 빌린 것으로 보아야 한다. 즉 전쟁의 승패를 좌우할 만한 엄청난 폭우가 시스라의 군대 위에 퍼부어졌다는 것이다.

비구름을 몰고 에돔에서 나와 광야를 지나 가나안으로 들어오신 야웨 하나님이 기손강에 모인 시스라의 군대에 폭우를 쏟아부으셨다. 그 결과 기손강이 범람하여 시스라의 병거와 군대를 모두 휩쓸어버렸다. 놀라운 야웨 하나님의 역사하심에 발맞춰 드보라는 "나의 영혼아, 힘차게 짓밟아라"고 외치며 진군 명령을 내린다. 그녀는 이스라엘 군대가 가나안과 끝까지 싸우도록 독려한다. 여기서 드보라는 전쟁을 이끄

---

6 참조. B. Lindars, *Judges 1-5: A New Translation and Commentary*(Mayes ed, T & T Clark, 1995), 268; 마이클 데이비드 쿠건, 『우가릿 신화의 세계』(유선명 옮김, 은성, 1992), 123.

는 사사로서의 강한 모습을 보여준다.

사사기 5:22은 시스라의 군대가 범람한 기손강에 휩쓸리지 않기 위해 필사적으로 버둥거리는 모습을 묘사한다. 개역개정 성경에서 "말굽 소리가 땅을 울리도다"로 번역된 히브리어는 "미다하로트 다하로트"(מִדַּהֲרוֹת דַּהֲרוֹת)다. 이는 말발굽 소리를 표현한 의성어 "다하로트"를 반복한 것으로 아이들이 쓰는 말인 "따그닥 따그닥"과 비슷하다. 그러므로 사사기 5:22을 직역하면 "그때 말발굽이 울렸다. / 그의 군마가 따그닥 따그닥" 정도가 된다. 이처럼 드보라는 의성어를 사용해 군마들이 우왕좌왕하며 극도로 혼란에 빠진 적군의 모습을 자세히 그려낸다. 이런 생생한 이미지는 이스라엘이 두려워하던 가나안의 철 병거가 야웨 하나님의 압도적인 권능 앞에서 아무 힘도 발휘하지 못하는 상황을 뚜렷하게 보여준다.

앞서도 언급했지만 사사기 4장과 5장에서 전쟁을 설명하는 방법에는 차이가 있다. 4장은 전쟁 준비와 진행 과정을 자세히 서술하지만 전쟁 자체를 설명할 때는 야웨가 적군을 칼날로 혼란에 빠뜨리셨다고 은유적으로 간략하게 언급한다. 이는 야웨의 전쟁을 간략하게 묘사하는 내러티브의 일반적인 서술 방법을 따른다. 일반적으로 야웨의 전쟁은 전쟁 방법이 중요한 것이 아니라 야웨 하나님이 참여하셨다는 사실 자체가 중요하기 때문이다. 그런데 시의 형식으로 구성된 사사기 5장은 앞서 말한 야웨의 칼날이 폭우이며 그로 인해 시스라의 병거가 무용지물이 되었다는 사실을 시적 언어로 좀 더 분명하게 표현해준다. 결과적으로 전쟁 장면의 묘사와 관련해 사사기 5장은 4장의 내용을 보충해준다.

5) 4연(삿 5:23-31a): 전쟁 후의 상벌

드보라의 노래 제4연은 전쟁 후의 상벌을 논하고 결론을 짓는 부분이다. 전쟁에 참여하지 않은 메로스는 대표적으로 저주의 대상이 된다. 하지만 시스라를 죽인 야엘은 축복의 대상이 된다. 특히 야엘의 용감한 행동은 허구적 인물인 시스라의 어머니가 품는 헛된 기대와 대조를 이루어 두드러진다. 드보라는 이런 대조를 통해 야웨 편에 선 자와 야웨에게 대적하는 자의 운명이 어떻게 갈리는지 분명히 보여준다.

가. 메로스에 대한 저주(삿 5:23)

여기서 야웨의 사자, 즉 천사가 갑자기 등장한다. 이로 볼 때 드보라가 하는 저주와 축복은 드보라의 개인적인 생각이 아니라 예언자로서 하나님께 받은 말씀임이 분명하다.

사사기 4장에서는 언급되지 않던 메로스가 5장에서는 야엘의 축복과 대조를 이루며 등장한다. 원어 성경을 살펴보면 야웨의 사자는 "저주하라"는 말을 세 번이나 반복하면서 메로스에 강한 저주를 퍼붓는다. 야웨의 사자가 메로스를 저주하는 이유는 그들이 야웨를 돕지 않고 자기가 사는 곳에 그대로 거했기 때문이다. 이는 앞의 제2연에서 물가나 초장에 거하며 참전하지 않은 지파들의 모습과 같다. 따라서 메로스에 대한 저주는 참전하지 않은 모든 지파에 대한 것으로 확대하여 해석할 수 있다. 사실 메로스라는 지명 자체가 구약에서 단 한 번밖에 나오지 않기에 그 위치가 어디인지 정확히 알 수 없고 실제로 존재했던 도시였는지도 확실하지 않다. 결국 청중의 관심은 메로스가 어디인가 하는 것보다 그들이 왜 저주를 받는가에 집중된다. 즉 메로스는 이 시에서 야웨를 돕지 않은 자들에 대한 상징으로 사용된 것이다.

나. 야엘에 대한 축복(삿 5:24-27)

야엘에 대한 축복은 메로스에 대한 저주와 대조를 이룬다. 드보라는 야엘이 "다른 여인들보다 복을 받을 것"이라고 노래한다(삿 5:24). 우리말은 비교급으로 표현되지만 원어 "테보라크 미나쉼"(תְּבֹרַךְ מִנָּשִׁים)은 사실 최상급 표현이다. 즉 야엘은 "여인 중에 가장 복을 받을 것이다."

"장막에 있는 여인"은 평범한 가정주부를 의미한다. 여기서 우리는 평범한 가정주부였던 야엘이 왜 가장 축복받는 여인이 되었는지 궁금증을 갖게 된다. 사사기 5:25-27은 그 이유를 설명하며 야엘이 시스라를 죽이는 장면을 다시 한번 묘사한다. 물론 이 묘사는 앞서 4장의 내러티브와는 조금 다르다. 앞서는 야엘이 시스라를 자신의 장막으로 불러들여 숨겨주던 상황을 자세히 설명했다면 이번에는 야엘이 시스라를 죽이는 장면에만 집중한다. 그리고 이 끔찍한 장면은 더 자세하고 감각적으로 서술된다.

사사기 5:25에서 시스라는 야엘에게 물을 달라고 요청한다. 그런데 이 시에서 물은 죽음과 저주를 상징한다. 저주받은 불참 지파 대부분이 물가에 있을 뿐 아니라 시스라의 군대가 대패한 이유도 물과 연관되기 때문이다. 아이러니하게도 시스라는 죽음의 물을 간신히 피하여 도망쳐 왔지만 야엘을 만나 물을 먼저 요구한다. 이는 시스라가 죽음을 피할 수 없다는 것을 암시한다. 야엘은 물을 구하는 시스라에게 우유를, 그것도 엉긴 우유를 귀한 그릇에 준다. 이는 야엘이 시스라에게

줄 수 있는 가장 좋은 것이었겠지만 시스라의 처참한 최후를 더욱 선명하게 드러낼 뿐이다.

사사기 5:26은 야엘이 시스라를 죽이는 장면, 즉 말뚝이 관자놀이를 뚫고 들어가서 반대편으로 나오는 장면을 클로즈업한 슬로비디오처럼 자세히 보여준다. 그리고 이어지는 27절은 시스라가 죽는 장면을 묘사하며 "구부러지고 엎드러졌다"는 동사구를 각 행에 한 번씩 총 세 번이나 반복하고 마지막에 "죽었다"로 마친다. 이런 표현법은 점층적 반복법으로서 시스라가 쓰러지는 장면을 거듭 말함으로써 청중들의 긴장을 한껏 고조시킨다. 이처럼 고조된 긴장감은 마지막에 등장하는 "죽었다"는 결정적인 말과 함께 극적인 환희로 바뀐다.

시스라 편에서 볼 때 이런 구체적인 묘사와 강조는 매우 불쾌할 것이다. 몸부림치다 철저히 파괴되어 죽어 넘어진 자의 비참함을 조롱하는 듯이 느껴지기 때문이다. 하지만 이스라엘 편에서 보자면 자신들을 수십 년간 끔찍하게 괴롭혀온 적장이 죽는 장면은 반복해서 들어도 기쁘고 좋을 수밖에 없다. 글로브(A. Globe)는 이런 표현이 "승리한 민족의 의기양양함이 배어 있는" 표현이라고 했다.[7] 이처럼 가나안의 적장 시스라는 여자의 손에 의해 여자의 발 사이에[8] 쓰러져 죽는 가장 비참한 죽음을 맞이했다. 반대로 야엘은 이스라엘에 승리와 기쁨을 가져다주었기에 이스라엘의 영웅으로 추앙되고 축복을 받는다.

---

7   A. Globe, "Judges 5:27," *VT* 25 (1975), 364.
8   "그의 발 앞에"로 번역된 "벤 라글레하"(בֵּין רַגְלֶיהָ)는 직역하면 "그녀의 발 사이에"라는 의미다. 이 어구는 산모가 아이를 낳을 때 쓰는 표현으로 시스라가 야엘의 발 사이에 태아처럼 무기력하게 쓰러져 죽었음을 강조한다.

야엘이 이스라엘의 적군의 수장인 시스라를 죽인 영웅적 행위와 시스라의 몰락을 자세히 묘사한 이 부분은 노래의 절정을 이룬다. 사사기 4장에서 야엘의 행위에 관한 별다른 평가가 없는 이유는 4장의 목적 자체가 전쟁의 최고 영예가 여자에게 돌아간다는 드보라의 예언이 어떻게 이루어지는가를 추적하는 데 있기 때문이다. 하지만 사사기 5장은 전쟁이 끝난 후 관련자들에 관한 상벌을 이야기하기에 야엘의 행동이 영웅적이었다는 평가에 초점을 맞춘다. 그러므로 야엘이 시스라를 죽인 사건은 사사기 4장보다는 5장의 관점에서 해석해야 한다.

다. 시스라 어머니의 비극(삿 5:28-30)

시스라의 어머니에 관한 이야기는 사사기 4장의 내러티브에서 전혀 언급되지 않는다. 드보라가 실제로 이런 장면을 보거나 들은 것도 아니다. 이 부분은 상상한 내용을 적은 것으로, 시에서 주제를 강조하기 위해 종종 등장하는 이런 허구적 서술을 "시적 상상"이라고 한다.

드보라는 마치 사실인 양 시스라의 어머니에 관해 이야기한다. 시스라의 어머니는 시스라의 죽음을 알지 못한 채 "그의 병거가 어찌하여 늦게 오는가?" 하고 자문하면서 시스라와 그가 가져올 노획물을 기다린다. 하지만 "부르짖다", "어찌하여", "스스로 대답하다" 등의 표현은 그녀가 매우 초조하고 불길한 느낌에 사로잡혔다는 사실을 보여준다. 그런데도 시스라의 어머니와 시녀들은 불안감을 억누르고 전쟁에서 이긴 시스라가 가져올 노획물을 나누는 장면을 상상한다.

이때 첫째로 언급되는 노획물은 "처녀들"이다. "처녀"로 번역된 "라함"(רחם)은 원래 "자궁"을 의미하며 구약에서 여성을 "자궁"으로 표현한 곳은 이곳이 유일하다. 이는 포로로 잡힌 처녀들을 인격을 가진 사람으로 보지 않고 단순한 성적 노리개나 생산 수단으로 보는 관점을 드러낸다. 이런 시스라 어머니의 말은 야엘이 시스라를 죽인 것에 대한 정당성을 부여한다. 야엘이 시스라를 죽이지 않았다면 이스라엘의 딸들은 가나안 남성들의 성적 도구로 끌려왔을 것이기 때문이다. 또한 노획물에 관한 표현은 다음과 같이 점층적으로 반복되어 나타난다.

- 노획물→채색옷의 노획물→수놓은 채색옷의 노획물
  →양면에 수놓인 채색옷의 노획물

벌린(A. Berlin)은 이런 반복을 통해서 남자들은 잡아온 여자들을 머릿수대로 나누고 시스라와 시스라의 어머니의 목에는 염색한 천을 감는 영상이 그려지면서 여자와 염색된 천이 하나의 이미지를 형성한다고 평했다.[9]

시스라의 어머니는 예상보다 늦게 돌아오는 아들을 걱정하는 모성애를 가진 인물이다. 하지만 다른 한편으로는 포로로 잡혀 오는 여자들을 사람으로 여기지 않으며 노획물이 많기를 바라마지않는 무정하고 탐욕스러운 인물이기도 하다. 또한 그녀는 전쟁터에 직접 뛰어들어 자식(이스라엘)을 구한 드보라와는 달리 저택의 창살 안에서 전장에 나간 아들이 돌아오기만을 기다리는 소극적인 인물이기도 하다. 그녀는 불안감에 휩싸이지만 애써 마음을 추스르며 아들이 많은 노획물 때문

---

9   A. Berlin, *The Dynamics of Biblical Parallelism*(Indiana Univ. Press, 1985), 121-22.

에 늦는 것이라고 자신을 다독인다. 하지만 이미 시스라의 죽음을 알고 있는 청중은 이런 시스라의 어머니를 볼 때 한편으로는 연민을 느끼면서도 처녀들과 노획물을 언급하는 탐욕스러운 모습에서는 분노를 느끼며 쓴웃음을 짓게 된다. 드보라는 이처럼 연민과 쓸쓸함과 분노가 뒤엉키는 강한 파토스를 통해 청중에게 야웨 하나님을 대적하는 자의 말로가 얼마나 비참한지를 선명하게 보여준다.

5) 노래의 결론(삿 5:31a)

사사기 5:31a은 노래의 결론이다. 이 구절은 야웨 하나님 편에 선 자와 반대편에 선 대적의 운명에 관한 대조를 분명히 하며 지금까지의 이야기를 정리한다. 여기서 "주를 사랑하는 자"는 언약적 관계를 배경으로 하는 용어로서 야웨와의 언약 관계를 맺은 자를 가리킨다.[10]

전쟁이 끝난 후 드보라는 이처럼 하나님이 행하신 구원에 감사하며 하나님께 찬양과 영광을 돌린다. 이는 출애굽기 15장에서 홍해를 건넌 후 하나님을 찬양한 모세의 모습과 비슷하다. 드보라는 전쟁에서 대승을 거둔 후에도 모세처럼 신실한 영적 지도자의 모습을 잃지 않았다. 하지만 아쉽게도 이스라엘의 역사에서 끝까지 하나님께 신실한 모습을 보인 사사는 드보라가 마지막이다. 이후에 등장하는 기드온, 입다, 삼손 등은 매우 유명하지만 동시에 여러 가지 문제점을 안고 있던 사사들이었다. 사사들의 타락은 이스라엘의 일반 백성뿐만 아니라 지도

---

10 Block, *Judges Ruth*, 244-45.

층을 포함한 사회 전체가 타락했음을 보여주는 증거다.

5. 두 번째 에필로그(삿 5:31b): 평안의 보고

드보라의 이야기는 전쟁 이후 이스라엘이 40년 동안 평안을 맛보았다고 보고하며 마무리된다. 드보라의 죽음에 관한 내용은 보고되지 않는데, 이는 에훗의 경우와 같다. 사사 드보라가 이끈 전쟁은 가나안 점령을 완성한 사건으로서 야웨 하나님이 당신의 뛰어난 영광과 능력을 이스라엘 백성들 앞에 다시 한번 분명히 드러내신 야웨의 전쟁이었다.

6. 드보라의 사사직에 관한 논란[11]

드보라가 사사인지 아닌지에 관한 논란이 일어나곤 한다. 교회 안에서 여성의 지도력을 인정하지 않는 관점에서 볼 때 드보라는 가장 껄끄러운 인물이기 때문이다. 지금까지 드보라의 사사직에 의문을 제기한 여러 학자의 시도에 관해 살펴보면서 드보라가 사사임을 재확인해보자.

첫째, 드보라의 지도력에 제한을 두려는 시도다. 이런 시도는 드보라가 바락을 지지하는 정도의 축소된 역할만 했다거나,[12] 드보라의 사

---

11 박유미, 『이스라엘의 어머니 드보라』, 224-32을 요약한 내용이다.
12 S. Buswell, *The Challenge of Old Testament Women*(Baker Book House, 1986), 120-21.

사직은 명예직으로서 실권이 없었다는[13] 주장 등으로 나타난다. 둘째, 드보라를 예언자로만 보려는 시도다. 이런 주장을 하는 학자로는 블록이 대표적이다. 그는 진정한 사사는 바락이며 드보라는 바락의 조력자였을 뿐이라고 주장하면서 드보라가 사사가 아니라는 주장의 근거를 열 가지로 정리했다.[14] 여기서 그의 주장을 모두 다룰 수는 없지만 중요한 몇 가지만 살펴보면 다음과 같다.

우선 블록은 히브리서 11장의 구원자 목록에 드보라가 빠지고 바락의 이름이 들어가 있다는 것을 근거로 제시한다. 그런데 히브리서 11장의 징검다리 출처가 되는 사무엘상 12:11의 명단에는 "베단"(בְּדָן)이라는 낯선 이름이 등장한다. 이 이름은 마치 "바락"(בָּרָק)과 "드보라"(דְּבוֹרָה)의 이름을 섞어놓은 것 같다. 그런데 70인역은 이 이름을 바락으로 번역했고 히브리서 11장은 이를 근거로 성경 인물의 명단을 만든 것으로 보인다. 하지만 70인역을 제외한 다른 역본들은 베단을 바락으로 번역하지 않는다. 또한 히브리서 11장을 자세히 살펴보면 명단에 여호수아가 아닌 라합이 들어가 있다. 이로 볼 때 히브리서 11장에서 신앙의 선조로 언급되었다는 사실이 곧 그 사람이 구원자임을 말하는 것은 아님을 알 수 있다.

블록은 더 나아가 드보라와 관련해 하나님의 영이 임했다거나 하나님이 그를 일으키셨다는 말이 성경에 없다고 지적한다. 하지만 바락과 관련해서도 그런 표현이 없기는 마찬가지다. 당시 드보라는 이미 예언

---

13 R. G. Boling, *Judges*, AB(Doubleday, 1975), 94.
14 Block, *Judges, Ruth*, 193-95.

자로 부르심을 받고 하나님의 말씀을 전하고 있었기에 그런 표현 자체가 불필요하다고 볼 수 있다. 또한 에훗과 관련해서도 야웨의 영이 임했다는 표현이 나오지 않지만 성경은 그를 구원자라고 부른다(삿 3:15). 즉 야웨의 영의 임재 여부가 사사의 절대적 기준은 아니라는 말이다.

또 다른 학자는 드보라가 그 시대의 용기 없는 남자들을 부끄럽게 하려는 목적으로 세워졌다고 말한다.[15] 이 해석은 단지 남자 지도자가 없기에 여성이 선택되었다는 관점을 보여준다. 이는 드보라의 지도력과 신실함이 충분하지 않았을 수도 있다는 의심을 불러일으킨다. 하지만 성경 본문은 이에 관한 직접적인 근거를 제공하지 않는다.

지금까지 살펴본 드보라의 사사성에 관한 논란은 모두 드보라가 직접 전투를 하지 않았기 때문에 발생한다.[16] 하지만 사사기 2:16은 "여호와께서 사사를 세우사 노략자의 손에서 그들을 구원하셨으나"라고 말하며 전투 참여의 유무를 떠나서 사사는 곧 구원자의 역할을 하는 사람임을 확인시켜준다. 그리고 사사기 4:4은 드보라가 사사가 되었다고 분명하게 말한다. 따라서 드보라가 하나님의 부르심을 받은 사사임을 의심할 만한 성경적 근거는 없다고 말할 수 있다. 오히려 드보라의 사사성을 부인하거나 축소하려는 일련의 주장들은 성경 해석자들이 가진, 여성의 역할에 관한 개인적 견해에 뿌리를 둔 것으로 보인다. 이런 논란 자체가 한 개인의 가치관이 성경을 해석하는 데 얼마나 큰 영

---

15 G. A. Yee, "By The Hand of a Woman: The Metaphor of The Woman Worrior in Judges 4," *Semeia* 61(1993), 115.

16 드보라가 전투에 참여하지 않은 것은 그녀가 예언자의 역할을 겸했기 때문이다. 앞서 살펴보았듯이 모세나 사무엘도 직접 전투에 참여하지 않고 여호수아와 사울에게 전쟁 명령을 내렸다.

향을 미치는지를 매우 잘 보여주는 예라고도 할 수 있다.

7. 야엘의 도덕성에 관한 논란[17]

성경 본문은 분명히 야엘을 영웅으로 평가한다. 하지만 많은 학자가 그녀에 관해 부정적으로 해석한다. 그 이유는 첫째, 야엘이 고대 근동의 환대법을 무시한 배신자라는 것이다. 고대 근동에는 손님을 환대해야 한다는 불문율이 있었다. 그런데 야엘은 이 불문율을 악용해 시스라를 속였을 뿐 아니라 주저함 없이 손님을 죽여버렸다. 그녀의 이런 행동은 당대에 통용되던 환대법을 깨뜨린 매우 부도덕한 범죄라고 평가될 수 있다.

하지만 환대법은 관습법일 뿐, 성경은 환대법을 꼭 지켜야 할 성스러운 율법으로 강조하지 않는다. 물론 성경은 아브라함이나 롯이 환대를 통해 하나님의 도우심을 받은 사실을 긍정적으로 평가한다. 그럼에도 환대법이 성경의 율법과 같은 권위가 있다고 보면서 야엘을 성스러운 법을 깨뜨린 죄인으로 취급하는 태도는 부당하다. 왜냐하면 그런 해석은 야엘이 하나님 편에서 이스라엘을 위해 싸웠다는 사실을 외면하고 단지 행동 하나만을 보고 그것이 정당한가 아닌가만을 따지는 매우 협소한 관점을 드러내기 때문이다.

둘째, 야엘이 시스라와 성행위를 맺었다고 보면서 야엘의 업적을 깎

---

17   박유미, 『이스라엘의 어머니 드보라』, 239~44에서 요약한 내용이다.

아내리는 해석이다. 이런 해석은 고대에서부터 지금까지 끊임없이 제기되어왔다. 그 이유는 먼저 당시 문화에서 남성이 여성의 장막에 들어가는 경우는 성적인 관계를 맺을 때뿐이었다는 전제 때문이다. 그리고 한 여성이 남성이자 장군인 시스라를 손쉽게 죽일 수 있었던 까닭이 무엇이었을까 하는 의문 때문이다.

하지만 구약성경의 내러티브는 성적인 관계에 관해 기술할 때 상징적으로 표현하지 않고 항상 앞뒤 문맥과 정황을 통해 분명하게 성행위를 한 것이라고 밝힌다(예를 들어, 창 19:34). 또한 상식적으로 생각해보아도 전쟁터에서 쫓기며 도망치는 상황에서 경계의 끈을 놓고 처음 본 여성과 성관계를 맺는다는 것은 말이 되지 않는다. 그러므로 야엘을 성적으로 부도덕한 여성으로 몰아 그녀의 영웅적인 행동을 평가절하하려는 해석은 본문의 지지를 받지 못한다.

5장

기드온

(삿 6:1-8:32)

드보라가 가져온 40년의 평안 보고에 이어 등장하는 사사는 기드온이다. 기드온은 양털 뭉치를 가지고 하나님을 시험한 이야기, 수많은 군사 중에서 300명의 용사만 추려서 전쟁을 치른 이야기로 유명한 인물이다.

그런데 우리는 기드온의 행적을 추적하면서 사사기의 나선형 타락 구조를 확인할 수 있다. 다음과 같은 구조로 되어 있는 기드온의 이야기를 자세히 살펴보면서 하나님이 이스라엘의 구원자로 세우신 기드온의 업적과 한계를 확인해보자.

기드온 이야기의 구조

프롤로그(삿 6:1–6)

중심 이야기(삿 6:7–8:21)
  해설(삿 6:7–10): 예언자의 책망
  발단(삿 6:11–24): 기드온을 부르심
  전개(삿 6:25–7:14)

에피소드 1(삿 6:25-32): 바알 제단을 무너뜨림

에피소드 2(삿 6:33-7:15): 미디안과의 전쟁 준비

절정(삿 7:16-25): 야웨의 전쟁

결말(삿 8:1-27)

에피소드 1(삿 8:1-3): 에브라임과 기드온의 갈등

에피소드 2(삿 8:4-17): 숙곳 및 브누엘 사람들과 기드온의 갈등

에피소드 3(삿 8:18-21): 세바와 살문나를 죽임

에필로그(삿 8:28-32)

1. 프롤로그(삿 6:1-6)

기드온 이야기의 프롤로그는 재발한 이스라엘의 범죄와 하나님의 심판을 보여준다. 이스라엘은 또다시 야웨의 목전에 악을 행한다. 이번에 하나님은 그들을 미디안의 손에 넘기셨다. 사사기 6:2-5은 다른 사사들의 이야기에 비해 상당히 길고 상세한 묘사를 통해 미디안의 압제를 받는 이스라엘이 처한 비참한 상황을 보여준다.

미디안 사람들은 원래 요단강 동편의 남쪽에 사는 유목민이다. 이들이 세력을 넓혀 요단강 서편 지역까지 몰려오자 이스라엘은 자신들이 살던 비옥한 땅에서 쫓겨나게 되었다. 산지로 피해 들어간 그들은 짐승들이 살던 굴에[1] 살거나 땅굴을 파서 생활해야 했다. 한편으로 그들은 산성을 만들어 미디안의 침입에 대비해야 했기에 그들의 삶은 매우

---

1   우리말 "웅덩이"로 번역된 히브리어 "민하라"(מִנְהָרָה)는 대다수 영어 성경에서 "den"(굴, 소굴)으로 번역된다. 이는 산짐승들이 살기에 적합한 산 사이의 갈라진 틈으로 보아야 한다.

고되고 비참할 수밖에 없었다.

또한 이스라엘 자손들이 파종할 때는 미디안 사람들뿐만 아니라 아말렉과 동방 사람들까지 합세해 쳐들어왔다. 여기서 동방 사람은 아라비아 사막에서 살아가는 유목민을 가리킨다.[2] 그런데 그들이 쳐들어온 곳으로 기록된 가사는 가나안 남부 해안에 가까운 도시다. 즉 그들은 가나안 최남단의 동서로 난 길을 따라 아라비아 광야에서 네게브를 지나 이스라엘 남부를 횡단하여 가사까지 쳐들어온 것이다. 유목민인 그들은 많은 가축 떼를 이끌고 와서 진을 치고 주둔하면서 가축들이 곡식이나 열매, 풀을 가리지 않고 모두 먹어치우게 했다.

사사기 6:5은 이들이 메뚜기 떼 같이 많이 들어왔다고 표현한다. 이는 일차적으로 그들의 수가 엄청나게 많았다는 의미이지만 그들이 이스라엘의 모든 초목과 곡식을 무지막지하게 먹어치워 땅을 황폐하게 했다는 사실을 알려주기도 한다. 그뿐만 아니라 그들은 이스라엘 자손의 주 수입원이 되는 양과 소와 나귀도 남기지 않고 모두 가져갔다. 이에 이스라엘 자손은 극심한 경제적인 빈곤에 빠지게 되었다. 여기서 토지 소산과 양과 소나 나귀도 남기지 않았다는 것은 신명기의 저주가 실현된 것으로 볼 수 있다(신 28:30, 31, 33, 51). 사사기 6:6에서 "궁핍하다"로 번역된 히브리어 "달랄"(דָּלַל)은 기본적으로 "낮아지다", "약해지다", "참혹한 생활을 하다"라는 뜻이 있다. 즉 이스라엘은 미디안의 침략으로 경제적 어려움만을 겪은 것이 아니라 정상적인 삶을 유지할 수 없을 정도로 삶 자체가 매우 피폐해졌다.

---

2 Block, *Judges, Ruth*, 252.

그런데 이는 이스라엘의 배교에 대한 하나님의 심판이 불러온 결과
다. 그들은 좀 더 배를 불려 잘살아보려고 풍요의 신인 가나안의 바알
과 아세라를 섬기며 야웨를 버렸다. 하지만 그런 우상숭배는 풍요가
아니라 오히려 야웨의 진노로 인한 재앙과 배고픔과 비참함을 불러왔
다. 결국 이스라엘은 젖과 꿀이 흐르는 땅에서 겪는 배고픔을 참지 못
해 야웨께 부르짖게 된다.

2. 중심 이야기(삿 6:7-8:21)

1) 해설(삿 6:7-10): 예언자의 책망

사사기 6:6에서 이스라엘 백성이 괴로움으로 인해 야웨 하나님께 부
르짖는 것은 일반적인 사사 이야기와 맥을 같이한다. 그런데 기드온
이야기에서는 사사가 등장할 차례에 사사가 아닌 예언자가 등장한다
는 점이 특이하다(삿 6:8). 사사기 화자는 그를 "한 예언자"라고 소개할
뿐, 그의 이름이나 출신 지역 혹은 소속 지파에 관해서는 언급하지 않
는다. 그는 단지 "이쉬 나비"(אִישׁ נָבִיא) 즉 "남자 예언자"다.

"이쉬 나비"라는 표현은 구약에서 유일하게 이 부분에 등장한다. 히
브리어는 단어에서 성별을 구분하기에 남성형인 "나비"는 이미 "남자
예언자"를 뜻한다. 그런데 여기에 "남자"를 의미하는 "이쉬"를 덧붙인
데는 특별한 이유가 있다. 즉 앞서 드보라를 소개할 때 사용했던 "이샤
네비아"(אִשָּׁה נְבִיאָה) 즉 "여자 예언자"와 짝을 맞추어 대조하기 위해서

다. 그런데 이번에 등장한 남자 예언자는 드보라와는 달리 무명이며 구원자로 세움 받은 것도 아니다.

여기서 우리는 하나님이 이전과 달리 사사를 세우기 전에 예언자를 먼저 보낸 이유에 관해 생각해보아야 한다. 아무래도 그 이유는 사사로 세움 받을 사람이 현재 이스라엘의 상태를 파악할 만한 영적 안목이 없기 때문으로 보인다. 드보라는 사사이자 예언자로서 하나님의 음성을 듣는 중에 시대의 문제들을 스스로 파악하고 사람들을 올바로 지도할 능력을 갖추고 있었다. 따라서 하나님이 그녀에게 이스라엘을 구원하는 일을 맡기실 때 현재 상황을 설명하거나 당신의 뜻을 전달하기 위해 예언자를 따로 보낼 필요가 전혀 없으셨다. 하지만 기드온의 시대에는 그 시대를 제대로 분별할 지도자가 없었다. 그 결과 하나님은 시대를 비평하고 당신의 뜻을 전달하도록 예언자를 따로 보내셔야 했다. 사실 사사로 선택된 기드온 역시도 자신들이 곤경에 처해 있는 이유를 잘 모르고 하나님을 원망할 정도로 그 시대는 이전보다 더 타락한 모습을 보여준다(삿 6:18).

사사기 6:8-10은 이스라엘 백성을 향한 하나님의 책망을 전해준다. 하나님은 예언자를 통해 당신이 애굽에서 이스라엘을 인도해내셨을 뿐 아니라 이스라엘을 학대하는 자들의 손에서 건져내고 가나안 땅을 그들에게 주셨다는 사실을 상기시키신다. 왜냐하면 이스라엘 백성이 가나안 신을 섬기는 이유가 그들이 누리며 살아가는 땅이 하나님의 선물이라는 사실과 그들의 복의 근원이 야웨 하나님뿐이라는 사실을 잊은 까닭이기 때문이다. 더 나아가 하나님은 당신이 이스라엘의 야웨 하나님이시기에 아모리 사람의 신을 두려워하지 말라고 했으나 그들이 그 목소리를 듣지 않았다고 질책하신다. 이스라엘과 시내산에서 언약을 맺으신 야웨 하나님만이 그들의 하나님이시다. 따라서 그들은 오직 야웨만을 경외하고 두려워해야 한다. 하지만 그들은 다른 신들을 두려워했다.

여기서 두려움의 모티프가 등장한다. "두려워하다"로 번역된 동사 "야레"(יָרֵא)는 기본적으로 "두려워하다"라는 뜻이지만 "경외하다"라는 파생 의미도 갖는다. 즉 여기서 아모리 사람들이 섬기는 땅의 신들을 두려워하지 말라는 명령은 단순히 무서워하지 말라는 말이 아니라, 그들을 경외하거나 섬기거나 예배하지 말라는 의미다. 그런데 이스라엘 백성은 그들의 하나님 야웨만을 섬기지 않고 아모리의 신에게도 무엇을 얻을 수 있지 않을까 생각하면서 그 신을 섬겼다. 이런 행동은 그들이 진정으로 두려워하고 경외해야 할 하나님을 무시하고 그분과의 언약을 어기는 것이었다. 이처럼 하나님은 예언자를 통해 지금 당하는 고난의 이유가 그들이 하나님을 버리고 이방 신을 섬긴 것 때문이라고 분명히 밝히신다. 그리고 그 뒤에 기드온을 불러 사사로 세우신다.

2) 발단(삿 6:11-24): 기드온을 부르심

예언자가 이스라엘의 영적인 상태를 지적한 이후 야웨의 사자가 아비에셀 사람 요아스에게 속한 오브라에 나타난다. 요아스는 기드온의 아버지로서 므낫세 지파 아비에셀 가문의 수장이었으며 그 이름말은 "야웨께서 주셨다"는 의미였다.[3] 야웨의 사자는 오브라에 있는 상수리

---

3   버틀러, 『사사기』, 531.

나무 아래에 앉았다. 요아스의 집에 바알의 제단이 있었다는 사실에 비추어 보면 이 상수리나무는 요아스의 집이 그 지역에서 종교적 권위를 가지고 있음을 보여주는 상징물이었을 가능성이 크다. 당시 상수리나무는 종종 신적인 존재가 나타나는 장소로 알려졌으며 여러 가지 제의적 행위들이 이루어지는 곳이었기 때문이다.[4] 우리는 여기서 요아스가 자기 이름에 야웨의 이름이 들어 있으면서도 이방 신을 섬기는 분열된 인물이었음을 알게 된다.

야웨의 사자가 나타났을 때 기드온은 미디안 사람들이 쳐들어와 곡식을 빼앗아갈까 봐 두려워하며 몰래 포도주 틀에서 밀을 타작하고 있었다. 포도주 틀은 타작마당보다 덜 공개적인 장소이기 때문이다. 하지만 야웨의 사자는 이런 기드온을 향해 "용맹한 전사"라고 부른다. 개역개정 성경에서 "큰 용사"로 번역된 히브리어는 "기보르 헤하일"(גִּבּוֹר הֶחָיִל)이다. 여기서 "기보르"는 "전사" 혹은 "용사"로 전쟁에 나설 수 있는 사람을 말하고 "하일"(חָיִל)은 "유력한", "유능한", "권력이 있는", "부유한"이란 뜻으로서 "전사"를 꾸며주는 형용사일 때는 "용맹한"이라고 번역할 수 있다.

그런데 "용맹한 전사"라는 호칭은 미디안을 두려워하며 몰래 타작을 하는 모습과 상당한 괴리감이 있다. 이에 관해 비들(Mark E. Biddle)은 야웨의 사자가 여기서 기드온을 "용맹한 전사"라고 부른 것은 아이러니이며 일종의 조롱이라고 해석했다.[5] 하지만 야웨의 사자가 기드온

4　Mark E. Biddle, *Reading Judges*(Smyth & Helwys, 2012), 79.

5　Biddle, *Reading Judges*, 80.

을 용맹한 전사라고 부르는 이유는 기드온의 능력 때문이 아니라 그와 함께하시는 야웨 하나님 때문이다. 실제로 야웨의 사자는 "큰 용사여, 여호와께서 너와 함께 계시도다"(삿 6:12)라고 말했다. 이런 기드온의 정체성은 이스라엘 백성의 정체성과 똑같다. 이스라엘은 하나님이 그들과 함께 계셨기에 용맹하게 나아가서 많은 적과 싸워 이기며 가나안을 정복할 수 있었다.

하지만 지금 이스라엘은 자신의 정체성을 잃어버렸으며 기드온은 이런 이스라엘 백성을 상징하는 듯하다. 야웨의 사자가 "야웨가 너와 함께 계신다"라고 한 말에 대해 기드온은 야웨 하나님이 함께하신다면 지금과 같은 상황이 어떻게 벌어질 수 있느냐고 반문한다. 또한 그는 조상들이 전해준 하나님의 이적들이 어디 있느냐고 물으며 하나님이 이스라엘을 버리셨다고 말한다. 기드온이 앞서 등장한 예언자가 언급한 출애굽 사건에 관해 말하는 것을 보면 그가 아버지나 할아버지, 혹은 여러 어른에게 하나님이 하신 일을 전해 들었다는 사실을 알 수 있다. 하지만 그는 하나님의 구원 사건만을 기억할 뿐 하나님이 선물로 주신 가나안 땅에서 잘 살아가기 위해서는 그분의 말씀에 순종해야 한다는 사실은 몰랐다. 그렇기에 그는 이스라엘이 먼저 하나님을 버린 죄 때문에 지금과 같은 어려운 상황에 빠졌다는 사실을 인식하지 못하는 것이다. 이런 기드온의 모습은 전쟁을 알지 못하는 세대의 전형적인 모습이다. 전쟁을 알지 못하는 세대는 자신의 상황과 하나님의 말씀에 관한 정확한 지식이 없기에 오히려 하나님을 의심하고 원망하는 어리석은 말을 내뱉는다. 이런 기드온에게 야웨 하나님은 분명히 말씀하신다.

여호와께서 그를 향하여 이르시되 "너는 가서 이 너의 힘으로 이스라엘을 미디안의 손에서 구원하라. 내가 너를 보낸 것이 아니냐?" 하시니라(삿 6:14).

이 말씀에 드러나는 "너의 힘으로"라는 말과 "용맹한 전사"라는 표현을 보면 하나님은 이미 기드온에게 미디안과의 전쟁을 치를 만한 능력과 힘이 있다고 보셨다는 사실을 알 수 있다. 게다가 "내가 너를 보낸 것이 아니냐?"는 말씀은 하나님이 기드온의 힘과 능력을 보증해주시겠다는 의미다. 즉 하나님은 아무런 힘도 없는 기드온을 홀로 내세우시지 않고 그와 함께하며 힘과 능력을 주겠다는 약속을 전제로 그를 부르신다.

하지만 기드온은 하나님의 부르심에 부정적인 반응을 보인다. 그는 자신이 무엇으로 이스라엘을 구원하냐고 물으면서 "나의 집은 므낫세 중에 극히 약하고 나는 내 아버지 집에서 가장 작은 자니이다"라고 말한다(삿 6:15). 이처럼 자신이 아무런 힘도 없다고 여기는 기드온과 그를 용사로 간주하시는 하나님 사이에서는 극명한 인식의 차이가 드러난다. 하지만 객관적인 관점에서 보면 기드온의 말은 사실이 아니라 변명에 불과하다. 왜냐하면 이어지는 사사기 6장의 내용을 살펴보면 그의 아버지 요아스는 오브라를 소유지로 하는 그 지역의 우두머리이며 자기 집에 바알의 제단을 둔 종교적 권력층으로서 백성들에게 영향력을 끼치는 유력한 인물이었기 때문이다. 게다가 기드온은 물불을 가리지 않고 자신을 따르는 부하가 최소한 10명은 되는 사람이었다(삿 6:27). 이렇게 자신 없어 하는 기드온의 모습은 혈혈단신으로 에글론의 궁전에 들어간 에훗이나 아낙 자손을 두려워하지 않은 갈렙의 모습과 대조를 이룬다. 하나님을 전적으로 신뢰하지 못하는 하나님의 백성은 기드온처럼 많은 달란트가 있어도 자신은 능력도 없고 이길 수도 없다고 늘 부정적으로 말하며 살아가게 된다.

무엇으로 이스라엘을 구원하냐는 기드온의 질문에 야웨 하나님은 다음과 같이 말씀하신다.

> 여호와께서 그에게 이르시되 "내가 반드시 너와 함께하리니 네가 미디안 사람 치기를 한 사람을 치듯 하리라" 하시니라(삿 6:16).

"무엇으로 구원하냐?"는 질문에 대한 답으로 주어지는 "내가 반드시 너와 함께하겠다"는 약속은 하나님 자신이 무기이자 군대라는 사실을 일깨워준다. 이는 모세가 "내가 누구이기에 바로에게 가며 이스라엘 자손을 애굽에서 인도하여내리이까?"라고 물으며 자신 없어 할 때 하나님이 모세에게 하신 말씀과 똑같다(출 3:11-12). 그리고 기드온이 미디안 사람을 한 사람 치듯이 할 것이라는 말씀은 그가 미디안 사람을 아주 손쉽게 이길 것이라는 의미다. 여기서 우리는 하나님의 백성이 가진 무기는 사람의 수나 최첨단 기술력이 아니라 오직 야웨 하나님이시라는 사실을 깨닫게 된다. 야웨의 전쟁은 사람의 힘이 아니라 야웨 하나님께 전적으로 달려 있다.

그런데 기드온은 말이 아닌 더 확실한 표징을 요구하며 야웨의 사자에게 자신이 예물을 드릴 테니 기다려달라고 부탁한다(삿 6:17-18). 표징을 구하는 기드온의 태도는 그가 의심이 많은 성격이며 아직도 야웨의 말씀을 믿지 못한 채 주저하고 있다는 사실을 알려준다. 여기서도 표징을 구하는 기드온의 모습은 하나님이 자신을 보냈다는 사실을 어떻게 증명하느냐고 물은 모세의 모습과 비슷하다(출 4:1).

하여간 기드온은 예물을 드리는 것을 표징으로 삼으려 했고 야웨의 사자는 이런 제안을 기꺼이 받아들인다. 여기서 "예물"로 번역된 히브리어 "민하"(מִנְחָה)는 에훗 이야기를 다룬 사사기 3:15에서는 종주국에 바치는 "공물"로 번역되었다. 하지만 "민하"는 기본적으로 "선물" 혹은 "제물"이란 뜻이며 제사의 맥락에서 이 단어는 곡물을 제물로 바치는 "소제"를 나타내고 기드온 이야기에서는 제사의 맥락이 아니라 야웨의 사자에게 드릴 음식을 말하기에 "예물"로 번역된다. 그런데 기드온이 드린 이 "민하"는 궁극적으로 하나님께 바쳐진 "제물"이 된다.

기드온은 예물로 드릴 염소 새끼를 삶아 소쿠리에 건진 후, 그것에 국과 무교병을 곁들여 가져왔다. 이것은 하나님께 드릴 제물이 아니라 자기 앞에 나타나 하나님의 말씀을 전해준 사람에게 먹일 음식을 준비한 것이었다. 기드온은 야웨의 사자를 예언자, 즉 하나님의 사람으로 인식했기에 그를 위한 음식을 준비하고 그가 음식을 먹으면 그것을 하나님의 말씀이 진실하다는 징표로 삼으려 했다. 하지만 야웨의 사자는 자신을 위해 가져온 음식을 바위 위에 놓으라고 명한 후 지팡이 끝을 제물에 대어 모든 제물을 불살라 야웨께 제사를 드리고 홀연히 사라진다. 하나님의 이적이 어디에 있느냐고 물은 기드온에게 야웨의 사자는 이적을 보여줌으로써 확실한 표징을 준 것이다. 이처럼 하나님은 믿음이 연약한 자에게 믿음의 징표를 허락하시는 자비하신 분이다.

하지만 기드온은 야웨가 전하신 말씀의 진실성보다 다른 것에 더 신경을 쓰면서 두려워한다. 그는 자신이 야웨의 사자를 만났다는 사실에 관해 불안감을 표시한다. 이제까지 기드온은 야웨의 사자를 "하나님의 사람" 즉 예언자 정도로 인식했지만 이적을 통해서 그가 진짜 야웨의 사자라는 것을 알게 되었다. 그 당시에는 야웨의 사자를 대면하면 죽는다는 통념이 있었기 때문에 그는 즉시 두려움에 사로잡힌다. 그는 지금 자신에게 주어진 하나님의 확실한 말씀보다는 당시의 통념에 더 마음을 두면서 자신이 죽게 될지도 모른다며 슬퍼한다. 기드온은 자신에게 사명을 주시면서 의심을 덜어주기 위해 표징까지 보여주신 인격적이고 자비하신 하나님을 만나고도 여전히 하나님이 백성들을 괴롭히는 두려운 분이라고 생각할 뿐이다.

하나님의 확실한 표징을 경험하고도 여전히 슬픔과 두려움에 빠진 기드온에게 야웨 하나님은 직접 "안심하라. 두려워 말라. 죽지 않을 것이라"며 세 번 반복해서 격려해주신다(삿 6:23). 물론 우리는 이 말이 어떤 방식으로 기드온에게 주어졌는지 알 수 없다. 기드온의 귀에 소리가 들렸는지, 마음에 메시지가 주어졌는지, 혹은 야웨의 사자가 다시 나타났는지는 언급되지 않기 때문이다. 이 본문에서 중요한 것은 어떤 방식이냐의 문제가 아니라 야웨 하나님이 기드온에게 직접 말씀하셨다는 사실 자체다. 이 말을 들은 기드온은 그제야 안심하며 "야웨 샬롬" 즉 "야웨는 평강이시다"라는 의미의 제단을 쌓으며 하나님께 대한 신뢰를 표현한다. 이처럼 끊임없이 징표를 보여주고 격려해주어야 하나님을 믿는 의심 많은 기드온은 당시 이스라엘 백성들의 모습을 대표하는 인물이다.

한편 구약성경에서 야웨 하나님을 실제로 보는 일은 인간이 감당할 수 없는 것으로 묘사된다. 소위 하나님과 대면해서 이야기했다는 모세도 하나님의 등을 살짝 보았을 뿐 하나님을 정면으로 본 적이 없다. 하나님 대신 등장하는 야웨의 사자는 보통 사람의 모습으로 나타나서 사람들에게 하나님의 뜻을 전달하는 역할을 한다. 이때 야웨의 사자를 만나는 일 자체가 인간에게 해를 끼치는 경우는 전혀 없다. 그런데도 사람들은 이런 사실들을 직시하지 않고 당시의 통념에 따라 야웨의 사자를 하나님으로 여기고 그를 만나면 죽을 것으로 생각했다. 혹여 우리에게도 이런 선입관이 없는지 생각해볼 일이다.

몇몇 학자는 기드온의 주저함을 영웅의 조건으로 보면서 모세와 비교해 긍정적으로 해석한다.[6] 하지만 주저함이 모든 영웅의 조건은 아니다. 모세는 자신의 정체성과 사명에 관한 확신을 위해서 주저했고, 사명을 받은 후에는 끝까지 하나님께 순종하는 긍정적인 모습을 보여주었다. 하지만 기드온은 나중에 사적인 감정으로 복수를 저지르고 금을 모으거나 왕 같은 생활을 하는 등 부정적인 모습을 보인다. 따라서 기드온을 모세와 같은 지도자로 추켜세우는 것은 지나친 평가다. 다만 여기서 우리는 처음에 신앙이 연약해서 하나님이 주신 소명을 기꺼이 받들지 못하더라도 그 후에 얼마나 신실하게 하나님을 섬기느냐에 따라 그 결과가 완전히 달라질 수 있다는 사실을 깨닫게 된다. 우리의 신앙생활이 어떤 결과를 맞이할지는 우리의 선택과 책임에 달려 있다.

---

6 Chisholm, *Judges and Ruth*, 273; Block, *Judges, Ruth*, 257. 웹은 기드온과 모세의 유사성에 관해 상당히 자세하게 다룬다(Webb, *The Book of Judges*, 225-26).

3) 전개(삿 6:25-7:14)

사건이 점점 복잡해지는 과정을 보여주는 기드온 이야기의 "전개" 부분은 주로 전쟁을 준비하는 내용으로 두 가지 에피소드로 구성된다. "에피소드 1"은 군사를 모으기 전에, 그리고 "에피소드 2"는 군사를 모은 후에 하나님이 기드온을 준비시키는 이야기다. 그런데 각각의 에피소드는 그 자체로 완결된 플롯을 가지고 있다. 지금부터 각 에피소드를 다시 발단, 전개, 절정, 결말이라는 하위 구조로 나누어 자세히 살펴보자.

가. 에피소드 1(삿 6:25-32): 기드온이 바알 제단을 무너뜨림

이 에피소드는 전체 이야기의 일부로서 첫 번째 전개, 즉 사건이 복잡해져 가는 부분이다. 하지만 이 에피소드는 그 자체로도 완성된 구조를 갖는 하나의 이야기로서 발단, 전개, 절정, 결말로 나누어 살펴볼 수 있다.

a. 발단(삿 6:25-26): 야웨의 명령

기드온이 야웨의 사자를 만난 날 밤, 야웨 하나님은 기드온에게 나타나셔서 다음과 같이 명령하신다.

> 25그날 밤에 여호와께서 기드온에게 이르시되 "네 아버지에게 있는 수소 곧 칠 년 된 둘째 수소를 끌어오고 네 아버지에게 있는 바알의 제단을 헐며 그 곁의 아세라 상을 찍고 26또 이 산성 꼭대기에 네 하

나님 여호와를 위하여 규례대로 한 제단을 쌓고 그 둘째 수소를 잡아 네가 찍은 아세라 나무로 번제를 드릴지니라" 하시니라(삿 6:25-26).

이에 관해 하나님은 예언자 이사야를 통해 다음과 같이 말씀하셨다.

이 나무는 사람이 땔감을 삼는 것이거늘 그가 그것을 가지고 자기 몸을 덥게도 하고 불을 피워 떡을 굽기도 하고 신상을 만들어 경배하며 우상을 만들고 그 앞에 엎드리기도 하는구나(사 44:15).

즉 아세라 상을 찍어 그것을 땔감으로 삼아 제사를 드리라는 명령은 아세라가 신이 아니라 나무로 만든 우상일 뿐이라는 사실을 보여주기 위한 것이다. 그리고 하나님은 "7년 된 둘째 수소"를 잡아 번제를 드리라고 명령하시는데, 이 수소는 가장 좋은 소로서 하나님은 최상의 제물을 요구하신다는 사실을 알게 해준다. 게다가 하나님은 산성 꼭대기에서 제사를 지내라고 명령하신다. 성읍에서 가장 높은 곳에서 제사를 드리면 성읍 사람들이 모두 그 사실을 알게 된다. 즉 기드온은 하나님을 믿는 마음으로 최선을 다해, 그리고 공개적으로 우상을 제거하고 하나님께 예배를 드려야 한다.

이스라엘 백성 중 명문가인 요아스의 집안에 바알 제단과 아세라 신상이 있었다는 사실은 다소 충격적이다. 이는 이스라엘 안에 우상숭배가 만연했다는 것을 뜻한다. 당시 이스라엘 백성은 야웨와 더불어 다른 우상을 같이 섬기는 혼합주의적 종교 생활을 하고 있었다. 그들은 자신들이 여전히 야웨를 섬기고 있다고 생각했지만 하나님의 관점에서 그런 분열된 태도는 하나님을 버리고 다른 신을 섬기는 행태였다. 앞서도 밝혔듯이 하나님과 이스라엘 간의 언약은 배타적 언약이기 때문이다.

한편 요아스의 집에 이방 신의 제단이 있었다는 것은 기드온의 집안이 그 지역에서 신당을 운영하며 종교적 권력을 쥐고 있었다는 의미다. 아마도 그 지역의 사람들은 바알과 아세라에게 제사를 드리기 위해 요아스의 집에 있는 신당으로 올 때 일정량의 비용을 지불했을 것이다. 즉 이방 신상들은 기드온 집안이 누리는 권력과 부의 근원이었다.[7] 따라서 제단을 헐고 신상을 부수라는 명령은 그 집안이 누리는 권력과 부의 근원을 파괴하라는 말과 다르지 않았다. 또한 그 명령은 이제 요아스를 포함한 기드온의 집안이 야웨 이외에 다른 신을 의지해서는 안 된다는 의미였다. 이처럼 하나님은 기드온이 야웨의 전쟁을 시작하기 전에 우상을 제거함으로써 하나님만을 섬길 것을 요구하셨다.

b. 전개(삿 6:27): 우상을 부수는 기드온

기드온은 하나님의 명령에 따라 아버지가 보유한 제단을 헐고 신상을 부수어 그것으로 번제를 드린다. 하지만 그는 성읍 사람들을 두려워했기에 밤에 몰래 움직인다. 밤은 은밀함을 상징하는 시간으로서 사람들의 눈을 피해 남모르게 일을 도모하기에 적당하다. 사사기 화자는 "두려워하는" 기드온의 내면 상태를 알려주며 두려움의 모티프를 다시 끌

---

7 대표적으로 요더는 요아스 집안이 누리는 부와 권력의 근원이 이방 신을 섬기는 것으로 이루어졌다고 해석한다(John C. Yoder, *Power and Politics in the Book of Judges*[Fortress, 2015], 65).

어온다. 여기서 다른 사사들 이야기와 달리 기드온의 마음 상태를 언급한 것은 그가 밤에 행동한 이유를 다른 방식으로 해석하는 것을 방지하기 위해서다. 그는 하나님을 두려워하며 그 명령에 따르지만 아직까지 사람들을 두려워하는 모습을 보인다. 하나님이 그의 백성에게 주신 땅 이스라엘에서 우상을 제거할 때 이스라엘 사람들의 눈치를 봐야 하는 상황은 아이러니하다. 이처럼 기드온 이야기에 계속해서 등장하는 아이러니는 이스라엘 백성의 신앙적 모순을 보여주는 문학적 장치다.

c. 절정(삿 6:28-31): 바알을 위해 싸우는 이스라엘 사람들

밤이 지나고 아침이 되자 성읍 사람들은 기드온이 한 일 때문에 충격에 빠진다. 사사기 화자는 성읍 사람들의 눈을 통해 기드온이 한 일들을 다시 조명한다. 기드온은 사람들을 두려워하기는 했지만 야웨 하나님이 명령하신 내용을 완벽하게 수행했다. 무너진 바알 제단과 고꾸라진 아세라 신상, 그리고 새로 쌓은 제단을 본 성읍 사람들은 이것이 누구의 소행인지 알기 위해 대대적인 조사를 벌여 결국에는 범인을 찾아낸다.

개역개정 성경에서 "그들이 캐어물은 후에"(삿 6:29)라고 번역된 히브리어 어휘는 "바이드레슈 바예바크슈"(וַיִּדְרְשׁוּ וַיְבַקְשׁוּ)로 직역하면 "그들이 추적했고 찾았다"라는 의미다. 즉 성읍 사람들은 범인을 잡기 위해 필사적으로 매달리면서 탐문을 벌였고 끝까지 조사해서 마침내 범인을 밝혀낸 것이다. 그들은 신상을 파괴한 범인인 기드온을 붙잡아 죽이려고 한다. 이는 앞서 사사기 6:10에서 예언자가 "아모리 사람의 신을 두려워하지 말라"는 하나님의 명령을 전했음에도 그들이 여전히 이방 신들을 두려워하고 있다는 사실을 밝히 드러내 준다. 그들은 자신들이 섬기는 바알과 아세라를 기드온이 해코지했기에 신들이 그 성읍에 벌을 내릴 것으로 생각했을 가능성이 크다. 따라서 그들은 우상을 없앤 기드온을 자기들이 처단함으로써 문제를 해결하려 한다. 이스라엘 백성이 하나님의 명령에 따라 우상을 없앤 행동을 칭찬하는 것이 아니라 오히려 우상의 저주를 두려워하면서 우상을 없앤 사람을 죽이려 드는 이 장면도 아이러니하다.

성읍 사람들은 요아스에게 기드온이 죽어 마땅하다고 말하며 그를 끌어내라고 요구한다. 이스라엘 백성들의 요구에 요아스는 아들을 두둔하며 "너희가 바알을 위하여 다투느냐? 너희가 바알을 구원하겠느냐? 그를 위하여 다투는 자는 아침까지 죽임을 당하리라. 바알이 과연 신일진대 그의 제단을 파괴하였은즉 그가 자신을 위해 다툴 것이니라"(삿 6:31)라고 항변한다. 여기서 "다투다"로 번역된 히브리어 "리브"(ריב)는 주로 법정에서 시시비비를 가릴 때 사용되는 단어로 "논쟁하다"라는 의미가 있다. 즉 요아스는 성읍 사람들이 바알의 변호사를 자처하고 나서서 바알을 옹호하고 있다고 지적한 것이다. 또한 "구원하다"로 번역된 히브리어 "요시아"(יושיע)는 일반적으로 하나님이 이스라엘을 적의 손에서 구원하신다고 말할 때 사용하는 단어다. 그러므로 요아스는 바알이 참 신이라면 인간이 변호하거나 구원할 필요 없이 스스로 싸울 것이고 인간이 이 싸움에 끼어들면 오히려 해를 당할 수 있다는 논리를 펼친 것이다.

요아스는 자기 아들 기드온을 살리기 위해 바알이 참 신이라면 사람이 그를 위해 대신 싸울 필요가 없다고 사람들을 설득했다. 그런데 이런 그의 말은 결과적으로 이스라엘 백성과 바알에 대한 조롱으로 들린다. 이스라엘 백성이 이방 신인 바알을 위해 싸우려는 것도 웃기지만 인간이 신을 위해 싸우겠다는 것도 말이 되지 않기 때문이다. 우리는 전체적으로 볼 때 요아스가 매우 논리적이고 임기응변에 강한 인물이지만 동시에 자신의 필요에 따라 이 신 저 신을 섬기는 기회주의자임을 알 수 있다. 여기서 요아스는 의도적이든 그렇지 않든 간에 바알이 참 신인지 아닌지를 시험하는 상황을 초래했다.

d. 결말(삿 6:32): 여룹바알로 재탄생한 기드온

결국 요아스의 설득은 성공했고 기드온은 목숨을 건지게 된다. 그리고 기드온은 여룹바알이라는 새로운 이름을 통해서 바알과 싸우는 자라는 새로운 정체성을 갖게 되었다. 기드온은 이제 좋든 싫든 가나안의 신들과 싸워야 하는 운명을 짊어져야 한다. 이렇게 해서 기드온은 이스라엘 백성에게 하나님이 선택한 사사로 자리매김한다.

나. 에피소드 2(삿 6:33-7:14): 미디안과의 전쟁 준비

기드온 이야기의 "전개" 중 두 번째 에피소드는 기드온이 군사를 모아 전쟁을 준비하는 내용이다. 기드온은 에훗이나 드보라에 비해 전쟁에 나서기를 주저하는 모습이며 전쟁을 준비하는 기간도 긴 것으로 묘사된다. 드보라가 전쟁을 치렀을 때도 군사령관 바락이 주저하는 모습을 보였다. 하지만 그때는 지도자인 드보라가 신념이 확고하고 결단력이 있었기에 준비 기간이 길지 않았다. 반면 기드온의 경우는 지도자인 기드온이 마음을 먹고 나서기까지가 쉽지 않다.

a. 발단(삿 6:33-35): 전쟁을 위해 백성들을 모음

그동안 이스라엘을 괴롭히던 미디안, 아말렉, 동방 사람들이 또다시 요단강을 건너 이스르엘 평야에 진을 쳤다. 이럴 때면 이스라엘 사람들은 산지로 쫓겨날 수밖에 없었다. 하지만 이번에는 야웨의 영이 기드온에게 임했다. 여기서 야웨의 영이 임하는 방식은 옷을 입듯이 감싸는 것이다. 개역개정 성경에서 "임하다"로 번역된 히브리어 동사 "라바쉬"(לָבַשׁ)가 "옷을 입다"라는 뜻이기 때문이다. 참고로 옷니엘과 입다의 경우에는 "있다"라는 뜻의 동사 "하야"(הָיָה)가 사용되어 "야웨의 영이 있었다"라고 표현된다. 또한 삼손의 경우는 "돌진하다"라는 뜻의 동사 "찰라흐"(צָלֵחַ)가 사용되어 삼손이 야웨의 영에 강력하게 사로잡히는 모습을 표현한다. 이처럼 야웨의 영이 옷을 입는 방식으로 임했다는 표현은 후에 기드온이 에봇을 입는 모습과 연결되는 복선으로 해석되기도 한다.[8]

앞서도 살펴보았지만 사사기에서 어떤 사사에게 야웨의 영이 임하는 것은 그에게 전쟁을 수행할 수 있는 능력이 주어지고 야웨 하나님이 그와 함께하신다는 의미다. 그만큼 야웨의 영은 야웨의 전쟁에서 중요한 요소 중 하나다. 야웨의 영이 임한 기드온은 개전을 알리는 나팔을 불었다. 이에 그가 속한 아비에셀 가문이 먼저 기드온의 뒤를 따라나섰다. 그리고 기드온이 므낫세, 아셀, 스불론, 납달리 지파에 사자를 보내자 그 가운데서도 군사가 일어나 기드온을 사사로 인정하며 모여들었다.

---

8   전성민, 『사사기를 어떻게 읽을 것인가』(성서유니온, 2015), 111.

b. 전개(삿 6:36-7:8): 서로 시험하는 하나님과 기드온

전투를 앞둔 기드온은 다시 하나님을 시험한다. 이로 인해 전투는 뒤로 미루어진다. 군대를 소집한 기드온은 하나님께 확증을 요청하며 출정을 지체한다. 여기서 기드온이 "내 손으로 이스라엘을 구원하시려거든"(삿 6:36, 37)이라고 반복적으로 말하는 부분이 두드러진다. 그는 여전히 전쟁이 야웨의 손에 달려 있다는 사실을 온전히 인식하지 못한 것처럼 보인다. 그의 요청에는 자신이 나서야 전쟁을 치를 수 있으므로 자신을 구원자 즉 사사로 사용하시려면 좀 더 분명한 증거를 보여 달라는 자기 중심성이 묻어 있다. 또한 선뜻 나서지 못하고 확증을 달라고 재차 요구하는 기드온의 모습은 전쟁에 대한 두려움으로 드보라의 동행을 요구한 바락을 떠올리게 한다.[9] 여기서 우리는 다시 등장하는 두려움의 모티프를 확인하게 된다.

기드온은 양털 뭉치를 이용해 하나님을 두 번 시험한다. 첫 번째는 양털을 밤새 타작마당에 놓아두면 이슬이 양털에만 있고 주변 땅은 마르게 해달라는 것이었다(삿 6:37). 하나님은 기드온의 요청대로 양털에만 이슬이 가득하게 하셨다. 성경은 "양털에서 이슬을 짜니 물이 그릇에 가득하더라"(삿 6:38)고 표현하는데, 이는 하나님이 의심의 여지가 없을 만큼 확실하게 기드온의 요청에 응답하셨다는 의미다. 그런데도 기드온은 확신을 갖지 못한다. 아무래도 그는 양털이 원래 습기를 잘 흡수하는 성질이 있으니 이번에 양털이 물을 많이 품은 것은 자연현상으로 볼 수도 있다고 생각한 듯하다.

---

9   치좀은 기드온이 하나님의 명령을 바락보다 더 달가워하지 않았으며 이는 이스라엘 남성 지도자의 수준이 점점 낮아지고 있다는 증거라고 평가했다. Chisholm, *Judges and Ruth*, 279.

여전히 의심을 떨치지 못한 기드온은 반대로 양털은 마르고 이슬은 주변에 내리게 해달라고 요청한다. 그는 "이번만"이란 말을 반복해서 사용하면서 "노하지 마소서"라고 부탁하는 등 매우 간곡하고 조심스럽게 하나님께 아뢴다(삿 6:39). 여기서 우리는 기드온이 자신의 거듭되는 요청이 무례한 것으로서 하나님의 진노를 불러일으킬 만하다는 사실을 인식했음을 알 수 있다. 하지만 그러면서도 그가 하나님을 계속해서 시험한 것은 하나님께 대한 두려움보다 적에 대한 두려움이 더 컸기 때문이다. 이는 기드온이 아직 하나님을 전적으로 신뢰하지 못하고 있음을 보여준다. 이에 관해 엑섬(J. C. Exum)은 구약의 모든 인물 가운데 기드온보다 하나님의 확증을 받은 자도 없지만 그보다 더 의심을 드러낸 인물도 없다고 평가한다.[10] 이에 비해 하나님은 무한히 참으시면서 기드온의 무례한 요청을 말 그대로 다 들어주신다. 이번 시험에 대한 기드온의 반응은 본문에 언급되지 않았지만 기드온은 이로써 하나님에 대한 믿음을 굳게 다진 것으로 추측된다.

기드온이 양털 시험을 통해 하나님께 대한 확신을 가지자 이번에는 하나님이 기드온을 시험하며 전쟁을 지연시키신다. 여룹바알이라는 별명으로 불리는 기드온은 전쟁을 위해 소집한 군사를 데리고 길보아 산기슭에 있는 하롯 샘에 진을 친다. 미디안 족속과 동맹군은 그 반대편에 있는 모레산 앞 골짜기에 진을 치고 대치 중이었다. 적군이 북쪽에 자리한 이스르엘 골짜기까지 왔다는 것은 남쪽 지역인 가사 지역부터 이스라엘 땅을 점령하여 북쪽까지 그 영역을 넓혔다는 의미다.

---

10 C. Exum, "The centre Cannot Hold: thematic and textual instabilities in Judges," *CBQ* 52(1990), 416.

이스라엘 군대가 진을 친 하롯 샘은 "떨림의 샘"이란 뜻으로 이스라엘 자손의 두려운 마음과 잘 어울리는 듯하다.

이런 불리한 상황 속에서도 승리의 확신을 얻은 기드온은 비로소 전쟁에 나서려 한다. 하지만 이번에는 하나님이 제동을 거신다. 하나님은 기드온과 함께한 백성이 너무 많다는 것을 문제 삼으신다.

여호와께서 기드온에게 이르시되 "너를 따르는 백성이 너무 많은즉 내가 그들의 손에 미디안 사람을 넘겨주지 아니하리니 이는 이스라엘이 나를 거슬러 스스로 자랑하기를 내 손이 나를 구원하였다 할까 함이니라"(삿 7:2).

여기서 "나를 거슬러 스스로 자랑하다"로 번역된 어휘를 직역하면 "내 앞에서 스스로 으스대다"라는 의미다. 이 말씀은 사사기 6:36, 37의 "내 손으로 이스라엘을 구원하신다"라는 기드온의 말에 대한 반응이라고 볼 수 있다. 하나님은 기드온과 이스라엘 백성이 자신의 손으로 승리했다고 여기고 하나님 앞에서 으스대며 승리의 영광을 하나님이 아닌 자신들에게 돌릴까 봐 이를 방지하려 하신다.

사실 현재 상황에서 기드온의 군대 3만 2,000명도 "메뚜기의 많은 수와 같고 그들의 낙타의 수가 많아 해변의 모래가 많음 같은"(삿 7:12) 적군과 싸우기에는 역부족이다. 여전히 하나님이 같이 싸워주시지 않으면 힘든 전쟁일 수밖에 없다. 하지만 하나님을 바라보지도 않고 신뢰하지도 않는 이스라엘 백성들은 전쟁에서 승리하면 불리했던 상황을 기억하지 못하고 자신들의 힘으로 이겼다고 생각할 위험이 크다.

그렇기에 하나님은 전쟁이 하나님의 손에 달려 있으며 이스라엘이 가나안 땅에서 사는 것은 오직 당신의 은혜라는 사실을 깨닫게 하시려는 목적으로 군대의 숫자를 줄이라고 명령하신다.

군사를 줄이는 첫 번째 방법으로 "누구든지 두려워 떠는 자는 길르앗산을 떠나 돌아가라"는 명령이 떨어진다(삿 7:3). 이는 신명기 20:8의 "두려워서 마음이 허약한 자가 있느냐? 그는 집으로 돌아갈지니"라는 말씀을 떠올리게 하는 명령이다. 즉 하나님께 대한 확고한 신앙과 승리의 확신이 없는 사람들은 전쟁에 참여하지 말라는 것인데, 우리는 여기서도 두려움의 모티프를 다시 발견하게 된다. 이번에 문제시되는 것은 이스라엘 백성의 두려움이다. 하나님은 기드온의 두려움을 제거하신 것처럼 이번에는 이스라엘 백성 가운데 똬리를 튼 두려움을 없애려 하신다. 이 명령에 따라 돌아간 사람이 3만 2,000명의 군사 중 2만 2,000명이었고 1만 명만 남게 되었다. 이를 보면 이스라엘 백성의 3분의 2 이상이 야웨 하나님을 온전히 신뢰하지 못하고 두려워하던 기드온과 같은 상태였다는 사실을 알 수 있다.

그런데 하나님은 이렇게 남은 1만 명의 군사도 많다고 하신다. 기드온의 눈에는 확 줄어든 군대가 너무 적다고 느껴졌을 텐데 하나님의 눈에는 그렇지 않았다. 하나님께는 사람의 수가 많거나 적은 것이 전혀 문제가 아니다. 왜냐하면 어차피 전쟁은 이스라엘의 능력이 아니라 하나님의 권능에 달려 있기 때문이다. 그래서 하나님은 남은 군사를 한 번 더 시험하라고 요구하신다. 기드온이 하나님을 믿지 못해서 시험이 시작되었다. 하지만 이제는 하나님이 기드온과 이스라엘 자손들을 시험하신다.

하나님은 남은 1만 명을 물가로 데려가라고 명하신다. 그런데 하나님은 어떤 사람들을 선발할지 미리 밝히시지 않고 그곳에서 함께 갈 사람과 그렇지 않은 사람을 선별하겠다고 모호하게 말씀하신다. 즉 물가에서 상황을 보고 결정하시겠다는 것이다. 이런 하나님의 명령에 따라 기드온은 군사들을 데리고 물가로 가서 물을 마시게 한다. 그 모습을 보신 하나님은 무릎을 꿇고 개가 핥는 것처럼 물을 먹는 자와 무릎을 세우고 물을 손으로 떠서 마시는 자들을 구분하여 세우라고 명령하신다. 양쪽의 수를 세어보니 손으로 물을 떠서 마신 사람이 300명이고 나머지는 모두 무릎을 꿇고 마신 사람들이었다. 곧이어 하나님은 300명을 택하시고 나머지는 각각 자기 처소로 돌아가라고 명령하신다. 여기서 "자기 처소"는 고향 집이 아니라 근처의 군영이었을 것으로 추측된다. 왜냐하면 이들은 다시 부름을 받고 전쟁에 합세했기 때문이다(삿 7:23).

그동안 기드온의 용사 300명에 관한 많은 해석이 있어왔다. 그중 머리를 굽히거나 무릎을 꿇지 않는 것은 전사로서 경계를 늦추지 않는 좋은 자세이며 이 때문에 그들이 선택되었다는 해석이 오랫동안 가장 좋은 해석으로 여겨졌다.[11] 하지만 여기서 그들이 더 좋은 전사인지 아닌지는 중요하지 않다. 왜냐하면 이 300명의 역량이 아무리 뛰어나더라도 메뚜기나 모래처럼 많은 미디안 연합군을 이기기에는 턱없이 부족하기 때문이다. 따라서 하나님이 이들을 선택하신 이유는 단 하나, 이들이 소수 그룹이기 때문이었다고 보아야 한다. 지금 하나님은 백성이 너

---

11 클라인은 동물적 자세보다는 사람의 태도를 가진 사람을 선택했다고 해석하기도 했다(Klein, *The triumph of irony in the Book of Judges*, 57).

무 많다고 줄이시는 것이지, 좋은 전사를 선발하시는 것이 아니다.

하나님은 전쟁의 승패가 군사력의 강약이 아니라 오직 하나님의 뜻에 달려 있음을 이스라엘 자손에게 분명히 보여주기 원하셨다. 그래서 하나님은 3만 2,000명의 군사 중 100분의 1에 해당하는 300명만 남겨 두셨다. 사사기 7:8은 기드온에게 300명만 남았다는 사실을 언급한 후 곧바로 "미디안 진영은 그 아래 골짜기 가운데 있더라"고 기록한다. 이는 기드온이 남은 300명만을 이끌고 골짜기에 진을 친 미디안 연합군과 싸워야 한다는 극단적인 현실을 보여주며 이목을 집중시킨다.

c. 절정(삿 7:9-14): 미디안 병사의 꿈

그날 밤에 야웨 하나님은 기드온에게 나타나셔서 전투를 명하시며 승리를 약속해주신다(삿 7:9). 하지만 군사의 수가 줄어든 것 때문에 기드온은 두려움에 사로잡힌 듯하다. 야웨 하나님은 기드온의 두려움을 아시고 다음과 같이 말씀하신다.

> 10만일 네가 내려가기를 두려워하거든 네 부하 부라와 함께 그 진영으로 내려가서 11그들이 하는 말을 들으라. 그 후에 네 손이 강하여져서 그 진영으로 내려가리라…(삿 7:10-11).

여기서 다시 두려움의 모티프가 등장하고 이번에는 하나님이 직접 그 두려움을 해결할 방법을 알려주신다. 그런데 그 방법이 아이러니하다. 하나님의 말씀을 듣고도 두려워하던 기드온이 적의 말을 듣고 용감해진다는 것이기 때문이다. 기드온은 두려움을 극복하기 위해 하나님의 말씀에 따라 자신의 부하를 데리고 미디안 진영으로 들어간다. 사사기 7:12은 미디안과 아말렉과 동방의 모든 사람이 메뚜기처럼 많고 그들이 끌고 온 낙타가 해변의 모래처럼 많다고 묘사한다. 이는 기드온의 시각에서 바라본 현실로서 그가 왜 두려움에 빠졌는지를 알게 해준다. 하나님의 관점에서는 사람이 많고 적음이 전혀 중요하지 않지만 기드온에게는 여전히 사람의 수가 문제다. 단 300명으로 그 수를 다 헤아릴 수 없는 많은 적군을 상대해야 하는 기드온은 두려움을 떨쳐내기 힘들었다. 그런 그의 한계를 아시는 하나님은 그에게 새로운 확신을 주기 위해 그를 미디안 진영으로 보내신다.

기드온이 미디안 진영에 접근했을 때, 그는 "때마침"(הִנֵּה[히네]) 미디안 군사 둘이 꿈에 관해 이야기하는 것을 듣게 된다. 하나님이 기드온을 위해 준비하신 장면이 펼쳐진 것이다. 미디안 군사들은 기드온이 숨어들었다는 사실을 눈치채지 못한 채 그들만의 이야기를 주고받는다. 그중 한 병사는 동료에게 묻는다. 자신의 꿈에서 보리떡 한 덩어리가 미디안 진으로 굴러 들어와서 장막을 무너뜨렸는데 그것이 무엇이냐는 것이다. 사사기 7:13의 후반부는 보리떡의 움직임을 연속되는 동사를 통해 자세하게 설명한다.

…보리떡 한 덩어리가 미디안 진영으로 굴러 들어와 한 장막에 이르러 그것을 쳐서 무너뜨려 위쪽으로 엎으니 그 장막이 쓰러지더라(삿 7:13).

히브리어 본문을 살펴보면 여기에 사용된 동사는 "바브 연속법"으로 미완료형으로 이어지면서 한 장면 한 장면을 묘사하다가 마지막에는 완료형을 사용해 결론적으로 쓰러졌다는 사실을 강조한다. 이런 묘사는 야엘이 시스라를 죽이는 장면에서 행동 하나하나를 자세히 설명하는 것과 유사한 방식으로서 장막이 무너지는 것에 관한 매우 극적인 표현이다.[12]

꿈 이야기를 모두 들은 다른 병사는 그 보리떡은 기드온의 칼이며 하나님이 미디안과 그 모든 진영을 그의 손에 넘겨주셨다는 의미라고 풀이한다(삿 7:14). 이런 해몽은 상식적으로 말이 되지 않는다. 보리떡이 기드온의 칼이라는 근거가 본문에 전혀 나오지 않기 때문이다. 하지만 이런 비상식적 상황은 하나님이 적군 병사의 입을 통해 기드온에게 확신을 심어주기 위해 만들어내신 것이다. 아이러니하게도 기드온은 하나님이 주신 여러 증거에도 믿지 못하며 두려워했으나 미디안 사람의 짧은 대화를 듣고 깊은 확신을 얻는다. 그만큼 기드온과 이스라엘이 하나님을 믿지 못했기에 하나님은 적의 입을 통해 말씀하시는 극단적인 방법을 사용하실 수밖에 없었다.

이렇게 길고 긴 설득과 시험의 과정을 거쳐서 드디어 기드온은 출전 준비를 모두 마친다. 다른 사사들과 달리 전쟁에 나서기까지 이처럼 긴 과정이 필요한 것은 기드온이 그 정도로 이전의 사사들에 비해 믿음이 약하다는 사실을 드러내준다. 그런데도 하나님은 그분의 백성에게 당신이 어떤 분이신지 알게 하려고 오래 인내하며 하나씩 가르쳐주시는 자비로운 분이시다.

---

12 전성민, 『사사기를 어떻게 읽을 것인가』, 123.

d. 결말(삿 7:15a): 야웨를 믿음

여전히 전쟁에 대한 두려움을 가지고 있던 기드온은 하나님이 미디안
을 그의 손에 넘겨주셨다는 미디안 병사의 말을 듣고 드디어 하나님의
말씀을 온전히 신뢰하게 되었다. 이런 그의 신뢰는 하나님을 경배하는
것으로 나타난다.

4) 절정(삿 7:15b-25): 야웨의 전쟁

미디안 병사의 말로 인해 확신을 갖게 된 기드온은 진영으로 돌아와
서 담대하게 개전을 지시한다. 여기서 "일어나라"는 표현은 전쟁의 맥
락에서 전투의 시작을 알리는 명령어다. 앞서 사사기 4:14에서 바락
이 이끄는 이스라엘 군대가 적진으로 내려가기 시작할 때도 드보라
가 "일어나라"고 명령했다. 기드온은 "일어나라"는 명령을 내린 뒤 야
웨 하나님이 "미디안과 그 모든 진영을 너희 손에 넘겨주셨느니라"고
말하며 승리의 약속을 백성들에게 전달한다. 그는 이런 선언들을 통
해 이 전쟁이 야웨의 전쟁임을 확정한다. 그는 300명의 병사를 세 개
의 그룹으로 나누어 한 손에는 나팔을, 그리고 다른 한 손에는 횃불
을 감춘 빈 항아리를 들게 한다. 전투에 나서면서 칼이나 활 등의 무
기가 아니라 나팔과 항아리, 횃불 등을 준비하는 것은 상식적이지 않
다. 하지만 야웨의 전쟁은 칼이나 창과 같은 무기에 달려 있는 것이 아
니다.

그런데 사사기 7:17-18은 기드온이 백성들에게 명령한 말을 직접화
법으로 전해주면서 그가 무엇을 말하고 싶은지를 분명하게 드러낸다.

17그들에게 이르되 "너희는 나만 보고 내가 하는 대로 하되 내가 그 진영 근처에 이르러서 내가 하는 대로 너희도 그리하여 18나와 나를 따르는 자가 다 나팔을 불거든 너희도 모든 진영 주위에서 나팔을 불며 이르기를 '여호와를 위하라, 기드온을 위하라' 하라" 하니라(삿 7:17-18).

기드온의 말을 자세히 살펴보면 "나"라는 주체가 자주 등장하면서 강조된다는 느낌이 든다. 그리고 기드온은 그의 군사들에게 야웨 하나님만이 아니라 "기드온을 위하라"라는 구호를 외치라고 요구한다. 그는 전쟁의 모든 영광을 온전히 하나님께 돌리는 것이 아니라 자신의 이름을 외치게 함으로써 스스로 영광을 얻으려 한다. 이런 기드온의 모습은 온전히 야웨 하나님께만 승리의 영광을 돌린 드보라와 극명하게 대조된다.

긴 준비 과정을 뒤로하고 기드온은 드디어 전투에 돌입한다. 기드온과 그의 군대는 파수꾼이 교대하는 한밤중에 미디안의 진 근처로 이동한다. 사사기 7:19에서 "이경 초"라고 번역된 말은 원래 "가운데 시간의 시작"이라는 의미로 "한밤중의 처음 시간"이라고 말할 수 있다. 우리말에서는 "이경"이 밤 9-11시를 말하기 때문에 우리는 기드온이 미디안 진영으로 내려간 시간을 대략 밤 9시 정도로 생각하게 된다. 하지만 "한밤중의 처음 시간"은 정확하게 10-11시경이라고 해야 할 것이다.

기드온과 군사들은 어둠에 의지해 은밀하게 적진 근처까지 다가가서 보초가 교대하는 어수선한 틈을 타서 공격을 시작한다. 그들의 공격은 나팔을 불고 항아리를 깨며 "야웨와 기드온의 칼"이라고 외치는 것이었다. 기드온이 직접 통솔하는 병사 100명의 행동을 따라서 나머지 분대도 나팔을 불고 항아리를 부수어 횃불을 밝히는 동시에 "야웨와 기드온의 칼"이라고 외쳤다. 그들은 기드온이 명령한 대로 야웨와 함께 기드온의 이름을 드높이며 횃불을 들고 나팔을 불며 제자리에 서 있었다. 보통 전투에서는 선발대가 횃불을 들고 나팔을 불며 나타나면 그 뒤로 본대가 뒤따르는 전법을 사용한다. 그래서 미디안의 연합군은 자신들이 사방에서 포위를 당한 채 수많은 적에게 기습을 당했다고 생각했을 것이다.

기드온의 작전은 성공적이었다. 제자리에 그대로 서 있던 기드온의 군사들과는 대조적으로 미디안 연합군은 뛰어다니며 소리 지르고 도망하는 등 극심한 혼란에 빠진다. 사사기 7:21은 "서 있다"와 "달리다, 소리 지르다, 도망하다"라는 단어를 대조시키면서 이런 상황을 부각해서 보여준다. 야웨 하나님은 이렇게 혼란에 빠진 미디안의 군사들이 칼로 서로를 치게 하셨다(삿 7:22). 아무리 메뚜기 떼와 같이 많은 군사라도 자신들끼리 싸우기 시작하면 아무런 힘도 발휘할 수 없다. 결국 하나님은 자중지란을 통해 미디안 연합군의 주력 부대를 무력화시키셨다.

막강한 전력으로 이스라엘을 압박하던 미디안 연합군이 그 우세한 전력을 가지고 아군끼리 살상을 저지르는 모습은 통쾌하기까지 하다. 미디안 연합군의 패잔병들은 도망 길에 올라 요단 동쪽에 있는 본거지로 돌아가기 위해 요단 나루로 향한다. 그들이 물러난 곳으로 기록된 벤 싯다와 아벨므홀라는 모레산에서 요단강 쪽으로 가는 길에 있는 도시들의 이름이다. 즉 그들은 요단강을 건너는 것만이 살길이라고 생각하고 필사적으로 퇴로를 확보하려 한 것이다. 이처럼 메뚜기 떼 같이 많던 미디안의 군대는 하나님의 손에 의해 순식간에 가나안 땅에서 쫓겨나게 되었다.

기습적인 기만 작전을 통해 미디안의 기선을 제압한 후 기드온은 납달리, 아셀, 온 므낫세에서 이스라엘 백성들을 불러 적군을 추격하게 했다. 그리고 마지막으로 에브라임 사람들에게도 사자들을 보내어 전쟁에 참여할 것을 독려하고 특별히 요단 나루를 선점하라는 임무를 준다. 개역개정 성경에서 "수로"(삿 7:24)로 번역된 단어는 원래 요단 나루를 의미한다. 미디안의 침략군을 섬멸하기 위해서는 퇴각하는 잔당을 소탕해야 하는데 이때 요단 나루를 점령하는 일이야말로 매우 중요한 사안이었다. 앞서 에훗이 이끈 전쟁에서도 요단 나루를 먼저 점령하고 퇴로를 막았기에 모압의 주둔군을 전멸시킬 수 있었다.

에브라임 사람들은 기드온의 명령에 따라 요단 나루를 점령했다. 그들은 길목을 지키면서 미디안의 두 방백인 오렙과 스엡을 죽일 수 있었다. 그리고 요단강을 건너 도망간 미디안의 패잔병들을 끝까지 추격하며 섬멸전을 펼쳤기 때문에 전쟁은 요단강 서편에서 마무리되었다. 그들은 오렙을 죽인 바위를 오렙 바위, 스엡을 죽인 포도주 틀을 스엡 포도주 틀이라고 부르며 자신들의 업적을 기념했다. 그들이 미디안의 방백을 죽인 것은 야엘이 그랬듯이 전쟁의 영광을 얻은 것이었다. 여기서 포도주 틀은 전쟁의 처음과 마지막을 나타내는 상징처럼 사용된다. 기드온이 적의 감시를 피해 곡식을 타작하던 곳이 이제 적장을 죽인 곳이 되었기 때문이다. 에브라임 사람들이 적의 방백들을 죽이고 그들의 머리를 기드온에게 가져와 승리를 보고함으로써 전쟁은 일단락된다. 이처럼 하나님은 또다시 이스라엘의 부르짖음을 들으시고 사사를 세워 이스라엘을 압제자의 손에서 구원해주셨다.

한편 몇몇 학자는 기드온이 다른 지파 사람들을 불러 잔당을 추격한 것에 관해 부정적으로 평가하기도 한다.[13] 하지만 앞서 에훗도 자신이 결정적인 작전을 성공시킨 후 이스라엘 백성들을 불러 함께 전쟁을 치렀다.[14] 드보라도 마찬가지다. 그녀는 주요 전투 이후에 이어진 전투에서 다른 지파들을 불러 함께 싸웠다는 내용을 노래에 남겼다. 따라서 전쟁에 다른 지파를 참여시킨 것을 부정적으로 볼 필요가 없다.

5) 결말(삿 8:1-27)

기드온 이야기의 결말 부분은 전쟁에서 승리한 후 벌어지는 뒷수습에 관한 내용이다. 총 4개의 에피소드가 이 이야기의 결말을 구성한다.

가. 에피소드 1(삿 8:1-3) 에브라임 지파와 기드온의 갈등

맨 마지막에 전쟁에 참여해서 오렙과 스엡을 죽인 에브라임 사람들은 기드온에게 자신들을 일찍 부르지 않았다고 시비를 건다. 이는 사사기 내에서 같은 이스라엘 사람끼리 갈등이 발생한 첫 번째 사건이다. 에브라임 지파는 북쪽 지파 중에서 힘과 영향력이 가장 센 지파였다. 그

---

13 Klein, *The triumph of irony in the Book of Judges*, 57-58; Block, *Judges, Ruth*, 283.

14 영거도 에훗이 다른 지파를 부른 것을 예로 들며 부정적으로 보는 것을 반대한다(K. Lawson Younger, *Judges / Ruth*[Zondervan, 2002], 196, n. 49).

런 그들이 자신들을 무시했다고 항의하며 무력을 행사하려 한다. 에브라임 사람들이 기드온과 크게 "다투었다"(삿 8:1)고 할 때 사용된 히브리어 동사 "리브"(ריב)는 "논쟁하다" 혹은 "말다툼하다"라는 뜻이 있다. 그리고 "크게"로 번역된 "베호즈카"(בְּחָזְקָה)는 "강하게" 혹은 "폭력적으로"라는 뜻이 있다. 이런 어휘들은 에브라임 사람들이 무력을 앞세워 기드온을 압박했다는 사실을 알게 해준다.

기드온은 처음에 므낫세 이북에 있는 아셀, 스불론, 납달리 지파만 불렀다가 나중에 병력이 부족해지자 에브라임 지파에 도움을 요청한 것으로 보인다. 그런데 에브라임의 항의 이면에는 전쟁에서 이긴 후 주어지는 전리품을 더 많이 챙기기 위한 욕심이 숨어 있는 듯하다. 당시에는 전쟁에 참여한 사람들이 각기 기여도에 따라 땅이든 물품이든 전리품을 얻어가는 것이 상식이었다. 그러므로 상대적으로 늦게 참여한 에브라임은 분배받을 전리품이 적을 수밖에 없었다. 이런 상황에서 그들은 왜 처음부터 자신들을 부르지 않았느냐고 항의하면서 자신들의 몫을 더 내놓으라고 기드온을 위협하는 것이다. 지금 에브라임 지파는 희생은 별로 하지 않으면서 큰 성과만 챙기려는 모습을 보이고 있다.

하지만 기드온은 그들에게 "내가 이제 행한 일이 너희가 한 것에 비교되겠느냐? 에브라임의 끝물 포도가 아비에셀의 만물 포도보다 낫지 아니하냐?"고 응답한다(삿 8:2). 여기서 "만물 포도"로 번역된 "올렐로트"(עֹלֵלוֹת)는 "올리브나 곡식을 주워 모은 것"이란 뜻으로 별로 노력을 들이지 않고 얻는 수확물을 의미한다. 그리고 "끝물 포도"로 번역된 "바치르"(בָּצִיר)는 "포도 수확"을 뜻하는데 이는 제대로 포도를 수확하는 행동을 의미한다. 그러므로 기드온은 "에브라임이 제대로 얻은 수확이 아비에셀이 힘들이지 않고 얻은 수확보다 좋지 않으냐?"라고 물은 셈이다. 이는 기드온이 자신의 전공은 깎아내리는 반면 오렙과 스엡을 처단한 에브라임의 업적은 추켜세워 준 것이었다. 여기서 우리는 기드온이 힘센 상대와의 갈등을 온화한 말로 해결하는 탁월한 외교 능력이 있었다는 사실을 알 수 있다. 이처럼 내부의 갈등이 살짝 드러났음에도 요단강 서편에서 벌어진 미디안과의 전쟁은 성공적으로 마무리된 것으로 보인다.

사실 기드온의 이야기가 여기서 끝난다면 기드온은 드보라처럼 위대한 사사로 기억되었을 것이다. 그는 처음에 의심이 많고 두려움에 빠져 주저하는 인물이었지만 결국에는 야웨의 전쟁을 훌륭하게 수행해낸 빼어난 사사였다. 그런데 이야기는 여기서 끝나지 않는다. 요단강 동편으로 진출한 기드온은 점점 한계를 드러내며 이상한 모습으로 변해간다.

나. 에피소드 2(삿 8:4-17): 숙곳 및 브누엘 사람들과 기드온의 갈등

사사기 8:4을 보면 기드온이 전쟁을 계속 이어가려 했다는 사실을 알 수 있다. 그와 그를 따르는 300명의 군사는 큰 전쟁을 치른 뒤 지친 상태였지만 요단강을 건너 추격전을 펼친다. 그런데 지금부터의 전쟁은 야웨의 전쟁이라기보다는 개인적인 영광과 복수를 위한 전쟁인 듯하다.

기드온과 300명의 군사가 요단강을 건넌 것은 미디안 왕 세바와 살문나를 잡기 위해서였다. 그들은 매우 피곤하고 지친 상태였기에 요단강과 멀지 않은 숙곳에서 도움을 얻으려고 했다. 기드온은 숙곳 사람들에게 자신들의 상황을 알리고 먹을 것을 달라고 정중하게 요청한다. 그리고 좀 더 호의를 얻기 위해서 자신들이 미디안의 왕 세바와 살문나의 뒤를 추적하는 중이라고 설명한다. 그는 자신들이 이스라엘의 적을 치기 위해 애쓰고 있다는 사실을 알리면 쉽게 도움을 받을 수 있으리라고 생각했다. 하지만 숙곳의 방백들이 보인 반응은 기드온의 예상을 완전히 벗어났다. 그들은 수사 의문문을 사용해 세바와 살문나가 기드온에게 잡힌 것이 아니기에 음식을 줄 수 없다고 거절한다. 숙곳은 갓 지파에 속한 성읍으로 그 이름말은 "쉼터"라는 뜻이다. 기드온은 그 쉼터에서 양식을 얻고 휴식을 취할 것으로 기대했지만 단박에 거절당하고 만다.

숙곳의 방백들이 보인 냉대에 화가 난 기드온은 "여호와께서 세바와 살문나를 내 손에 넘겨주신 후에 내가 들 가시와 찔레로 너희 살을 찢으리라"(삿 8:7)고 말하며 잔인한 복수를 맹세한다. 기드온은 자신이 지금 이스라엘의 원수인 세바와 살문나의 싹을 잘라 다시는 이스라엘을 넘보지 못하게 하려고 피곤함과 힘든 것도 무릅쓰고 추적하고 있는데, 정작 동족들이 자신을 돕지 않는다는 사실에 불같이 화를 내며 하나님의 이름을 걸고 사적인 복수를 다짐한다. 이런 기드온의 판단과 맹세는 전쟁과 복수가 자신의 손에 달려 있다고 생각하는 그의 속내를 드러내 준다.

기드온은 자신의 요청을 거부한 숙곳을 떠나 좀 더 동쪽에 있는 브누엘로 간다. 브누엘은 브니엘이라고도 불리는 성읍으로 야곱이 하나님을 만나 씨름한 곳으로 유명하다. 그는 그곳에서도 숙곳에서와 똑같이 도움을 요청한다. 그런데 브누엘 사람들의 대답도 숙곳 사람들의 대답과 같았다. 이에 기드온은 또다시 자신이 평안히 돌아오게 되면 브누엘 망대를 헐겠다며 복수를 맹세한다.

이렇게 숙곳 사람들과 브누엘 사람들이 기드온의 요청을 거부한 이유는 무엇일까? 아무래도 이 두 성읍이 미디안 군대가 주둔한 갈골과 지리적으로 멀지 않기에 기드온이 전쟁에서 패하면 기드온을 도운 자신들이 보복당할 수 있다고 보았기 때문인 듯하다. 하지만 궁극적으로는 그들이 기드온과 함께하시는 하나님을 믿지 못하고 기드온을 자신의 구원자로 인정하지 않은 까닭이다. 그 결과 그들은 미디안 군대를 더 두려워할 수밖에 없었다.

그런데 기드온이 자신을 믿지 않으며 돕지도 않은 숙곳과 브누엘 사람들에게 복수를 맹세한 것은 하나님의 사람으로서 하지 말아야 할 옳지 않은 행동이었다. 원수 갚는 것은 철저히 하나님의 손에 달려 있기 때문이다. 앞서 드보라는 전쟁에 참여하지 않은 지파를 비난하며 하나님의 사자가 전해준 저주를 퍼부으면서도 자신이 직접 원수를 갚겠다고 나서지는 않았다. 다윗도 자신을 부당하게 대우하며 무시한 나발을 죽이겠다고 군사를 이끌고 나섰지만 직접 원수를 갚지 말라는 아비가일의 지혜로운 말을 듣고 행동을 멈추었다. 이처럼 원수 갚는 것은 야웨의 손에 달려 있는데도 기드온은 자신을 박대한 동족에게 자기 손으로 직접 원수를 갚겠다고 맹세하는 실수를 범한다.

기드온은 미디안과의 전쟁에서 승리를 맛본 이후 야웨 하나님이 그와 함께하심을 과신하며 하나님이 주신 능력을 개인적인 복수에 사용한다. 그가 요단강 동편에서 벌인 전쟁에 야웨의 지시나 명령이 등장하지 않는 것은 이 전쟁이 개인적인 복수극으로 변했다는 사실을 보여준다. 여기서 기드온의 미숙한 신앙이 다시 나타나기 시작한다. 이전에는 미숙한 신앙이 두려움이란 형태로 나타났다면 이제는 "권력"이란 형태가 새로운 문제로 대두한다.

기드온이 계속해서 추적해오는 동안 세바와 살문나는 1만 5,000명의 남은 군사들을 모아 갈골에 진을 쳤다. 갈골은 암몬 지경으로서 미디안으로 가는 길목에 있는 성읍이었다. 사사기 8:10은 동방 사람의 모든 군대 중에 칼 든 자 12만 명이 죽었고 겨우 10분의 1 정도 되는 1만 5,000명이 남았다고 기록한다. 여기서 "칼 든 자"는 군인을 뜻하는 말이며 그중 12만 명이 죽었다는 것은 야웨 하나님이 기드온을 통해 엄청난 전과를 세우셨음을 알게 해준다. 요단강을 건너 갈골에 진을 친 미디안의 패잔병들은 자신들이 무사히 도망했다고 생각하고 안심하며 쉬고 있었다. 하지만 기드온은 미디안의 진지를 급습해서 그들의 왕인 세바와 살문나를 사로잡고 온 진영을 격파했다. 이번 전투의 방식은 앞서 사사기 7장에서 기드온이 300명의 군사를 데리고 한밤중에 미디안의 진영에 쳐들어간 것과 유사하다. 하지만 여기서는 하나님이 함께하셨다는 표현이 나오지 않는다.

결과만 놓고 보면 기드온과 300명의 군사는 이번 추격전에서도 엄청난 성공을 거두었으며 이로써 미디안과의 전쟁은 이스라엘의 완벽한 승리로 막을 내리게 되었다. 그런데 전장에서 돌아오던 기드온은 숙곳 근처에서 소년 하나를 잡아 숙곳의 장로들과 방백들의 명단을 확보한다. 이런 기드온의 행동은 사사기 1장에서 요셉 가문의 정탐꾼들이 벧엘에서 나오는 사람을 잡아 그에게 성읍의 입구를 물었던 것과 유사하다. 하지만 차이점이 있다. 요셉 가문의 정탐꾼들은 기업으로 받은 가나안의 성읍을 점령하기 위해, 성읍에서 나오는 사람(어른)을 만나 정중하게 입구를 알려달라고 요청하며 그를 선대해주겠다고 약속한다. 그런데 기드온은 이스라엘 동족이 사는 성읍을 공격해 개인적 복수심을 충족시키려고 힘없는 소년을 정보원 삼아 강제로 입을 열게 하고 그에 대해 어떤 보상도 하지 않는다. 개역개정 성경에서 기드온이 "한 소년을 잡아 심문하매"라고 번역된 부분은 원래 히브리어 동사 "라카드"(לכד)와 "샤알"(שׁאל)로 표현되었다. 이 동사들은 "사로잡다"와 "묻다"라는 뜻으로 기드온이 소년을 강제로 잡아 정보를 캐내는 폭력적인 상황을 묘사한다. 사사기 1장과의 이런 대조는 기드온의 행동을 부정적으로 해석하게 한다.

정보를 얻은 기드온은 숙곳으로 가서 그곳 사람들에게 그들이 이전에 했던 말을 토씨 하나 틀리지 않고 그대로 반복하면서 그들의 말이 자신을 조롱한 것이라고 비난한다. 그 후에 기드온은 사로잡은 세바와 살문나를 그들에게 보여주며 전에 맹세한 복수를 실행에 옮긴다. 그는 성읍의 장로들을 잡아서 들 가시와 찔레로 때리는 끔찍한 폭력을 통해 세겜 사람들에게 자신을 조롱하거나 무시하면 안 된다는 교훈을 준다.

그리고 기드온은 브누엘로 발길을 옮긴다. 거기서도 그는 자신이 맹세한 대로 망대를 헐어버린다. 그뿐 아니라 브누엘 사람들을 죽이기까지 한다. 기드온의 폭력성은 점점 더 심해져서 이번에는 복수를 위해 동족을 죽이는 일을 서슴지 않는다. 이런 그의 모습은 에브라임 지파의 도발에도 흥분하지 않고 부드럽고 겸손하게 대하던 모습과는 딴판이다. 즉 기드온은 힘 있는 자 앞에서는 약하고, 힘없는 약한 사람들

앞에서는 강하게 행동한다.

기드온이 자신을 적대하는 자들을 응징하는 과정에서 등장하는 "가시"나 "망대"와 관련한 이야기는 그의 아들 아비멜렉 때에 극적으로 더 강화되어 등장한다. 이는 기드온에게서 시작된 복수의 모티프가 아비멜렉에게서 절정을 이룬다는 사실을 보여주는 기능을 한다.

다. 에피소드 3(삿 8:18-21): 기드온이 형제들에 대한 복수로 세바와 살문나를 죽임

기드온은 사로잡은 세바와 살문나를 심문하면서 그들이 기드온의 형제들을 죽였다는 사실을 알게 된다. 이때 세바와 살문나는 기드온의 형제들이 "너와 같아서 하나같이 왕자들의 모습과 같더라"(삿 8:18)라고 말한다. 이는 기드온과 기드온의 가문이 왕족처럼 살고 있었음을 암시한다. 여기서 처음으로 사사기에 왕의 모티프가 등장한다.

세바와 살문나가 자기 형제들을 죽였다는 사실을 알고 기드온은 야웨의 이름을 걸고 세바와 살문나를 죽이기로 맹세한다. 기드온은 계속해서 자신의 복수를 위해 야웨의 이름으로 맹세하는데 이런 맹세는 자신의 권력과 욕심을 위해 야웨를 이용하는 행동이지 결코 신앙적으로 올바른 행동이 아니다. 이는 자신의 장자 여델을 내세워 세바와 살문나를 죽이려 하는 기드온의 행동에서 더욱 분명하게 드러난다. 하지만 여델은 두려워하면서 칼도 제대로 빼지 못한다. 여기서 다시 두려움의 모티프가 등장한다. 처음 전쟁에 나와 칼을 잡아보는 기드온의 어린 아들은 두려워하면서 적장을 처단하기를 주저한다. 이처럼 기드온의 아들이 두려워하는 모습은 처음에 미디안을 치라는 명령을 받았을 때 두려워 떨던 기드온의 모습을 연상시킨다. 그리고 이 모습은 이제 더

는 두려울 것이 없는 인물로 변한 기드온의 모습과 대조된다.[15]

기드온이 여델에게 세바와 살문나를 죽이라고 명령한 데는 세 가지 정도의 이유가 있다. 첫째, 장자 여델을 후계자로 생각하고 적장을 죽이는 영예를 주기 위함이다. 둘째, 세바와 살문나를 불명예스럽게 죽이기 위함이다. 당시는 전쟁에서 전사가 누구의 손에 죽느냐의 문제가 그의 명예와 관련해 중요시되었다. 예를 들어 시스라가 가정주부인 야엘의 손에 죽은 것은 전사로서 지극히 수치스러운 일을 당한 것이었다. 이는 사사기 9장에서 아비멜렉이 당하는 죽음에서도 분명하게 드러난다. 셋째, 기드온은 세바와 살문나를 모욕적으로 죽이기 위함이다. 이에 대해 세바와 살문나는 기드온에게 용사답게 일어나서 우리를 치라고 말하면서 마지막 자존심을 보여준다. "사람이 어떠하면 그의 힘도 그러하니라"(삿 8:21)라는 말은 직역하면 "사람이라면 그의 힘도 그와 같을 것이다"라는 의미다. 기드온이 용사라면 그의 힘도 용사처럼 강할 것이니 용사답게 죽여달라고 말하는 것이다.

기드온이 세바와 살문나를 죽인 것은 그들이 자신의 형제들을 죽인 것에 대한 개인적 원수를 갚기 위함이었다. 이제 기드온은 야웨가 주신 힘을 개인적 원한을 갚거나 권력을 휘두르는 데 사용하는 모습을 보인다. 더 나아가 기드온은 그들을 죽인 뒤 그들의 낙타 목에 걸려 있던 초승달 장식을 전리품으로 취한다. 이 장신구들은 왕의 말이나 낙타에 매다는 장식품으로서 이런 기록들은 기드온이 왕처럼 행동하고 있음을 드러내준다.

---

15 참조. Webb, *The Book of Judges*, 259-60.

라. 에피소드 4(삿 8:22-23): 왕이 되어달라는 요청을 거절하는 기드온

전쟁이 끝나자 백성들은 기드온이 이스라엘을 구원했다고 칭송한다. 그들은 야웨 하나님이 아니라 기드온이 이스라엘을 구원했다고 생각하는데, 그 이유는 기드온이 온전히 하나님께 영광을 돌리지 않았기 때문이었다. 그렇기에 이스라엘 백성은 더 나아가서 기드온에게 "당신과 당신의 아들과 당신의 손자가 우리를 다스리소서"(삿 8:22)라고 요청한다. 즉 기드온 왕조를 세우라는 것이다. 사사기에서 이스라엘의 왕정이 논의되는 것은 이곳이 처음이다. 하지만 왕이 되어달라는 백성의 요구에 기드온은 "야웨가 너희를 다스리실 것이다"라는 말로 거절한다(삿 8:23). 이때 "다스린다"는 말은 왕이 통치한다는 의미로, 기드온은 여기서 분명히 하나님이 이스라엘을 다스리는 왕이시라고 선언한다.

그런데 왕이 되어달라는 백성들의 요청을 거절한 기드온은 그 대신에 미디안 사람들에게 전리품으로 얻은 귀고리를 달라고 말한다(삿 8:24). 사사기 화자는 기드온이 왜 귀고리를 요청했는지 설명한다. 그것은 당시 미디안 사람들이 금으로 만든 귀고리를 하고 다니는 풍습이 있었기 때문이었다. 즉 기드온은 왕이라는 명예 대신 재물이라는 실질적인 이득을 취한 것이다. 백성들은 기드온의 요청에 대해 기꺼이 그렇게 하겠다고 대답하며 자신들이 탈취한 귀고리를 모아서 기드온에게 주었다. 그 금의 양은 1,700세겔로 대략 20킬로그램 정도였다. 이렇게 기드온은 백성들로부터 막대한 재산을 얻게 되었다.

기드온은 금뿐 아니라 초승달 장식들과 패물 및 미디안 왕들이 입었던 자색 옷과 낙타의 장신구 등도 얻었다. 사사기의 화자가 여기서 언급하는 품목들은 주로 왕들이 사용하는 물건이며 특히 자색 옷은 오직

왕들이 입는 복장이었다. 이런 모습을 보면 기드온이 말로는 왕이 되지 않겠다고 했지만 실제로는 왕이 되고 싶어 했다는 사실을 알 수 있다. 그리고 이후의 행적을 보면 그가 왕처럼 살다가 죽었다는 사실만은 분명해 보인다.

기드온은 전쟁에서 얻은 금을 가지고 에봇을 만들어 자기 성읍에 두었다. 원래 에봇은 금실과 은실 등으로 만들어 대제사장이 입는 조끼 같은 예복으로, 우림과 둠밈을 통해 하나님의 뜻을 알고 싶을 때 사용한다. 그런데 기드온은 성막에서 대제사장만이 사용해야 할 성물을 사사로이 만들어 자기 집에 두었고 백성들이 그것을 음란하게 위하게 되는 빌미를 제공했다. 이런 배교 행위에 관해 사사기 화자는 이것이 "기드온과 그의 집에 올무가 되었다"고 표현한다(삿 8:27). 여기서 "올무"라고 번역된 히브리어 "모케쉬"(מוֹקֵשׁ)는 다른 우상을 섬길 때 언급되는 단어다(신 7:16; 삿 2:3). 즉 이 어휘는 기드온 가문이 우상숭배자가 되었다는 사실을 말해준다.[16]

기드온은 이제 예전에 바알과 아세라 우상을 없애면서 버렸던 종교적·경제적 권력을 다시 잡게 되었다. 그런데 이전에 섬기던 바알과 아세라는 그것이 우상임을 어렵지 않게 알 수 있었다. 하지만 에봇을 섬기는 것은 마치 야웨를 섬기는 것처럼 보이기에 더 위험했다. 이전엔 바알과 아세라의 이름으로 돈과 권력을 잡았던 기드온이 이젠 야웨의 이름으로 돈과 권력을 차지한다. 자기 아버지의 집에 있던 우상들을 없애면서 시작된 기드온의 사역은, 아쉽게도 이처럼 자기 집에 우상을

---

16 Chisholm, *Judges and Ruth*, 292.

세우고 자신뿐만 아니라 이스라엘 백성 모두가 우상숭배의 죄를 저지르게 하는 모양으로 귀결된다.

전체적으로 보면 기드온의 사역에 관한 평가는 긍정적인 부분과 부정적인 부분으로 나눌 수 있다. 긍정적으로 보면 기드온은 비록 의심으로 시작했지만 하나님의 말씀에 순종함으로써 이스라엘을 미디안의 손에서 성공적으로 구원하는 큰 업적을 이룬 위대한 사사였다. 하지만 하나님께 대한 찬양으로 끝나는 드보라 사사의 이야기와는 달리 기드온의 이야기는 개인적인 복수와 동족 간의 갈등, 왕정의 요구와 우상숭배의 문제 등 부정적인 결말을 보여준다.

3. 에필로그(삿 8:28-35)

사사기 8:28-35은 기드온 이야기의 에필로그로서 평안의 보고와 기드온의 말년에 관한 기록으로 구성된다. 사사기 8:28은 그 땅이 40년간 평온했다고 보고한다. 기드온이 이끈 전쟁의 승리로 말미암아 미디안은 이스라엘의 속국이 되어 더 이상 이스라엘을 침략할 수 없었다. 이에 관해 성경은 미디안이 "다시는 그 머리를 들지 못했다"고 말하는데(삿 8:28), 이는 미디안이 더는 독립 국가로 위세를 떨치지 못했다는 의미다. 또한 기드온을 통해 나타난 하나님의 놀라운 능력을 본 주변 나라들은 감히 이스라엘을 침공할 엄두를 내지 못했을 것이다.

사사기 8:29-35은 기드온의 죽음과 장례에 관해 이야기해준다. 기드온 이야기의 에필로그는 이스라엘의 평안과 사사의 죽음을 다룬다는 점에서 다른 사사들의 이야기와 다르지 않다. 하지만 기드온의 아들 아비멜렉에 관해 소개하고, 기드온의 죽음 후 벌어진 백성들의 배교를 언급한다는 점에서 다른 사사들의 이야기와 차이가 난다. 이는 바로 이어지는 아비멜렉의 이야기를 펼치기 위한 준비로서 아비멜렉의 이야기가 독립적인 것이 아니라 기드온 이야기의 연장선에 있다는 증거다. 따라서 기드온 이야기는 아비멜렉의 이야기가 끝나는 사사기 9장에서 완전하게 마무리된다고 보아야 한다.

모든 전쟁을 마친 후에 기드온은 자신의 고향인 오브라로 돌아간다. 사사기 8:29은 여룹바알이라는 기드온의 별명을 다시 불러온다. 이는 사사기 9장의 아비멜렉 이야기를 위한 준비다. 왜냐하면 아비멜렉 이야기를 다루는 사사기 9장에서 기드온은 항상 여룹바알이라고 불리기 때문이다. 또한 여기에는 현재 기드온이 보이는 모순된 모습에 대한 조롱도 들어 있다. 여룹바알이란 이름말은 "바알과 싸우는 자"라는 뜻으로 우상을 없애고서 얻은 것인데 지금 기드온은 자기 집에 우상을 만들어놓았기 때문이다. 즉 자기 집에 우상을 두고 그것을 섬기는 사람이 우상과 싸우는 자라고 불리는 상황이다. 웹은 이 이름이 선과 악이 혼재된 기드온의 이중적 모습을 우리에게 보여준다고 설명했다.[17]

기드온은 아들이 70명이었는데, 사사기 화자는 이에 관해 기드온에게 부인이 많았다는 점을 지적한다. 70명의 아들을 두려면 기드온에게는 적어도 2-30명의 아내가 있어야 한다. 하지만 신명기 17:17은 왕의 조건에 관해 다음과 같이 말한다.

---

17 Webb, *The Book of Judges*, 267.

그에게 아내를 많이 두어 그의 마음이 미혹되게 하지 말 것이며 자기를 위하여 은금을 많이 쌓지 말 것이니라(신 17:17).

기드온은 이 두 가지 말씀을 모두 어기면서 세속 군주처럼 살았다. 이런 기드온의 모습은 왕이 되지 않을 것이라고 선언한 그의 말과 정면으로 배치한다. 더 나아가 세겜에서 얻은 첩의 아들은 기드온의 위선을 더욱 심각하게 드러내 준다. 왜냐하면 그 아들의 이름이 "나의 아버지는 왕이다"라는 뜻의 "아비멜렉"이었기 때문이다.

기드온의 첩이 살던 세겜은 에브라임과 므낫세의 경계에 있는 도시였다. 아마도 기드온은 세겜과 결혼 동맹을 맺었던 것으로 보인다. 그런데 세겜의 첩은 기드온과 사이에서 낳은 아들의 이름을 "아비멜렉"이라고 짓는다. 그녀는 비록 자기 아들이 서자이지만 왕의 아들이라는 자부심을 가지고 살라는 의미에서 그렇게 이름을 지었을 것이다. 이는 기드온이 실제로 왕처럼 살았다는 사실, 혹은 기드온이 그 당시의 사람들에게 왕처럼 인식되었다는 사실을 분명하게 보여준다. 이처럼 기드온은 전쟁 후에 막대한 영향력을 가지고 부귀영화를 누리며 왕좌만 없는 왕으로 살아갔다.

사사기 8:32은 "요아스의 아들 기드온이 나이가 많아 죽었다"고 기록한다. 이는 기드온이 건강하게 천수를 누리며 장수하다가 죽었다는 의미다. 그는 천수를 누린 마지막 사사로서 일찍 죽은 입다나 삼손과 대조된다. 그는 이스라엘의 오랜 관습에 따라 조상들의 묘실에 안장된다. 이처럼 사사가 조상의 묘에 장사되었다는 기록은 기드온부터 비로소 시작되며 앞선 사사들인 옷니엘, 에훗, 드보라에게서는 찾아볼 수 없다. 사사의 죽음에 관한 보고도 옷니엘 이야기에만 있을 뿐 에훗과 드보라는 죽음이 거론되지 않는다. 여기서 우리는 후대로 갈수록 사사들이 죽었을 때 거창한 장례를 치렀다는 사실을 알 수 있다. 그리고 그런 사실은 사사들이 점점 왕과 같은 지위를 누리게 되었다는 것을 암시적으로 나타내준다.[18]

사사기 8:33-35은 기드온이 죽은 후의 이야기를 다룬다. 기드온이 죽은 후 이스라엘은 급속하게 배교의 길로 빠져든다. 그들은 야웨에게서 돌아서서 바알들을 음란하게 섬기기 시작했다. 그들은 바알브릿을 자신들의 신으로 세우기까지 했다. 바알브릿은 원래 히브리어로 "바알 베리트"(בַּעַל בְּרִית)로서 "언약의 주인"이란 말이다. 이 이름을 통해 이스라엘의 잘못된 신앙이 더욱 두드러진다. 왜냐하면 이스라엘과 언약을 맺은 참된 신은 오직 야웨 하나님 한 분이시기 때문이다. 하지만 이스라엘 자손은 참된 언약의 신을 버리고 바알을 새로운 언약의 신으로 삼았다. 또한 사사기 9:4이 세겜에 바알브릿 신전이 있었다고 말하는 것을 보면 그들이 바알브릿을 섬기기 위한 제단과 형상을 만들고 조직적으로 우상숭배를 저질렀다는 사실을 알게 된다. 한편 이런 모습은 기드온 가문이 더 이상 종교적·정치적 권력을 갖지 못했다는 것을 의미하기도 한다. 이스라엘은 기드온이 살아 있을 동안에는 에봇을 중심으로 하는 기드온의 영향력 아래에 있었다. 하지만 기드온이 죽자 백성들은 그의 유산과 가문까지 무시하게 되었다.

사사기 8:34-35에서 사사기 화자는 이스라엘의 배교가 그들이 야

---

18 블록은 조상의 묘에 장사된 것이 기드온이 왕처럼 살았다는 증거 중 하나라고 평가한다 (Block, *Judges, Ruth*, 304).

웨를 기억하지 않은 결과라고 평가한다. 야웨는 이스라엘의 하나님으로서 그들을 괴롭히던 모든 원수의 손에서 그들을 구원해주셨다. 하지만 이스라엘 자손은 그 사실을 또다시 잊어버린다. 이처럼 이스라엘 자손이 하나님을 쉽게 잊은 이유는 무엇일까? 그것은 다름 아닌 이스라엘의 지도자 기드온 때문이었다. 기드온은 전쟁에서의 승리를 통해 온전히 야웨를 드러내어 백성들이 야웨의 권능을 확실히 알고 야웨를 바라보게 해야 했다. 하지만 그는 전쟁의 공을 자신에게 돌림으로써 사람들의 눈을 가렸다. 그 결과 이스라엘 자손은 야웨의 진정한 권능을 알지 못하고 눈에 보이는 구원자 기드온이 사라지자 곧바로 배교의 길을 걷게 된 것이다. 기드온이 죽은 지 얼마 지나지 않아 기드온의 공적을 기억하거나 그에게 감사하는 사람도 남지 않게 되었다. 눈에 보이는 인간 지도자와 우상만을 섬기던 사람들이 눈에 보이지 않는 지도자와 하나님을 계속해서 기억한다는 것은 쉽지 않다. 우리는 이처럼 인간의 업적이 쉽게 잊힐 수 있다는 사실을 잘 기억해야 한다.

6장

기드온의 아들:
최초의 왕 아비멜렉

(삿 8:33-9:57)

이제 야웨와 기드온을 잊은 이스라엘의 상황 속에서 기드온의 아들 아비멜렉이 전면에 등장한다. 아비멜렉은 사사가 아니었지만 사사기는 아비멜렉의 이야기를 큰 비중으로 다룬다(삿 9장). 기드온의 서자였던 그는 사사기에서 왕정의 어두운 그림자를 느끼게 하는 인물이다. 그는 폭력과 권모술수로 스스로 왕이 되어 이스라엘 위에 군림하려 한다. 하지만 사사기는 그런 그의 시도가 이스라엘의 왕이신 하나님을 무시하는 처사임을 분명히 한다.

아비멜렉 이야기는 기드온 이야기의 연장으로 읽어야 한다. 기드온에게서 시작된 왕의 모티프가 그의 아들 아비멜렉에게서 실현되었기 때문이다. 다음 도표를 통해 아비멜렉 이야기의 구조를 확인한 후 각 부분의 내용을 자세히 살펴보자.

아비멜렉 이야기의 구조

해설(삿 8:31): 아비멜렉 소개

발단(삿 9:1–6): 왕이 된 아비멜렉

전개(삿 9:7–33)

　에피소드 1(삿 9:7–20): 요담의 연설

　에피소드 2(삿 9:21–33): 세겜의 반란

절정(삿 9:34–54): 세겜과의 전투와 아비멜렉의 죽음

결말(삿 9:55–57): 아비멜렉에 관한 평가

1. 해설(삿 8:31): 아비멜렉 소개

사사기는 기드온의 이야기가 한창 진행 중이던 8:31에서 아비멜렉이라는 등장인물을 처음으로 소개했다. 그는 기드온과 세겜에 있는 첩사이에서 태어난 아들이다. 앞서 밝혔듯이 그의 이름말은 "나의 아버지는 왕이다"라는 뜻이다. 이는 기드온이 왕정을 구성하지는 않았지만 왕처럼 지냈다는 사실을 분명히 드러내는 요소일 뿐 아니라, 아비멜렉이 아버지의 뒤를 이어 이스라엘 위에 군림하려는 욕심을 부리게 하는 원인이 되었을 것이다.

2. 발단(삿 9:1-6): 왕이 된 아비멜렉

기드온이 죽자 아비멜렉은 모친의 고향인 세겜에 가서 어머니의 형제를 포함한 외가의 모든 사람을 불러 모은다. 세겜은 이스라엘 역사에

서 아브라함이 처음으로 야웨를 위한 제단을 쌓았고, 여호수아가 죽기 전에 이스라엘 자손을 모아서 언약을 갱신한 종교적 중심지다. 이처럼 야웨 종교의 근거지였던 세겜에서 반역의 역사가 시작되었다는 점은 비극적이다.

아비멜렉은 그의 어머니가 첩이었기 때문에 기드온의 고향인 오브라에서는 다른 형제들에 비해 신분이 낮아 기드온의 지위를 물려받거나 재산을 상속받는 데 매우 불리한 위치였을 가능성이 크다. 이런 상황에서 아버지 기드온이 왕처럼 사는 모습을 보면서 왕이 되고 싶은 열망을 품게 된 아비멜렉은 오브라에서는 꿈을 펼치기 어렵다고 판단하고 자신을 지지해줄 사람들을 찾아 어머니의 고향 세겜으로 간다. 세겜에 도착한 그는 곧바로 자신의 계획을 실행에 옮긴다. 그는 제일 먼저 외할아버지의 문중 사람들을 모아 그들에게 자신이 왕이 될 수 있도록 세겜 사람들을 설득해달라고 부탁한다.

아비멜렉은 그가 왕이 되어야 하는 이유를 두 가지로 이야기한다. 첫째, 여룹바알의 아들 70명이 다스리는 것보다는 자기 한 사람이 다스리는 것이 더 낫다는 논리다. 사실 이런 논리는 과장된 속임수다. 일단 사사는 세습직이 아니기에 기드온의 자식들은 아무리 훌륭해도 사사가 되기가 쉽지 않다. 그리고 기드온이 실제로 왕 같이 살았더라도 그의 모든 아들에게 그와 똑같은 지위가 상속되어 그들이 집단으로 왕 같은 지위를 누릴 수는 없다. 아마도 그중 한 명이 그런 지위를 계승할 가능성은 있을 것이다. 이런 사실에도 불구하고 아비멜렉은 기드온의 아들 70명이 모두 왕 같은 지위를 누리면서 세겜이나 에브라임 사람들에게 위협을 가하는 세력이 될 것이라고 말함으로써 상황을 악의적으로 과장하고 왜곡한다.

둘째, 세겜 사람들이 자신과 골육이 아니냐는 것이다. "골육"이란 표현은 성경에서 아주 가까운 사이를 나타내는 관용어다. 예를 들어 아담은 하와와의 친밀성을 표현할 때 "내 뼈 중의 뼈요 살 중의 살이라"고 말한다(창 2:23). 즉 아비멜렉은 기드온의 다른 아들들과 달리 자신의 어머니가 세겜 출신이기에 자신은 결코 남이 아니며 자신이 왕이 되면 기드온의 아들들이 세겜을 위협하지 못할 뿐 아니라 세겜은 오히려 자신과 함께 권력을 누릴 수 있다고 설득한 것이다.

이처럼 아비멜렉은 자신에게 유리한 두 가지 이유를 들어 세겜 사람들에게 자신이 왕이 될 수 있게 도와달라고 부탁한다. 이런 아비멜렉의 모습은 왕을 세우지 말라는 하나님의 명령을 전혀 염두에 두지 않을 뿐만 아니라 자신의 욕망을 위해 거짓된 정보와 과장된 말로 사람들을 선동하는 매우 부정적인 모습이다. 여기서 우리는 그가 철저히 하나님의 말씀과 반대되는 행동을 하는 인물임을 알 수 있다. 그런데 이런 아비멜렉의 선동에 그의 외가 사람들과 세겜의 주민들이 모두 넘어간다. 아비멜렉의 친척들은 아비멜렉이 왕이 되면 같이 권세를 누릴 수 있기에 적극적으로 나선 듯하다. 세겜 사람들 역시 그와 비슷하게 "나는 너희의 골육"이라는 아비멜렉의 논리에 설득되었을 것이다.

이제 세겜 사람들은 "그는 우리의 형제다"라고 말하면서 아비멜렉을 지지하기에 이른다(삿 9:3). 그들은 지도자를 세우는 것이 하나님의 고유 권한이라는 사실에 관해서, 또한 하나님이 왕을 세우는 것을 좋아하시는지 싫어하시는지에 관해서 전혀 고민하지 않는다. 다만 아비멜렉이 자신들과 혈연과 지연으로 얽인 인물이라는 그 사실 하나만 믿고 그가 왕이 되도록 돕는다. 그들은 아비멜렉을 지지하기로 마음먹고 바알브릿 신전에서 은 70개를 가져다가 아비멜렉에게 준다. 이는 바알브릿 신전이 아비멜렉의 왕권을 지지한다는 표시였다. 앞서 사사기 8:33에서 다루었듯이 바알브릿은 바알 신의 다른 이름이다.[1] 즉 아비멜렉 정권은 처음부터 이방 신을 배경으로 성립되었으며 배교적인 성격이 강했다.

세겜 사람들이 바알브릿 신전에서 내온 은 70개를 받은 아비멜렉은 그 돈으로 용병을 고용한다. 개역개정 성경은 그들을 "방탕하고 경박한 사람들"이라고 표현한다(삿 9:4). 여기서 "방탕하다"로 번역된 히브리어 "레크"(רֵק)는 "비어 있다" 혹은 "무가치하다"라는 뜻이 있다. 또한 "경박하다"로 번역된 "파하즈"(פֹּחֵז)는 "제멋대로다" 혹은 "무모하다"란 뜻이 있다. 즉 그들은 한 지도자에게 충성하는 군인이 아니라 돈만 주면 무슨 일이든 하는 사람들이었다. 사사기 11:3에서 입다도 그런 자들을 모아 세력을 키우는데, 아비멜렉이나 입다는 자기 휘하에 별 세력이 없었기에 돈으로 용병을 사서 군사력을 갖출 수밖에 없었을 것이다.

이처럼 바알브릿 신전이 불의한 일에 후원하는 것을 보면 이방 신은 옳고 그름의 문제보다는 사람의 욕망을 충족시키는 데 관련이 있다는 사실을 알 수 있다. 사람의 악한 본성은 자신의 욕심대로 살고 싶은 욕구에 사로잡히기 쉽다. 그렇다 보니 많은 사람이 하나님보다는 이방 신에게 현혹당한다. 우리는 우리의 삶도 하나님의 말씀대로 행하려는

---

1 사손은 바알브릿과 엘브릿이 표현만 다를 뿐 같은 신이라고 본다(J. M. Sasson, *Judges 1-12*[Yale Univ. Press, 2013], 378).

마음보다는 하나님을 통해 우리 자신의 욕심을 채우려는 욕망에 이끌리는 것은 아닌지 돌아봐야 한다. 만약 그렇다면 우리는 하나님을 이방 신 섬기듯이 섬기는 것이다.

아비멜렉은 돈으로 산 용병을 데리고 오브라의 본가로 가서 여룹바알의 아들 70명을 한 바위에서 죽인다. 사사기 8:30에 따르면 여룹바알의 아들은 70명인데 그 모두를 죽인 것이다. 사사기 화자는 여기서 아비멜렉의 잔인성을 강조하기 위해 여룹바알의 아들들이 아비멜렉의 형제라는 사실을 언급한다. 아비멜렉은 권력을 쟁취하기 위해 자기 형제들을 한 장소에서 한 번에 몰살시킨 무자비하고 패륜적인 인물이다. 한편 바알브릿 신전에서 얻은 은 70개를 가지고 70명의 형제를 죽인 것을 보면 한 명당 한 개의 은이 사용된 듯하다. 즉 바알브릿 신전이야 말로 아비멜렉이 여룹바알의 아들 70명을 죽이는 데 가장 크게 공헌한 후견자다.

당시 고대 근동의 왕정 국가들에서는 왕이 되기 위해, 혹은 왕이 된 자가 권력을 공고히 하기 위해 자기 형제들을 죽이는 일이 흔했다. 하지만 이스라엘은 하나님이 사사를 직접 뽑으시고 사사가 죽으면 후손이 세습하는 것이 아니라 하나님이 다시 새로운 사사를 선택하시기에 지도력을 쟁취하기 위한 혈육 간의 다툼이 발생할 수 없었다. 그런데 아비멜렉은 이스라엘의 특성을 무시하고 당시 고대 근동의 풍습을 따라 매우 잔인하고 끔찍한 죄를 저질렀다. 사사기의 화자는 이처럼 이스라엘 역사에 최초로 등장한 왕을 매우 부정적으로 그림으로써 사사기가 사상적으로 왕권에 대해 부정적임을 분명하게 보여준다.

기드온의 아들이 모두 죽자 세겜과 밀로 사람들은 아비멜렉을 왕으로 삼았다. 아비멜렉은 비공식적으로 이스라엘 최초의 왕이 되었다. 그가 왕으로 등극한 장소는 상수리나무 기둥 곁이었다. 상수리나무 기둥은 세겜 사람들이 숭배하는 이방 신을 상징하는 것으로서 이방 신을 섬기는 제의적 의미가 있었다. 즉 아비멜렉은 이방 신전의 후원을 받아 형제 70명을 죽이고 이방 신을 섬기는 곳에서 이방 신의 보호를 기원하며 이스라엘 최초의 왕이 된 것이다. 아비멜렉은 이스라엘의 진정한 왕이신 하나님을 철저히 무시하고 오직 자신의 욕망에 부합하는 이방 신만을 충실하게 따름으로써 스스로 왕이 되었다. 이런 아비멜렉의 모습은 일면 아버지 기드온이 마음속에 품었던 욕망을 실현한 것이라고 할 수 있다. 여기서 우리는 아버지의 부정적인 모습이 자식에게 얼마나 큰 악영향을 끼칠 수 있는지를 보게 된다.

3. 전개(삿 9:7-33)

이 부분은 두 개의 에피소드로 구성된다. 먼저 아비멜렉의 손을 피해 구사일생으로 살아남은 기드온의 막내아들 요담이 아비멜렉을 저주하는 연설이 소개된다. 그리고 세겜 사람들과 아비멜렉의 관계에 균열이 생기면서 갈등이 깊어지는 사건이 그 뒤를 잇는다.

1) 에피소드 1(삿 9:7-20): 요담의 연설

기드온의 막내아들 요담은 아비멜렉이 그의 형제들을 잡는 와중에 다

행히 몸을 숨겨 살아남을 수 있었다. 그리고 이제 요담은 아비멜렉 이야기의 방향을 제시하는 역할을 한다.

아비멜렉의 손에서 가까스로 도망한 요담은 아비멜렉이 70명의 형제를 한 바위에서 죽이고 왕위에 올랐다는 소식을 듣는다. 이에 그는 그리심산으로 올라가서 세겜을 향하여 소리쳐 외친다. 그리심산은 에발산과 함께 세겜 근처에 있는 산이며, 모세의 명령에 따라 축복이 선포되던 곳이었다(신 11:29; 27:12; 수 8:33). 그런데 요담은 이 산에서 세겜의 주민들을 향해 저주를 퍼붓는다. 그가 올라간 산꼭대기는 하늘과 더 가깝기에 정치적으로 중요한 연설과 사회적 비판을 하기 위한 장소로 적합하다.[2]

다음과 같은 구조로 되어 있는 요담의 연설을 순서에 따라 자세히 들여다보자.

- 삿 9:7b: 요담의 초청(내 말을 들으라)
  - 삿 9:8-15: 요담의 우화
- 삿 9:16-20: 요담의 저주

가. 요담의 초청(삿 9:7b)

요담의 연설은 다음과 같이 시작한다.

…세겜 사람들아, 내 말을 들으라. 그리하여야 하나님이 너희의 말을

---

2   Susan Niditch, *Judges*(Westminster John Knox Press, 2008), 116.

들으시리라(삿 9:7).

"내 말을 들으라"는 구문은 청중의 이목을 집중시키는 것으로서 일반적으로 사람들에게 자신의 주장을 밝히기 위한 연설을 시작할 때 사용한다. 이런 양식은 "야웨가 이렇게 말씀하셨다"라고 시작하는 예언자의 선포와는 차이가 있다.

그리고 요담은 "그리하여야 하나님이 너희의 말을 들으시리라"고 말한다. 이는 아비멜렉의 달콤한 약속 대신 진실이 담긴 자신의 말을 들어야 하나님의 호의를 얻을 수 있다는 주장이다. 요담은 70명의 형제를 죽인 살인자이자 왕위 찬탈자인 아비멜렉의 말보다는 여룹바알의 적자인 자신의 말을 하나님이 더 정당하다고 평가하시고 귀를 기울이실 것으로 생각한다. 이에 관해 블록은 요담이 자기가 하나님을 위해 진실한 말을 하는 사람임을 암시하는 것이라고 해석한다.[3] 하지만 계속 이어지는 연설의 내용을 살펴보면 요담이 온전히 야웨 하나님 편에서 말하는 사람이라고 보기는 어렵다. 다만 요담은 하나님이 여룹바알을 도우신 분이기에 그의 아들인 자신도 도와주시리라 생각한 듯하다.

나. 요담의 우화(삿 9:8-15)

요담은 세겜 사람들이 아비멜렉을 왕으로 세운 행태를 직설적으로 비난하지 않는다. 대신 그는 여러 나무가 등장하는 우화를 통해 세겜 사람들을 우회적으로 비판한다. 우화란 일반적으로 등장인물에 동식물

---

3   Block, *Judges, Ruth*, 316.

을 포함하는 짧은 이야기로서 특정한 이데올로기적 내용을 암시적으로 담아내거나 도덕적 원리를 상징적으로 표현한다.[4] 그리고 일반적으로 풍자와 비판의 기능을 가진다.

요담의 우화에는 세 종류의 유익한 나무와 가시나무가 나온다. 감람나무(올리브 나무), 무화과나무, 포도나무는 고대 근동에서 가장 중요한 유실수로서 그 열매들은 곡식과 함께 가장 중요하고 유용한 농산물이었다. 이 우화에서 우리는 다음과 같은 패턴을 발견할 수 있다. 이 패턴이 세 번 반복된 후 네 번째에는 거절이 아닌 승낙이 나오면서 변화가 생긴다. 이렇게 반복이 깨지는 부분이 요담의 우화에서 가장 중요하다.[5]

- a. 나무들이 왕이 되어달라고 요청
- b. 요청받은 나무의 대답
- c. 수사학적 질문을 통한 거절(승낙)

우화를 자세히 살펴보자. 나무들이 왕을 세우기 위해 감람나무에게 간다. 요담의 우화에는 나무들이 어떤 이유에서 왕을 세우려 하는지는 언급되지 않는다. 이는 이 우화가 왕이 필요한 이유를 말하는 것이 아니라 왕을 선출한 행동 자체에 관심을 두기 때문이다. 나무들은 감람나무에게 왕이 되어달라고 요청한다. 하지만 감람나무는 자신이 생산

---

4   B. O. Long, *2 Kings*(Eerdmans, 1991), 300.
5   G. S. Ogden, "Jotham's fable: Its Structure and Function in Judges 9," *BT* 46(1995) 303.

하는 기름이 하나님과 사람을 영화롭게 하는데 기름을 만드는 본연의 임무를 그만둘 수 있겠는가 반문하며 거절한다(삿 9:9). 이런 반문은 부정적 대답을 강조하기 위한 수사학적 장치로서 감람나무가 왕이 되는 것을 분명하게 거절했음을 보여준다. 감람나무는 자신이 왕이 되는 것은 하나님이 그에게 주신 사명을 그만두고 단지 "나무들 위에 우쭐대는 것"이라고 말한다(삿 9:9).

여기서 "우쭐대다"로 번역된 히브리어 "누아"(נוע)는 기본적으로 "흔들다" 혹은 "비틀거리게 하다"라는 뜻이 있다. 즉 왕이 되는 것은 잘 있는 나무들을 불안정하게 흔드는 것, 혹은 나무들 위에서 나뭇가지를 흔들며 으스대는 것이다. 감람나무의 평가에 따르면 기름을 만드는 것과 비교할 때 왕이 되는 것은 쓸데없고 하찮은 일이다.

감람나무뿐만 아니라 무화과나무, 포도나무도 마찬가지다. 감람나무에게 거절당한 나무들은 이번에는 무화과나무에게 간다. 나무들은 다시 무화과나무에게 왕이 되어달라고 요청하지만 무화과나무도 똑같이 거절한다. 무화과나무 역시 자신이 달콤한 열매[6]를 버리고 나무들 위에 우쭐댈 수 있겠느냐고 반문한다. 나무들은 다시 포도나무에게 가서 왕이 되어달라고 요청한다. 이에 포도나무는 자신의 포도주로 이미 하나님과 사람들을 기쁘게 하는데 이것을 버리고 나무들 위에 우쭐대는 일을 하겠느냐며 거절한다. 여기서 포도주는 제사 때 전제로 쓰이

---

6 개역개정 성경에서 "나의 단 것과 나의 아름다운 열매"로 번역된 히브리어는 "에트-마트키 베에트-테누바티 하토바"(אֶת־מָתְקִי וְאֶת־תְּנוּבָתִי הַטּוֹבָה)인데 이 어구의 구성을 평행법으로 보면 달콤한 것이 좋은 열매와 평행을 이루므로 "나의 달콤한 것 곧 좋은 열매"라는 의미를 가진다. 그리고 이 어구를 이사일의(hendiadys)로 보면 "달콤하고 좋은 열매"로 해석할 수 있다(참조. Block, *Judges, Ruth*, 318).

기에 하나님을 기쁘시게 한다는 표현이 덧붙는다(출 29:40; 레 23:13).

이렇게 세 나무에게 거절당한 나무들은 마지막으로 가시나무를 찾아가서 왕이 되어달라고 요청한다. 가시나무는 유용한 열매를 맺는 유실수들과는 달리 과실도 없고 잎사귀도 없어 사람들에게 양식이나 그늘을 제공하지 못한다. 다만 수분이 적어 땔감으로 유용할 뿐이다.[7] 그런데 가시나무는 왕이 되어달라는 요청을 받자 두 개의 대조되는 조건문을 내세우며 나무들의 요청을 받아들인다.

> 가시나무가 나무들에게 이르되 "만일 너희가 참으로 내게 기름을 부어 너희 위에 왕으로 삼겠거든 와서 내 그늘에 피하라. 그리하지 아니하면 불이 가시나무에서 나와서 레바논의 백향목을 사를 것이니라" 하였느니라(삿 9:15).

첫 번째 조건문에서 "그늘"로 번역된 히브리어 "첼"(צֵל)은 "그늘"과 "보호"라는 이중적 의미가 있다. 볼링(R. G. Boling)에 따르면 고대 아시리아의 편지에는 왕의 보호를 받거나 임무를 띠고 여행하는 신하들을 "그의 그늘 아래" 있다고 표현하는 부분이 많다.[8] 그러므로 "내 그늘에 피하라"는 말은 "나의 보호 아래 있으라"는 뜻이다. 하지만 청중은 여

---

7 가시나무에 관한 더 많은 해설은 버틀러, 『사사기』, 606-7을 참조하라. 한편 타투는 가시나무
   가 광야를 거니는 유목민들과 여행객들에게 열매와 연료를 제공하는 유익한 나무라고 주장하
   며, 본문은 가시나무가 문제가 아니라 세겜의 상황이 가시나무가 자라는 광야와 같이 척박한
   상황임을 나타낸다고 해석했다. Silviu Tatu, "Jotham's fable and the crux Interpretum in
   Judges IX," *VT 56*(2006), 111-24을 참고하라.
8 Boling, *Judges*, 174.

기서 아이러니를 느끼게 된다. 자신의 상황을 객관적으로 잘 아는 앞의 세 나무와는 달리 가시나무는 자신에게 변변한 그늘이 없을 뿐만 아니라 자신의 가시가 그 아래로 들어온 자들을 오히려 공격할 수 있다는 존재적 한계를 전혀 생각하지 못하기 때문이다. 그런데도 가시나무는 나무들에게 자신의 그늘로 들어오라고 요청한다. 요담은 이처럼 가시나무가 어떤 존재인지 알면서도 그에게 왕이 되어달라고 요청하며 맹목적으로 왕을 찾는 나무들과, 변변한 그늘도 없으면서 자신의 그늘에 와서 피하라고 말하는 가시나무의 대화를 통해 왕이 된 아비멜렉과 그를 왕으로 세운 세겜 사람 모두를 조롱한다.

두 번째 조건문은 "그리하지 아니하면 불이 가시나무에서 나와서 레바논의 백향목을 사를 것"이라는 협박이다. 여기서 가시나무의 본색이 드러난다. 왕이라는 자리를 나무들 위에서 우쭐대는 정도의 가치밖에 없는 것으로 여기던 유실수들과는 달리, 가시나무는 왕이란 자신의 말을 따르지 않는 자들을 언제든지 멸망시킬 수 있는 절대 권력을 가진 존재라고 생각한다. 그렇기에 훌륭한 목재로 쓰이는 레바논의 백향목도 자신에게 복종하지 않으면 언제든 태워버릴 수 있다고 말한다. 구약성경에서 레바논의 백향목은 여러 나무 중에서도 가장 고급스러운 건축 재료로서 솔로몬도 예루살렘 성전과 왕궁을 지을 때 레바논의 백향목을 사용했다(왕상 6-7장). 그리고 다음과 같은 은유는 백향목과 가시나무를 대조한다.

이스라엘의 왕 요아스가 유다의 왕 아마샤에게 사람을 보내 이르되 "레바논 가시나무가 레바논 백향목에게 전갈을 보내어 이르기를 '네 딸을 내 아들에게 주어 아내로 삼게 하라' 하였더니 레바논 들짐승이 지나가다가 그 가시나무를 짓밟았느니라"(왕하 14:9).

여기서 백향목은 자족적인 왕을 상징하고 가시나무는 들짐승에게도 짓밟히는 쓸모없고 하찮은 존재를 상징한다. 이로 볼 때 레바논의 백향목을 사르겠다는 가시나무의 협박은 쓸모없는 가시나무가 매우 유용하고 고급스러운 나무들을 파괴할 수 있다는 위험성을 매우 효과적으로 나타낸다. 이런 우화를 통해 요담은 아비멜렉이 단순히 무능한 정도가 아니라 매우 위협적이고 위험한 인물이라고 경고한다. 아비멜렉의 위험성과 잔인성은 이미 자기 형제 70명을 한 바위에서 죽인 사건을 통해 분명하게 드러났다. 결론적으로 가시나무가 내건 첫 번째 조건문은 단순히 어이없는 상황에 대한 조롱이라면 두 번째 조건문은 세겜 사람들에 대한 경고라 할 수 있다.

요담의 우화가 가진 의미를 정리해보자. 이 우화는 기본적으로 왕정에 대해 부정적인 견해를 천명한다. 그렇게 볼 수 있는 이유는 세 나무의 대답을 통해 드러난다. 첫째, 세 나무는 왕이 된다는 것은 그들이 태생적으로 받은, 하나님과 사람을 영화롭게 하고 기쁘게 하는 사명을 그만둔다는 것으로서 그들의 존재 근거가 흔들리는 매우 위험한 일이라고 말한다. 둘째, 세 나무는 왕이란 단지 사람들 위에서 으스대는 하찮을 것없는 존재 그 이상은 아니라고 평가한다. 셋째, 가치 있는 나무가 하나같이 왕권을 거절하는 장면이 세 번이나 반복된다는 점 때문이다. 이런 반복을 통해 왕의 존재에 대한 부정적 이미지는 극도로 강화된다.

여기서 세 나무의 거절은 사사기 8:23에서 왕이 되어달라는 요청을 거절한 기드온의 모습을 연상시킨다. 기드온은 왕이 되어달라는 이스라엘 사람들의 요청에 오직 하나님만이 너희를 다스리실 것이라고 잘라 말하면서 분명하게 거절했다. 이를 근거로 일부 학자는 요담의 우화나 기드온의 거절이 반-왕권적 견해를 대변한다고 해석한다.[9] 하지만 나무들과 기드온의 거절이 일방적으로 왕정에 대한 반대만을 말한다고 해석하기는 어렵다.[10] 왜냐하면 신명기는 이스라엘이 왕을 세워야겠다는 생각이 들 때 다음과 같은 조건을 따라야 한다고 말하기 때문이다.

반드시 네 하나님 여호와께서 택하신 자를 네 위에 왕으로 세울 것이며 네 위에 왕을 세우려면 네 형제 중에서 한 사람을 할 것이요, 네 형제 아닌 타국인을 네 위에 세우지 말 것이며(신 17:15).

이 말씀은 왕정이 이상적인 형태는 아니지만 필요에 따라 생길 수도 있다는 것이어서 구약성경이 반왕권적이라고 단정하기는 어렵다.[11] 물론 요담의 우화가 왕권의 필요성을 언급하지 않는다는 점, 그리고 나무들이 하나님께 왕을 선택해달라고 요청하지 않고 자기들 스스로 맹

---

9 자세한 논의는 다음 자료를 참조하라. Lindars, "Jotham's fable: A new Form-Critical analysis," 364-66.

10 매캔, 『사사기』, 133; Barry G. Webb, *(The) book of the Judges: an intergrated reading*(Sheffield, England: JSOT Press, 1987), 159. 오그덴도 왕권 자체에 대한 반대가 아니라 아비멜렉과 세겜 사람들 간의 충돌에 우화의 초점이 있는 것으로 해석했다(Ogden, "Jotham's fable: Its Structure and Function in Judges 9," 303).

11 블록은 단순히 왕이 되어달라는 사람들의 요구를 기드온이 거절한 것이라고 해석한다(Block, *Judges, Ruth,* 299).

목적으로 왕을 찾으러 다닌다는 점에서 아직 필요하지도 않은 왕을 세우는 것에 부정적이라는 사실은 분명하다.[12] 그리고 이런 부정적인 평가는 가시나무 이야기에 이르러 절정을 이룬다. 맹목적으로 왕을 찾던 나무들은 최악의 선택으로 부적격자인 가시나무를 찾아간다. 요담은 그 결과가 얼마나 끔찍할지를 우화의 맨 마지막에서 보여줌으로써 아비멜렉이 차지한 왕권의 부정적인 모습을 강조한다.

결론적으로 요담의 우화는 세 유실수의 암시적인 비판과 가시나무의 협박을 통해 아비멜렉이 왕이 되는 것이 얼마나 큰 재앙인가를 매우 효과적으로 보여준다. 여기서 열매도 없고 그늘도 없는 가시나무는 자신의 형제 70명을 무자비하게 죽이고 왕이 된 아비멜렉을 상징한다. 또한 요담은 이 우화를 통해 기드온과 같은 뛰어난 사사도 거절한 왕의 자리를 아무 쓸모 없고 잔인한 아비멜렉에게 준 세겜 사람들을 조롱하며 비난한다. 세겜 사람들과 아비멜렉에게 이보다 더 불편한 비판은 없었을 것이다.

다. 요담의 저주(삿 9:16-20)

우화를 마친 뒤 요담은 자신이 우화에서 말한 가시나무가 아비멜렉이라는 사실을 직접 밝힌다. 그리고 세 개의 반복적인 수사학적 질문을 통해 내용을 점점 구체화하며 세겜 사람들의 잘못을 강하게 질책한다.

---

12 니디치는 "이스라엘 사람인 저자는 왕조가 필요악이며 많은 왕은 그들 자신이 아무런 유용성도 없으면서 그 자체가 결함을 가지고 있다, 하지만 정치 구조는 오직 양편 모두가 선한 믿음에 대해 동의하고 합의할 때만 기회를 가질 수 있다고 제시하는 것이다"라고 함으로써 이 비유가 왕조에 대한 부정적 견해를 보여준다는 쪽으로 해석했다(Niditch, *Judges*, 116).

이제 너희가 아비멜렉을 세워 왕으로 삼았으니 너희가 행한 것이 과연 진실하고 의로우냐? 이것이 여룹바알과 그의 집을 선대함이냐? 이것이 그의 손이 행한 대로 그에게 보답함이냐?(삿 9:16)

이어지는 사사기 9:17-18에서 요담은 앞선 질문에 대답하는 형식으로 세겜 사람들이 여룹바알의 아들 70명을 죽이고 아비멜렉을 왕으로 삼은 것은 목숨을 걸고 미디안의 손에서 그들을 구원해낸 여룹바알을 배신한 것이라고 말한다. 여기서 요담은 아비멜렉을 여룹바알의 아들(삿 9:1)이 아닌 "그의 여종의 아들"이라고 부르며 아비멜렉의 미천한 신분을 드러내고 그가 여룹바알의 진정한 상속자가 아니라는 사실을 강조한다.[13]

사사기 9:19-20에서 요담은 두 개의 조건문을 통해 아비멜렉과 세겜 사람들을 저주한다.

19"만일 너희가 오늘 여룹바알과 그의 집을 대접한 것이 진실하고 의로운 일이면 너희가 아비멜렉으로 말미암아 기뻐할 것이요, 아비멜렉도 너희로 말미암아 기뻐하려니와 20그렇지 아니하면 아비멜렉에게서 불이 나와서 세겜 사람들과 밀로의 집을 사를 것이요, 세겜 사람들과 밀로의 집에서도 불이 나와 아비멜렉을 사를 것이니라" 하고 (삿 9:19-20).

---

13 슈나이더는 "여종"(אָמָה[아마])의 법적 지위가 무엇인지 분명하지 않다고 지적한다. 하지만 그는 요담이 아비멜렉을 자신과 동일한 자격을 갖추었다고 생각하지 않았다는 점을 분명히 한다. 한편 삿 8:31은 아비멜렉의 어머니를 "첩"(פִּלֶגֶשׁ[필레게쉬])이라고 부른다(Tammi Schneider, *Judges*[Liturgical Press, 2000], 140-41).

긍정문 형식으로 되어 있는 19절의 조건문은 세겜 사람들이 여룹바알과 그의 집을 진실하고 의롭게 대했다면 그의 아들과 기쁨을 누리게 될 것이라고 말한다. 하지만 이때 언급되는 조건은 존재하지도 않고 성취될 수도 없다. 요담은 세겜 사람들이 여룹바알의 아들 70명을 죽이고 적자가 아닌 여종의 아들 아비멜렉을 왕으로 세움으로써 이미 여룹바알에 대한 진실과 의로움을 버렸다고 말했기 때문이다. 그러므로 첫 번째 조건문은 실현 불가능한 내용을 통해 비난을 극대화하는 말일 뿐이다.[14]

이어지는 사사기 9:20에 기록된 요담의 말도 조건문의 형식을 갖추었다. 하지만 요담은 이미 세겜 사람들이 여룹바알에 대한 진실과 의로움을 버렸다고 말했다. 따라서 그런 조건에 따르는 결과를 말하는 이 문장은 일종의 저주 선언이다. 요담은 사사기 9:15의 우화에 나온 가시나무의 불과 연결해 세겜과 아비멜렉을 저주한다. 이것이 바로 요담이 한 연설의 핵심이다.

한편 사사기 9:16-20에 기록된 요담의 저주는 형식적으로 언약 관계의 틀 속에서 이해할 수 있다. 고대 세계의 언약관에 따르면 언약 관계에 있는 두 사람 중 누구라도 언약을 어기는 사람이 있다면 그 사람은 저주를 받아야 한다. 신명기 28-29장의 축복과 저주도 그와 같은 맥락에서 주어졌다. 즉 요담은 세겜 사람들이 언약을 어김으로써 범죄했기에 저주를 받아야 한다고 말하는 것이다.

그런데 요담은 세겜 사람들이 언약을 맺은 대상이 하나님이 아니

---

14   Ogden, "Jotham's fable: Its Structure and Function in Judges 9," 306.

라 여룹바알과 그의 집이라고 말한다. 우리는 여기서 요담이 미디안을 이스라엘에서 몰아낸 사건이 하나님의 역사하심이 아니라 여룹바알의 목숨을 건 헌신 때문이라고 생각한다는 사실을 알 수 있다. 그렇기에 그는 세겜 사람들이 여룹바알을 진실함과 온전함으로 대해야 하는데 그렇게 하지 않았다고 문제를 제기하는 것이다. 다시 말해 요담이 퍼붓는 비난의 핵심은 세겜 사람들과 아비멜렉이 하나님의 말씀에 순종하지 않고 형제를 죽이고서 왕을 세운 것이 아니라 여룹바알과 그 집에 충성하지 않았다는 데 있다. 요담은 하나님의 공의와 진리를 세우기 위해서가 아니라 아버지 집의 명예를 위해 목소리를 높인 것이다.

요담의 저주는 신명기나 시편에 나오는 저주나 탄원 구문과는 다르다. 일반적으로 신명기, 여호수아서, 시편 등에서는 하나님의 보응을 천명한다(신 28:21, 22; 수 24:20; 시 5:10, 59:10-15 등). 반면 요담의 저주는 단순히 언약을 깬 것에 관한 보응을 말할 뿐, 하나님이 벌을 내리실 것이라고 선언하거나 하나님께 보응해달라고 간구하는 부분이 나오지 않기 때문이다. 그러므로 요담은 하나님의 공의로운 심판을 요구했다기보다는 자기 가문에 악을 행한 자에 대한 인과응보 차원의 저주를 쏟아놓은 인물일 뿐이다. 따라서 그가 하나님을 신뢰한 인물이라고 단정하기는 어렵다. 이로 볼 때 기드온부터 시작된 야웨 신앙의 약화가 요담에 이르러 더 심해졌음을 확인할 수 있다. 게다가 세겜 사람들과 아비멜렉에게 저주를 퍼부은 요담은 그들을 벌하기 위한 어떤 공격적인 행동이나 노력도 하지 않고 오히려 도망쳐 모압 경계 광야에 있는 브엘에서 살아가게 된다(참고. 민 21:16). 세겜 사람들이나 아비멜렉의 손에서 벗어나 목숨을 부지하기 위해 먼 지역에 은신처를 마련하고 거기서 평생을 지낸 것이다.

2) 에피소드 2(삿 9:21-33): 세겜의 반란

아비멜렉이 왕이 된 후 그는 이스라엘을 3년 동안 다스렸다. 그런데 여기서 사사기 화자는 "다스리다"를 의미하는 일반적인 단어인 "마샬"(מָשַׁל)이 아니라 "사라르"(שָׂרַר)라는 단어를 사용한다. "사라르"는 기본적으로 "왕자로서 행동하다" 혹은 "왕자로서 다스린다"는 의미가 있다. 이런 표현은 사사기 화자가 아비멜렉을 왕이 아닌 왕자 정도의 지도자로 평가한다는 사실을 알려준다.

그런데 3년쯤 지난 뒤 세겜 사람들이 아비멜렉을 배신한다. 이에 관해 사사기 화자는 아비멜렉과 세겜 사람들이 여룹바알의 아들 70명을 죽여 피 흘린 죄를 갚기 위해 하나님이 악한 영을 보내셨기 때문이라고 설명한다. 사무엘상 16:14에도 "야웨께서 부리시는 악령"이 등장하는데, 그 악령은 하나님께 버림받은 사울 왕을 번뇌하게 했다. 즉 하나님은 죄지은 자들을 심판하기 위해 악한 영을 보내신다. 이는 하나님이 이스라엘을 구원하기 위해 사사들에게 하나님의 영을 보내시는 것과 대조를 이룬다. 사사기 화자는 이런 설명을 통해 세겜의 반란이 여룹바알과 맺은 언약을 깬 행위에 대한 저주가 이루어진 것이 아니라 무죄한 피를 흘린 것에 대한 하나님의 심판임을 알려준다.

사사기 9:25은 세겜 사람들이 어떻게 아비멜렉을 배반했는지를 구체적으로 보여준다. 그들은 아비멜렉을 염탐하며 그 길에 다니는 사람들을 대상으로 강도질을 했다. 이처럼 세겜 사람들이 아비멜렉의 눈치를 보면서 불법을 저지르는 것은 아비멜렉의 지도력에 도전한다는 의미다. 얼마 지나지 않아 세겜 사람들이 자신에게 반기를 들고 있다는 사실이 아비멜렉에게도 알려지면서 세겜 사람들과 아비멜렉의 사이는 점점 벌어지게 된다.

갈등이 전개되는 상황에서 가알이라는 새로운 인물이 등장하면서 아비멜렉과 세겜의 불화는 점점 더 심화한다. 사사기 화자는 가알을 에벳의 아들로만 소개하며 그가 어느 지파, 어느 족속인지 전혀 알려주지 않는다. 여기서 "에벳"은 "종"이란 뜻을 가진 히브리어 "에베드"(עֶבֶד)의 음역어다. 이 이름이 실제로 가알의 아버지 이름인지 아니면 가알이 미천한 출신의 사람임을 나타내는지 확실하게 말하기는 어렵다. 하지만 "에벳의 아들"이란 호칭을 통해 사사기 화자가 가알을 부정적인 인물로 묘사한다는 사실은 분명하다. 즉 지금 상황은 첩의 아들에 이어 이제 종의 아들이 왕이 되겠다고 나선 혼란스러운 상황이다.

그런데 가알이 등장하자마자 세겜 사람들은 그를 신뢰하며 그를 위해 새 포도주를 짜 신당에서 먹고 마시는 연회를 연다. 신당은 바알에게 제사를 지내는 곳으로서 여기서 열리는 연회는 종교적 의미가 있었다. 이런 연회에 가알이 스스럼없이 참여하여 같이 즐긴다는 것은 가알이 야웨를 온전히 섬기는 사람이 아님을 드러내 준다. 세겜 사람들은 새로이 등장한 가알을 매우 좋아하고 신뢰하는데 이런 모습은 아비멜렉의 말 몇 마디에 바알브릿 신전에서 돈을 꺼내주면서 그를 왕으로 삼았던 모습과 비슷하다. 하나님의 징계를 받는 사람들은 이처럼 악한 일에 쉽게 휩쓸리다가 결국에는 자멸하게 된다.

아비멜렉을 섬기던 세겜 사람들이 이제 가알의 편에 붙어 아비멜렉을 저주한다. 여기서 저주한다는 것은 아비멜렉을 왕으로 섬기기로 한 언약을 끊는다는 의미다. 이 연회에 참여한 사람들은 그들의 신 앞에서 아비멜렉을 더는 자신들의 왕으로 섬기지 않겠다고 공개적으로 선언한 것이다. 그리고 가알은 이 기회를 살려 아비멜렉과 세겜 사람을 이간질한다. 그는 "아비멜렉은 여룹바알의 아들이므로 세겜과는 관계가 없는데 왜 우리가 아비멜렉을 섬기느냐?", "차라리 세겜의 아버지 하몰의 후손을 섬길 것이라"라고 말한다(삿 9:28). 이는 가알 자신이 가나안 사람이자 세겜의 원주민인 하몰의 후손임을 넌지시 드러내며 자신이 더 왕으로 적합하다고 주장하는 말이다.

여기서 가알은 "우리"라는 말을 사용해 자신과 세겜 사람들이 한편임을 강조한다. 이전에 아비멜렉은 자신과 여룹바알의 아들 70명을 구분 지으며 자신의 모친이 세겜 사람임을 내세워 세겜 사람들과 자신 사이에 끈끈한 유대감이 있다고 호소했다. 그리고 그 덕분에 왕으로 세움을 받을 수 있었다. 그런데 가알은 반대로 아비멜렉의 아버지가 여룹바알임을 들어 세겜과 아비멜렉이 아무런 관련이 없다고 주장한다. 그리고 오히려 하몰의 후손인 자신을 지지해달라고 요청한다. 물론 세겜 사람들은 아비멜렉이 여룹바알과 세겜 여자 사이에서 생긴 아들임을 다 안다. 하지만 그들은 이해관계에 따라 아비멜렉을 친척처럼 여기기도 하고 남으로 여기기도 한다.

가알은 이간질하는 말을 한 후 직접 반역에 관해 이야기한다. 그는 자신에게 지휘 권한을 주면 아비멜렉을 제거하겠다고 장담하면서 아비멜렉에게 군대를 더 많이 만들어 덤벼보라고 도발한다. 즉 가알은

자신이 아비멜렉을 대신해서 세겜의 지도자가 되겠다는 뜻을 밝힌 것
이다. 이처럼 아비멜렉에 대한 도전과 비난을 통해 점차 세겜에서 세
력을 얻어가는 가알의 모습은 이전에 아비멜렉이 세겜에서 세력을 얻
은 모습과 유사하다.

하지만 세겜의 방백 스불은 이런 세겜과 가알의 동향을 아비멜렉에
게 비밀리에 보고한다. 가알은 스불이 아비멜렉의 신복이라는 사실을
알면서도 그와 아비멜렉의 사이를 이간질하여 자신의 편으로 끌어들
이기 위해 그를 연회로 불렀다. 그런데 가알의 생각과 달리 스불은 아
비멜렉에 대한 신의를 저버리지 않는다. 스불은 역모를 재빠르게 알릴
뿐 아니라 세겜을 공략할 좋은 작전까지 세워 아비멜렉이 가알을 제
압할 수 있게 조언한다. 스불은 세겜의 방백이자 아비멜렉의 신하로서
계속해서 충성을 보인 것이다. 하지만 그의 충성은 아비멜렉에 대한
심판이 이루어지게 하는 하나의 연결 고리일 뿐이다. 세겜의 전폭적인
지지로 왕이 되었던 아비멜렉은 이처럼 하나님의 개입으로 인해 세겜
과의 전쟁을 준비하는 상황을 맞이한다.

4. 절정(삿 9:34-54): 세겜과의 전투 및 아비멜렉의 죽음

세겜 사람들의 배신으로 시작되고 가알의 등장으로 구체화한 세겜의
반역은 이제 전면전으로 번진다. 아비멜렉은 그의 신복인 스불의 말에
따라 수하의 군사를 모두 이끌고 밤길을 걸어 세겜 앞에 매복한다. 아
비멜렉이 세겜을 치기 위해 매복하는 모습은 앞서 사사기 9:25에서 세

겜 사람들이 아비멜렉을 엿보기 위해 매복한 모습과 유사하다. 이제 둘의 상황이 역전되어 엿보고 공격하던 세겜 사람들이 오히려 매복과 공격의 대상이 된 것이다. 이 이야기를 듣는 청중은 이렇게 역전된 상황을 통해 둘 사이의 갈등이 점점 깊어지고 있음을 알게 된다.

아비멜렉이 성 앞에 매복했다는 사실을 모르는 가알은 성읍 문 입구에 섰다. 아비멜렉의 군대가 움직이기 시작하자 가알은 곧 이상한 낌새를 알아챈다. 그는 스불에게 산꼭대기에서 사람이 내려온다고 말한다. 하지만 스불은 산 그림자를 잘못 본 것이라며 거짓말을 한다. 스불은 아비멜렉의 편에 서서 아비멜렉이 최대한 가까이 와 전투에 유리한 위치를 차지할 수 있도록 가알을 속인다. 그러나 가알이 확실히 알아볼 정도로 아비멜렉의 군대가 가까이 오자 그는 가알이 전투에 나서도록 충동질한다. 스불은 가알이 아비멜렉을 우습게 여기며 한 말을 인용해 "그 입이 어디 있느냐?…네가 업신여기던 그 백성이 아니냐?"고 묻는다(삿 9:38). 이는 겉으로는 가알을 신뢰하는 듯하지만 실제로는 가알을 조롱하는 말일 뿐이다. 그리고 스불은 마지막에 "제발 나가소서"(צא-נא [체-나])라고 간곡하게 요청하며 가알이 거절할 수 없게끔 만든다. 스불이 이렇게까지 말했는데 가알이 물러서면 그는 거짓말쟁이요 비겁한 사람이 되어버리기 때문이다.

가알은 피할 수 없는 상황에서 아비멜렉과 싸우기 위해 백성들보다 앞장서서 나간다. 하지만 결국 그는 아비멜렉에게 패했고 스불은 가알을 세겜에서 쫓아낸다. 전투 장면이 매우 간단하게 기록된 이유는 호언장담하던 가알이 아주 맥없이 패주했다는 사실을 강조하기 위해서다. 사사기 9:40의 "부상하여 엎드러진 자가 많아 성문 입구까지 이르렀더라"는 표현은 아비멜렉이 인정사정 봐주지 않고 세겜 사람들을 철저히 추격했다는 의미다. 이처럼 갑자기 나타난 가알의 허풍과 충동질에 따라 세겜 사람들은 자신들이 왕으로 세운 아비멜렉과 전쟁을 벌여 아주 참혹한 패배를 맛보게 되었다.

선동자 가알을 쫓아낸 후에도 아비멜렉은 자신을 배신한 세겜을 계속해서 공격했다. 그가 포위해서 죽였다는 "밭에 있는 자들"은 무장하지 않은 민간인들을 말한다(삿 9:44). 더 나아가 그는 성읍을 점령하고 사람들을 죽일 뿐 아니라 그 성을 헐고 소금을 뿌렸다(삿 9:45). 고대 근동의 문헌에 따르면 성읍을 헐고 소금을 뿌리는 행위는 그곳에 사람이 살지 못하게 하는 저주 행위로서 어떤 식물도 자랄 수 없는 불모지로 만든다는 의미다(신 29:23; 시 107:34; 렘 17:6). 이로 볼 때 우리는 아비멜렉이 얼마나 폭력적이고 무자비하게 세겜 사람들에게 보복을 감행했는지를 알 수 있다. 아비멜렉은 왕이지만 자신의 백성을 보호하기는커녕 가차 없이 없애버린다. 그는 전에 부친의 아들들을 모두 죽여 자기 가문의 씨를 말리더니 이번에는 자기 세력의 중심지이자 어머니의 고향인 세겜을 철저히 파괴해버린다. 우리는 여기서 하나님이 불의하게 일어선 지도자와 그를 지지하고 세운 사람들 모두에게 그 죄를 물으신다는 사실을 알 수 있다.

세겜 망대에 피해 있던 세겜 사람들은 아비멜렉이 세겜을 완전히 파괴했다는 소식을 듣고 엘브릿 신전의 보루로 들어간다. 엘브릿 신전은 앞서 사사기 9:4에 나오는 바알브릿 신전과 같은 곳으로서 가알과 세겜 사람들이 연회를 열고 아비멜렉을 저주하던 장소다. 한편 보루는 히브리어로 "체리아흐"(צְרִיחַ)인데, 이는 숨기 위해서 만들어놓은 "지하실"이나 "동굴"을 의미한다. 즉 세겜 사람들은 위기가 닥치자 자신들이 섬기는 신의 보호를 받기 위해 신전의 은신처로 도망한 것이었다.

그런데 이 사실을 알게 된 아비멜렉은 부하들을 이끌고 살몬산으로 올라가 나무를 찍어 가지고 와서 보루 위에다 놓고 불을 질러버렸다. 보루 안에 숨은 모든 사람은 손쓸 새도 없이 죽음을 맞이할 수밖에 없었다. 클라인(Lillian R. Klein)에 따르면 여기서 피난처에 숨은 사람들을 학살한 것은 매우 비겁한 행동이며 사사기 화자가 이 사실을 기록한 이유는 아비멜렉을 비난하기 위해서다.[15] 이처럼 아비멜렉은 자신을 왕으로 뽑아준 백성들을 야비하고 잔인한 방법으로 죽였다. 그리고 세겜 사람들은 신의 보호를 받으려고 들어간 은신처에서 자기들이 뽑은 왕에게 불타 죽었다. 그들이 하나님을 버리고 섬겼던 신은 위기 상황에서 그들을 보호해주지 못하는 가짜라는 사실이 드러났다. 또 그들을 보호해줄 것이라 여겼던 왕은 정말 요담의 저주에 등장하는 가시나무처럼 백성들을 불태워버렸다. 아비멜렉을 도와 여룹바알의 아들들을 죽인 세겜 사람들이 요담의 저주대로 비참한 최후를 맞은 것이다. 요담의 관점에서는 이 모든 사건이 세겜 사람들이 여룹바알과의 언약을 깬 결과다. 하지만 사사기 화자의 관점에서 볼 때는 하나님의 심판임이 분명하다.

사사기 9:48에서 아비멜렉은 나무를 찍어 어깨에 메면서 자신의 곁에 있던 부하들에게 자신이 행하는 것을 "보고" 그대로 "행하라"고 말한다. 이는 앞서 7:17에서 기드온이 그의 부하들에게 "너희는 나만 보

---

15 Klein, *The triumph of irony in the Book of Judges*, 76.

고 내가 하는 대로 하되"라고 말하는 장면을 떠올리게 한다. 그리고 이후에 아비멜렉이 데베스의 망대를 공격하는 장면은 기드온이 브누엘 망대를 부순 사건과 연결된다(삿 8:17). 이에 관해 매캔은 사사기 화자가 아비멜렉과 기드온이 보여주는 말과 행동의 유사성을 통해 아비멜렉의 등장이 기드온의 폭력적 유산임을 드러낸다고 설명한다.[16]

아비멜렉은 세겜을 짓밟은 후에도 칼을 거두지 않고 정벌을 이어간다. 곧이어 그가 쳐들어간 데베스는 분명하지 않지만 세겜에서 북동쪽으로 대략 21킬로미터 정도 떨어진 곳에 자리한 성읍인 듯하다.[17] 그는 자신의 세력을 넓히려고 세겜의 위성도시에까지 손을 뻗친다. 아비멜렉의 군대는 폭력적인 방법으로 순식간에 데베스를 점령한다. 데베스 사람들은 두려워하며 망대의 문을 잠그고 망대의 꼭대기로 올라가 숨었다. 이에 아비멜렉은 세겜에서와 마찬가지로 망대를 불태워버리려고 하지만 실패한다. 아비멜렉이 망대를 불사르기 위해 다가가는 순간 데베스의 한 여성이[18] 맷돌 위짝을[19] 아비멜렉에게 던져 그의 머리를 깨뜨렸기 때문이다(삿 9:53). "깨뜨리다"로 번역된 히브리어 "라

---

16 매캔, 『사사기』, 131.
17 버틀러, 『사사기』, 620.
18 "한 여인"으로 번역된 "이샤 아하트"(אִשָּׁה אַחַת)는 독특한 표현이다. "이샤"(אִשָּׁה)가 이미 "한 여인"을 뜻하기에 "하나"를 뜻하는 단어 "아하트"(אַחַת)를 사용하지 않아도 되기 때문이다. 이 단어가 여기서 특별하게 사용된 이유는 아비멜렉이 형제들을 죽일 때 "에벤 에하트"(אֶבֶן אַחַת), 즉 "한 바위"에서 죽였다는 사실을 기억나게 하기 위함인 듯하다.
19 고대 근동에서 사용하던 맷돌은 보통 현무암으로 된 두 개의 돌로 되어 있었다. 두 개의 크기가 거의 동일한 우리나라 전통식 맷돌과 달리 맷돌 아래짝은 무겁고(때때로 거의 45킬로그램에 달하기도 했다), 납작하거나 약간 굽은 돌로서 그 위에 곡식을 놓고 좀 가벼운 또 다른 돌로 곡식을 갈아서 가루로 만들었는데 맷돌 위짝의 무게는 대략 2-3킬로그램 정도 나갔으며 일꾼의 손에 맞는 모양으로 만들어졌다. 그렇기에 여성이 집어 던지기에도 크게 무리가 없었던 것이다 (참조. 월튼, 『성경배경주석』, 371).

차츠"(רָצַץ)는 잔인한 압제자를 나타낼 때 사용되는 어휘로서(삿 10:8; 암 4:1), 압제자 아비멜렉의 죽음과 매우 잘 어울리는 표현이라고 할 수 있다.[20]

절체절명의 상황 속에서 한 여성의 용감한 행동이 아비멜렉의 폭주를 막고 성읍 사람들의 목숨을 구했다. "한 바위"에서 그의 형제 70명을 죽인 아비멜렉은 결국 "한 여성"이 던진 "한 개의 돌"에 맞아 죽었다. 이런 요소들은 아비멜렉의 죽음이 그의 형제 70명을 죽인 데 대한 심판임을 분명하게 해준다. 그리고 바로 이 부분이 아비멜렉 이야기의 절정을 이룬다. 아비멜렉을 죽인 여성이 누구인지, 혹은 그 아버지나 남편이 누구인지 드러나지 않는데, 이 사실이 아비멜렉의 죽음을 더욱 비참하게 한다. 이름도 없는 한 여성에게 소위 왕이라고 주장하던 용사가 죽임을 당한 것은 매우 치욕적인 일이다. 이는 사사기 9:54에 기록된 아비멜렉의 말 속에서도 잘 나타난다. 아이러니하게도 그는 자기 입으로 자신의 죽음이 얼마나 비참하고 치욕적인지를 밝힌다. 마지막에 그는 무기를 든 청년에게 자신을 찌르라고 명령했지만 아무리 사실을 감추려고 해도 그가 여성이 던진 맷돌에 맞아 죽은 왕으로 역사에 기록되는 일은 막을 수 없다.

아비멜렉에게 맷돌을 던진 여성은 드보라 이야기에 나오는 야엘과 마찬가지로 일상에서 사용되는 가재도구를 이용해 적장을 죽인 영웅이다. 하나님은 그녀가 마지막 지푸라기라도 잡는 심정으로 던진 그 돌을 사용해 아비멜렉을 죽이셨다. 하나님은 한 여인이 용감하게 던진

20　매캔, 『사사기』, 135.

돌을 기꺼이 사용하여 악인을 심판하셨다. 하지만 야엘과는 달리 이 영웅적인 여성의 이름은 알려지지 않는다. 그녀의 행동에 관한 평가나 칭송도 찾아볼 수 없다. 이처럼 영웅적인 여성의 이름이 사라진 것은 사사 시대의 후대로 갈수록 여성의 인권이 낮아지고 여성이 기능적으로 평가되고 수단화되었다는 사실을 나타내준다.

5. 결말(삿 9:55-57): 아비멜렉에 관한 평가

아비멜렉이 죽은 후에 이스라엘 백성들은 각자 자신의 처소로 돌아갔다. 아비멜렉의 죽음 이후에는 사사의 죽음 이후 나오는 평안의 보고가 나오지 않는다. 이는 아비멜렉이 사사가 아니라는 사실과 올바른 지도자가 없는 이스라엘에는 평화가 없다는 교훈을 말해준다. 사사기 화자는 마지막으로 아비멜렉 사건을 다음과 같이 평가한다.

> 56아비멜렉이 그의 형제 칠십 명을 죽여 자기 아버지에게 행한 악행을 하나님이 이같이 갚으셨고 57또 세겜 사람들의 모든 악행을 하나님이 그들의 머리에 갚으셨으니 여룹바알의 아들 요담의 저주가 그들에게 응하니라(삿 9:56-57).

이 평가대로 요담의 저주가 그들에게 임한 것은 하나님이 내리신 심판의 결과다. 즉 요담의 저주가 효력이 있어서 그 내용이 기계적으로 응한 것이 아니라 아비멜렉과 세겜 사람들이 여룹바알의 아들 70명을 죽인 악행을 하나님이 심판하기로 작정하셨기에 그 저주가 실현되었다. 다만 요담이 언급한 방식대로 심판이 이루어진 것은 하나님이 자기 형제들의 핏값을 요구할 수 있는 보수자인 요담의 목소리를 들으셨기 때문이다. 만일 아비멜렉이 무고했다면 요담이 아무리 저주를 퍼부어도 하나님은 응답하지 않으셨을 것이다. 그러므로 요담의 저주는 아비멜렉과 세겜 사람들에 대한 심판의 직접적 원인이 되는 것이 아니라 그들의 죄를 악하다고 판단하실 하나님의 등장에 관한 기대를 고조시키는 역할을 할 뿐이다. 결국 스스로 왕이라고 자처했던 자에게 내려진 하나님의 심판은 하나님만이 이스라엘을 다스리는 진정한 왕이시라는 사실을 분명하게 알려준다.

이처럼 이스라엘에 왕을 세우려는 최초의 시도는 불법적이고 폭력적으로 시작해 비극적으로 끝났다. 사사기 9장에서 아비멜렉이 저지른 모든 학살과 파괴는 사사기 8:27-32에서 기드온이 저지른 죄악의 결과라고 보아야 한다. 먼저 하나님의 뜻과는 달리 왕처럼 살면서 복수를 위해 잔혹한 전쟁을 벌인 아버지가 있었다. 그리고 그런 죄성은 그의 아들을 통해 더 확장되고 강렬해진다.[21] 즉 아비멜렉 이야기는 그의 아버지 기드온 이야기의 부록이며 따라서 아비멜렉 이야기가 끝나야 기드온 이야기도 비로소 끝나게 된다고 보아야 한다.

---

21   버틀러, 『사사기』, 623.

6. 요담에 관한 쟁점

아비멜렉에 맞서 그를 꾸짖은 요담의 말을 예언으로 볼 것인지 단순한 저주로 볼 것인지와 관련해 다루어야 할 쟁점이 있다. 요담을 예언자 혹은 예언자까지는 아니더라도 의로운 인물로 보아야 할 것인지 아니면 부정적인 인물로 보아야 할지에 관한 것이다.

먼저 요담을 예언자로 보아야 한다고 주장하는 대표적 학자는 쉐플린(K. Schöpflin)이다. 그는 요담이 "예언자와 같은 인물"(a prophet-like figure)로 기능한다고 보았다. 왜냐하면 요담이 사사기 9:16-19에서 현 상황에 관해 책망하는 말을 할 뿐 아니라 그의 저주가 미래에 관한 예언자적 선포와 상응하기 때문이다.[22] 쉐플린에 따르면 사사기 9:57b은 앞서 9:20의 예언적 선포가 실현되었다는 해석을 분명하게 보여준다. 더 나아가 쉐플린은 요담의 우화를 "은유적 내러티브"(metaphorical narrative)로 정의한다. 그에 따르면 은유적 내러티브는 예언서에만 등장하는데,[23] 그 화자가 모두 알려진 예언자이기에 은유적 내러티브 자체가 예언적 장르에 해당한다.[24] 따라서 요담을 사무엘서나 열왕기서에서 왕에게 맞서는 예언자의 반열에 있는 인물들과 같다고 평가하게

---

22 K. Schöpflin, "Jotham's Speech and Fable as Prophetic Comment on Abimelech's Story," *SJOT* 18(2004), 11.

23 그는 예언서에 전 예언서와 후 예언서를 모두 포함시켰기에 사사기나 열왕기도 예언서로 분류했다. 그가 예언서에서 나오는 은유적 내러티브라고 본 본문들은 다음과 같다. 사 5:1-7; 겔 17:3-10; 19:1-9, 삼하 12:1-4; 삿 9:8-15; 왕하 14:9(Schöpflin, "Jotham's Speech and Fable," 18).

24 Schöpflin, "Jotham's Speech and Fable," 18.

된다.[25]

버틀러(Trent C. Butler)도 요담이 사사기 6:7-10에 나오는 예언자와 평행을 이룬다고 지적하며 요담을 하나님의 메신저로 인정한다.[26] 그는 사사기 6장에서 예언자의 경고가 실현되었듯이 요담의 말도 실현되었다는 점을 근거로 든다.[27] 하지만 그는 쉐플린처럼 요담을 순전한 예언자로 보지는 않는다. 버틀러는 요담이 한 모든 말이나 모든 행동이 하나님으로부터 직접 주어진 것은 아니라고 지적하면서 한 발 뒤로 물러서서 애매한 견해를 보인다.[28]

그런데 사사기 6:7-10에서 이스라엘의 죄악을 고발하는 예언자와 같은 기능을 한다는 것이 곧 요담을 예언자로 보아야 하는 근거가 되지는 않는다. 왜냐하면 사사기 6:7-10은 등장인물이 예언자임을 분명하게 밝힐 뿐 아니라 "야웨가 이렇게 말씀하시기를"이란 어구를 통해 드러나듯이 전형적인 예언 선포의 형식으로 되어 있기 때문이다. 반면 사사기 화자는 요담이 예언자라고 말하지 않는다. 또한 요담은 야웨의 이름으로 말하거나 하나님을 위해서 말한다고 밝히지 않는다. 엄밀하게 말해 그는 오직 자신의 아버지인 여룹바알과 그의 집을 위해서 말할 뿐이다.

더 나아가 요담의 저주가 아비멜렉과 세겜 사람들에게 임했다는 화자의 보고는 결과론적인 해석으로 볼 수 있다. 요담은 형제들이 흘린

---

25 Schöpflin, "Jotham's Speech and Fable," 19.
26 버틀러, 『사사기』, 623.
27 버틀러, 『사사기』, 603.
28 버틀러, 『사사기』, 603.

피의 보복자로 저주를 통해 아비멜렉과 세겜 사람들을 기소했을 뿐이다.[29] 즉 앞서도 밝혔듯이 하나님은 요담의 저주를 이루기 위해서가 아니라 여룹바알의 아들 70명을 불의하게 죽인 죗값을 아비멜렉과 세겜 사람들에게서 찾기 위해 그들을 심판하셨고, 단지 방법의 측면에서 요담이 말한 방식을 따르신 것이다. 여기서 우리는 아비멜렉 이야기의 큰 주제 중 하나가 "보응의 신학"이라는 사실을 알게 된다.[30] 공의로우신 하나님은 아비멜렉과 세겜의 악행에 대해 그들이 행한 대로 갚으신다. 그렇기에 한 바위에서 형제를 죽인 아비멜렉은 돌 하나에 맞아 죽게 되고 그를 도와 70명의 형제를 죽인 세겜 사람들은 피의 보복자인 요담의 저주대로 심판을 받게 된다. 이런 논의를 통해 우리는 요담의 저주가 실현되었다는 사실 자체가 반드시 요담이 예언자나 예언자 같은 인물이라는 주장의 근거가 되지 않는다는 사실을 확인하게 된다.

다음으로 요담을 예언자까지는 아니더라도 긍정적인 인물로 평가하는 견해가 있다. 예를 들어 클라인은 요담이 유일하게 남은 "기드온의 야웨주의자 아들"(Yahwist son of Gideon)[31]이라고 말하며 요담을 야웨의 편에 선 긍정적인 인물로 묘사한다. 그에 따르면 요담은 아비멜렉과는 달리 혈연관계보다는 도덕적인 가치를 우선시하며[32] 그의 가족을 부당한 대우에서 지키려 한 인물이다.[33] 또한 블록은 요담이 그의 형제

---

29 매캔도 요담이 세겜 사람들을 기소하고 있다고 표현한다(매캔, 『사사기』, 133).
30 Webb, (The) book of the Judges, 154; 참조. 김지찬, 『요단강에서 바벨론 물가까지: 구약 역사서의 문예적-신학적 서론』, 192-95.
31 Klein, The triumph of irony in the Book of Judges, 72.
32 Klein, The triumph of irony in the Book of Judges, 73.
33 Klein, The triumph of irony in the Book of Judges, 79.

아비멜렉과 대조를 이루는 긍정적인 인물로 나타난다고 주장한다. 블록은 일단 아비멜렉이 왕이 되고자 하는 욕망을 나타내는 이름을 가진 반면,[34] 요담의 이름말은 "야웨는 완전하시다"라는 의미로서 야웨를 향한 진정한 신앙을 드러낸다고 지적했다.[35] 더 나아가 블록은 요담이 "세겜 사람들아! 내 말을 들으라. 그리하여야 하나님이 너희의 말을 들으시리라"라고 말하는 사사기 9:7에 주목한다. 그는 이 구절이 하나님의 호의를 얻기 위해서는 아비멜렉의 자극적인 약속이 아니라 자신의 말을 들어야만 한다는 조건을 제시한 것임을 지적하며, 이런 화법은 요담이 하나님을 위해 진실한 말을 하는 사람임을 암시하는 것이라고 해석한다.[36] 마찬가지로 볼링은 이 구절을 근거로 요담이 그 시대에 사사로 선택된 사람으로 나타난다고 보았다.[37]

하지만 요담의 우화와 연설을 살펴보면 그가 야웨의 편에 서서 야웨를 위해 말하는 부분이 나오지 않는다. 또한 야웨 하나님에 관한 언급 자체도 나오지 않기에 사사기 9:7의 내용을 액면 그대로 믿어도 될지 의문이 생긴다. 즉 요담이 완전히 신뢰할 만한 예언자와 같은 정도의 신뢰도를 가진 인물이라고 보기 어렵다는 것이다. 그렇기에 7절에 기록된 요담의 말도 완전히 신뢰하기는 힘들다.[38] 더 나아가 요담은 이스

---

34 아비멜렉의 이름말은 "나의 아버지는 왕이시다"라는 뜻이다. 학자 대다수가 블록처럼 이 이름이 왕권에 대한 그의 욕망을 나타낸다고 본다. 하지만 클라인은 원래 기드온이 그의 이름을 지을 때 아버지와 왕으로서의 야웨를 나타내는 의미로 지은 것인데 아비멜렉이 자기 이름을 부친과 관련된 것으로 여겨 왕권을 요구하는 근거로 삼았다고 본다(Klein, *The triumph of irony in the Book of Judges*, 71).

35 Block, *Judges, Ruth*, 315.

36 Block, *Judges, Ruth*, 316.

37 Boling, *Judges*, 172.

38 일반적으로 1인칭 화자의 경우는 화자 자체에 관한 신뢰도가 그가 하는 말에 관한 신뢰도까지

라엘과의 언약 관계를 나타내는 특별한 이름인 "야웨"를 부르지 않고 일반적으로 신을 표현하는 "하나님"이란 호칭을 사용한다. 이는 오히려 그와 하나님 사이에 거리감이 있다는 사실을 드러내 준다. 대다수 학자가 요담이 사용한 "하나님"이란 칭호가 이스라엘 하나님 야웨를 온전히 의지하지 못하는 그의 한계를 표현한다는 점에 동의한다. 그러므로 사사기 9:7에 기록된 요담의 말에는 사람들의 관심을 끌기 위한 일종의 수사법 이상의 의미는 없다고 보아야 한다.

이런 논의들을 배경으로 나는 요담이 아비멜렉과는 또 다른 측면에서 그 시대의 종교적 혼란스러움을 드러내는 인물이라고 평가한다. 요담은 아비멜렉의 손에서 살아남은 후 그대로 도망을 가지 않고 그리심 산에 오른다. 원래 그리심산은 하나님과 이스라엘의 언약을 확인하며 축복을 선언하는 장소인데 그는 그곳에서 세겜 사람들을 향해 저주를 선포한다. 그리고 가시나무 우화를 통해 세겜 사람들이 마음에 내키는 대로 아비멜렉을 왕으로 뽑은 행위를 통렬하게 비판한다. 그는 언약 및 축복과 저주라는 형식을 빌려 메시지를 강화한다. 하지만 그는 모든 일을 야웨의 이름이 아닌 자기 아버지 가문의 이름으로 행한다.

요담은 하나님의 이름과 종교적 형식을 내세웠지만 오로지 세겜 사람들이 자신을 포함한 여룹바알의 가문을 홀대하고 학살한 점을 문제 삼는다. 이는 요담이 아비멜렉만큼 노골적으로 왕이 되려고 하지는 않았지만 그도 자신의 가문이 특별하며 세겜에 대한 지도권을 가지고 있다고 생각하고 세겜 사람들의 배신에 분개했다는 사실을 알게 해준다.

결정한다.

또한 그는 기드온이 수행했던 야웨의 전쟁을 여룹바알의 전쟁으로 바꾼다. 그의 눈에는 하나님이 하신 일은 보이지 않고 오직 선친의 업적만 크게 보인다. 이런 일련의 행동거지는 요담이 하나님의 자리에 자꾸 선친인 여룹바알을 두고 하나님보다는 가문을 더 우선시했다는 사실을 드러내 준다.

또한 앞서 밝혔듯이 그의 저주는 신명기나 시편에 나오는 저주 혹은 탄원 구문과 다르다. 일반적으로 신명기와 여호수아서와 시편은 저주나 보응을 하시는 분이 하나님이시라고 천명한다(신 28:21, 22; 수 24:20; 시 5:10; 59:10-15 등). 하지만 요담의 저주는 단순히 언약을 깬 것에 관한 보응을 이야기할 뿐, 이 저주가 하나님과 연관이 있다는 설명이나 하나님께 보응을 맡긴다는 간구가 나오지 않는다. 따라서 요담의 저주는 하나님을 의지한 것이 아니라 단순히 인과응보의 원리에 의지하는 성격이 강하다고 볼 수 있다.

지금까지의 논의를 통해 우리는 요담이 하나님을 온전히 신뢰하는 인물이라고 평가하기는 어렵다는 점을 확인했다. 결론적으로 기드온부터 시작된 야웨 신앙의 약화가 요담에게서 조금 더 분명한 모습으로 나타났다고 평가할 수 있을 것이다.

소사사 에피소드 II: 돌라, 야일(삿 10:1-5)

1. 돌라(삿 10:1-2)

사사기는 보통 소사사를 소개할 때 이름, 출신 지파, 본거지, 통치 기간, 죽음에 관한 보고 등 최소한의 정보만을 언급한다. 사사기 10장에는 기드온과 입다 사이에 활약한 두 명의 소사사가 등장한다. 앞서 밝혔듯이 소사사들은 일반적으로 바로 앞에 나온 사사의 특징을 이어받는 경향이 있다. 앞서 기드온은 기본적으로 구원자 역할을 했지만 동시에 왕처럼 생활하며 백성을 다스렸다. 그 결과 사사기 10장에 나타난 소사사는 구원자 역할을 하는 사사와 왕 같은 사사로 나뉜다.

돌라는 잇사갈 지파 출신이며 도도의 손자이자 부아의 아들이다. 그는 이스라엘을 구원했고 사사로 23년을 다스렸다. 여기서 "이스라엘을 구원했다"는 표현은 옷니엘과 소사사 삼갈에게도 사용되었던 것으로, 소사사 돌라가 구원자로서 이스라엘을 적의 손에서 건져냈다는 의미다. 그러나 어떤 적으로부터 이스라엘을 구원했는지는 나오지 않는다. 일부 학자는 돌라를 아비멜렉 이야기와 연결해 그가 아비멜렉이 만들어놓은 혼란과 부정적 상황에서 이스라엘을 구원하는 역할을 했을 것이라고 말한다.[39] 하지만 사사기의 구원자는 항상 외부의 적과 벌이는 전쟁을 배경으로 등장하기에 이런 해석은 설득력이 약하다. 한편 이전까지 사사들의 통치 기간이 40년 혹은 80년인 것에 비해 돌라의

---

39 Webb, *The Book of Judges*, 298; Block, *Judges, Ruth*, 339.

통치 기간은 23년밖에 되지 않는다. 이는 이스라엘의 타락으로 평화의 기간이 점점 짧아지고 있음을 보여준다.

2. 야일(삿 10:3-5)

그다음 사사는 길르앗 사람 야일이다. 여기서 길르앗은 요단강 동편 지역을 통칭해서 부르는 명칭으로 지파의 이름은 아니다.[40] 요단강 동편에 자리 잡은 므낫세 지파의 반과 갓 지파 및 르우벤 지파가 길르앗에 해당한다. 이후에 등장하는 입다도 길르앗 사람이다. 야일도 돌라와 비슷하게 22년 동안 이스라엘의 사사로 있었다.

야일의 특이한 점은 두 가지다. 첫째, "구원했다"는 서술이 없다. 이는 야일이 군사적 업적 없이 오직 다스리는 역할만 한 사사임을 알게 해준다. 둘째, 그에게는 아들이 30명이었는데 그들은 어린 나귀 30마리를 타고 30개의 성읍을 다스렸다. 아들을 30명이나 둔 야일의 모습은 일단 아들이 70명이었던 기드온과 유사하다. 그리고 당시 나귀는 값비싼 이동 수단으로서 그들이 권력 계층이었다는 사실을 알 수 있다. 또한 그들은 각각 성읍 하나씩을 가지고 성주로서 다스리면서 부와 지위를 누렸다.

이처럼 야일은 자신이 왕처럼 살 뿐만 아니라 자식들에게까지 부와 지위를 물려주었다. 이는 왕정 국가의 모습을 연상시킨다. 즉 기드온 이후 왕과 같은 특징을 가진 사사의 모습을 점점 더 쉽게 찾아볼 수 있게 된 것이다.

---

[40] 버틀러, 『사사기』, 641.

7장

입다

(삿 10:6-12:7)

우리는 앞서 기드온과 아비멜렉의 이야기를 통해 사사기의 나선형 타락 구조를 확인할 수 있었다. 그 뒤를 이은 소사사 돌라와 야일에 관한 기록 역시 사사들이 본연의 신실함에서 점점 멀어져 간다는 사실을 알려주었다. 거기에 이어 사사기 10:6-12:7에 기록된 입다의 이야기는 어떨까? 자기 딸을 제물로 바친 일화로 유명한 입다의 이야기는 다음과 같은 구조로 되어 있다. 이 구조에 따라 사사 입다의 행적을 추적하며 그 신학적 의미를 자세히 살펴보자.

입다 이야기의 구조

프롤로그(삿 10:6-18): 입다를 부르기 전 이스라엘의 상황

중심 이야기(삿 11:1-12:6)

해설(삿 11:1-3): 입다 소개

발단(삿 11:4-11): 입다가 사사가 됨

전개(삿 11:12-33): 암몬과의 전쟁에서 승리함

절정(삿 11:34-40): 입다의 딸이 죽음을 맞음

결말(삿 12:1-6): 에브라임과의 전쟁

에필로그(삿 12:7): 입다의 죽음

1. 프롤로그(삿 10:6-18): 입다를 부르기 전 이스라엘의 상황

사사기 10:6-18은 입다 이야기의 프롤로그에 해당한다. 이스라엘은 또다시 야웨 하나님 앞에서 악을 행한다. 그에 따르는 심판으로 하나님은 그들을 이방 민족의 손에 파신다. 그리고 곤궁해진 이스라엘은 다시 하나님을 찾으며 부르짖는다. 그런데 이번에 특이한 점은 이스라엘의 부르짖음에도 불구하고 하나님의 구원이 곧바로 이루어지지 않는다는 사실이다.

입다 이야기는 사사 이야기의 전형적인 차례를 따라 이스라엘의 범죄에서 시작한다. 사사기 10:6에는 이스라엘 자손이 섬긴 이방 신의 명단이 나열된다. 바알과 아스다롯은 물론이고 아람의 신 하닷, 시돈의 신 에스문, 모압의 신 그모스, 암몬의 신 밀곰, 블레셋의 신 다곤이 총출동하는데, 이는 신명기 7:1에서 가나안 땅에 사는 민족들로 소개된 목록과 상응한다.[1] 반면 이스라엘은 야웨를 버리고 그를 섬기지 않았는데(삿 10:6), 이는 이스라엘이 야웨 하나님을 제외한 모든 신을 섬겼다는 말과 다르지 않다.

---

1   Block, *Judges, Ruth*, 344.

이스라엘 백성이 섬긴 신들은 이스라엘을 압제하던 애굽, 아모리, 암몬, 블레셋, 시돈, 아말렉, 마온의 신들이다. 야웨 하나님은 지금까지 그들의 손에서 이스라엘을 구원해주셨다. 하지만 이스라엘은 자신을 구원하신 하나님을 버리고 오히려 자신을 압제하는 민족의 신들을 따르는 매우 아이러니한 행동을 보인다. 이에 하나님은 진노하실 수밖에 없다. 야웨 하나님의 진노는 당신이 구원하고 보호해주신 이스라엘이 다른 신에게로 돌아선 것에 대한 배신감에서 비롯된다. 하나님은 이스라엘이 얼마나 어리석게 행동했는지를 알려주기 위해 그들이 섬기는 신의 나라들인 블레셋과 암몬의 손에 이스라엘을 파신다.

사사기 10:7이 하나님의 분노를 대략적으로 설명한다면 10:8-9은 구체적인 지역과 기간 등을 설명한다. 이번에 특히 블레셋과 암몬에 고난을 받은 지역은 요단강 동편의 길르앗이다. 사사기 화자는 이곳이 예전에는 아모리 사람들이 살았던 곳이라고 설명한다. 이는 사전에 정보를 제공하는 것으로서 후에 입다는 길르앗 지역이 원래 누구의 땅이었는가에 관해 암몬의 왕과 설전을 벌이게 된다.

암몬 자손은 요단강 서편까지 진출해 유다와 베냐민, 에브라임의 영토까지 공격하면서 노략질했기에 이스라엘은 극심한 곤고를 겪게 되었다. 사사기 10:9에서 "곤고하다"로 번역된 히브리어의 어원인 "차라르"(צָרַר)는 기본적으로 "묶다" 혹은 "억압하다"는 의미로 이스라엘이 심하게 괴롭힘을 당하고 있는 상태를 말해준다. 하나님은 이스라엘이 스스로 섬기는 신들의 나라로부터 당하는 고난을 통해, 야웨 하나님 대신 섬기는 다른 신들이 결코 그들을 구원하거나 복을 주지 못한다는 사실을 깨닫게 하신다.

이런 심각한 어려움을 18년 동안이나 겪은 이스라엘 백성은 드디어 야웨 하나님께 부르짖으며 자신들이 하나님을 버리고 우상들을 섬긴 죄를 고백한다. 이런 죄의 고백은 전에 없던 모습이다. 하지만 하나님의 반응도 색다르다. 하나님은 다음과 같이 말씀하신다.

> 11여호와께서 이스라엘 자손에게 이르시되 "내가 애굽 사람과 아모리 사람과 암몬 자손과 블레셋 사람에게서 너희를 구원하지 아니하였느냐? 12또 시돈 사람과 아말렉 사람과 마온 사람이 너희를 압제할 때에 너희가 내게 부르짖으므로 내가 너희를 그들의 손에서 구원하였거늘 13너희가 나를 버리고 다른 신들을 섬기니 그러므로 내가 다시는 너희를 구원하지 아니하리라. 14가서 너희가 택한 신들에게 부르짖어 너희의 환난 때에 그들이 너희를 구원하게 하라" 하신지라(삿 10:11-14).

하나님은 지금까지 이스라엘 백성이 부르짖을 때마다 그들을 여러 차례 구원했지만 늘 그때뿐이지 그들이 또다시 하나님을 버리고 다른 신들을 섬겼다고 질책하신다. 하나님은 이스라엘을 그 손에서 건져내신 여러 나라의 이름을 구체적으로 열거하면서까지 그들이 얼마나 배은망덕한지를 지적하신다. 그리고 이제 다시는 이스라엘을 구원하지 않겠다고 선언하신다. 즉 이스라엘의 반복되는 배신을 더는 너그럽게 봐주시지 않겠다는 말씀이다. 반복되는 이스라엘의 배신에 하나님은 정말로 분노하신 듯하다.

사사기 10:14은 하나님이 그렇게 분노하실 만한 또다른 이유를 말해준다. 하나님은 너희가 택한 신들에게 가서 부르짖어 구원을 받으라고 말씀하시며 이스라엘 백성을 부끄럽게 하신다. 이는 그들이 어려움에 부닥쳤을 때 먼저 다른 신들에게 구원을 빌었다는 사실을 말해준다. 그들은 계속해서 상황이 나아지지 않자 그제야 자신들을 여러 번 구원해주신 야웨 하나님을 기억하고 혹시 하나님이 자신들을 구원해주실 수 있지 않을까 하는 마음으로 하나님 앞에 나아온 것이다. 위기의 상황을 맞이하면 누구나 새로운 돌파구를 찾기 마련이다. 오늘날에도 많은 사람이 평안한 시기에는 자신의 힘이나 명성, 재물이나 인맥 등을 의지하며 거들먹거리다가 어려움의 시기가 닥쳐 그런 것들이 아무 도움이 안 된다는 사실을 깨닫고서야 비로소 하나님을 찾는다.

하나님의 거절과 도전에 이스라엘은 누가 참 신이며 자신들을 구원하는 신인지를 마음에 새기고 더 적극적으로 하나님께 범죄 사실을 고백한다. 그들은 어떤 처분이든 달게 받겠으니 제발 건져만 달라고 애원한다. "주께서 보시기에 좋은 대로 우리에게 행하시려니와"(삿 10:15)라는 그들의 표현은 하나님을 버린 자신들의 잘못에 대해서 어떤 처벌도 받을 각오가 되었다는 뜻이다.

여기서 하나님이 이스라엘을 다시 구원하지 않겠다는 것은 하나님과 그들 사이의 언약이 깨졌고 하나님이 그들을 당신의 백성으로 여기시지 않는다는 말이다. 반면 이스라엘 백성이 벌을 자청하는 것은 여전히 자신들이 하나님의 백성이며 다만 언약을 성실하게 수행하지 못한 값을 치르겠다고 말하는 것이다. 이스라엘 백성은 마지막 구원의 동아줄로 시내산 언약을 붙잡는다. 그리고 이제 자신들의 진실성을 보이기 위해 그동안 섬기던 이방 신을 모두 제하여버리고 야웨 하나님만을 섬긴다. 즉 그들은 깊이 회개하며 다시 하나님의 백성으로 돌아온 것이다.

몇몇 학자는 이 회개에 관해 이스라엘이 진정으로 회개한 것이 아니라 오히려 이방 신들에게 하는 것처럼 흥정을 벌인다고 지적한다.[2] 또 다른 학자들은 회개가 외적으로만 이루어졌다거나 편의에 따른 회심일 뿐이라고 평가하기도 한다.[3] 하지만 이스라엘의 행동을 보신 야웨 하나님은 그들의 곤고 때문에 마음에 근심하신다(삿 10:16). 여기서 "고민하다"로 번역된 히브리어 "카체르"(קָצַר)는 "견디지 못하다"라는 의미로 사용된다. 이는 이스라엘의 회개가 단지 하나님과 흥정하려는 외적 회개가 아니라 진심으로 하나님의 처분만을 바라는 회개임을 암시해준다. 하나님은 이스라엘의 회개를 보시고 긍휼한 마음을 억누르지 못하셔서 다시 구원자를 허락하셨다. 만약 그들의 회개가 가짜였다면 하나님은 그런 고민도 하지 않으셨을 것이다. 여기서 우리는 당신의 백성들이 저지르는 배신으로 인해 괴로워하고 분노하시면서도 한편으로는 끊을 수 없는 사랑으로 인해 고민하시는 하나님의 모습을 엿보게 된다. 하나님은 이처럼 우리를 깊이 사랑하신다.

그 사이 상황은 더 악화한다. 암몬이 군사를 모아 이스라엘로 쳐들어왔기 때문이다. 이에 이스라엘 백성도 함께 모여 미스바에 진을 쳤다. 그런데 이때 "모이다"라는 의미로 번역된 히브리어 "아사프"(אָסַף)는 일반적으로 사람들이 모인다는 의미로서 "군대를 소집하다"라는 뜻의

---

2 강규성, "하나님의 고통, 불행한 사사 입다: 사사기 10:6-12:7에 관한 문예적 고찰", 『교회와 문화』 제17호(2006), 141-42.

3 Block, *Judges, Ruth*, 349.

"차아크"(ציעק)보다는 군사적 의미가 약하다. 즉 암몬이 적극적으로 싸우기 위해 왔다면 이스라엘은 방어를 위해 간신히 모인 모양새다. 한편 여기서 이스라엘이 모인 미스바는 요단강 동편 길르앗 지역에 있는 성읍으로서 서편의 미스바와는 이름만 같은 곳이다(참고. 삼상 7:6).

이렇게 모인 이스라엘 사람들은 "누가 나가서 암몬과 싸울 것인가?" 하고 논의하며 전쟁에 이긴 자에게 지도자의 자리, 즉 사사의 자리를 주기로 결의한다. 그들은 하나님의 응답이 늦어지자 스스로 사사를 세우려고 한다. 사실 "누가 싸울 것인가?"라는 주제는 앞서 사사기 1장에 먼저 등장했다. 그때는 이스라엘 백성이 하나님께 묻고 답을 듣는 과정을 통해 긍정적인 모습을 보여주었다. 하지만 이번에는 백성들이 하나님께 묻지도 않고 하나님도 답하시지 않는 부정적인 모습이다. 이를 통해 현재 이스라엘의 신앙이 사사기 1장 때보다 훨씬 더 퇴보했음을 알게 된다.

2. 중심 이야기(삿 11:1-12:6)

1) 해설(삿 11:1-3): 입다 소개

입다는 길르앗 사람으로서 "용사"라고 소개된다. "용사"라는 호칭은 앞서 기드온에게도 사용되었던 것이며 군사적으로 뛰어난 사람들을 가리킨다. 사사기의 화자는 "용사"라는 표현을 통해 입다가 이스라엘의 지도자가 될 만한 인물임을 간접적으로 드러낸다. 하지만 그 외의 요소들은 입다가 영웅적인 인물이 되기에는 여러모로 부족하다는 사실을 말해준다.

우선 입다는 "기생"의 아들로서 첩의 아들인 아비멜렉보다 더 출생 신분이 좋지 않다. 여기서 "기생"은 신명기에서 "야웨께 가증스러운 직업"이라고 설명하는 창녀를 의미하기 때문이다(신 23:18). 입다는 창녀와 길르앗 사이에서 태어난 사생아였지만 사사기는 그를 길르앗의 아들이라고 표현한다. 이를 보면 비록 창녀에게 태어났어도 그의 아버지 길르앗은 입다를 아들로 인정했다는 사실을 알 수 있다. 하지만 길르앗이 죽은 후 입다의 형제들과 길르앗의 부인은 그를 길르앗의 아들로 인정하지 않고 유산을 받지 못하도록 쫓아내 버렸다. 이런 행동은 모든 자녀에게 유산을 나누어 주는 이스라엘의 상속법을 깨뜨린 것으로서 이스라엘 백성이 더 악해졌다는 사실을 드러내 준다.

형제들을 피해 결국 집을 떠날 수밖에 없었던 입다는 돕 땅[4]으로 이주해 자리를 잡는다. 사사기 11:3은 "잡류가 그에게로 모여 와서 그와 함께 출입하였더라"고 말한다. 여기서 "잡류"라고 번역된 "아나쉼 레킴"(אֲנָשִׁים רֵיקִים)은 아비멜렉 이야기에 나오는 용병들을 가리킬 때도 사용되었던 말로서 직역하면 "헛된 사람들" 혹은 "별 볼 일 없는 사람들"을 의미한다. 입다가 함께 어울린 사람들에 관해 이렇게 부정적인 표현을 사용하는 것은 입다에 관해서도 부정적인 인상을 주기 위한 것이다. 실제로는 입다가 용병들을 모으며 자신의 세력을 키우고 있었다고 보아야 한다.

---

4 "돕"은 "좋다"는 의미의 히브리어 "토브"(טוב)의 음역어다.

2) 발단(삿 11:4-11): 입다가 사사가 됨

이 단락의 상황은 사사기 10장에서 연결된다. 그 사이의 사사기 11:1-3에서는 입다라는 인물을 설명하기 위해 잠시 흐름이 멈추었다. 암몬의 침입으로 전쟁이 임박하자 길르앗 지역의 장로들은 입다를 데리러 돕 땅까지 가서 입다에게 자신들의 "카친"(קָצִין), 즉 "장관"이 되라고 요청한다. 여기서 히브리어 "카친"은 주로 군사적 지휘관을 의미하는 말이며 일반적으로 장로들보다 낮은 지위에서 전쟁을 수행하는 군 원수를 가리킨다(참고. 수 10:24). 다시 말해 길르앗의 장로들은 자신들의 지도자가 아니라 그들을 위해 싸워줄 용병 대장으로 삼기 위해 입다를 찾아간 것이다.

하지만 입다는 그들의 부탁에 부정적으로 반응한다. "너희들이 나를 미워하지 않았느냐? 너희가 나를 쫓아내지 않았느냐?"(삿 11:5)고 묻는 그의 말을 통해 입다의 감정이 매우 좋지 않다는 사실을 알 수 있다. 더 나아가 입다는 지금 환란을 당한다고 어떻게 나에게 올 수 있느냐고 따져 묻는다. 자신들의 이익을 위해 쫓아낼 때는 언제이고 상황이 나빠지자 다시 부른다는 것이 말이 되느냐며 화를 내는데 그 속에는 조롱도 포함되어 있다. 입다의 이야기를 듣는 청중 역시 사생자이자 잡류들의 우두머리인 입다에게 도움을 청하러 온 길르앗의 장로들이 정말 한심하다고 느끼게 된다.

사실 입다의 형제들이 그를 쫓아낸 것은 길르앗의 장로들이 법적으로 옳다고 승인해야만 가능한 일이었기에 그들도 입다가 쫓겨난 데에 상당한 책임이 있었다. 이에 대해 잘못을 지적하고 자신의 섭섭함을 표현함으로써 입다는 협상에서 유리한 위치를 차지하려 한다. 입다의 강한 저항과 조롱에 직면한 장로들은 한발 물러서며 입다에게 머리를 숙일 수밖에 없다. 이제 그들은 입다가 자신들과 함께 가서 암몬과 전쟁만 해준다면 그를 길르앗 주민의 머리로 삼겠다고 제안한다. 여기서 "머리"는 군사적·정치적 우두머리를 의미한다. 장로들은 입다의 마음을 얻기 위해 일개 군대 장관이 아닌 최고 지도자의 자리를 주겠다고 제안한 것이다.

이처럼 백성들이 모여서 지도자를 세우는 모습은 요담의 우화에서 나무들이 몰려다니며 왕을 세우는 모습과 유사하다. 이는 백성들이 입다를 사사로 세우는 방식이 왕을 세우는 방식과 유사하다는 사실을 암시적으로 알려준다. 이에 관해 슈나이더(Tammi Schneider)는 "잘못된 사람들이 잘못된 부탁들을 하고 잘못된 대가를 제공했다"고 비판한다.[5]

전쟁만 해주면 머리로 삼겠다는 장로들의 제안에 입다는 "만일 야웨가 그들을 내게 넘겨주시면 내가 과연 너희의 머리가 되겠느냐?"고 되묻는다(삿 11:9). 여기서 입다는 장로들의 파격적인 제안, 즉 전쟁만 해주면 머리로 삼겠다는 제안을 그대로 받지 않고 한발 양보해 자신이 전쟁에서 이기면 그렇게 하자는 생각을 내비친다. 그는 장로들이 지금은 발등에 불이 떨어져 어떤 조건이라도 들어주겠다고 말하지만 정작 전쟁에서 지면 자신이 그 책임을 져야 한다고 생각한 듯하다. 아무래도 길르앗의 장로들은 입다의 비천한 신분을 근거로 그를 쫓아낸 전적이 있기에 이번에는 확고부동한 조건을 내세우는 것이 좋겠다고 판단

---

5   Schneider, *Judges*, 166.

한 것이다. 만약 입다가 전쟁에서 이기면 그가 길르앗의 머리가 되는 것에 아무도 이의를 제기하지 못할 것이 분명하다.

"만일 야웨가 그들을 내게 넘겨주시면"이라는 표현은 전쟁의 승패가 야웨의 손에 달려 있다는 당시의 사상을 반영한다. 입다는 자신이 전쟁에서 이기려면 자기가 가진 능력만으로는 안 되며 전쟁을 주관하시는 야웨 하나님이 승리를 주셔야만 한다는 사실을 잘 알고 있었다. 그렇다면 전쟁에서의 승리는 입다에게 매우 든든한 입지를 안겨줄 것이다. 왜냐하면 입다의 승리는 야웨 하나님이 그를 인정하고 지지하신다는 의미가 되기 때문이다. 그렇게 되면 아무도 그의 자격에 의문을 제기할 수 없게 된다. 따라서 입다의 제안은 순수한 신앙의 발로라기보다는 자신의 입지를 공고히 하기 위한 방책이라고 보아야 한다.

입다의 제안을 들은 길르앗의 장로들은 야웨 하나님을 증인으로 삼아 자신들이 입다의 말대로 전부 행하겠다고 약속한다. 그들로서는 일단 입다가 전쟁에 나서기만 하면 전혀 손해날 일이 없기 때문이다. 이런 대화에서 입다와 길르앗의 장로들은 모두 야웨 하나님을 거론하며 야웨 하나님을 의지하는 것처럼 보인다. 그런데 과연 그들의 본심이 어떤 것인지는 좀 더 생각해보아야 한다.

이런 거래를 통해 길르앗 사람들은 전쟁도 하기 전에 입다를 자신들의 머리와 장관으로 삼는다. 그리고 입다는 미스바에서 야웨 앞에 자신의 말을 다 아뢰는 절차를 밟고 이스라엘의 사사가 된다(삿 11:11). 이는 길르앗 장로들과 입다가 야웨 하나님 앞에서 언약을 맺었다는 의미다. 이 당시 야웨 하나님께 드리는 제사와 예배가 어디서 이루어졌으며 신탁이 어떤 방식으로 전달되었는지를 구체적으로 재구성하기는 쉽지 않다. 하지만 추측하기로는 야웨께 제사를 지내는 제단 앞에서 길르앗의 장로들과 입다가 언약 의식을 치렀다고 볼 수 있다. 물론 아직 입다가 사사가 되었다는 언급은 등장하지 않지만 사사기 11:29에서 야웨의 영이 입다에게 임한 것을 보면 이때 입다가 사사로서 하나님께 인증을 받았음을 알게 된다.

사사기에서 지금까지는 하나님이 직접 사사를 선택하고 세우셨다. 하지만 입다는 사람들이 선택하고 하나님의 인증을 받는 절차만 거친다. 즉 하나님이 사사를 주실까 말까 고민하고 계신 사이에 인간들이 먼저 사사를 선택하여 하나님 앞으로 데리고 온 것이다. 이때 지극히 자비하신 하나님은 인간의 연약함을 이해하시고 입다를 이스라엘의 구원자로 인정해주신다. 하지만 웹이 지적한 것처럼 입다의 지위는 조건적이고 불완전하다. 그가 전쟁에서 이겨야만 사사로서 인정되기 때문이다.[6]

3) 전개(삿 11:12-33): 암몬과의 전쟁에서 승리함

고대에는 전투를 개시하기 전에 양 진영이 서로 사자들을 보내 말싸움부터 주고받았다. 말싸움은 주로 상대방의 잘못을 지적하고 자신들의 정당성을 옹호하는 양상을 띠었으며, 주로 상대방의 사기를 꺾기 위한 전술의 일종이었다. 입다도 암몬과 전쟁을 치르기 전에 암몬 왕에게 사자를 보내 "네가 나와 무슨 상관이 있기에 내 땅을 치러 내게 왔느

---

6   Webb, *The Book of Judges*, 313.

냐?" 하고 묻는다(삿 11:12). 이때 사사기 화자는 입다의 상대를 암몬 자손의 "왕"이라고 부름으로써 입다가 왕과 동등한 지위에 있으며 거의 왕처럼 행동하고 있다는 암시를 준다.[7] 또한 입다는 길르앗 땅을 가리켜 "우리의 땅" 혹은 "우리 민족의 땅"이라고 말하지 않고 "내 땅"이라고 표현한다. "내 땅"이란 표현은 주로 왕이 자신의 왕국을 지칭할 때 사용하는 말이다. 우리는 여기서도 입다가 왕처럼 행동하고 있다는 증거를 찾을 수 있다.

입다는 사자를 통해 암몬 왕의 침략이 정당하지 않다고 지적하며 전쟁의 책임이 암몬에 있음을 밝힌다. 이에 암몬 왕은 길르앗, 즉 아르논부터 얍복과 요단까지가 원래 암몬의 땅이었는데 이스라엘이 출애굽 후 그곳을 점령한 것이라고 주장한다(삿 11:13). 그리고 그 땅을 돌려주면 싸울 일이 없다고 말한다. 입다와 암몬 왕은 모두 길르앗 땅을 "내 땅"이라고 주장하는 것이다.

이에 입다는 암몬 왕의 말 중에서 왜곡된 부분을 지적하며 두 가지를 언급한다. 첫째, 이스라엘은 암몬을 침략한 적이 없다(삿 11:14-18). 입다는 암몬 왕에게 이스라엘이 암몬과 모압의 땅은 점령하지 않았다고 설명하며 출애굽 당시의 여정을 다음과 같이 자세히 되짚는다.

> 16이스라엘이 애굽에서 올라올 때에 광야로 행하여 홍해에 이르고 가데스에 이르러서는 17이스라엘이 사자들을 에돔 왕에게 보내어 이르기를 "청하건대 나를 네 땅 가운데로 지나게 하라" 하였으나 에돔 왕

---

7   Webb, *The Book of Judges*, 317.

이 이를 듣지 아니하였고 또 그와 같이 사람을 모압 왕에게도 보냈으나 그도 허락하지 아니하므로 이스라엘이 가데스에 머물렀더니 18그 후에 광야를 지나 에돔 땅과 모압 땅을 돌아서 모압 땅의 해 뜨는 쪽으로 들어가 아르논 저쪽에 진 쳤고 아르논은 모압의 경계이므로 모압 지역 안에는 들어가지 아니하였으며(삿 11:16-18).

입다에 따르면 이스라엘은 가나안으로 갈 때 에돔이나 모압 땅에 들어가지 않았다. 그 땅들은 하나님이 이스라엘 자손에게 약속해주신 땅이 아니기에 그 땅의 거주민들에게 지나갈 수 있게 해달라고 매우 정중하게 요청했을 뿐이다. 그리고 그 요청이 거절당하자 그 지역을 피해 진을 치며 이동했다. 여기서 입다는 아르논이 모압의 경계라는 것을 강조하며 자신의 선조들은 모압 땅 안으로 들어가지 않았다는 사실을 분명히 밝힌다.

사실 광야에서 가나안에 이르는 가장 좋은 길은 애굽에서 메소포타미아까지 남북으로 길게 놓인 왕의 대로를 지나는 것이다. 그래서 출애굽기의 이스라엘은 에돔과 모압에 사자를 보내 그 길을 사용할 수 있게 허락을 구했다. 반면 신명기나 민수기에 기록된 출애굽 여정을 추적하면 암몬에 관한 언급은 전혀 찾아볼 수 없다. 그 길은 에돔과 모압을 관통하지만 암몬과는 상관이 없었기 때문이다. 그리고 요단강 동편에 정착한 지파들의 이야기를 다루는 신명기 2:37은 이스라엘이 암몬의 땅에는 가까이 가지 않았다고 특별히 따로 언급한다. 이런 근거들을 통해 입다는 이스라엘이 암몬뿐만 아니라 에돔이나 모압과도 싸운 일이 없으며 그들의 땅을 빼앗지도 않았다고 주장한다.

둘째, 이스라엘이 차지한 길르앗은 원래 아모리 족속의 땅이었다. 입다는 이스라엘이 아모리 족속의 땅을 얻게 된 경위를 자세히 설명한다. 이스라엘 자손들은 모압이나 에돔처럼 아모리에도 사자를 보내 땅을 지나갈 수 있게 요청했다. 하지만 그들은 단지 거절만 한 모압이나 에돔과는 달리 군사를 모아 이스라엘에 싸움을 걸었고, 전쟁이 일어나자 하나님은 아모리 왕 시혼과 그의 백성을 이스라엘의 손에 넘겨주셨다. 그래서 전쟁에서 이긴 이스라엘이 아모리 주민의 땅을 점령하게 된 것이다. 이런 전쟁의 결과로 이스라엘 자손은 아르논에서 얍복까지와 광야에서 요단까지를 영토로 얻었다. 아르논은 모압과의 경계에 있는 강으로 길르앗 영토의 최남단이며 얍복강은 최북단 경계를 말한다. 그리고 "광야에서 요단까지"는 길르앗의 동편 경계와 서편 경계를 말한다. 하나님은 이스라엘을 공격한 아모리를 그냥 두지 않으시고 그들을 징벌하셔서 그 땅을 이스라엘이 차지하게 하셨다. 이처럼 입다는 길르앗 땅은 이스라엘이 아모리와의 전쟁에서 이겨 정당하게 점령한 땅이라고 주장한다.

길르앗이 원래 암몬 자손의 땅이 아니라는 사실을 논증한 입다는 더나아가 이스라엘이 아모리 땅을 계속해서 점령하는 것의 정당성을 세가지로 이야기한다. 첫째, 이스라엘의 하나님이 아모리 족속을 쫓아내고 그 땅을 주셨다는 것이다(삿 11:21-22). 고대 근동의 세계관에 따르면 땅의 원래 주인은 신이다. 그러므로 땅에 관한 권리는 누가 거기에 먼저 있었느냐가 아니라 신이 그 땅을 누군가에게 주었다는 증거 및 그 백성을 위해 땅의 소유권을 보존하는 신의 능력에 따라 결정된다. 따라서 입다는 이스라엘이 길르앗을 차지한 것은 이스라엘의 신인 야웨의 뜻이라고 주장한다. 그러면서 만약 암몬의 신인 그모스가 너희에게 땅을 주면 너희는 차지하지 않겠느냐고 반문한다.[8] 즉 입다는 당시의 세계관과 신관을 가지고 논리를 펼치며 길르앗은 이스라엘의 하나님이 주신 이스라엘의 영토라고 주장한 것이다.

둘째, 네가 모압 왕 발락보다 잘났느냐는 것이다(삿 11:25). 모압 왕 발락은 이스라엘이 아모리와의 전쟁에서 이기고 그 땅을 차지하자 두려움을 느끼고 이스라엘을 대적했다(민 23-24장). 그는 당시에 매우 유명한 예언자인 미디안 사람 발람을 불러 이스라엘을 저주하려고 했다. 하지만 하나님은 발람에게 나타나셔서 저주가 아닌 축복을 하게 하셨고 이로 인해 모압 왕 발락은 이스라엘과 전쟁을 벌일 엄두를 내지 못했다. 입다는 이처럼 현재의 암몬 왕보다 강성했던 발락도 하나님의 보호를 받는 이스라엘을 저주하거나 싸워 이기지 못했는데 감히 도발하느냐고 말함으로써 암몬 왕의 사기를 꺾어놓는다.

셋째, 이스라엘 사람들이 이 성읍에 거주한 지 이미 300년이 지났다는 것이다(삿 11:26). 학자들은 입다가 대략 기원전 1100년경에 활동했다고 보는데 여기서 가나안 정복 시기가 대략 기원전 1400년경이 된다는 사실을 알 수 있다. 입다가 이스라엘의 영토로 언급한 헤스본은 아모리 왕 시혼이 거주하던 수도로서 아르논 강가 북쪽에 위치하고 아로엘은 아르논 강가에서 멀지 않은 곳에 위치한다. 이를 통해 화자는 현재 이스라엘이 거하는 땅들은 본래 아모리 사람의 땅이었다는 사실

8　여기서 암몬이 모압 지역을 자신의 영토라고 주장하고 모압의 신 그모스가 암몬의 신으로 언급되는 등 암몬과 모압이 한데 묶여서 언급되는 것은 모압과 암몬이 동맹 관계이고 모압의 주장을 암몬이 자기들의 주장인 것처럼 사용했기 때문이라고 볼 수 있다(버틀러, 『사사기』, 689).

을 다시 언급한다. 게다가 입다는 한발 양보해서 만일 암몬 왕의 주장대로 이곳이 암몬 사람들의 땅이었다면 지난 300년 동안 도로 찾지 않은 이유가 무엇이냐고 묻는다. 이미 점령한 지 오랜 시간이 지난 땅에 대해 영토권을 주장하는 것은 부당하다는 논리다.

이렇게 세 가지 논리를 들어 이스라엘의 길르앗 점유에 관한 정당성을 주장한 입다는 마지막으로 자신은 어떤 죄도 짓지 않았는데 암몬이 악행을 행하니 야웨 하나님이 판결해주시라고 기원한다(삿 11:27). 여기서 "죄를 짓지 않았다"는 것은 이스라엘이 조약이나 관습을 깨뜨린 적이 없으므로 공격받아야 할 이유가 없다는 말이다. 한편 우리말로 "판결하옵소서"라고 번역된 히브리어 "쇼페트"(שֹׁפֵט)는 "판결하다" 혹은 "다스리다"라는 뜻의 동사 "샤파트"(שָׁפַט)의 분사형이다. 앞서도 밝혔지만 히브리어 동사의 분사형은 형용사의 의미도 되지만 명사로 번역해도 된다. 따라서 입다의 기원은 야웨가 이스라엘을 다스리는 사사가 되시고 이스라엘과 암몬 사이의 분쟁을 판단할 재판관이 되어달라는 말이라고도 볼 수 있다.

지금까지 입다가 이야기한 내용을 살펴보면 그가 역사와 구원과 하나님에 관한 바른 지식을 가지고 있다는 사실을 알게 된다. 하지만 이것이 참된 신앙과 연결되는 지식인지는 의문이다. 뒤에 이어지는 입다의 행동들을 보면 지식과 신앙이 분리되어 있다는 느낌을 지울 수 없기 때문이다. 신앙은 분명히 바른 지식에서 나온다. 하지만 바른 지식을 가졌다고 해서 저절로 올바른 신앙이 생겨나는 것은 아니다. 참된 신앙은 지식에 믿음과 말씀을 실천하는 삶이 함께해야 한다.

일단 말싸움에서는 입다가 승리했다고 볼 수 있다. 하지만 암몬 왕은 입다의 말을 듣지 않는 모습을 보인다(삿 11:28). 그는 아마도 처음부터 어떤 반론도 받아들일 생각이 없었을 것이다. 원래 싸움을 걸려고 작정한 사람은 할 말이 없으면 우기기 마련이다. 암몬 왕은 입다의 논리적인 대응에 대꾸할 말을 찾지 못한다. 반면 입다는 자기의 주장을 펼치기 위해 어떻게 논리를 구성하고 어휘를 선택해야 하는지 잘 아는 유려한 화술의 소유자다. 그러나 그는 동시에 언제 입을 다물어야 할지를 모르는 사람이기도 했기에[9] 다음 단락에서 심각한 문제가 발생하게 된다.

협상이 결렬되자 이스라엘과 암몬의 전쟁이 본격적으로 전개된다. 전쟁의 시작은 사사기의 전형적인 장면처럼 야웨의 영이 임한 입다가 용맹스럽게 적에게 나아가는 모습으로 그려진다. 입다는 길르앗과 므낫세를 지나서 암몬이 진을 친 미스베까지 거침없이 진군한다. "야웨의 영이 임한다"는 표현은 사사기 3:10에서 옷니엘에게 사용된 것과 같다. 이는 하나님이 입다를 사사로 인정해주신다는 증표이며 야웨 하나님이 그와 함께하시며 이스라엘을 전쟁에서 이기게 하실 것이라는 신호다. 아니나 다를까 사사기 11:32-33은 야웨 하나님이 암몬 자손을 입다의 손에 넘겨주셨고 입다가 그들을 크게 무찔렀으며 암몬이 이스라엘 자손 앞에 항복했다는 사실을 기록한다. 이렇게만 보면 입다가 수행한 전쟁은 이전 사사들의 전쟁과 다를 바 없는 완벽한 야웨의 전쟁이 된다.

그런데 전쟁에 나가기 직전에 입다는 다음과 같이 서원한다.

---

9   버틀러, 『사사기』, 692.

30그가 여호와께 서원하여 이르되 "주께서 과연 암몬 자손을 내 손에 넘겨주시면 31내가 암몬 자손에게서 평안히 돌아올 때에 누구든지 내 집 문에서 나와서 나를 영접하는 그는 여호와께 돌릴 것이니 내가 그를 번제물로 드리겠나이다" 하니라(삿 11:30-31).

여기서 "누구든지 내 집 문에서 나와서 나를 영접하는 그는"에 해당하는 구문을 직역하면 "나를 마중하기 위해 나의 집 문에서 나오는 자가 있을 것이다"라는 의미다. 이때 사용된 "요체"(יוֹצֵא)는 "나오다"라는 뜻의 동사 "야차"(יָצָא)의 분사형이며 "나오는" 혹은 "나오는 사람"이란 뜻이다. 이를 통해 우리는 입다가 사물이나 동물이 나올 것이라고 예상한 것이 아니라 분명히 사람을 바칠 생각이었음을 알게 된다.

한편 "평안히"(שָׁלוֹם[샬롬])돌아온다는 말은 전쟁 중에 부상을 입지 않고 귀환하는 것을 의미한다. 원래 이쯤에 등장해야 하는 내용은 야웨 하나님이 대적을 이스라엘의 손에 넘겨주겠다고 말씀하시며 승리를 확신시켜 주는 장면이다. 하지만 입다의 경우는 서원을 통해 승리의 확신을 스스로 확보한다. 하나님의 일하심을 기다리지 못하고 먼저 나선 것이다. 이런 모습은 그가 온전히 하나님을 의지하지 못하고 있다는 사실을 드러내 준다. 암몬 왕더러 하나님이 이 땅을 이스라엘에게 주셨다고 주장하며 하나님께 판결을 맡긴다고 이야기했던 입다는 정작 하나님이 자신과 함께하신다는 확신은 가지고 있지 못하다.

하지만 입다에게 이번 전쟁은 길르앗의 머리가 될 수 있는 절호의 기회다. 그는 길르앗의 우두머리가 되고 싶은 강렬한 욕망에 이끌려 하나님을 움직이게 할 만한 수단을 동원한다. 그것은 바로 사람을 번제로 바치는 이교적 제의였다. 여기서 우리는 입다가 하나님의 법을 잘 모르거나 이미 가나안 문화에 많이 물들어서 인신 제사가 율법이 금하는 죄임을 고려하지 않았다는 사실을 알게 된다(참고. 신 18:10). 입다는 이스라엘에게 땅을 허락해주신 하나님에 관해서는 지식적으로 잘 알고 있었다. 하지만 하나님을 온전히 신뢰하고 올바로 섬기는 데 필요한 지식과 경험은 가지고 있지 않았다. 그렇기에 하나님의 영이 임해 강한 카리스마를 얻은 상태에서도 하나님을 온전히 신뢰하지 못하고 자기가 원하는 방식으로 보험을 하나 더 들어놓으려고 한 것이다.

이런 입다의 상태는 기드온보다 더 타락한 사사의 모습을 보여준다. 기드온은 하나님의 명령을 두려워하며 하나님의 능력을 의심했지만 전장에 나섰을 때는 야웨의 전쟁을 온전히 수행했다. 야웨의 전쟁은 야웨 하나님이 자신의 백성을 구원하기 위해 용사로서 직접 참여해 싸우시는 전쟁이다. 그렇기에 야웨의 전쟁에서는 야웨 하나님이 주인공이고 인간은 야웨를 돕는 보조일 뿐이다. 그런데 입다는 서원을 통해 야웨의 전쟁을 자신의 전쟁으로 만들고 야웨를 자신을 돕는 보조로 만들어버렸다. 즉 인신 제사를 제안함으로써 야웨의 전쟁이 가지는 의미를 퇴색시키고 하나님을 인간이 내미는 조건에 의해 좌지우지되는 분으로 만든 것이다.

사사기는 입다가 벌이는 전쟁을 매우 간략하게 묘사한다. 이는 입다 이야기에서 전쟁 장면은 중심이 아니며 다음 사건을 일어나게 하는 원인으로 작용할 뿐이기 때문이다. 이스라엘의 관점에서는 전쟁의 승패가 매우 중요한 문제였을 것이다. 하지만 사사기 화자는 너무 당연하다는 듯이 야웨 하나님이 암몬 자손을 입다의 손에 넘겨주셨다는 말과 함께 이스라엘이 차지한 성읍을 설명하면서 전쟁 이야기를 간단하게 정리한다. 입다는 모압과 이스라엘의 경계 부근인 아로엘에서부터 시작해 암몬과 길르앗의 경계가 되는 아벨 그라밈까지 올라가며 성읍들을 모두 정복해 암몬 자손을 길르앗에서 완전히 몰아냈다(삿 11:32-33). 이처럼 하나님은 입다의 문제 많은 서원과는 관계없이 이스라엘을 향한 구원의 손길을 멈추지 않으시고 대적의 손에서 건져내 주셨다.

사사 입다의 이야기는 암몬과의 갈등이 해결되는 동시에 마무리될 수도 있었다. 하지만 전쟁에서 승리한 입다가 서원을 어떻게 해결할 것인지의 문제가 남아 있다. 과연 누가 서원의 제물이 될 것인가 하는 새로운 긴장이 생겨나면서 이야기는 절정을 향해간다.

4) 절정(삿 11:34-40): 입다의 딸이 죽음을 맞음

입다는 미스바에 있는 자신의 집으로 돌아온다. 입다와 그의 서원을 알고 있던 사람들은 조마조마한 마음으로 누가 제일 먼저 나와 그들을 환영해줄지 살펴보았을 것이다. 그런데 바로 그때 입다의 딸이 등장한다.

> 입다가 미스바에 있는 자기 집에 이를 때에, 보라! 그의 딸이 소고를 잡고 춤추며 나와서 영접하니 이는 그의 무남독녀라(삿 11:34).

여기서 "보라! 그의 딸이…나와서"로 번역된 히브리어 본문은 "히네 비토 요체트"(הִנֵּה בִתּוֹ יֹצֵאת)다. "보라!"는 놀라움을 표현해준다. 그리고 "요체트"는 "나오다"라는 뜻의 동사 "야차"(יָצָא)의 여성 분사형으로 "나오는 여자"를 의미한다. 이것은 입다의 서원에 포함된 "나오는 자"(יוֹצֵא [요체])에 상응하는 어구다. 이런 의미를 살려 앞의 구문을 번역하면 "보라! 그의 딸이 바로 나오는 자다"라고 할 수 있다. 즉 입다의 딸이 바로 입다가 말한 "나오는 자"라는 사실은 분명하다. 그리고 그 딸은 입다의 유일한 자식이다. 사사기 화자는 입다의 딸이 무남독녀라는 사실을 강조하는데,[10] 이는 입다가 세상에서 가장 소중하게 생각하고 사랑하는 사람이 바로 자기 딸이라고 말하는 것이다.

입다의 딸은 아버지의 승전을 축하하려는 순수한 마음으로 마중을 나왔다. 하지만 독자와 입다에게는 누가 먼저 나오느냐가 매우 중요한 문제다. 이렇게 긴장된 상황에서 입다의 외동딸이 소고를 잡고 춤을 추며 등장한다. 당시 여성들은 전통적으로 전쟁에서 승리하고 돌아오는 군대를 맞을 때 소고를 잡고 춤을 추며 환영하는 풍습이 있었다(출 15:20; 삼상 18:6-7). 이런 전통에 따라 입다의 딸도 아버지의 승리를 축하하기 위해 제일 먼저 뛰어나온 것이다.

이 상황에 관해 니디치(Susan Niditch)는 입다가 그를 축하하러 누가 나올지 알고 있었어야만 하는 경우라고 지적한다.[11] 하지만 입다는 서원 전에 누가 자신을 축하하러 나올지 생각하지 않았고 결국 가장 사랑하는 딸을 비극적인 상황에서 마주하게 된다. 기뻐하는 딸로 인해 슬픔에 빠진 아버지를 보여주는 이 장면은 입다의 서원이 얼마나 끔찍

---

10 이에 해당하는 어구를 직역하면 "유일한 아이로 아들이 없는 딸"이라는 의미다.

11 Niditch, *Judges*, 134.

한 결과를 만들었는지 알게 해준다. 입다는 자신의 딸이 마중 나온 것을 보고 자신의 옷을 찢으며 한탄한다.

> 입다가 이를 보고 자기 옷을 찢으며 이르되 "어찌할꼬, 내 딸이여! 너는 나를 참담하게 하는 자요, 너는 나를 괴롭게 하는 자 중의 하나로다. 내가 여호와를 향하여 입을 열었으니 능히 돌이키지 못하리로다" 하니(삿 11:35).

"어찌할꼬"(אֲהָהּ[아하흐])는 슬픔을 표시하는 감탄사다. 그런데 그는 딸을 위해서가 아니라 자신을 위해 한탄한다. 심지어 그는 자신의 딸이 자신을 참담하고 괴롭게 만든다고 원망한다. 왜 하필이면 네가 나왔냐는 식이다. 입다는 하나님께 드린 서원은 반드시 갚아야 한다고 생각하기에 딸을 번제로 바칠 수밖에 없다고 말한다. 하지만 입다는 안 해도 될 서원으로 스스로 비극을 초래했다. 그는 암몬과의 전쟁을 온전히 야웨의 전쟁으로 수행하지 않았다. 그 결과 그의 승리도 온전한 기쁨이 되지 못하고 자신의 딸을 죽여야 하는 상처가 남게 되었다. 게다가 그는 끝까지 자신의 잘못을 인정하지 않고 딸에게 책임을 돌린다. 입다는 가해자이면서 자신의 잘못을 피해자 탓으로 돌리는 전형적인 권력자의 모습을 보여준다.

그런데 이런 입다의 말을 들은 딸은 아버지의 말을 그대로 받아들이면서 서원대로 행하라고 권한다. 하지만 그녀는 입다를 가리키는 "아버지" 혹은 남성형 이인칭 어휘를 반복해서 말한다. 이는 이런 비극적인 상황이 자신이 아니라 입다의 책임임을 분명히 한 것이다. 그리고 더 나아가 야웨 하나님이 아버지의 원수를 갚아주셨으니 아버지도 자신의 서원을 갚아야 한다고 말한다. 비록 자신이 죽더라도 은혜를 베푸신 하나님의 신실하심에 인간도 신실함으로 응답해야 한다는 것이다. 여기서 우리는 약속을 지키고 구원을 베푸신 하나님께 인간도 자신의 말을 지키는 신실함을 보여야 한다는 그녀의 신앙을 엿볼 수 있다. 이런 신앙고백은 신실함이라고는 찾아보기 힘든 입다나 길르앗 사람, 혹은 당대의 이스라엘 백성과는 분명한 대조를 이룬다. 또한 자신의 책임을 딸에게 떠넘기려는 입다와 달리 죽음으로써 아버지의 짐을 짊어지겠다는 그녀는 매우 책임감 있고 희생적인 모습을 보여준다.[12]

하지만 이런 희생정신은 그녀의 무지함에서 비롯된 측면이 있다. 그녀와 입다는 이스라엘의 승리가 입다의 서원으로 인해 가능했다고 생각한다. 하지만 이번 전쟁은 입다의 서원과는 상관없이 이스라엘을 구원하기 위해 벌어진 야웨의 전쟁이었다. 그리고 입다가 서원한 인신제사는 율법이 금지하는 것으로서 그 서원을 갚는 것이 오히려 야웨 앞에 더욱 큰 죄가 된다. 즉 하나님의 말씀에 관한 바른 지식이 없으면 입다의 딸처럼 무고한 희생자가 될 수밖에 없다. 우리는 아무리 희생적이고 책임감 있는 모습을 보이더라도 하나님의 뜻과는 거리가 먼 경우가 있다는 사실을 기억해야 한다.

한편 입다의 딸은 아버지에게 두 달만 말미를 달라고 부탁한다. 친구들과 산에 들어가 자신이 처녀로 죽는 것을 애곡하기 위해서다. "처녀"는 우선 젊다는 의미가 있어서 그녀가 인생을 다 살지 못하고 죽는

---

12 니디치는 이렇게 젊은 여성이 가족의 남성을 위해 희생하는 모티프 중 하나가 "미녀와 야수"라고 말한다(Niditch, *Judges*, 134).

것을 강조하며 안타까움을 자아낸다. 또한 그녀에게 후손이 없으며 입다에게도 후손이 전혀 남지 않게 되었음을 드러낸다. 그런데도 입다는 딸의 요청을 받아들여 두 달의 말미만 주었을 뿐 자신의 서원을 철회하지 않고 딸을 인신 제사의 제물로 바친다. 사사기 화자는 입다의 딸이 맞은 죽음에 관해 직접 설명하는 것이 너무 끔찍했는지 "그는 자신의 서원대로 딸에게 행했다"고 간접적으로 표현한다(삿 11:39).

이어지는 사사기 11:40에서 화자는 이런 입다의 딸을 기리기 위해 이스라엘의 딸들이 1년에 한 번 나흘씩 애곡하는 풍습이 생겼다고 설명한다. 여기서 "애곡하다"로 번역된 히브리어는 "타나"(תָּנָה)이며 기본적으로는 "되풀이하여 말하다"라는 뜻이다. 즉 이스라엘 처녀들은 입다의 딸을 기억하고 애도했으며 그 희생적이고 억울한 죽음에 관해 침묵하거나 외면하지 않았다. 이스라엘의 처녀들은 애도를 통해 입다의 잘못된 서원을 고발할 수 있었다. 또한 입다의 딸이 억울하게 맞은 죽음을 널리 알리고 다시는 인신 제사와 같은 비극이 이스라엘 안에서 일어나면 안 된다는 사실을 사람들에게 각인시켰다. 희생자를 기억하고 애도하는 것은 사회적 약자들이 권력에 저항할 수 있는 최소한의 수단이다. 이에 관해 이경숙은 우리가 억울하고 슬픈 희생을 기억하고 고발하는 이스라엘 여성들의 연대감을 배워야 한다고 말한다.[13] 또한 매캔은 이스라엘 여성들의 애도에 관해 다음과 같이 탁월하게 해석했다.

입다의 딸은 이스라엘 딸들의 애곡의 말 속에 계속해서 살아 있으며,

---

13 이경숙, 『구약성서의 여성들』(대한기독교서회, 1994), 72.

또한 그녀는 우리의 말 속에서 계속 살아 있어야 한다. 우리는 우리 자신에게, 그리고 세상을 향해, 비극적으로 계속되고 있는 어린아이들과 여성들에 대한 학대를 밝히며 그런 불신앙, 불순종, 부정의로부터 회개할 것을 외쳐야 한다.[14]

입다가 서원을 꼭 갚아야 했는가의 문제와 관련해 그렇게 하지 말았어야 할 두 가지 이유가 있다. 첫째, 레위기 27:2-8에 따르면 잘못된 서원은 돌이키거나 조정할 수 있기 때문이다. 둘째, 서원을 지키는 것이 오히려 죄가 된다면 새로운 죄를 지을 것이 아니라 곧바로 하나님께 회개하는 것이 더 낫기 때문이다. 사무엘상 25:22에서 다윗은 나발을 죽이겠다고 하나님의 이름으로 맹세했지만 아비가일을 통해 자신의 어리석음을 깨달은 후에는 그 맹세대로 하지 않고 그냥 돌아갔다. 또한 사무엘상 14장에서도 사울의 어리석은 서원 때문에 요나단이 죽을 위기에 처했을 때 주변 사람들이 합리적인 이유를 들어 구해준 사건을 볼 수 있다. 하지만 입다에게는 그의 잘못을 지적하며 바른 소리를 해줄 사람이 없었던 듯하다. 아니면 그런 소리를 들었는데도 자신의 권력을 공고히 하려고 딸의 희생에 눈을 감았는지도 모를 일이다. 결과적으로 입다는 자신의 딸을 희생시킴으로써 자신이 원하던 길르앗의 지도자 자리를 얻었기 때문이다.

하나님은 이스라엘의 부르짖음을 들으시고 입다를 통해 이스라엘을 암몬 자손의 손에서 구원해주셨다. 이에 온 이스라엘은 구원의 기쁨을

---

14 매캔, 『사사기』, 158.

맛보며 하나님을 찬양할 수 있었다. 하지만 입다는 자신의 욕망을 이루기 위해 내뱉은 어리석은 서원으로 인해 승리의 기쁨에서 소외되어 무남독녀를 잃은 슬픔 속에서 홀로 지내야 했다. 이것은 자신의 욕망을 위해 하나님을 이용하려던 입다에게 내리신 하나님의 벌인 듯하다.

입다의 딸은 사사기에서 최초로 희생된 여성 인물이다. 지금까지 여성들은 축복을 쟁취하거나 전쟁에 적극적으로 참여하는 용감한 모습을 보이며 긍정적으로 그려졌다. 하지만 입다의 딸은 신실한 태도에도 불구하고 하나님에 관한 올바른 지식이 없는 시대적 한계 속에서 아버지에게 희생되었다. 이스라엘의 영적 상태가 타락할수록 여성들의 처지는 더욱더 열악해진다. 사사기 1장에서 갈렙은 딸의 삶을 풍성하게 해주는 보호자로서의 아버지였다. 반면 입다는 자신의 권력을 위해 딸을 죽이는 어리석고 무정한 아버지로서 대조를 이룬다. 영적으로 어두워진 사람들의 가족관계는 온전할 수 없다. 그 안에서는 보호자인 아버지가 자식을 희생시키는 자가 된다. 이런 면에서 사사기는 남성들(아버지와 남편)이 여성(아내와 딸)들을 대하는 방식을 통해 이스라엘 공동체가 종교적·사회적으로 얼마만큼 신실하고 건강한지를 보여준다고 할 수 있다.

5) 결말(삿 12:1-6): 에브라임과의 전쟁

암몬 자손과의 전쟁이 끝난 후 입다는 동족과 갈등을 겪게 된다. 여기서도 말다툼이 먼저 있고 그 후에 무력 충돌이 일어난다. 에브라임 지파는 입다가 이번 전쟁에 자신들을 부르지 않았다고 시비를 걸며 입다의 집을 불사르겠다고 협박한다. 이런 에브라임의 도전은 기드온 때보다 훨씬 강경하다. 기드온 때는 "왜 부르지 않았느냐?"고 수사 의문문을 통해 섭섭함을 드러내는 정도였다면 이제는 "반드시 불로 너와 너의 집을 불사르겠다"고 위협한다. 입다의 건방진 행동을 힘으로 징벌하겠다고 밝힌 것이다.

에브라임이 입다를 공격하려는 이유는 일차적으로 전리품 때문이다. 이는 기드온 때와 마찬가지다. 전쟁에 참여하지 않아 전리품을 얻지 못하게 된 에브라임 지파는 입다가 얻은 전리품에 눈독을 들이고 이를 빼앗기 위해 시비를 건다. 또한 그들의 도발은 에브라임 지파가 길르앗 사람들을 우습게 보았기에 가능하다. 에브라임 사람들은 아마도 기드온 때의 기억을 근거로 입다를 협박하면 자신들의 주장을 관철할 수 있으리라 생각했을 것이다.

그런데 입다의 반응은 기드온과 달랐다. 입다는 자신이 "이쉬 리브"(אישׁ ריב), 즉 "논쟁의 사람" 혹은 "다툼의 사람"이라고 말한다. 이는 상대방이 싸움을 걸어왔을 때 피하지 않고 맞서 싸운다는 것으로서 입다 자신의 특징을 잘 나타내준다. 입다는 길르앗의 장로들과 협상하고 암몬 왕과 논쟁하면서 물러서지 않았다. 그리고 그 결과로 지금의 권력을 쥐게 되었다. 그런 그가 에브라임과의 논쟁에서 물러날 이유는 없어 보인다.

입다는 먼저 문제를 일으킨 것은 자신이 아니라 에브라임이라는 사실을 분명히 한다. 입다는 암몬 자손과 전쟁할 때 에브라임 지파에 도움을 요청했지만 도와주지 않아서 자신이 목숨을 걸고 싸워야 했다고 말한다. 또한 야웨 하나님이 암몬 자손을 자신의 손에 넘겨주셔서 이기게 되었다고 주장한다. 그리고 부를 때는 오지 않더니 인제 와서 싸우려고 하는 태도는 무엇이냐고 강력하게 비난한다(삿 12:2-3).

이렇게 말로 싸운 뒤 입다는 길르앗 사람들을 모아 에브라임과 전쟁을 벌인다. 사사기 12:4에서 "쳐서 무찌르다"로 번역된 "나카"(נָכָה)는 사사기 1장에서 이스라엘이 가나안 성읍을 칠 때 사용된 단어다. 이를 통해 우리는 이스라엘의 적이 가나안 족속에서 동족으로 바뀌었음을 알 수 있다. 이에 관해 사사기 12:4은 입다와 길르앗 사람들이 에브라임 사람들에게 적대감을 가진 이유를 설명한다. 그것은 바로 에브라임의 말 때문이다. 그들은 길르앗 사람들이 본래 에브라임에서 "도망한 자"들이며 원래는 에브라임과 므낫세에게 속해야 한다고 말했다. 이때 "도망한 자"는 주인의 허락도 없이 도주한 노예나 비천한 인물을 가리킨다. 사실 이런 주장의 근거는 사사기에서 전혀 찾아볼 수 없다. 다만 우리는 이 말속에서 에브라임과 므낫세 지파가 길르앗 사람들을 비하하며 자신들의 정당성과 우월성을 주장했다는 사실을 확인할 수 있다. 이는 언제부터인가 요단강 동편과 서편 사이에 갈등이 생겨났고 그것이 기드온 이야기에서 암시적으로 드러나다가 지금은 완전히 표출되고 있다는 사실을 알게 해준다. 결국 이런 정황을 보면 이번 분쟁은 에브라임이 입다와 길르앗을 무시하고 트집을 잡아 시작되었음이 확실하다.

에브라임 지파와 길르앗의 분쟁은 요단강 나루턱을 점령한 길르앗의 승리로 끝난다. 전투에 패한 에브라임 사람들은 이제 거꾸로 "도망자"가 되어 나루를 건너려 한다. 이때 길르앗 사람들은 "쉽볼렛"(שִׁבֹּלֶת)이라는 단어의 발음을 이용해 에브라임 사람을 색출했다.

"쉽볼렛"이란 발음을 제대로 하지 못하고 "십볼렛"(סִבֹּלֶת)이라고 말하는 사람은 죽을 수밖에 없었다.[15] 이런 말장난을 통해 사람들을 구별해 죽이는 길르앗 사람들의 모습은 말의 사람인 그들의 지도자 입다와 닮은 듯하다. 이때 죽임을 당한 사람은 4만 2,000명이었는데, 사사기 20장에서 나머지 지파와의 전쟁을 통해 죽은 베냐민 지파의 전사자가 2만 5,000명인 것을 감안하면 에브라임 지파가 거의 괴멸되다시피 했다는 것을 알 수 있다.

전투에서 요단강 나루를 선점하는 것은 에훗 이야기와 기드온 이야기에도 기록되어 있다. 그때는 적을 치기 위한 훌륭한 전술이었지만 이번에는 동족인 에브라임 사람들을 꼼짝 못 하게 하는 잔혹한 전술로 사용된다. 이런 모습을 통해서도 이스라엘이 점점 타락해 공동체의 결속이 약화하고 내부적 갈등이 깊어지고 있음을 보게 된다. 타락한 이스라엘은 하나님의 도우심 속에서 승리한 전쟁을 동족 간의 전쟁으로 변질시켰다.

결론적으로 입다는 이스라엘을 성공적으로 구원했다. 하지만 개인적으로는 딸을 죽음에 이르게 하고 후손을 하나도 얻지 못하는 비극을 맞았고, 민족적으로는 지파 간의 내분으로 동족을 죽이는 참극을 일으켰다. 이처럼 입다 이야기는 상당히 부정적인 결론을 보여준다. 이는 승리의 찬양으로 끝난 드보라 이야기와 대조를 이룬다. 또한 입다와 에브라임의 전쟁에는 하나님이 전혀 등장하지 않는다. 이는 기드온이

---

15 "쉽볼렛"은 히브리어로 "쉬볼레트"(שִׁבֹּלֶת)이며 그 뜻은 "흐르는 시내"다. 그리고 "십볼렛"은 히브리어로 "시볼레트"(סִבֹּלֶת)이며 그 뜻은 "밀 이삭"이다. 이 단어는 구약성경에서 여기에 단 한 번 사용되는데, 의미보다는 "쉬"와 "시" 발음의 차이를 알아보기 위한 것이었다.

개인적으로 복수하는 내용을 기록한 부분과 같다. 철저히 각 집단이 사사로운 이익을 얻기 위해 싸운 전쟁을 다루는 이런 부분들은 하나님이 함께하시는 정복 전쟁과 관련이 없다. 타락한 이스라엘과 그 지도자들이 민족의 구원을 위해 하나님이 허락해주신 사사직과 능력을 사사로운 이익과 복수를 위해 사용할 뿐이다.

3. 에필로그(삿 12:7): 입다의 죽음

이 부분은 사사기의 전형적인 구조를 따라 입다의 죽음과 통치 기간, 장사된 곳을 언급한다. 하지만 특이하게 여기서부터는 평안의 보고가 등장하지 않고 다만 사사가 활동한 기간만이 언급된다. 입다가 사사로 지낸 기간은 6년으로 다른 사사들에 비해 매우 짧다. 평안의 부재와 사사의 이른 죽음들은 모두 사사 시대가 점점 혼란스러워지고 있음을 상징하는 요소들이다.

소사사 에피소드 III: 입산, 엘론, 압돈(삿 12:8-15)

1. 사사 입산(삿 12:8-10)

사사 입산은 아들 30명과 딸 30명을 두었다. 자식이 이렇게 많다는 것은 그가 많은 부인을 두었다는 뜻이다. 여기서 우리는 기드온에서 시작된 왕 같은 사사의 모습이 점점 강화하고 있음을 알게 된다. 게다가 입산은 자식들을 동족과 결혼시키지 않았다. 그는 딸들을 가나안 땅 밖으로 시집보내고 며느리들을 밖에서 데리고 왔다.

하나님은 분명히 이방인과의 결혼을 금하셨다(삿 3:6). 하지만 사사인 입산은 자신의 권력을 강화하고 부를 축적하기 위해 왕들이 하듯이 주변 민족들과 정략결혼을 맺었다. 이런 모습이 정치적으로는 수완이 좋다고 평가될지도 모른다. 하지만 신앙적으로는 하나님을 의지하지 않고 계명을 무시한 불신앙의 모습일 뿐이다. 입산은 이런 정략결혼으로 자신의 권력을 강화하고 외교 관계를 안정시키려고 했는지도 모른다. 하지만 7년밖에 안 되는 그의 짧은 통치 기간을 보면 결국 이스라엘에 안정과 평화를 가져오는 데 실패했음을 알 수 있다.

2. 사사 엘론(삿 12:11-12)

사사 엘론은 10년 동안 이스라엘을 다스렸다는 내용 이외에 다른 보고가 없다. 이스라엘을 구원했다는 보고도 없는 것으로 보아 엘론이 왕 같은 사사였음을 알 수 있다.

3. 사사 압돈(삿 12:13-15)

압돈 사사는 비라돈 사람으로서 에브라임 지파 힐렐의 아들이다. 그가 장사된 비라돈은 에브라임 지파에 속한 아말렉 사람의 산지에 있는 지역이었다. 이 지역이 "아말렉 사람의 산지"라고 불리는 이유는 이스라엘이 가나안을 정복할 당시 아말렉 사람들이 그곳에 살았기 때문이다.

사사기 화자는 압돈에게 아들 40명과 손자 30명이 있다고 기록한다. 그들은 어린 나귀 70마리를 타고 다녔다. 앞서 사사 야일은 30개의 성읍을 차지한 아들 30명이 있었다고 했는데, 그와 비교할 때 압돈은 아들이 더 많을 뿐 아니라 손자들까지 나귀를 타고 다니는 모습을 보인다. 우리는 이런 모습에서 압돈이 앞선 어느 사사보다 더 왕 같은 지위를 누리며 권력을 세습했다는 사실을 알 수 있다. 즉 사사의 권력이 점차 왕권과 유사한 형태로 변질한 것이다. 블록을 비롯한 일부 학자들은 이런 모습이 침략의 시대 사이에 존재하는 평화와 풍요의 시대를 상징한다고 보기도 한다.[16] 하지만 이런 평화와 번영을 긍정적으로 볼 것인지에 관해서는 논란의 여지가 있을 수밖에 없다.

이상 살펴본 3명의 사사는 이스라엘을 구원하는 역할은 수행하지 않고 오직 자신들의 지위와 부와 유익을 위해 움직이는 지도자들이었다. 그들의 통치 기간 역시 상대적으로 짧아 그들이 이스라엘의 평화를 위해 무언가 이바지했다고 보기도 어려울 듯하다. 다만 우리는 이

---

16 Block, *Judges, Ruth*, 391.

런 사사들의 모습을 통해 이스라엘의 사사들이 점점 타락하고 있음을
확인할 뿐이다.

8장

삼손

(삿 17:1-16:31)

삼손만큼 우리에게 친숙한 사사는 없을 것이다. 꼭 기독교인이 아니더라도 삼손의 강력한 힘과 극적인 삶에 관해 들어보지 못한 사람은 별로 없는 듯하다. 그만큼 삼손의 이야기는 흥미진진한 요소들로 가득차 있다.

하지만 사사기의 나선형 타락 구조를 염두에 두면 삼손의 유명세가 그렇게 반갑게 느껴지지만은 않는다. 그는 가장 외로운 사사이자 가장 치욕스러운 패배를 경험한 용사이기도 하다. 다음과 같은 구조로 되어 있는 삼손의 이야기를 자세히 살펴보면서 사사기의 마지막 사사가 어떠했는지를 확인해보자.

삼손 이야기의 구조

프롤로그(삿 13:1)

중심 이야기(삿 13:3-16:31a)
  해설(삿 13:2-25): 삼손의 탄생
  발단(삿 14:1-14:20): 블레셋과의 갈등 시작

---

1. 프롤로그(삿 13:1)

사사기 13:1은 삼손 이야기의 프롤로그다. 이스라엘은 또다시 악을 행했고 하나님은 그들을 40년간이나 블레셋 사람의 손에 넘기신다. 사사기에서 40년은 한세대를 의미하는 시간이다. 여기서 우리는 이스라엘 백성이 다른 사사 이야기에서보다 매우 긴 기간에 걸쳐 고통받고 있었다는 사실을 알 수 있다.

그런데 삼손 이야기의 프롤로그가 다른 사사 이야기의 프롤로그와 확연히 다른 점은 이스라엘의 호소나 부르짖음이 등장하지 않는다는 것이다. 이는 이스라엘 자손들이 직접 당하는 공격만 없으면 이방 족속의 통치를 문제 삼지 않았다는 사실을 말해준다. 그들은 블레셋의 통치를 당연하게 받아들이면서 거기에 순응한 듯하다. 더 나아가 그들은 블레셋의 신을 섬기며 그들에게 동화되었기 때문에 그런 현실이 왜 잘못되었는지 깨닫지 못했다.

2. 중심 이야기(삿 13:3-16:31a)

1) 해설(삿 13:2-25): 삼손의 탄생

사사에 관한 인물 소개는 기드온이 등장할 때부터 점점 길어지는 양상을 보이며, 마지막으로 삼손에 관한 소개가 가장 길다. 삼손 이야기에서는 이스라엘이 부르짖지도 않았는데 하나님이 먼저 사사를 세우기로 작정하신다. 삼손 이야기는 처음부터 사사 이야기의 기본적인 패턴에서 벗어난 변이를 보여주기 시작하는 것이다.

사사기 화자는 삼손의 부모 이야기부터 풀어놓는다. 삼손의 아버지인 마노아는 사사기 13:2과 16:31에 등장하면서 삼손 이야기를 인클루지오 형식으로 만들어주는 인물이다. 그가 살던 지역은 단 지파의 소라 땅이었다. 단 지파가 자리한 지역은 블레셋의 접경지로서 그 영향을 많이 받을 수밖에 없었다. 마노아의 아내는 불임이라고 소개되는데, 이는 무기력하고 치욕적인 이스라엘의 당시 상황을 상징적으로 보여준다.[1]

그런데 마노아나 그의 아내는 아기를 달라고 하나님께 기도하지 않는다. 이런 모습 역시 블레셋의 다스림을 당연한 것으로 여기며 이제는 하나님이 자신들을 구원해주실 것이라고 기대하지 않는 이스라엘의 영적 현실을 그대로 보여준다. 이는 불임을 슬퍼하며 아기를 달라고 하나님께 간절히 기도하는 한나의 모습과 대조된다(삼상 1:10-11).

---

1 Webb, *The Book of Judges*, 350.

하지만 야웨의 사자가 마노아의 아내에게 나타난다(삿 13:3). 야웨의 사자는 앞서 사사기 13:2에 나온 내용을 그대로 반복하며 "임신하지 못하므로 출산하지 못하였으나"라는 말로 입을 연 후 "이제 임신하여 아들을 낳으리니"라고 말함으로써 변화가 일어날 것을 예고한다. 그리고 그녀에게 포도주와 독주를 마시지 말며 부정한 것도 먹지 말라고 명령한다. 그 이유는 그녀에게서 태어날 아이가 태아 때부터 하나님께 바쳐진 나실인이기 때문이다.

술이나 부정한 음식을 금하는 것은 나실인이 지켜야 할 규례다. 나실인에 관한 자세한 내용은 민수기 6:1-8에 기록되었다. 그런데 야웨의 사자가 삼손의 어머니에게까지 나실인의 규례를 지키라고 명령하는 이유는 무엇일까? 이는 개역개정 성경이 "태에서 나옴으로부터"라고 번역한 히브리어 "민-하바텐"(מִן־הַבֶּטֶן)의 의미를 살펴보면 알 수 있다. 여기서 전치사 "민"(מִן)은 "~로부터" 혹은 "~중에"라는 뜻이며 "민-하바텐"은 "태중에서부터"라고 번역하는 것이 더 적절하기 때문이다. 즉 마노아의 아이는 엄마의 배 속에 있을 때부터 나실인이다. 율법에 따르면 부정은 접촉으로 전가되는데 산모가 먹는 음식은 배 속의 아기에게 직접 영향을 준다. 그렇기에 삼손을 임신한 마노아의 아내도 포도주나 독주, 혹은 부정한 것을 조심해야 했다.

삼손이 나실인이라는 사실은 앞으로 삼손의 행동을 평가하는 기준이 된다. 또 삼손이 들릴라와 겪는 갈등도 삼손이 나실인이기 때문에 발생한다. 하나님의 사자는 마노아의 아내에게서 태어날 아이가 하나님께 바쳐진 나실인이며 그가 이스라엘을 블레셋 사람의 손에서 구원하기 시작할 것이라고 분명히 말한다(삿 13:5). 즉 삼손을 이스라엘을 구원할 사사로 세우시겠다는 것이다. 하지만 결과적으로 보면 삼손은 이스라엘을 블레셋의 손에서 완전히 구원하지는 못한다. 그는 이스라엘과 블레셋 사이에 갈등을 일으키며 블레셋과 전쟁을 시작하는 인물일 뿐이다. 이스라엘 역사에서 블레셋과의 전쟁에 종지부를 찍은 사람은 다윗 왕이었다.

이처럼 하나님은 이스라엘 백성이 부르짖지 않았음에도 불구하고 이스라엘에 대한 크신 사랑과 주권적인 간섭하심으로 불임의 여성을 통해 이스라엘을 구원할 준비를 하셨다. 하지만 이스라엘은 부르짖지 않았기에 하나님이 삼손을 사사로 세우셔서 자신들을 구원하시려 한다는 사실을 제대로 인식하지 못했다.

하나님의 사자를 만난 마노아의 아내는 남편에게 자신이 야웨의 사자를 만났다고 말한다. 그녀는 "하나님의 사람"의 모습이 "하나님의 사자" 같았다고 묘사하면서 매우 두려웠다고 고백한다(삿 13:6). 이런 두려움은 인간이 신적인 존재를 만났을 때 보이게 되는 자연스러운 반응이다. 하지만 그녀는 "야웨의 사자"가 "하나님의 사람" 즉 예언자인 줄로만 알았다. 그녀는 하나님의 사자를 만났기에 무의식적으로 인간이 갖게 되는 자연스러운 두려움을 느꼈지만 의식적으로는 자기가 만난 존재를 사람으로 단정한 것이다. 그녀는 하나님의 사자를 자신이 직접 만나리라고는 꿈에도 생각하지 못한 듯하다.

마노아의 아내는 하나님의 사자가 해준 말을 남편에게 전한다. 그리고 태어날 아이가 "죽는 날까지" 나실인이 된다는 말을 덧붙인다(삿 13:7). 이는 사자의 말을 보충해서 설명한 것인데, 반대로 그녀는 한 가지 내용을 빼먹는다. 그것은 태어날 아기가 이스라엘의 구원자가 되리라는 것이었다. 아마도 마노아의 아내는 자신의 아이가 구원자가 될 것이라는 말에 관해서는 확신이 없었을 것이다.

그런데 마노아는 아내의 말을 믿지 않고 "하나님의 사람"을 다시 보내달라고 기도한다(삿 13:8). 그가 이야기를 다시 듣고 싶어 하는 이유는 두 가지 정도로 볼 수 있다. 첫째, 그는 아이를 갖게 되리라는 아내의 말을 완전히 믿을 수 없어 자신이 직접 확인하고 싶은 것이다. 여기서 또다시 의심의 모티프가 등장한다. 의심을 품은 마노아는 자신의 아내를 예언의 증언자로 온전히 인정하지 않는다. 둘째, 마노아가 "우리"라는 말을 세 번이나 사용하는 것으로 보아 그도 아내가 보고 들은 것에 동참하여 아이의 양육에 적극적으로 참여하기를 원하는 것이다. 그는 아내만 계시를 받고 할 일을 전해 들은 것에 관해 남편이자 가장인 자신이 빠질 수 없다고 생각하며 아내를 질투한 듯하다.[2]

어떤 이유이든 간에 하나님은 마노아의 목소리를 들으시고 하나님의 사자를 다시 보내주신다. 하지만 하나님은 고의로 이전과 똑같이 마노아가 없는 상황에서 사자를 보내신다.[3] 마노아는 아내의 중재가 없으면 결코 사자를 만날 수 없다.[4] 이는 마노아의 아내가 마노아보다 더 중요한 역할을 하는 인물임을 나타내준다. 마노아는 아내의 부름을 받고 따라갈 뿐이다. 그는 야웨의 사자를 만나자마자 그가 자신의 아내가 말한 그 사람인지를 확인한다(삿 13:11). 그는 끊임없이 아내의 말

2 Block, *Judges, Ruth*, 407.
3 Danna N. Fewell, David M. Gunn, *Gender, Power & Promise: The Subject of the Bible's First Story*(Abingdon Press, 1993), 129.
4 J. 체릴 엑섬, 『산산이 부서진 여성들』(김성래 외 옮김, 한들출판사, 2001), 88.

을 의심하는 모습을 보인다. 하지만 하나님의 사자는 "나다"(אָנִי[아니])라는 짧은 대답을 통해 단호하고 분명하게 마노아의 의심을 풀어준다. 블록이 지적한 대로 마노아는 하나님의 사자가 나타남으로써 아내의 말이 사실이었음을 알고 믿게 되었다.[5]

이제 마노아는 아이가 태어날 것을 확신하게 되었다. 그는 아이를 어떻게 키워야 할지 묻는다(삿 13:12). 나실인으로서 그 아이가 특별히 금해야 할 사항이 무엇이냐는 것이다. 하지만 사실 이 질문도 아내에게 이미 들은 말이 사실인지를 확인하려는 것에 불과하다. 이에 야웨의 사자는 그 내용을 마노아의 아내에게 이미 말했다고 하면서 다시한번 반복해준다. 이는 하나님의 사자가 마노아의 의심에 대해 부정적임을 암시한다. 야웨의 사자는 포도주 이외에 포도의 소산도 먹지 말라는 조항을 덧붙여 이전에 한 말을 좀 더 자세히 설명한다(삿 13:14).

여기서 야웨의 사자가 계속해서 마노아의 아내에게 먼저 나타나고 그녀에 관해서만 말하는 이유는 나실인을 임신하고 키우는 과정에서 어머니의 역할이 절대적으로 중요하기 때문이다. 그렇기에 마노아가 "우리가" 지켜야 할 규례와 행동이 무엇이냐고 물어도 야웨의 사자는 그의 아내가 지켜야 할 규례만을 이야기한다. 야웨의 사자는 마노아를 무시하며 마노아의 아내에게만 집중하는 듯하다. 아내의 말을 믿지 못하고 계속 확인하려 하는 마노아의 모습은 여성의 말을 제대로 된 증언으로 믿지 못하던 당시의 분위기를 보여준다.

하지만 하나님은 이런 사회적 관습이나 편견에 얽매이지 않으신다.

---

5 Block, *Judges, Ruth*, 410.

하나님은 당신의 일을 하기에 적절하다고 판단되면 누구에게든지 나타나셔서 그와 말씀하신다. 하나님이 누구를 만나고 누구와 이야기를 나누실지는 전적으로 하나님의 주권에 달린 문제이지, 사람이 믿고 안 믿고의 문제가 아니다.

마노아는 모든 말을 들은 후에 야웨의 사자를 대접하고 싶다는 뜻을 밝힌다(삿 13:15). 고대에는 손님을 환대하는 풍습이 있었기 때문이다. 게다가 마노아는 아이가 생길 것이라는 축복의 말씀을 전해준 사람에게 꼭 음식을 대접하고 싶었을 것이다. 그는 야웨의 사자에게 염소 새끼를 준비할 것이니 머물러달라고 간곡하게 요청한다. 그런데 하나님의 사자는 이런 요청에 대해 자신이 머물러 있더라도 음식은 먹지 않겠다고 말한다. 그리고 번제를 드리려면 야웨께 드리라고 한다(삿 13:16). 사사기 화자는 이처럼 마노아와 야웨의 사자 사이에서 말이 서로 어긋나는 것은 마노아가 상대를 야웨의 사자로 알아보지 못했기 때문이라고 설명한다. 마노아도 그의 아내처럼 자신 앞에 서 있는 존재가 야웨의 사자임을 깨닫지 못한 것이다.

사사기 13:17에서도 마노아는 계속해서 야웨의 사자를 예언자로만 인식하고 그의 이름을 묻는다. 그가 전해준 예언이 이루어지면 그의 이름을 존귀하게 여기기 위해서다. 여기서 예언이 이루어지면 그 일을 이루신 하나님을 높이는 것이 아니라 예언자의 이름을 높이겠다는 마노아의 발상은 아쉬움을 불러일으킨다. 이런 질문에 대해 야웨의 사자는 자신의 이름이 "기묘"(פֶּלִאי [필리])라고 답한다. 기묘는 "이해할 수 없는" 혹은 "놀라운"이란 뜻으로 주로 하나님의 놀라운 역사를 묘사할 때 사용되는 단어다(시 139:14; 사 28:29). 이 이름은 야웨의 사자가 마노아가 이해할 수 없는 존재임을 말하는 것이다.

마노아는 야웨의 사자가 이름을 통해 자신이 신적인 존재임을 암시적으로 알려주는데도 여전히 그가 누구인지를 전혀 알아채지 못한다. 이는 당시 이스라엘 전체가 하나님을 믿는 신앙이 약화하면서 하나님이 자신들을 찾아오실 것이라고는 어느 누구도 상상하지 못했기 때문이다. 그러나 하나님은 늘 자신의 백성을 보고 계시며 우리가 기대하지 못한 순간에 우리에게 찾아오셔서 우리가 이해할 수 없는 놀라운 일들을 행하는 분이시다.

마노아는 야웨의 사자의 말에 따라 염소 새끼와 소제물을 가져다가 바위 위에 올려놓고 야웨께 제사를 드렸다(삿 13:19). 그러자 갑자기 그곳에서 놀라운 이적이 일어났다. 불꽃이 일어나 하늘로 올라가면서 야웨의 사자도 불에 휩싸여 올라간 것이다(삿 19:20). 여기서 "이적"으로 번역된 "마플리"(מַפְלִא)는 "놀랍다" 혹은 "일반적이지 않다"라는 뜻의 동사 "팔라"(פָּלָא)의 히필 분사형으로서 "놀라게 하는 것" 혹은 "이해할 수 없는 것"이라는 뜻이다. 그리고 "팔라"(פָּלָא)의 명사형이 사사기 13:18에서 "기묘자"로 번역된 "필리"(פֶּלִאי)다. 기묘자 곧 "놀라운 자"라는 이름을 가진 존재가 이적 즉 "놀라운 일"을 일으킨 것이다.

야웨 하나님은 사자를 보내 당신이 이해할 수 없고 놀라운 분이시라는 사실을 마노아 부부에게 분명히 보여주셨다. 마노아는 하나님의 말씀에 거듭 반신반의했지만 놀라운 이적을 통해 하나님의 말씀이 반드시 이루어질 것이라는 징표를 얻는다. 이는 앞서 기드온이 하나님의 징표를 여러 차례 확인하며 믿음을 키운 것과 같다.

이적을 보고 놀란 마노아와 그의 아내는 얼굴을 땅에 대고 엎드렸다. 그것은 인간이 취할 수 있는 가장 겸손한 자세다. 그들은 이제야 자신들에게 말하던 존재가 예언자가 아니라 야웨의 사자임을 깨닫는다. 그런데 마노아는 아내에게 "우리가 야웨를 보았으니 반드시 죽을 것이다"라고 말하며 두려워한다(삿 13:22). 마노아도 기드온처럼 자신이 경험한 놀라운 하나님의 말씀보다 당시 민간에 퍼져 있던 속설에 더 신경을 쓴 것이다.

여기까지의 이야기를 보면 마노아 부부의 상황은 기드온이 야웨의 사자의 방문을 통해 부름을 받았던 상황과 비슷하다. 기드온도 야웨의 사자를 예언자로 알고는 자신에게 임무를 주며 야웨의 신탁을 전한 그를 대접하려 했다. 그가 가져온 음식도 염소 새끼 한 마리와 소제물로 사용되는 무교병이었다. 그리고 바위 위에 올려놓은 제물이 불에 타면서 제사가 드려지고 야웨의 사자가 사라진다. 이때 기드온도 자신이 야웨의 사자를 만났다는 사실을 깨닫고 자신이 죽을 것이라고 생각한다(삿 6:11-22). 이처럼 기드온과 마노아 부부의 이야기는 상당히 비슷하다. 두 이야기는 모두 하나님의 말씀을 의심하다가 징표를 보았을 때에야 비로소 믿는 연약한 신앙을 드러내 준다.

하지만 마지막 부분에 차이가 있다. 기드온이 두려워 떨고 있을 때는 야웨의 사자가 다시 나타나서 죽지 않을 것이라며 안심시키는 말을 해준다(삿 6:23). 그런데 사사기 13장에서는 마노아의 아내가 야웨의 사자가 해야 할 역할을 대신한다. 마노아의 아내는 침착하게, 논리적으로 그의 남편을 설득한다.

그의 아내가 그에게 이르되 "여호와께서 우리를 죽이려 하셨더라면 우리 손에서 번제와 소제를 받지 아니하셨을 것이요, 이 모든 일을 보이지 아니하셨을 것이며 이제 이런 말씀도 우리에게 이르지 아니하셨으리이다" 하였더라(삿 13:23).

위에서 "우리를 죽이려 하셨더라면"으로 번역된 "하페츠 라하미테누"(חָפֵץ לַהֲמִיתֵנוּ)에서 "하페츠"는 "기뻐하다" 혹은 "즐거워하다"라는 뜻으로서 이 구문을 직역하면 "우리를 죽이는 것을 기뻐했다"다. 이는 계획적으로 죽이려 드는 것을 의미하며 여기서 우리는 마노아의 아내가 하나님이 그렇게 하지 않으실 것으로 판단했다는 사실을 알게 된다. 그녀는 하나님이 약속을 지키는 분이시며 논리적으로 일관성 있게 행동하시는 신뢰할 만한 분이라고 생각한 것이다. 아내가 보여주는 이런 논리적이고 침착한 반응과 대조적으로, 마노아는 하나님에 대한 올바른 지식이나 믿음이 없었기에 앞뒤 맥락을 살피지도 않고 오직 "야웨를 보면 죽는다"는 속설만 가지고 감정적으로 반응했다. 이런 마노아의 태도는 하나님을 일관성이 없고 즉흥적이며 전혀 신뢰할 수 없는 분으로 생각하는 그의 신앙을 보여준다.

지금까지의 내용을 살펴보면 전체적으로 마노아보다 그의 아내가 더 신뢰감이 있고 지혜롭다고 평가할 수 있다. 액커만(Susan Ackerman)에 따르면 그녀는 마노아와 대조적으로 "입다의 딸이 보여준 경건이 생각나게 하는, 이스라엘의 언약 전통에 관한 신학적인 통찰력과 예민함을 보여준다."[6] 또한 이런 모습은 후에 사무엘을 임신하게 되는 한나

6　Susan Ackerman, *Warrior, Dancer, Seductress, Queen: Women in Judges and Biblical Israel*(Doubleday, 1998), 112-13.

의 모습을 연상시켜준다. 마노아와 그의 아내를 통해서 우리가 알 수 있는 것은 하나님에 관한 올바른 지식이 있을 때 흔들리지 않는 믿음과 평안을 누릴 수 있다는 사실이다. 반대로 하나님을 제대로 알지 못하는 신앙은 늘 불안하고 두렵고 흔들릴 수밖에 없다.

드디어 마노아의 아내는 하나님의 약속대로 아들을 낳고 그의 이름을 지어준다(삿 13:24). 구약에서는 아이의 이름을 어머니가 짓는 전통이 있다. 삼손의 이름은 히브리어로 "쉬므숀"(שִׁמְשׁוֹן)이며 "작은 태양"이라는 뜻이다. 삼손이 자랄 때는 야웨 하나님이 복을 주셨고 자란 후에는 야웨의 영이 그를 움직이기 시작했다(삿 13:25). 여기서 복을 주셨다는 것은 야웨 하나님이 삼손을 계속해서 보호하고 함께하셨다는 의미다. 그리고 야웨의 영이 그를 움직였다는 것은 삼손이 사사로서 이스라엘을 구원할 준비가 되었다는 의미다. 소라와 에스다올 사이의 마하네단은 삼손이 주로 활동하던 곳이며 블레셋에서 가까운 단 지파의 지역이었다.

이렇게 태어나기 전부터 선택받고 준비된 사사 삼손이 드디어 사역을 시작하게 된다. 삼손의 탄생을 통해 하나님은 불임한 여성도 아들을 낳을 수 있다는 이적을 보여주셨다. 그리고 하나님은 삼손을 통해 이스라엘을 구원하기 위한 더 큰 이적들도 준비하고 계셨다.

다음 단락으로 넘어가기 전에 여기서 잠시 마노아의 아내가 가진 **무명성**의 문제를 살펴보자. 그녀는 성경에서 야웨의 사자에게 수태 고지를 받은 여성 중 유일하게 이름이 알려지지 않은 인물이다. 아브라함의 아내 사라, 이삭의 아내 리브가, 요셉의 약혼녀 마리아의 경우는 모두 남성과 여성의 이름이 함께 언급된다.

마노아의 아내가 가진 무명성은 사사기에서 아비멜렉 사건부터 시작해 이어지고 있는 여성의 무명성이라는 맥락에서 살펴보아야 한다. 이스라엘 사회가 영적·정치적 역동성이 떨어지면서 관습화·체계화될수록 여성들은 이름을 가진 주체가 아니라 남편이나 사회의 부속물처럼 여겨진다. 즉 마노아의 아내가 남편보다 더 뛰어난 인물임에도 불구하고 이름이 나오지 않는 것은 사사기 내에서 여성의 인권이 점차 무시되고 있음을 보여주는 징표다. 사사기에서 이후에 등장하는 여성 인물 중 이름이나 발언 내용이 기록된 여성은 들릴라가 유일하다. 이로써 우리는 이스라엘 사회의 영적·도덕적 상태가 악화할수록 여성의 인권이 무시된다는 사실을 알 수 있다.

2) 발단(삿 14:1-20): 블레셋과의 갈등 시작

삼손 이야기에서 발단은 블레셋과의 갈등이 시작되는 지점이다. 구체적으로는 딤나 여인과의 결혼 이야기가 여기에 해당한다. 그런데 이 이야기 자체도 하나의 독립적인 에피소드로서 나름의 틀을 가지고 있다. 따라서 이 부분을 다시 세부 구조로 나누어 살펴보고자 한다. 여기서 핵심이 되는 키워드가 있다면 그것은 "수수께끼"다.

가. 발단(삿 14:1-9): 삼손이 딤나 여인과 결혼하려 함

사사기 13장의 마지막 절은 "야웨의 영이 삼손을 움직이기 시작하셨다"고 말하며 기대감을 불러일으킨다(삿 13:25). 하지만 이스라엘을 구원하기 위해 등장하는 사사를 기대하던 독자들은 삼손이 딤나에서 블레셋 여인을 "보고"[7] 돌아와서는 그녀와 결혼하겠다고 조르는 장면을 마주하게 된다(삿 14:1-3).

여호수아 19:43에 따르면 딤나는 원래 단 지파에 할당된 지역이었으나 삼손의 시대에는 블레셋이 차지하고 있었다. 그런데 삼손은 사사로서 딤나를 블레셋의 손에서 찾아오기 위해서가 아니라 블레셋 여자를 보려고 그리로 내려간다. 그리고 다시 올라와서는 자신의 부모에게 그녀를 아내로 맞이하게 해달라고 조르는 것이다. 사사기 14:3에서 "이제 그를 맞이하여 내 아내로 삼게 하소서"라고 번역된 히브리어는 "아타 케후-오타 리 레이샤"(עַתָּה קְחוּ־אוֹתָהּ לִּי לְאִשָּׁה)로서 명령문의 형태로 되어 있다. 즉 삼손은 부모에게 당장 딤나의 여자를 아내로 맞게 하라고 무례하게 말하며 강요하는 모습을 보인다.

이에 대해 삼손의 부모는 할례받지 않은 블레셋 족속의 여자와는 결혼해서는 안 된다고 말하며 반대한다. 하지만 그들의 말투는 단호하지 않다. 그들은 "결혼하지 말라"는 명령형이 아니라 수사의문문을 사용해 점잖게 타이른다. 이를 통해 우리는 삼손의 부모가 이미 자식의 고집을 꺾을 수 없는 상황임을 알 수 있다.

부모의 반대에도 불구하고 삼손은 그 여자가 자신의 눈에 보기 좋으니 결혼하겠다고 우긴다. 여기서 "내가 그 여자를 좋아하오니"라고 번역된 히브리어 구문은 "키-히 요쉬라 베에나이"(כִּי־הִיא יָשְׁרָה בְעֵינָי)

---

7 "보다"라는 의미의 히브리어 "라아"(רָאָה)는 삼손을 주어로 네 번 사용된다. 세 번은 블레셋 여자가 대상이고 한 번은 죽은 사자가 대상이다. "라아"는 블레셋 사람을 주어로도 네 번 사용되는데 세 번은 살아 있는 삼손에 관해서고 나머지 한 번은 삼손이 죽은 후 그의 힘에 관해서다. 이는 삼손이 눈에 차는 여자를 찾느라고 바쁜 동안 블레셋 사람들은 삼손을 이기기 위해 그에게서 눈을 떼지 않는 상황의 대조를 보여준다(김지찬, 『요단강에서 바벨론 물가까지』, 212).

로서 직역하면 "나의 눈에 보기 좋기 때문입니다"라는 의미다. 삼손이 블레셋 여인과 결혼하려는 이유는 오직 자신의 눈에 보기 좋기 때문이다. 잠시 후 사사기 14:7에도 나타나는 이런 표현은 사사기 17장 이후에 기록된 사사 시대의 특징과 상응한다. 그 특징은 바로 "사람들이 자신의 소견에 좋은 대로" 행한다는 것이다. 이는 하나님의 말씀을 따르지 않고 자기 생각이나 이방의 풍습을 좇는 모습을 가리킨다.

삼손은 이방인과 결혼하지 말라는 하나님의 말씀을 어기고 블레셋 여인과의 결혼을 고집한다. 그런데 이어지는 사사기 14:4은 야웨 하나님이 이런 삼손을 통해서 블레셋을 칠 기회를 찾고 계셨다고 설명한다. 우리말 성경에서 "삼손이 틈을 타서 블레셋 사람을 치려 함이었으나"로 번역된 구문은 히브리어로 "키-토아나 후-메바케쉬 미펠리쉬팀"(כִּי־תֹאֲנָה הוּא־מְבַקֵּשׁ מִפְּלִשְׁתִּים)이다. 이를 직역하면 "왜냐하면 그가 블레셋 사람을 치기 위한 기회를 찾고 있었기 때문이다"인데, 히브리어의 맥락에서 이 구문의 주어는 삼손이 아니라 야웨다. 즉 블레셋을 칠 기회를 찾고 있는 분은 야웨 하나님이시다. 그는 자신의 눈에 좋을 대로 행동하는 삼손을 통해서 이스라엘을 블레셋의 손에서 구원하는 일을 이루어가신다.

이제 사사는 하나님과 같은 목표를 가지고 같은 방향으로 움직이는 모습을 보여주지 않는다. 이런 경향은 앞서 기드온에게서부터 시작되었다. 기드온은 마지못해서 하나님이 원하시는 방향으로 움직이다가 구원의 목적을 이룬 후에는 빠른 속도로 방향을 바꾸어 하나님을 떠났다. 이어서 입다는 이스라엘의 머리가 되기 위해 이스라엘의 구원자로 나섰다. 즉 하나님과 방향이 같지는 않았지만 자신의 목적을 이루기 위해 사사 역할을 한 것이다.

이에 반해 삼손은 하나님의 목적이나 방향은 전혀 염두에 두지 않고 자신이 원하는 목적과 방향을 따라 움직인다. 뒤로 갈수록 사사마저도 하나님께 온전히 헌신하지 않고 점점 자신의 이익을 위해서만 움직이는 것이다. 삼손을 보면 자신이 하나님의 사사로서 이스라엘을 구원해야 한다는 인식조차 갖지 못했다는 사실을 알 수 있다. 그런데도 야웨 하나님은 당신이 원하시는 목적을 위해 보이지 않는 손으로 개입하시면서 삼손을 통해 이스라엘을 위한 구원의 일을 행하려 하신다.[8]

결국 삼손의 고집에 진 부모는 아들을 딤나의 여자와 결혼시키기 위해 아들과 함께 간다. 도중에 삼손은 갑작스럽게 울부짖는 사자와 마주친다. 이때 삼손에게 야웨의 영이 강력하게 임했고,[9] 삼손은 그 사자를 손쉽게 찢어 죽인다. 사사기 화자는 삼손이 사자를 염소 새끼 찢는 것 같이 찢었다고 표현하면서 삼손이 엄청난 괴력을 발휘했다는 사실을 강조한다(삿 14:6). 이 사건은 야웨의 영이 임한 삼손의 능력이 얼마나 대단한지를 알려주는 하나의 예다.[10]

그런데 별다른 의미가 없어 보이는 이 사건이 나중에 수수께끼를 만드는 소재로 사용되면서 삼손과 블레셋 사이의 갈등을 심화시키는 원인이 된다. 지금은 별다른 관련이 없어 보이는 사건이 하나님의 개입 속에

---

8 엑섬에 따르면 내러티브 서술에는 화자의 관점, 청중의 관점, 주인공의 관점이 있다. 그런데 이 본문에서는 화자가 주인공이 모르는 사실을 청중에게 알림으로써 야웨 하나님이 배후에서 활동하고 계시며 삼손 이야기의 모든 사건에 개입하는 보이지 않는 힘으로 작용하신다는 사실을 드러낸다(J. C. Exum, "The Theological Dimension of the Samson Saga," *VT* 33[1983], 37).

9 이 내용을 가리키는 문장은 "영이 그의 위에 갑자기 돌진하다(rush)"라고 직역할 수 있다.

10 Block, *Judges, Ruth*, 426-27.

서 블레셋과 삼손 사이의 틈을 벌려놓는 요소로 작용하는 것이다. 삼손은 자신의 부모에게조차 이 사건에 관해 말하지 않았는데 이는 자신이 사체를 만짐으로써 부정하게 되었다는 사실을 감춤으로써 책망을 피하려고 한 듯하다. 또 사사기 14:7은 삼손과 블레셋 여자 둘만이 서로 이야기했다고 기록하는데 여기서도 같이 간 삼손의 부모는 배제된다. 여기서 우리는 삼손이 점점 부모의 훈육과 통제를 벗어나고 있었다는 사실을 알게 된다.

결국 삼손은 자신의 눈에 보기 좋은 대로 결정하며 블레셋 여자와 결혼하기로 한다. 삼손은 결혼을 마무리 짓기 위해 다시 딤나로 내려가다가 문득 전에 죽인 사자가 궁금해 길을 벗어나 사자의 사체에 의도적으로 접근한다. 그리고 그 사자의 몸에 꿀이 있는 것을 발견하고는 손으로 그 꿀을 떠서 먹고 부모에게도 가져다 드린다(삿 14:9). 여기서 화자는 삼손이 직접 사자의 몸을 만져 그곳에서 꿀을 떴다는 사실을 강조하기 위해 "손으로"라는 단어를 일부러 사용한다. 즉 삼손은 사체를 만지면 부정해지고 사체에 닿은 것도 부정하다는 레위기의 정결법을 모두 무시하고 자신은 물론이고 부모마저 부정하게 만든 것이다.

삼손의 머릿속에는 자신과 이스라엘 자손이 하나님의 거룩한 백성으로서 정결법을 지켜야 한다는 생각 자체가 없었던 듯하다. 정결법은 하나님께 제사를 드릴 수 있는 깨끗한 상태를 가리기 위한 율법으로서 하나님과 이스라엘 간의 교제에서 필수적인 부분이다. 게다가 삼손은 나실인이기에 더더욱 부정한 것에 접촉해서는 안 되었다. 하지만 그는 하나님과의 관계에는 아무런 관심이 없고 오직 자기 입을 즐겁게 하는 데만 몰두한다. 이런 삼손의 모습은 당시 이스라엘 백성들의 낮은 영적 수준을 대변한다.

나. 전개(삿 14:10-14): 결혼 잔치에서 수수께끼를 냄

삼손은 아버지와 함께 신부를 데리러 딤나로 내려가 그곳에서 잔치를 연다. 이에 관해 사사기 화자는 당시에 청년들이 그렇게 하는 풍습이 있었다고 설명한다. 여기서 "잔치"는 히브리어 "미쉬테"(מִשְׁתֶּה)의 번역인데, 이는 "마시다"라는 의미의 동사 "샤타"(שָׁתָה)에서 온 것으로 음주를 기본으로 한다. 즉 이 잔치에 참여하는 것 역시 포도주와 독주를 마시면 안 된다는 나실인의 서약에 어긋나는 것이었다. 하지만 삼손은 이번에도 그런 서약과는 관계없이 자신의 욕망을 위해 이방인들과 함께 잔치를 즐긴다.

블레셋 사람들은 삼손의 결혼식 들러리로 30명이나 되는 사람을 세운다. 이에 관해 블록은 블레셋 사람들이 잠재적으로 일어날지도 모르는 적대적인 행동에 대해 안전장치를 마련한 것이라고 설명한다.[11] 하지만 삼손과 블레셋 사이에는 아직 어떤 긴장도 없기에 이는 삼손이 블레셋 사람과 친밀하게 지내며 전적으로 그들의 전통을 따랐다는 사실을 보여주는 것으로 해석해야 한다.[12] 블레셋 여자와 결혼하는 삼손은 단지 블레셋과 우호적인 관계를 맺으려 할 뿐이다.

블레셋 여자와 결혼하고 블레셋 사람들을 친구로 삼아 즐거운 잔치

---

11 Block, *Judges, Ruth*, 432; 버틀러, 『사사기』, 790.
12 참고, Schneider, *Judges*, 207.

를 벌이던 삼손은 흥이 나서 겉옷 30벌과 베옷 30벌을 걸고 수수께끼를 낸다. 그와 함께한 블레셋 친구들도 가벼운 기분으로 이에 응한다. 그런데 당시에 그런 의복은 한 사람이 한 벌씩만 가지고 있었다.[13] 따라서 삼손의 수수께끼는 상당히 큰 판돈이 걸린 내기였다.

삼손은 "먹는 자에게서 먹는 것이 나오고 강한 자에게서 달콤한 것이 나온다"는 문제를 낸다(삿 14:14). 이는 사자의 사체에서 나온 꿀을 먹은 개인적 경험을 토대로 한 것이었다. 이 문장은 히브리어로 "메하오켈 야차 마아칼 우마아즈 야차 마토크"(מֵהָאֹכֵל יָצָא מַאֲכָל וּמֵעַז יָצָא מָתוֹק) 인데, 이는 히브리어 철자 "멤"(מ)이 들어가는 단어들을 나열하는 두운법을 사용한 재치 있는 문제였다. 삼손은 언어유희를 통해 수수께끼를 좀 더 정교하고 지혜롭게 만든 것이다.

그런데 이 수수께끼는 삼손의 행적을 따라온 청중에게는 매우 쉽지만 삼손의 행적을 일절 모르는 블레셋 사람들에게는 매우 어려운 문제였다. 삼손이 일반적 상황이 아닌 개인적인 경험을 토대로 수수께끼를 냈기에 블레셋 사람들의 관점에서 볼 때는 공정하지 못하다고 느낄 만하다. 결국 블레셋 사람들은 우리의 예상대로 수수께끼를 풀지 못한다.

다. 절정(삿 14:15-18): 수수께끼로 인한 갈등

삼손의 수수께끼는 결혼식을 좀 더 즐겁게 만들기 위해 가볍게 시작한 놀이였다. 하지만 블레셋 사람들이 수수께끼를 풀지 못하게 되자 일이 꼬이면서 갈등이 생겨난다. 치좀(Robert B. Chisholm)은 여기서 즐거움

---

13 버틀러, 『사사기』, 793.

이 갈등으로 변하게 된 이유가 삼손이 두 가지를 간과했기 때문이라고 본다. 첫째는 블레셋 사람들의 독창성이고, 둘째는 자신이 여성의 매력에 취약하다는 사실이다.[14]

블레셋 사람들은 수수께끼를 풀지 못하자 화를 내며 삼손의 아내를 협박한다(삿 14:15). 그들은 그녀에게 남편을 유혹해 수수께끼의 답을 알아내라고 다그치며, 그렇지 않으면 그녀와 그녀의 아버지 집을 불사르겠다고까지 한다. 내기가 걸린 옷 60벌의 가격이 만만치 않았기에 블레셋 사람들은 자신의 동족인 삼손의 아내를 죽이려 든다. 여기서 블레셋 사람들의 잔인성과 무례함이 드러난다. 이들은 결혼식 잔치를 즐기면서도 다른 한편으로는 자신들의 이익을 위해 결혼식의 주인공인 신부를 죽이겠다고 덤빈다.

블레셋 사람들의 협박으로 인해 막 결혼한 부부 사이에 틈이 생긴다. 삼손의 아내는 남편에게 수수께끼의 답을 알려달라고 7일 동안이나 울며 강요했다. 여기서 "강요하다"로 번역된 "헤치카"(הֵצִיקָה)는 기본적으로 "억누르다" 혹은 "억압하다"라는 뜻이 있다. 즉 그녀는 말하지 않고는 못 배기도록 삼손을 몰아붙였다. 그녀는 남편에게 자신을 사랑한다면 자신의 얼굴을 봐서라도 자기 민족에게 낸 수수께끼의 답을 알려달라고 졸랐다. 이는 겉으로 보기에, 혹은 삼손이 보기에는 신부가 신랑의 애정을 확인하는 낭만적인 상황인 듯하지만 실제로는 목숨을 부지하기 위한 처절한 몸부림이었다. 그녀는 자기 동족의 잔인함을 잘 알고 있었다. 그녀가 실패한다면 필경 그녀와 그녀의 가족은 무

---

14 Chisholm, *Judges and Ruth*, 409.

사하지 못할 것이다.

참고로 사사기 14:14, 15, 17이 설명하는 사건의 시간은 정리가 안된 느낌이다. 14절은 블레셋 사람들이 사흘이 되도록 수수께끼를 풀지 못했다고 말하고, 15절은 일곱째 날에 블레셋 사람들이 삼손의 아내를 협박하는 장면을 묘사한다. 그런데 17절은 삼손이 7일 내내 답을 알려달라고 조르는 아내에게 결국에는 답을 알려주었다고 말한다. 이에 관한 뾰족한 해석은 아직 없는 듯하다. 하지만 본문을 수정하지 않으면서 해석할 수 있는 가장 좋은 해결책은 다음과 같다. 우선 사사기 14:15은 블레셋 사람들이 삼손의 아내에게 처음 답을 알아오라고 말한 시점이 아니라 최종적으로 협박한 시점이라고 보아야 한다. 그리고 17절에서 삼손의 아내가 7일 내내 답을 알려달라고 졸랐다는 것은 블레셋 사람들이 처음부터 답을 알아오라고 시켰거나, 혹은 그녀가 개인적으로 답을 알고 싶었기 때문에 잔치 첫날부터 남편에게 수수께끼의 답을 요구한 것으로 해석할 수 있다.

인생에서 가장 즐겁고 행복해야 할 결혼 잔치 내내 삼손의 아내는 수수께끼 때문에 동족의 협박에 시달리고 삼손은 아내의 울음과 강요에 괴로워해야 했다. 6일을 견디다 못한 삼손은 아내의 울음과 강요에 못 이겨 결국 답을 알려주었다. 삼손의 아내 덕분에 수수께끼를 풀 수 있었던 블레셋 사람들은 삼손의 질문을 그대로 받아 똑같은 단어, 똑같은 두운법을 사용해 의문문으로 대답한다.[15] 그들이 이런 식으로 대

---

15 "무엇이 꿀보다 달겠으며 무엇이 사자보다 강하겠느냐?"라고 번역된 히브리어는 "마-마토크 미데바쉬 우메 아즈 메아리"(מַה־מָּתוֹק מִדְּבַשׁ וּמֶה עַז מֵאֲרִי)다(밑줄은 덧붙임). 삼손의 질문과 똑같은 두운법을 사용하고 있다.

답한 것은 수수께끼가 보잘것없었다는 의미를 담은 일종의 조롱이었다. 즉 그들은 지금 허세를 부리며 자신들이 삼손보다 뛰어나다고 으스대며 삼손을 놀리고 있다.

결국 블레셋 사람들이 수수께끼 내기에서 삼손을 이겼다. 하지만 그들의 답을 들은 삼손은 블레셋 사람들이 자신의 아내를 이용했다는 사실을 알게 되었다. 삼손은 아내에게 배신감을 느꼈다. 신혼부부 간의 신뢰와 사랑은 한순간에 허물어져 버렸다. 삼손은 실망과 배신감에 휩싸여 "너희가 내 암송아지로 밭 갈지 아니하였더라면 내 수수께끼를 능히 풀지 못하였으리라"(삿 14:18)고 말한다.

이에 관해 니디치는 "내 아내로 밭 갈다"라는 표현에는 성적인 의미가 있으며, 삼손은 지금 아내가 남편의 비밀을 밝힌 것을 남편 몰래 간음한 것으로 간주하고 있다고 설명한다.[16] 사사기 화자는 블레셋 사람들을 부르는 호칭도 "친구"(삿 14:11)에서 "우리(아내의) 민족"(삿 14:16), 그리고 "성읍 사람들"(삿 14:18)로 바꾼다. 이런 변화는 삼손과 그들의 관계가 점점 멀어지고 있으며 결과적으로 딤나의 모든 남자는 이제 삼손의 친구가 아니라 조롱하는 적들로서 양자가 적대 관계에 놓이게 되었음을 알게 해준다.[17]

라. 결말(삿 14:19-20): 수수께끼의 결과

이때 야웨의 영이 삼손에게 갑자기 임했다. 여기서 야웨의 영은 삼손

---

16 Niditch, *Judges*, 158.
17 Webb, *The Book of Judges*, 374.

에게 상식을 넘어서는 엄청난 힘을 주는 기능을 한다. 삼손은 블레셋 지역의 다른 도시인 아스글론으로 가서 30명을 쳐 죽이고 그들의 옷을 빼앗아 수수께끼를 푼 사람들에게 주었다. 블레셋 사람들에게 옷을 주기 위해 블레셋 사람을 죽인 것이다. 여기서 "죽이다"라는 의미로 사용된 히브리어 "히카"(הִכָּה)는 사사기 1-2장에서 이스라엘이 가나안을 점령한 사건을 묘사할 때도 사용된다. 즉 사사기 화자는 삼손이 블레셋 사람을 죽인 행위를 단순한 살인이 아니라 블레셋과의 전쟁으로 본다. 여기서 바로 하나님의 의도가 드러난다. 삼손은 자신의 뜻이 아니라 하나님의 의도에 따라 블레셋과의 전쟁을 시작하게 된다.

그 후 삼손은 아내의 배신에 분노해 아버지 집으로 돌아가 버린다 (삿 14:19). 좋았던 감정이 삽시간에 식어버리는 이런 모습은 삼손이 자신의 기분에 따라 행동하는 매우 불안정하고 미성숙한 인물임을 보여준다. 삼손이 가버리자 그녀의 아버지는 삼손이 아내를 완전히 버렸다고 단정하고 서둘러 결혼식 들러리 중 한 명에게 딸을 아내로 준다(삿 14:20). 그녀의 아버지는 딸에게 아무런 의사를 묻지 않는다. 그는 딸의 뜻과는 상관없이 아버지의 권한으로 다른 남자에게 딸을 보내버린 것이다. 이러한 사려 깊지 못하고 경솔한 그의 선택은 앞으로 더 큰 비극을 몰고 오게 된다. 한편 이처럼 여성을 남성들 마음대로 이리저리 결혼시키는 모습은 사사기 20-21장에서 나타나는 이스라엘 백성들의 모습과 유사하다. 이는 이스라엘이 점차 이방의 악한 풍습에 동화되어 갔다는 사실을 알게 해준다.

삼손은 한눈에 반한 블레셋 여자와 기어이 결혼했지만 단지 웃고 즐기자고 내건 수수께끼에 블레셋 사람들이 죽자고 달려들면서 그 결혼은 아내와의 갈등, 더 나아가 블레셋 사람들과의 갈등을 촉발하는 원인이 되었다. 하지만 하나님은 삼손의 사사로운 선택과 행동을 통해 이스라엘을 블레셋 사람의 손에서 구원하는 일을 시작하셨다.

3) 전개(삿 15:1-20): 심화되는 블레셋과의 갈등

삼손 이야기의 전개 부분은 삼손과 블레셋 간의 갈등이 심화되는 내용을 담고 있다. 좌충우돌하며 블레셋과의 싸움을 이어가는 삼손은 동족에게 버림을 받고 사랑하는 여인에게 배신을 당하는 치욕을 겪는다. 그런데도 하나님은 삼손을 통해 구원의 역사를 이끌어가신다. 이 부분에 해당하는 에피소드는 3개인데, 각 에피소드를 발단-전개-절정-결말의 구조로 나누어 살펴보자.

가. 에피소드 1(삿 15:1-20): 블레셋과의 싸움

a. 발단(삿 15:1-5): 아내를 다른 사람에게 준 것에 대한 삼손의 복수

사사기 15:1은 "얼마 후 밀 거둘 때에 삼손이 염소 새끼를 가지고 그의 아내에게로 찾아"갔다고 기록한다. 여기서 "얼마 후"는 아내의 배신에 대한 삼손의 화가 어느 정도 진정되었을 만큼 시간이 흘렀다는 말이다. 그리고 "밀 거둘 때"는 대략 5월경으로 앞으로 펼쳐질 사건의 중요한 배경이 된다.

삼손은 아내와 화해하고 싶은 마음에 염소 새끼를 선물로 준비해 찾아간다. 하지만 자신의 과거를 지우고 새롭게 시작할 수 있을 것이라는 삼손의 단순하고 허술한 확신은 곧 산산이 부서진다.[18] 삼손의 기대와는 다르게 그의 장인은 딸이 사위에게 버림받았다고 판단하고 이미 딸을 결혼식에 참석했던 사위의 친구에게 준 뒤였다. 이런 성급한 결정은 삼손의 분노를 불러일으켰다. 삼손만큼이나 성급하고 쉽게 행동하는 그의 장인은 더 젊고 예쁜 동생을 삼손에게 주겠다고 하지만 이런 설득은 먹히지 않았다. 삼손은 자신의 눈에 좋을 대로 행동하는 인물이기 때문이다.[19] 그리고 그는 이 상황을 자신의 자존심을 상하게 한 블레셋 사람들에게 복수할 기회로 삼는다.

> 삼손이 그들에게 이르되 "이번은 내가 블레셋 사람들을 해할지라도 그들에게 대하여 내게 허물이 없을 것이니라" 하고(삿 15:3).

삼손은 자신이 블레셋 사람에게 해를 가하는 것이 자신의 명예를 지키기 위한 정당한 행동이라고 주장한다. 그리고 엄청난 괴력으로 여우[20] 300마리를 잡아 두 마리씩 꼬리를 묶은 후 꼬리에 불을 붙인 다음 그 여우들을 추수하기 직전의 밀밭으로 몰았다. 여우들은 이리 뛰고 저리 뛰며 밀밭을 엉망으로 만들어놓는다. 이 장면은 한 편의 코미디를 보는 것 같다. 하지만 그 피해는 엄청났는데 이때가 마침 밀 거둘 때로

---

18 Webb, *The Book of Judges*, 376.
19 버틀러, 『사사기』, 797.
20 히브리어 "슈알"(שׁוּעָל)은 대부분 "여우"를 가리킨다. 하지만 좀 더 포괄적으로 보면 이 단어는 "자칼"을 의미하기도 한다. 삼손은 아무래도 자칼을 이용했을 가능성이 크다. 왜냐하면 여우는 혼자서 움직이고 자칼은 무리를 지어 다니기 때문이다. 삼손이 한꺼번에 많은 수를 잡기에는 무리를 지어 다니는 자칼이 훨씬 수월했을 것이다. 자칼은 당시 팔레스타인의 토착 짐승이었다 (버틀러, 『사사기』, 798; 월튼, 『IVP 성경배경주석』, 382).

한 해 농사를 마무리하는 시기였기 때문이다.

삼손이 풀어놓은 여우 떼는 밀밭을 모두 태워 한 해 농사를 싸그리 망쳐놓았을 뿐 아니라 주변의 포도원과 감람나무까지 모두 태워버렸다. 이제 블레셋 사람들은 몇 년 동안 포도와 올리브 농사를 제대로 짓지 못하게 되었다. 밀, 포도, 올리브는 고대 팔레스타인의 주요 농산물이자 가장 중요한 경제재였다. 따라서 삼손이 이 세 작물에 끼친 피해는 기드온 시대에 미디안 사람들이 이스라엘을 노략질했을 때만큼이나 대단한 것이었다. 그런데 이런 공격은 블레셋에 대한 저항과 심판이라기보다는 아내를 빼앗긴 것에 대한 삼손의 개인적 복수였다.

b. 전개(삿 15:6-8): 아내를 죽인 것에 대한 삼손의 복수

갑자기 엄청난 재앙을 당한 블레셋 사람들은 사건의 전후 사정을 파악하려 한다(삿 15:6). 그리고 삼손이 아니라 딤나의 여자와 그녀의 아버지를 찾아가 책임을 묻는다. 이는 앞서 사사기 15:3에서 삼손이 "내가 블레셋 사람들을 해할지라도 그들에게 대하여 내게 허물이 없을 것이니라"라고 한 말이 정당하다는 사실을 보여준다. 그리고 어쩌면 블레셋 사람들은 삼손의 엄청난 괴력 때문에 그를 함부로 건드리고 싶지 않았을 것이다.

블레셋 사람들은 그들이 쉽게 잡을 수 있는 딤나의 여자와 아버지를 죽임으로써 분풀이를 하고 삼손의 화를 달래려 한다. 그들은 자신들에게 닥친 재앙의 책임을 딤나의 여자와 그 아버지에게 씌어 부녀를 함께 불태워 죽인다. 삼손의 아내가 삼손을 배신함으로써 피하고자 했던 그 비극이 그녀와 그녀의 집에 그대로 이루어져 버렸다. 그녀는 재앙을 피하려고 수수께끼의 답을 알아냈으나 반대로 그 답 때문에 재앙을 입는 슬픈 운명에 처한다. 제멋대로이고 감정적이고 파괴적인 삼손과의 결혼으로 인해 그녀의 삶은 결국 비참한 죽음으로 매듭지어진다.

여기서 우리는 삼손의 아내가 남성들에게 협박당하고 이용당한 후 결국에는 죽임까지 당하는 모습을 통해 블레셋 사람들이 얼마나 폭력적이고 비인간적인지 알 수 있다. 그들은 결혼식의 손님으로 왔음에도 불구하고 그 결혼식의 주인공인 신부의 행복한 결혼 생활에는 전혀 관심이 없었다. 그들은 오로지 자신들이 손해를 보지 않고 삼손에게 옷 60벌을 얻어내는 데만 관심이 있었기에 막 결혼한 신부를 죽이겠다고 협박해 그녀가 결혼 잔치 내내 남편을 괴롭게 했다.

또한 삼손은 자신이 좋아서 결혼했지만 의도하지 않게 아내를 세상에서 가장 불행한 신부로 만들어버렸다. 그녀가 삼손에게 답을 알아내 동족에게 넘겨준 것은 단순한 배신이 아니라 살아남기 위한 고육지책이었다. 그녀는 그 선택으로 인해 자신과 가족의 목숨을 구한다. 하지만 배신감을 느낀 남편이 떠나버린다. 이로써 무명의 이 여성은 동족에게 이용당하고 남편에게는 버림받는 비운의 여성이 되었다. 그리고 마지막에는 자신의 동족에게 끔찍하게 살해당하고 만다. 삼손의 아내가 겪은 삶의 질고와 비극적인 죽음은 당시 블레셋 사회가 얼마나 폭력적이고 잔인하며 약자를 희생양으로 삼는 강자 중심의 사회인지를 적나라하게 보여준다. 그리고 나중에 이런 폭력성과 잔인성은 이방인 블레셋에서가 아니라 언약백성인 이스라엘 안에서 발견된다.

블레셋 사람들은 삼손의 아내와 장인을 죽여서 삼손을 달래려 한 듯하다. 하지만 예상과는 다르게 이는 삼손을 더 화나게 했다. 삼손은 또

다시 원수를 갚겠다고 나선다. 그는 블레셋 사람들의 정강이와 넓적다리를 크게 쳐서 죽였다(삿 15:8). 블레셋 사람들의 잔인한 폭력에 더 심한 폭력으로 앙갚음한 것이다. 이런 삼손의 모습은 이성적이라기보다는 즉흥적이고 감정적이며 매우 폭력적이다. 그는 마치 어디로 튈지 알 수 없는 공이나 언제 터질지 모르는 시한폭탄 같다.

그런데 하나님은 이런 삼손을 통해 이스라엘의 적인 블레셋과 계속해서 전쟁을 치르고 계신다. 결혼식의 즐거움을 배가하기 위해 시작한 수수께끼 때문에 발생한 사건은 꼬리에 꼬리를 물면서 갈등을 심화시켰다. 그리고 이제는 삼손과 블레셋 사이에 메울 수 없는 깊은 갈등의 골이 생기게 되었다. 삼손은 자기 눈에 보기 좋은 대로 블레셋 여자와 결혼해서 행복하게 살려 했지만 그 결과는 아내의 죽음과 피비린내 나는 복수전이었다. 이런 엄청난 사건을 저질러버린 삼손은 고향으로 가는 대신 유다 지역으로 가 에담 바위틈에 머무른다(삿 15:8).

c. 절정(삿 15:9-13): 삼손을 블레셋에 넘긴 유다 지파

삼손과 블레셋의 갈등은 점점 심화되어 급기야 이스라엘과 블레셋 간의 전면전으로 번지는 상황으로 치달았다. 삼손의 난동 사건으로 화가 난 블레셋 사람들은 전쟁 준비를 하고 유다 지역으로 올라와 진을 친다. 그들의 수는 레히 지역에 가득할 정도로 많았다(삿 15:9).

블레셋 사람들이 갑자기 전쟁을 준비하고 달려들자 유다 지파 사람들은 당황한다. 그들은 놀란 마음으로 블레셋 사람들에게 그렇게 하는 이유를 묻는다(삿 15:10). 그들이 보기에는 유다와 블레셋이 서로 별문제 없이 잘 지내고 있어서 전쟁을 벌일 이유가 없기 때문이었다. 이런 유다 지파의 모습은 사사기 1장에서 누가 먼저 올라가서 가나안과 싸울 것인가를 하나님께 여쭈었을 때 가장 먼저 지명받던 선조들의 모습과는 극명하게 비교된다. 그들은 이제 하나님이 주신 약속의 땅을 온전히 차지하는 데는 전혀 관심이 없고, 그저 주어진 상황에 만족하며 가나안 족속들과 적당히 어울려서 살아가기를 바랄 뿐이다.

유다 지파의 질문에 대해 블레셋 사람들은 삼손을 결박해 복수하기 위해서라고 대답한다(삿 15:10). 즉 삼손을 잡아서 죽이겠다는 말이다. 이런 블레셋의 요구에 유다 사람들은 어떻게 반응했을까? 그들은 3,000명의 군사를 모았다. 하지만 블레셋과 전쟁을 벌인 것이 아니라 에담 바위틈에 있는 삼손에게 가서 그를 호되게 질책하기 시작한다.

먼저 유다 사람들은 삼손에게 블레셋이 이스라엘을 다스리지 않느냐고 묻는다. 사사기 15:11에서 "다스리는 줄"로 번역된 히브리어 "모 쉴림"(מֹשְׁלִים)은 분사형이며 "통치하는 중이다"라는 의미가 있다. 즉 지금은 이스라엘이 블레셋에 조공을 바치며 그들의 다스림을 받는 중이라는 말이다. 이로써 우리는 그들이 블레셋의 통치를 당연시한다는 사실을 알 수 있다. 이런 유다 지파의 말은 기드온이 오직 야웨만이 우리를 다스리실 것이라고 한 고백과 대조를 이룬다(삿 8:23). 그들은 이제 하나님의 다스림이 아니라 블레셋의 다스림을 받고 있다. 그런데 더 심각한 것은 그다음이다. 그들은 오히려 삼손이 블레셋과 싸워 불필요한 분란을 일으켰다고 책망한다(삿 15:11). 즉 삼손의 행동으로 인해 블레셋과의 관계가 불편해지고 전쟁이 벌어질지도 모르는 상황이 되었다고 질책한 것이다.

이에 대해 삼손은 그들이 자신에게 행한 대로 갚아주었을 뿐이라고 변명한다. 이스라엘의 적인 블레셋을 보기 좋게 혼내준 삼손이 오히려 동족 이스라엘 백성 앞에서 자신의 행동을 부끄러워해야 하는 처지가 되었다. 그들은 삼손의 말을 듣고 그와 협동해 블레셋과 전쟁을 벌일 생각은 전혀 하지 않고 오히려 삼손을 묶어서 블레셋 사람의 손에 넘기겠다고 말한다. 유다 사람들은 자신들의 안정된 삶을 위협하는 근본 원인이 자신들을 무력으로 억압하는 블레셋 사람들이라고는 생각하지 못한다. 단지 그런 블레셋 사람들과 분란을 일으킨 삼손이 문제라고 생각할 뿐이다.

상황이 이렇다 보니 삼손은 살기 위해 유다 사람들과 협상을 할 수밖에 없었다. 삼손은 그들이 자신을 치지 않겠다고 맹세하면 순순히 잡히겠다고 말한다(삿 15:12). 자기 한 사람을 잡기 위해 3,000명의 군사가 몰려온 것을 보고 삼손은 그들이 자신을 죽이려 한다는 위협을 느꼈을 것이다. 그는 아이러니하게도 적이 아니라 동족 이스라엘 사람들에게서 그런 위협을 느낀다. 이런 삼손의 말에 이스라엘 사람들은 단순히 삼손을 결박해서 넘겨주기만 하겠다고 약속한다. 하지만 유다의 약속은 별 의미가 없다. 삼손을 블레셋에게 넘겨주면 삼손은 죽임을 당할 것이 뻔하기 때문이다. 즉 그들의 행동은 삼손을 직접 죽이지는 않더라도 죽게 하는 것임이 분명하다.

결국 삼손은 동족의 손에 잡혀 새 밧줄 두 개에 결박당해 끌려온다. 여기서 삼손은 처음으로 밧줄에 묶이고 훗날 들릴라에게도 밧줄로 묶인다. 두 경우 모두 삼손은 자신의 편이라고 생각한 사람들에게 결박당한다.

분명 유다 사람들도 삼손의 괴력에 관한 소문을 들었을 것이다. 하지만 그들은 삼손을 그들의 구원자로 인식하지 못하고 오히려 분란을 일으키는 골칫거리로 여긴다. 심지어 그들은 병력을 모아 스스로 삼손을 잡아 적의 손에 넘기는 어리석고 나약한 모습을 보인다. 이런 유다의 모습은 삼손 당시의 이스라엘이 처한 영적 현실을 그대로 반영한다. 그들은 블레셋의 억압에 길들어 그것을 당연하게 받아들였기에, 거기서 벗어난다는 것을 상상조차 하지 못했고 또한 하나님께 구원해 달라고 부르짖을 생각도 하지 못했다. 그러니 먼저 싸움에서 이긴 삼손을 도리어 분란의 원인으로 지목해 적의 손에 넘겨버리는 행태도 자연스러울 수밖에 없다. 그들은 하나님의 구원에 관해서, 또 자신들이 맞서 싸워야 할 대적에 관해서 제대로 인식하고 사유하지 않았다. 그저 근시안적인 시각으로 눈앞의 문제만 해결하려 할 뿐이었다.

이런 이스라엘의 상황 때문에 삼손은 이스라엘의 군대를 소집하지 못하고 단독으로 행동할 수밖에 없었다. 그런데 유다 사람들과는 다르게 블레셋 사람들은 삼손의 능력을 알아보고 이를 몹시 두려워한 듯하다. 그들이 보기에 삼손을 직접 잡으려면 분명 큰 희생을 치러야 했다. 따라서 그들은 유다 지파를 협박해 삼손을 잡아 오도록 했다. 블레셋 사람들 입장에서는 삼손이 유다 지파 사람들에 맞서 싸우더라도 자신들에게 전혀 손해가 아니었다. 또한 블레셋 사람들은 삼손과 유다 지파가 동맹을 맺거나 유다 지파가 삼손을 지도자로 받아들일 가능성은 없다고 생각한 듯하다. 이는 삼손 이야기에서 하나의 반복되는 패턴으로서 삼손의 아내나 유다 사람들은 삼손을 믿지 못하고 블레셋의 협박에 굴복한다. 여하튼 이스라엘이 자신들의 구원자를 알아보지 못하고 적에게 넘긴 사건은 일종의 블랙 코미디이며 그들에게는 이제 하나님도, 하나님의 구원자도 필요하지 않다는 사실을 드러내 준다.

d. 결말(삿 15:14-20): 나귀 턱뼈로 블레셋 사람을 죽인 삼손

유다 사람들은 삼손을 결박한 채로 블레셋 사람들에게 넘겼다. 블레셋
사람들은 삼손을 보자 소리를 지르며 덤벼들었는데 바로 그때 하나님
의 영이 삼손에게 강하게 임했다. 그 순간 삼손을 단단히 묶고 있던 새
밧줄은 불탄 삼과 같이 순식간에 삭아서 끊겨버렸다(삿 15:14). 하나님
의 영에 사로잡힌 삼손은 밧줄 정도로는 막을 수 없다. 삼손은 밧줄을
끊자마자 지체하지 않고 그의 눈에 보이는 나귀 새 턱뼈를[21] 집어 들고
는 블레셋 사람 1,000명을 죽였다(삿 15:15).

삼손은 변변한 무기가 없었는데도 불구하고 완전 무장하고 싸우러
나온 블레셋 군대를 혼자서 격파했다. 정말 놀라운 능력이며 하나님의
권능이라고밖에 할 수 없다. 성경 본문에는 이런 삼손의 모습에 대한
블레셋 사람의 반응이 기록되어 있지 않다. 하지만 나귀 턱뼈를 들고
피투성이가 된 채 사람들을 쳐 죽이고 있는 삼손의 모습을 본 블레셋
사람들은 공포와 전율에 휩싸여 삼손에게 대항할 의지를 상실했을 듯
하다. 싸움에서 이긴 삼손은 이 일에 관해 매우 자랑스러워하며 자신
의 업적을 자랑하는 노래를 다음과 같이 짓는다. 이를 히브리어 음역
과 함께 살펴보자.

---

21 버틀러는 삼손이 막 죽은 나귀의 턱뼈를 잡은 것도 나실인으로서 부정한 것을 만져서는 안 된
    다는 서약을 깬 것이라고 지적한다. 그리고 이는 하나님을 향한 약속을 무시하는 이스라엘에서
    의 개인주의적 리더십의 양상을 보여준다고 평가했다(버틀러, 『사사기』, 803).

- 나귀의 턱뼈로 한 더미, 두 더미를 쌓았음이여 /

  나귀의 턱뼈로 내가 천 명을 죽였도다(삿 15:16).

- 비레히 하하모르 하모르 하모라타임(בִּלְחִי הַחֲמוֹר חֲמוֹר חֲמֹרָתָיִם) /

  비레히 하하모르 히케티 엘레프 이쉬(בִּלְחִי הַחֲמוֹר הִכֵּיתִי אֶלֶף אִישׁ)

여기서 반복적으로 사용된 "하모르"(חֲמוֹר)는 "나귀"라는 뜻과 "더미"라는 뜻을 동시에 가지고 있다. 즉 삼손은 동음이의어의 특징을 잘 살려서 자신이 나귀 턱뼈로 1,000명을 죽였다는 노래를 멋스럽게 지은 것이다. 하지만 이 시에는 자신에게 능력을 주신 하나님을 찬양하는 부분이 전혀 없다. 삼손은 오로지 자신의 능력을 자랑하기 바쁘다. 그리고 그는 자신의 업적을 기념하기 위해 그곳을 라맛 레히, 즉 "턱뼈의 산"이라고 부른다(삿 15:17). 이런 삼손의 모습은 전쟁이 끝난 후 하나님의 권능을 찬양한 드보라와 대조를 이룬다.

하지만 적군 1,000명을 죽이느라 힘을 다 뺀 삼손은 곧 죽을 것 같은 갈증과 허기를 느끼게 되자 비로소 하나님께 부르짖는다. 그는 이제야 자신이 1,000명을 죽인 사건이 하나님의 구원 사건이며 자신은 하나님의 도구로 사용되었을 뿐이라고 고백한다(삿 15:18). 삼손은 이스라엘의 위기가 아니라 개인적 위기 앞에서야 하나님을 찾으면서 자신이 그분의 종임을 들먹여가며 살려달라고 요청한다. 비록 그의 부르짖음은 미숙한 요청이었음에도 자비로우신 하나님은 삼손의 목소리에 응답하셔서 샘물을 허락해주시고 그가 회복될 수 있게 하셨다. 마치 광야에서 불평하고 반역하던 이스라엘 백성에게 물을 주신 것처럼 말이다(민 20:2-13). 개인적 어려움에 처할 때만 하나님을 찾는 삼손의 이런 모습은 오늘날 교인들의 모습과 비슷한 듯하다. 오늘날 교회는 오로지 개인의 성공을 위한 기도로 가득 차 있다. 하나님의 뜻에 따라 정의를 구하며 약자에 대한 관심을 가지고 그들을 위해 부르짖는 소리는 들리지 않는다.

그런데 버틀러는 삼손이 그래도 마지막 위기의 순간에 누구에게 도움을 구해야 하는지를 알고 있었으며 적어도 하나님을 향한 일말의 믿음과 경외심이 그의 문제 많은 마음속에 자리 잡고 있다고 평가한다.[22] 삼손은 하나님이 자신의 부르짖음에 응답하신 것을 기념해 그곳의 이름을 엔학고레, 즉 "부르짖는 자의 샘"이라고 부른다. 하지만 여기서도 응답하신 하나님보다는 부르짖는 자신의 행동을 더 기념하는 모습이 드러난다.

사사기 15:20은 삼손이 이스라엘의 사사로 20년 동안 지냈다고 말한다. 이를 통해 우리는 삼손이 블레셋 사람을 죽인 사건이 사사로서 이스라엘을 구원한 행위임을 알게 된다. 사실 이 설명은 삼손의 일생 전체를 요약한 것이다. 그는 블레셋이 이스라엘을 다스리는 동안 사사로 지내면서 개인적으로 이스라엘을 구원하는 역할을 했을 뿐, 이스라엘의 군대를 모아 블레셋과 전면전을 벌인 적이 없다. 그는 애초에 딤나에서의 결혼 문제로 블레셋과 사사로운 갈등을 겪게 되었다. 그리고 점차 블레셋과 적대적 관계가 심화하면서 사사로서의 구원 활동이 시작되었을 뿐이다. 물론 삼손이 이것을 인식했느냐 아니냐는 다른 문제다. 하지만 삼손이 자신의 눈에 좋은 대로 행하는 동안 하나님이 당신

---

22   버틀러, 『사사기』, 805.

의 영을 통해 그를 구원자로 사용하고 계셨다는 사실만은 분명하다.

나. 에피소드 2(삿 16:1-3): 가사의 기생

가사의 기생 이야기는 뒤에 이어지는 확장된 내러티브를 준비해주는 서곡 같은 역할을 한다.[23] 우리는 이 이야기를 통해 삼손이 딤나에서의 일을 겪고 블레셋과 충돌하면서도 여전히 블레셋 여자를 좋아했다는 사실을 알게 된다. 삼손이 블레셋 여자를 좋아한다는 것은 단순히 그 여자를 좋아한다는 의미를 넘어 블레셋의 문화와 삶을 추종했다는 의미로 볼 수 있다. 그는 블레셋과의 갈등 관계 속에 있으면서도 여전히 블레셋 문화를 동경하면서 그들처럼 유희를 즐기며 살기를 바란다. 이런 삼손의 모습은 세속적인 삶의 방식이 위험하다는 것을 알면서도 그런 삶을 단호히 끊지 못하는 우리의 모습을 비춰주고 있다.

삼손이 혼자 블레셋 사람의 근거지에 가만히 들어간 것은 설혹 문제가 생기더라도 얼마든지 빠져나올 자신이 있었기 때문이다(삿 16:1). 반면에 블레셋 사람들은 삼손을 원수처럼 여겼기에 삼손이 가사로 들어오자 그를 죽이려고 포위망을 만들어 밤새도록 성문에 매복했다(삿 16:2). 정면대결을 피하고 삼손이 깊이 잠들어 방심한 틈을 노리려는 것이다.

하지만 삼손은 그들의 예상과는 다르게 거기서 잠을 자지 않고 한밤중에 일어났다. 그리고는 보란 듯이 성의 문짝들과 두 문설주와 빗장을 떼어 어깨에 메고 헤브론으로 가져온다(삿 16:3). 삼손이 움직인 거

---

23 버틀러, 『사사기』, 807.

리는 대략 64킬로미터로 천안에서 대전, 혹은 서울에서 평택까지의 거리와 비슷하다. 게다가 삼손은 해발 914미터 정도의 산을 넘어야 했다. 이렇게 멀고 험한 길을 문짝과 문설주를 메고 걸어오는 그의 우스꽝스럽고 기이한 모습을 통해 사사기 화자는 삼손의 엄청난 괴력을 묘사해준다.

삼손이 이렇게 힘자랑을 한 이유는 첫째, 자신을 죽이려는 블레셋 사람들에게 오히려 자신의 힘을 보여줌으로써 그들의 시도가 얼마나 헛된지를 깨닫게 하려는 것이다. 둘째, 성문을 유다 지파에 속한 헤브론으로 가져옴으로써 전에 자신을 묶어 블레셋에 넘겨준 유다 지파 사람들에게 간접적으로 유감을 표시한 것이다. 하지만 유다 사람들은 이런 삼손의 모습에 대해 아무런 반응을 보이지 않는다. 삼손의 놀라운 괴력을 보고도 삼손과 연합해 블레셋을 칠 생각을 전혀 하지 못하는 유다 사람들의 모습이 안타까울 뿐이다.

다. 에피소드 3(삿 16:4-22): 들릴라 이야기

삼손과 들릴라의 이야기는 독립된 에피소드로서 잘 짜인 내러티브 구조로 되어 있다. 발단-전개-절정-결말로 나누어 자세히 살펴보자.

a. 발단(삿 16:4-5): 들릴라를 사랑한 삼손

사건의 발단은 삼손이 또다시 소렉 골짜기에 사는 이방 여인을 사랑함으로써 이루어진다. 그녀의 이름은 들릴라다. 그녀가 사는 소렉 골짜기는 이스라엘과 블레셋의 영토 중간에 있는 지역으로서 이 지명만으로는 그녀가 블레셋 사람인지 아닌지를 결정하기 어렵다. 사사기 본문은 들릴라의 가족이나 혈통, 혹은 남성과의 관계에 관해서는 전혀 언급하지 않는다. 이는 들릴라가 자신의 정체성을 가족이나 혈통, 혹은 남성과의 관계에 두지 않는 독립적인 인물임을 보여주는 것일 수 있다.[24]

이런 독립적인 정체성으로 인해 블레셋의 방백들은 딤나의 여인에게 했던 것처럼 들릴라를 협박하는 대신 협상안을 가지고 접근한다. 여기서도 들릴라가 블레셋 사람이라고는 언급되지 않는다. 해켓(Jo A. Hackett)에 따르면 이는 삼손을 팔아넘긴 들릴라의 행위가 애국심이라는 고귀한 동기에 따른 것이 아니라 단순히 돈을 벌기 위한 것임을 강조해준다.[25]

들릴라라는 인물의 성격은 구약의 여성으로서는 매우 독특하다. 그녀는 삼손과 결혼한 사이도 아니고 창녀나 기생도 아니다. 그렇다면 삼손과 들릴라는 애인 관계라고 보아야 적절한데 이런 관계는 성경에서 이 둘의 사례가 유일하다. 삼손의 성적 문란은 개인적으로는 나실인으로서의 구별된 삶을 포기한 것이며, 공동체적으로는 이스라엘을 더욱 타락하게 만드는 원인이 된다.

사사기 16:4에서 사사기 화자는 삼손과 들릴라의 관계가 이전의 두 경우보다 훨씬 감정적으로 깊다는 사실을 알려주기 위해 삼손이 들릴라를 사랑했다고 말한다.[26] 삼손은 두 번에 걸친 블레셋 여자와의 불행한 과거에도 불구하고 또다시 이방 여인과 사랑에 빠졌다. 이를 통해

---

24 버틀러, 『사사기』, 812.
25 Jo A. Hackett, "Violence and Women's Lives in the Book of Judges," *INt* 58(2004), 359.
26 Niditch, *Judges*, 168.

우리는 삼손이 일관되게 자신의 감정에 충실한 가운데 자기 눈에 보이는 대로 행동하는 인물임을 알 수 있다. 이어지는 이야기를 들여다보면 알 수 있듯이 삼손의 사랑은 일방적이었지만 진실했다. 사사기 화자는 들릴라가 삼손을 사랑했는지는 말하지 않는다.

삼손의 사랑은 또다시 순탄하게 흘러가지 않는다. 블레셋 방백들, 즉 블레셋의 다섯 지도자가 들릴라의 집에 삼손이 드나드는 것을 알고는 직접 찾아와 조건을 제시하며 협상을 시도했기 때문이다. 그들은 그녀에게 삼손을 꾀어서 그의 힘의 근원이 무엇이며 또 어떻게 하면 그를 결박해 굴복시킬 수 있는지 알려달라고 요청한다. 그들의 말에는 삼손을 잡아 죽이는 것만으로는 성이 차지 않아 그를 철저히 짓밟고 싶다는 분노의 감정이 표출된다.

영거(K. Lawson Younger)에 따르면 삼손의 힘의 근원을 묻는 블레셋 방백들의 질문은 삼손의 체격이나 생김새가 평범해 보였다는 의미다. 삼손이 골리앗처럼 체격이 컸다면 굳이 삼손이 가진 힘의 근원을 캐물을 필요가 없기 때문이다.[27] 사실 삼손이 가진 힘의 근원은 눈에 보이는 어떤 것이 아니라, 오직 눈에 보이지 않으시는 야웨 하나님이 그 힘의 근원이다.

블레셋의 다섯 방백은 들릴라가 비밀을 캐내어 알려주면 그 대가로 각각 은 1,100개를 주겠다고 제안한다. 그렇다면 들릴라가 받게 되는 총액은 은 5,500개인데, 당시의 연봉이 은 10개라는 사실에 비추어

---

27   Younger, *Judges / Ruth*, 316-17.

보면 실로 어마어마한 금액이 아닐 수 없다.[28] 오늘날로 따져 연봉을 2,000만 원으로만 계산해도 대략 100억 원이 넘는 금액이기 때문이다. 이처럼 엄청난 액수를 제안한 것을 보면 블레셋 사람들이 삼손을 얼마나 잡고 싶어 했는지를 잘 알 수 있다.

그런데 이때 블레셋 사람들이 삼손의 여자를 이용해 약점을 알아내려는 방법은 낯설지 않다. 전에 딤나의 여자를 통해 수수께끼의 답을 알아내려고 한 방법과 비슷하기 때문이다. 다만 여기서는 협박 대신 협상을 시도하는 것이 차이가 있을 뿐이다. 이를 보면 삼손뿐만이 아니라 블레셋 사람들도 생각과 행동이 매우 일관된다는 사실을 알게 된다.

엄청난 금액을 제안받은 들릴라는 이를 받아들여 곧바로 실행에 옮긴다. 블레셋 사람들이 제시한 엄청난 액수의 돈은 기꺼이 삼손을 배신할 만한 충분한 이유가 되었다. 블레셋 사람들은 생명에 대한 위협이나 막대한 돈처럼 매우 효과적이고 치명적인 방법으로 삼손의 여자들을 설득해 삼손을 잡기 위한 덫을 놓았다. 그리고 삼손은 또다시 스스로 그 덫에 빠진다. 사실 삼손의 능력은 너무나 뛰어나서 그가 스스로 덫에 빠지지만 않는다면 결코 누구도 그를 건드릴 수 없을 것이다. 그래서 블레셋 사람들은 자꾸만 삼손이 사랑하는 여성들을 이용하려 한다.

그런데 이런 삼손의 모습은 하나님의 백성인 이스라엘의 모습을 대변한다. 하나님의 백성은 하나님이 친히 보호하시기에 스스로 하나님을 벗어나 죄에 빠지지 않는 한 누구에게도 침략당하거나 괴롭힘을 받을 일이 없다. 하지만 이스라엘은 삼손과 마찬가지로 그런 자신들의

---

28 Younger, *Judges / Ruth*, 316, n. 75.

탁월한 지위와 능력을 하나님 나라와 그 뜻을 좇기 위해 사용하지 않고 사적 욕망을 좇으며 허비한다. 이에 관해 하나님의 심판이 임하는 것은 시간문제다.

b.전개(삿 16:6-14): 들릴라와 삼손 간의 밀고 당김

블레셋 방백들의 제안을 받아들인 들릴라는 삼손의 비밀을 알아내기 위해 삼손과 밀고 당기기를 시작한다. 사사기 화자는 이 과정을 매우 자세하게 소개한다. 그로 인해 청중들은 삼손이 이 시험을 어떻게 피해가는지를 알게 된다. 그리고 시간이 지날수록 점점 더 진실에 가까워지는 삼손의 대답을 통해 높아지는 긴장감을 경험하게 된다.

들릴라는 블레셋 사람의 말을 그대로 인용해 삼손에게 질문한다. 이를 통해 그녀가 블레셋 사람의 제안에 응하기로 했다는 사실은 분명해진다. 그녀의 질문은 청유형이다. 이처럼 부드럽게 요청하는 말투는 매우 조심스럽고 신중하고 영리한 들릴라의 태도를 잘 나타낸다.

삼손은 들릴라의 질문에 먼저 "마르지 아니한 새 활줄 일곱"으로 자신을 결박하면 힘이 없어진다고 거짓으로 말한다(삿 16:7). 여기서 "새 활줄"로 번역된 "예타림 라힘"(יְתָרִים לַחִים)은 직역하면 "마르지 않은 줄" 혹은 "새로 만든 줄"이란 뜻이다. 이 줄은 동물의 힘줄이나 동물의 내장으로 만드는 것으로서 주로 활줄로 사용되는 매우 강한 줄이다.[29] "마르지 않았다"는 것은 새 줄임을 강조하는 표현으로서 매우 튼튼하다는 의미다. 게다가 "일곱"이란 숫자는 완벽함을 상징하는 신비적인

---

29 월튼, 『IVP 성경배경주석』, 384.

숫자로서 삼손이 수사적 장치들을 사용해 들릴라가 믿을 만하게 이야기를 꾸며댔음을 알 수 있다.

이처럼 삼손이 들릴라의 질문에 거짓으로 답한 이유는 사랑하는 여자가 물어보는 것을 무시할 수도 없고, 그렇다고 힘의 비밀을 알려줄 수도 없기 때문이었다. 또한 삼손은 자신의 말이 진실인지 아닌지를 들릴라가 시험할 것이라고는 생각하지 못했을 것이다. 하지만 들릴라는 삼손의 말을 듣자마자 블레셋 사람들에게 알려 새 줄을 가져오게 한다. 그리고 사람들을 자기 방에 숨겨두는 등 삼손을 잡을 만반의 준비를 한 후에 삼손의 말을 시험한다. 그 결과 새 활줄은 맥없이 끊어지고 삼손의 말이 거짓임이 들통나버린다(삿 16:9). 하지만 사사기 화자는 삼손이 가진 힘의 비밀이 드러나지 않았다는 사실에 초점을 맞춘다.

첫 번째 시도가 실패로 돌아간 들릴라는 삼손이 거짓된 대답으로 자신을 희롱했다고 강하게 비난한다(삿 16:10). 여기서 우리말 "희롱하다"로 번역된 히브리어 동사 "탈랄"(תָּלַל)은 기본적으로 "속이다"라는 뜻이 있다. 예를 들어 이 단어는 창세기 31:7에서 야곱이 자신을 속여 임금을 제대로 주지 않은 라반의 잘못을 지적할 때 사용된다. 즉 이 말은 가벼운 장난 같은 속임수가 아니라 심각하고 중대한 속임수를 가리키는 단어다. 따라서 들릴라의 비난은 매우 강도가 높은 것이었다.

그리고 이어서 들릴라는 또다시 집요하게 비밀을 알려달라고 요청한다. 이에 삼손은 새로 꼰 밧줄로 자신을 묶으면 약해질 것이라고 말한다(삿 16:11). 들릴라는 또 삼손을 시험하지만 삼손은 이전과 마찬가지로 밧줄을 실 끊듯이 가볍게 끊어버렸다. 여기서 화자는 밧줄과 실을 대조시켜 삼손의 힘이 얼마나 강한지를 묘사한다.

이어지는 세 번째 답변으로 삼손은 머리털 일곱 가닥을 베틀의 날실에 섞어 짜면 된다고 말한다. 삼손은 자신의 힘의 근원인 머리털에 관해 이야기함으로써 점점 더 진실에 접근해가는 가운데 상황을 아슬아슬하게 만든다. 청중은 삼손이 들릴라와 장난을 치는 그곳에 그를 잡아 죽이려고 온 블레셋 사람들이 있다는 사실을 알고 있기에 삼손과 들릴라의 대화가 매우 위험하다고 느낀다. 하지만 삼손은 들릴라의 의도를 전혀 모르기에 상황이 얼마나 위험한지 눈치채지 못한다. 이런 상황에서 청중은 더욱 조마조마한 마음으로 그 장면을 지켜보게 된다. 청중과 등장인물 사이에 발생한 정보의 차이로 인해 이야기가 더욱더 긴장감을 띠게 되는 것이다.

이런 상황 속에서도 삼손은 사랑에 눈이 멀어 현재 자신에게 일어나는 일이 무슨 의미인지, 들릴라가 왜 자신의 비밀을 캐내기 위해 이렇게 애를 쓰는지 심각하게 고민하지 않는다. 슈나이더의 지적처럼 삼손은 들릴라에게 왜 이런 질문을 계속하는지 그 동기조차 묻지 않는다.[30] 삼손은 들릴라의 심각한 질문에 가볍게 대답하면서 밀고 당기는 사랑놀이를 즐기고 있을 뿐이다.

삼손은 자신이 가진 힘 하나만을 믿고서 비밀이 드러날지도 모르는 위험천만한 상황도 장난스럽게 받아넘긴다. 반면 들릴라는 기어코 삼손의 비밀을 알아내 엄청난 돈을 챙기기 위해 필사적으로 매달린다. 삼손은 이런 태도의 차이를 간과하면 안 되었다. 우리도 삼손처럼 욕망이나 죄에 눈이 멀면 악과 재앙에 빠질 위험을 미리 감지하지 못하

---

30 Schneider, *Judges*, 222.

게 된다. 그런 상태가 지속된다면 위험을 알아채지도 못한 채 악한 사람들의 먹잇감으로 전락해 웃음거리가 될 수밖에 없다.

c. 절정(삿 16:15-20): 비밀을 밝힘

삼손의 계속되는 거짓말에도 들릴라는 단념하지 않는다. 그녀는 자기를 진짜 사랑한다면 그렇게 하면 안 된다고 재촉하면서 비밀을 알려달라고 매일같이 삼손을 조른다(삿 16:15-16). 우리말에서 "재촉하다"로 번역된 "헤치카"(הֵצִיקָה)는 "추크"(צוק)의 히필형으로서 "심하게 압박하다", "억압하다", "괴롭히다"라는 뜻이 있다. 이 단어는 앞서 사사기 14:17에서 딤나의 여인이 삼손에게 수수께끼의 비밀을 알려달라고 조를 때도 사용되었다. 즉 들릴라는 지금 딤나의 여인과 같은 모습으로 삼손을 압박하는 것이다. 이런 들릴라의 모습을 보면 삼손의 비밀을 알아내기 위해 그녀가 수단과 방법을 가리지 않고 집요하게 애쓰고 있음을 알 수 있다.

이쯤 되자 삼손은 "마음이 번뇌하여 죽을 지경"이 되었다(삿 16:16). 그는 힘의 비밀을 밝히면 자신이 위험해질 수 있다고 직감했다. 들릴라는 삼손이 알려준 방법을 늘 시험했기에 이번에도 그냥 넘어가지 않을 것이다. 그러나 이렇게 위험한 상황에서도 삼손은 들릴라의 곁을 떠나지 못한다.

삼손이 나실인으로서의 자기 정체성을 소중히 여기고 하나님과의 서약을 지키는 것을 최우선으로 했다면 어땠을까? 그도 아니라면 보통 사람들처럼 자신의 비밀을 집요하게 캐내는 상대에 대해 의심하면서 경계했다면 어땠을까? 하지만 삼손은 신앙적으로 신실하지도, 이

성적으로 명민하지도 않았다. 삼손은 들릴라에 대한 사랑에 눈이 멀어 나실인의 서약이 깨지고 자신의 생명이 위험해지는 뻔한 상황에서도 그녀의 곁을 떠나지 못한다. 결국 삼손은 딤나의 여인에게 수수께끼의 답을 알려준 것처럼 들릴라의 강요에 못 이겨 비밀을 누설하고 만다. 삼손은 자신이 모태로부터 나실인이어서 머리를 자른 적이 없으며 따라서 머리를 자르면 힘이 떠나게 된다고 고백한다(삿 16:17).

민수기 6장의 나실인 법에 따르면 나실인은 서약의 표를 머리에 둔다. 그래서 나실인의 서약을 어긴 자는 7일 후에 정결례를 하면서 머리를 자름으로써 정결하게 하고 다시 나실인 서약을 시작해야 한다. 이런 경우 이전에 나실인으로서 보낸 기간은 무효가 된다. 그리고 나실인의 서약이 끝났을 때도 머리를 잘라야 한다. 즉 머리를 자르는 것은 나실인의 서약이 끝났다는 의미다.

삼손은 평생 나실인으로서 살아왔기에 한 번도 머리를 자른 적이 없었다. 그가 나실인이라는 사실이 바로 그가 가진 괴력의 근원이었다. 하지만 삼손이 머리를 자르는 순간, 나실인 자격은 정지되고 그가 가진 힘도 사라지게 될 것이다. 이처럼 내러티브의 화자와 청중은 이미 알고 있었으나 블레셋 사람들과 그 시대의 사람들은 몰랐던 삼손의 비밀이 들통나버렸다. 삼손은 결국 하나님의 말씀보다 자기 눈에 보기 좋은 것에 굴복한 것이다.

이전에 짧았던 대답과는 달리 삼손이 자신의 신분과 상황을 상세히 설명하는 것을 들은 들릴라는 삼손이 진실을 말하는 것임을 직감한다. 이에 그녀는 재빠르게 블레셋 사람들에게 전갈을 보낸다. 그동안 세 번의 거짓말에 들릴라의 말은 완전히 신뢰를 잃었기에 들릴라는 이번이 마지막이라고 말하며 블레셋 사람들을 부른다. 이런 요청에 블레셋 사람들은 들릴라에게 줄 은을 챙겨서 다시 그녀에게 올라왔다.

이런 심각한 상황 속에서도 삼손은 그 긴박성을 전혀 인식하지 못하고 들릴라의 무릎을 베고 무방비로 잠이 든다. 독자들이 보기에는 완전히 고양이 앞에 생선을 맡긴 격이지만 정작 삼손은 아무런 걱정도 없어 보인다. 들릴라가 삼손의 머리카락을 만지작거리며 회심의 미소를 짓고 있는 모습과, 이를 전혀 눈치채지 못하고 들릴라에게 몸을 맡기고 잠든 삼손의 모습은 천하무적이던 용사가 한 여성의 손에 무참하게 무너지리라는 것을 예감하게 한다.

삼손이 잠든 사이에 들릴라는 직접 삼손의 머리털 7개를 밀어 진짜 그의 힘이 없어졌는지를 확인한다. 개역개정 성경에서는 주어가 분명하지 않지만 원어 성경을 살펴보면 여기서 3인칭 여성 단수에 해당하는 형태가 사용됨으로써 그런 행위의 주체가 들릴라임이 분명하게 드러난다. 즉 삼손을 무력화시킨 것은 그 누구도 아닌 들릴라다.

하나님은 나실인인 삼손이 술 잔치에 참여하거나 사체를 만지는 일을 했을 때는 애써 참아주셨다. 하지만 삼손의 머리카락이 잘려 나실인 서약이 깨지자 삼손을 떠나실 수밖에 없었다. 삼손의 힘이 없어졌다는 것은 그 힘의 근원이신 야웨의 영이 삼손에게서 떠났다는 의미다(삿 16:20). 삼손은 이제 블레셋 사람들이 자신에게 들이닥쳤다는 소리를 듣고도 전처럼 힘을 쓰지 못한다. 이런 삼손의 모습은 일견 사랑하는 사람에게 배신당한 불쌍한 남자로 비칠 수 있다. 하지만 다른 한편으로는 유혹에 빠져 위험한 상황을 자초한 어리석은 남자임이 분명하다.

머리카락이 잘려 힘이 사라진 삼손은 잠복해 있던 블레셋 사람들에게 사로잡힌다. 그들은 삼손의 두 눈을 뽑고 가사로 끌고 간 다음 맷돌을 돌리게 했다(삿 16:21). 삼손의 어리석은 행적은 딤나 여인을 "보는 것"에서 시작되었다. 하지만 자기 눈에 좋은 여자들만을 좇던 삼손은 결국 눈이 뽑히는 처벌을 받는다.

또한 하나님의 선택받은 사사가 하나님의 은혜와 능력을 모두 잃고 놋 줄에 매여 짐승처럼 맷돌을 돌리는 신세가 되어버렸다. 이 장면은 당시 전쟁 포로의 일반적인 모습으로서 삼손과 블레셋과의 갈등이 개인적인 것이 아니라 이스라엘과 블레셋과의 전쟁이었음을 간접적으로 나타내준다. 그리고 삼손이 끌려간 가사는 이전에 그가 엄청난 힘을 자랑하며 보란 듯이 성문을 철거해 가버려서 치욕을 안겨주었던 곳이었다. 그런 곳에서 이제는 오히려 삼손이 무력한 상태로 치욕을 당하게 되었다.

딤나 여인과의 결혼으로 시작된 블레셋과의 오랜 전쟁은 힘을 잃은 삼손이 블레셋에게 잡힘으로써 결국 블레셋의 승리로 끝나는 듯했다. 하지만 사사기 16:22에서 사사기 화자는 삼손의 머리털이 밀린 후에 다시 자라기 시작했다고 말한다. 이는 새로운 나실인의 서약이 시작되었음을 의미하며 따라서 하나님의 은혜가 회복되고 삼손의 능력이 돌아올 가능성이 있음을 보여준다. 즉 하나님이 삼손을 완전히 버리신 것은 아니라는 의미다.

그리고 이제 들릴라는 삼손 이야기에서 사라진다. 그녀는 삼손을 넘긴 대가로 돈을 받고 목적을 달성한 후 뒤돌아보지 않는다. 삼손의 사랑은 철저한 짝사랑으로 끝나버린 것이다. 이런 삼손의 모습은 우리를 삼키고 무너뜨리려는 세상을 짝사랑하는 어리석은 죄성을 생각나게 한다.

4) 절정(삿 16:23-30): 삼손의 죽음

블레셋 사람들은 그들의 신인 다곤[31]이 삼손을 자신들의 손에 넘겨주었다고 고백하면서 다곤을 높이며 제물을 바친다. 이전에는 이스라엘의 하나님이 대적자들을 이스라엘의 손에 붙이셨고 그 결과 하나님이 찬양과 경배를 받으셨다. 하지만 이제는 전세가 완전히 역전되었다.

블레셋 사람들은 잔치를 열고 축제를 즐긴다. 그리고 "그들의 마음이 즐거울 때", 즉 술에 취해 잔치가 한창 무르익었을 때 삼손을 불러 내 재주를 부리게 하자고 입을 모은다(삿 16:25). 여기서 "재주를 부리다"로 번역된 "예차헤크"(יְצַחֶק)는 "웃다"라는 뜻의 동사 "차하크"(צָחַק)의 피엘형으로 기본적으로 "웃게 만들다"라는 뜻이 있다. 즉 그들은 삼손을 불러 "웃음거리가 되게" 하려 한 것이다. 삼손은 광대처럼 어떤 재주를 부린 것이 아니라 눈이 뽑히고 힘이 없는 상태로 불려 나와 그들의 웃음거리, 조롱거리가 되었다. 이전에 압도적인 힘으로 그들을 괴롭힌 삼손이 앞도 못 보면서 힘없이 이리저리 끌려다니는 모습만큼

---

31 마리 문서에 따르면 블레셋 사람들이 섬기던 다곤 신은 기원전 3000년경에 이미 고대 셈족의 만신전에서 중요한 신으로 존재했다. 아시리아인들도 기원전 2000년대 전반에 다곤을 숭배했다. 또한 우가리트 문헌에 따르면 다곤은 바알 핫두의 아버지로서 우가리트 성읍에서 발견되는 다곤 신전은 바알 신전보다 크다. 이를 볼 때 블레셋 사람들은 에게해 지역에서 다곤 신을 들여온 것이 아니라 가나안으로 이주한 후에 다곤 신을 받아들였다고 할 수 있다. 다곤 신은 곡식의 신 혹은 폭풍의 신으로 여겨진다(월튼, 『IVP 성경배경주석』, 385).

그들에게 큰 흥분과 즐거움을 주는 구경거리는 없었을 것이다.

하지만 삼손은 그사이에 자신을 인도하는 소년에게 말해 신전을 지탱하는 기둥을 찾아서 그곳에 기댈 수 있게 해달라고 부탁한다(삿 16:26). 이 말은 얼핏 그냥 들으면 서 있기가 힘들어서 의지할 곳이 필요하다는 의미로 들린다. 여기서 삼손은 자신의 의도를 소년에게 다 말하지 않았기에 청중도 삼손의 의도를 알 수 없다. 그리고 이어지는 사사기 16:27은 지금 삼손이 서 있는 다곤 신전의 상황을 설명해준다. 그곳에 모인 사람들은 3,000명 정도였다. 거기에는 블레셋의 방백들뿐만 아니라 일반 백성들까지 가득 운집해 있었으며 자리가 모자라 지붕 위까지 사람들이 빼곡하게 들어차 있었다.

이렇게 무대가 준비되자 삼손은 큰 소리로 외치며 야웨께 기도한다. 먼저 그는 야웨께 자신을 기억해달라고 요청한다. 하나님의 구원은 하나님의 기억하심으로부터 시작되기 때문이다. 그리고 "이번만 나를 강하게 하사 나의 두 눈을 뺀 블레셋 사람에게 원수를 단번에 갚게 하옵소서"라고 부르짖는다(삿 16:28). 그는 사사로서 이스라엘의 구원과 야웨의 영광을 위해서가 아니라 여전히 개인적인 관점에서 자신의 두 눈을 잃게 한 블레셋에게 원수를 갚을 수 있게 해달라고 기도한다. 사사기 화자는 이런 삼손의 말을 직접 인용하며 기도의 목적이 삼손 개인을 위한 것임을 분명하게 보여준다. 하지만 삼손의 진짜 목적이 무엇이든지 간에 블레셋을 쳐달라는 삼손의 기도는 블레셋의 손에서 이스라엘을 구원하시려는 하나님의 목적과 일치했다. 또한 그 기도는 삼손이 자신의 생명을 걸고 하는 간절한 기도였기에 하나님은 기꺼이 응답해주신다.

삼손이 기둥을 찾은 이유는 그 기둥을 부수어 건물을 무너뜨리기 위해서였다. 하지만 그렇게 되면 그도 같이 죽을 수밖에 없었다. 사사기 16:29은 삼손이 두 기둥을 잡는 행동을 자세히 묘사한다. 이 장면은 이 이야기의 절정으로서 비장한 삼손의 마음을 잘 보여준다. 삼손은 마지막으로 "블레셋 사람과 함께 죽기를 원하노라"라고 말한 뒤 온 힘을 다해 두 손으로 기둥을 밀어냈다(삿 16:30). 개역개정 성경에서는 "몸을 굽히매"라고 번역했지만 여기에 해당하는 히브리어 동사 "나타"(נָטָה)는 기본적으로 "뻗다"라는 뜻이 있다. 따라서 삼손이 두 기둥을 힘껏 밀어냈다고 보는 것이 더 알맞다고 할 수 있다.

하나님은 삼손의 기도에 응답하셔서 그에게 큰 힘을 주셨다. 그 결과 삼손은 기둥을 부수고 신전을 무너뜨려 그곳에 있던 사람을 모두 죽일 수 있었다. 이에 관해 사사기 화자는 삼손이 살았을 때 죽인 블레셋 사람들 숫자보다 죽으면서 죽인 자가 더 많다고 평가했다(삿 16:30). 이런 평가는 다곤 신전을 무너뜨린 것이 삼손의 마지막 전투였으며 여기서 삼손이 큰 승리를 거두었다고 말하는 것이다.

이렇게 삼손은 죽으면서 블레셋에 엄청난 피해를 주었고 자신의 원수를 갚았다. 하지만 또 다른 한편으로는 하나님이 삼손을 통해 당신의 놀라운 권능을 드러내신 것이다. 비록 삼손은 죽었지만 블레셋 사람들은 삼손의 힘을 통해 역사하신 야웨의 놀라운 권능을 보았다. 그리고 하나님의 권능 앞에서 블레셋의 신인 다곤이 그들을 전혀 보호하지 못한다는 사실이 분명해졌다.

이처럼 삼손은 영웅적인 죽음을 맞이했다. 하나님은 삼손을 통해 블레셋에 치명타를 가하시고 이스라엘을 구원하셨다. 결국 삼손은 죽었지만 그의 평생에 걸친 블레셋과의 갈등과 대립은 마침내 삼손의 승리로 마무리된다. 하지만 아쉽게도 삼손은 압제자와의 전쟁을 완수하지 못하고 전쟁 중에 죽은 유일한 사사로 남는다.

5) 결말(삿 16:31a): 장사

삼손의 형제와 아버지 가문 사람들은 그의 시체를 거두어 마노아의 장지에 장사지낸다. 이로써 우리는 삼손이 죽음 후에 정중한 대접을 받았다는 사실을 알게 된다.

3. 삼손 이야기의 에필로그(삿 16:31b)

삼손 이야기의 에필로그는 간단하다. 사사기 15:20을 반복하면서 삼손이 사사로 지낸 기간(20년)을 언급함으로써 이야기를 마무리 짓는다. 평안의 보고는 나오지 않는데, 이는 삼손이 이스라엘을 블레셋의 손에서 완전히 구원하지는 못했기 때문이다.

4. 삼손에 관한 평가

삼손의 인간적인 모습은 당시 이스라엘의 상태를 보여주는 것으로 볼 수 있다. 삼손은 그 당시의 사람들처럼 하나님의 뜻보다는 자신의 눈에 보기에 옳은 대로 행동하는 인물이었다. 하나님은 이스라엘을 특별히 선택하셔서 자신의 백성으로 삼으시고 그들과 늘 함께하시면서 큰 권능과 이적을 통해 깊은 사랑을 보여주셨다. 하지만 이스라엘은 그런 하나님을 섬기는 대신 이방의 문화를 좇고 이방의 신을 섬기면서 점점 하나님의 말씀에서 멀어졌다. 하나님의 뜻대로 사는 것이 아니라 자신의 눈에 옳은 대로 행하게 된 것이다. 삼손은 이런 이스라엘 백성의 모습을 상징하는 인물이다.[32]

이스라엘 백성들과 삼손 자신은 분명히 삼손이 괴력을 발휘할 때마다 하나님의 권능과 임재를 강하게 느꼈을 것이다. 하나님은 당신의 놀라운 힘과 권능을 삼손을 통해 보여줌으로써 그들이 돌이키기를 바라셨다. 사실 하나님은 영적으로 어두울 때 더 많은 권능을 보여주신다(예를 들어 엘리야, 엘리사 시대). 하지만 삼손과 이스라엘은 이런 권능을 경험하고도 하나님의 사랑을 의식하지 못한 채 하나님께로 돌아오지 않았다. 그 결과 삼손은 하나님의 임재를 상징하는 머리카락마저 잃고 모든 힘과 영광을 상실하고 만다.

삼손은 두 눈까지 잃고 짐승 취급을 받으며 바닥으로 곤두박질쳤을 때야 비로소 자신의 힘이 오직 하나님에게서 나온다는 사실과 그동안 하나님이 그를 얼마나 사랑하셨는지를 깨닫게 되었다. 그래서 그는 마지막 순간에 하나님을 찾으며 간절하게 기도했다. 물론 그 기도의 내용이 유아적이기는 해도 그가 하나님께로 돌아왔다는 사실만은 분명하

---

32 월키는 삼손이 모든 언약 백성의 모형이라고 지적한다(브루스 월키, 『구약신학』[김귀탁 옮김, 부흥과개혁사, 2012], 713). 웹도 삼손 이야기는 이스라엘의 이야기로서 한 사람의 생애를 통해 우리 자신의 모습을 재현해준다고 본다(Webb, *Judges*, 116).

다. 지금까지 하나님 따로, 삼손 따로였던 구원의 행위가 마지막에 이르러 하나로 합쳐지게 되었고 이로써 삼손과 하나님 모두 영광을 받게 되었다.

지금 이 시대에는 그 어느 때보다 공부를 많이 하고 재능이 풍부하며 물질적으로 여유로운 그리스도인들이 많다. 하지만 그들이 그렇게 많은 은사를 제대로 활용하면서 하나님 나라를 위해 사용하고 있는지는 의문이다. 오히려 하나님이 주신 능력과 은혜를 가지고 개인적인 성취와 욕망을 채우기에 급급하지는 않은가? 삼손의 모습을 통해 우리 자신을 성찰해보아야 할 것이다.

제3부

에필로그
(삿 17–21장)

9장

미가 이야기

(삿 17-18장)

앞서 사사기의 "중심 이야기"는 삼손 이야기에서 끝났다. 사사기 17장 부터는 사사기의 에필로그에 해당하는 부분이 시작된다. 에필로그는 크게 미가와 단 지파의 이야기(삿 17-18장) 및 레위인의 첩으로 인해 촉발된 이스라엘과 베냐민 지파의 전쟁 이야기(19-21장)로 나뉜다. 이 두 개의 에필로그는 주제 면에서 사사기 1-2장의 프롤로그와 연결되면서 사사기를 마무리하는 역할을 한다.

이번 장에서 다룰 첫 번째 에필로그인 미가 이야기는 도둑질로 시작된다. 다음과 같은 구조로 되어 있는 미가 이야기를 자세히 살펴보며 그 의미를 추적해보자.

미가 이야기의 구조

발단(삿 17:1–6): 미가가 신상을 만듦
전개(삿 17:7–18:10)
  에피소드 1(삿 17:7–13): 미가 집의 제사장이 된 레위인
  에피소드 2(삿 18:1–10): 단 지파의 정탐

1. 발단(삿 17:1-6): 미가가 신상을 만듦

먼저 미가라는 인물이 간단하게 소개된다. 사사기 17:1에 따르면 미가는 에브라임 산지에 사는 사람이다. 사사기에서 남성이 소개될 때는 일반적으로 "어느 지파 아무개의 아들 누구"라는 형식을 띤다. 하지만 사사기의 에필로그에 등장하는 인물들은 특별히 필요한 경우를 빼고는 계보나 지파가 언급되지 않는다. 이는 그들이 특수한 개인이라기보다는 그 당시 보편적인 이스라엘 사람들의 모습을 나타내는 전형이기 때문이라고 볼 수 있다. 사사기에서 에브라임은 기드온 이야기 이후로 부정적인 이미지를 가지고 있는 지파, 혹은 지역의 대명사격이다.

히브리어 원문을 보면 미가의 이름은 두 가지 형태다. 곧 "미카"(מִיכָה)와 "미카예후"(מִיכָיְהוּ)인데, 원형인 "미카예후"는 "누가 야웨와 같겠는가?"라는 뜻이다. 사사기 17장에서 "미카예후"는 처음에 1절과 4절에서 사용됨으로써 한 단락을 구분 짓는다.[1] 그러므로 개역개정 성경처럼 두 가지 이름을 "미가"로 통일하기보다는 "미가예후"

---

[1]   개역개정 성경에서는 사사기 17:3, 4의 앞부분에도 "미가"라는 이름이 등장하지만 원래는 인칭대명사일 뿐이다.

를 구분해서 따로 번역해야 본문의 의도를 잘 살릴 수 있다. 본래 "미카예후"는 오직 야웨만이 참된 신임을 고백할 때 많이 사용되는 구문이다. 이 이름만을 놓고 보면 미가의 어머니는[2] 신앙심이 두터운 듯하다. 왜냐하면 앞서도 밝혔듯이 구약에서 아이의 이름은 대부분 어머니가 짓기 때문이다.[3]

신앙심이 잔뜩 묻어나는 이름을 가진 미가가 처음 등장해서 하는 말은 놀랍게도 자신이 어머니의 돈을 도둑질했다는 것이다. 그는 어머니가 은 1,100개를 잃어버리고는 저주를 퍼부었다는 말을 듣고는 두려워서 자신이 범인임을 자백하며 은을 도로 내놓는다(삿 17:2). 미가는 "네 부모를 공경하라"는 제4계명과 "도둑질하지 말라"는 제8계명을 어겼지만, 자신이 계명을 어겼다는 사실보다는 어머니의 저주로 인해 벌을 받을까 봐 두려워한다. 이런 그의 모습은 도덕적이지는 않지만 종교적이라고는 할 수 있다.

그런데 미가의 고백에 대한 어머니의 반응도 일반적인 기대를 벗어난다. 그녀는 도둑질한 아들에게 화를 내거나 벌을 내리기는커녕 오히려 "야웨께 복 받기를 원하노라"고 말하면서 축복한다(삿 17:2). 자식에

---

2   슈나이더는 미가의 어머니가 들릴라라고 추론했다. 그 근거는 미가의 이야기가 삼손의 지파였던 단과 연결되고, 미가의 아버지가 누구인지 밝혀지지 않으며, 무엇보다 들릴라가 블레셋 지도자들에게 받은 돈의 양과 미가가 훔친 돈의 양이 연결되기 때문이다(Schneider, *Judges*, 232). 하지만 성경 본문은 미가의 어머니가 누구인지 밝히지 않는다. 또한 미가는 단 지파로 소개되지 않았으며 슈나이더가 근거로 삼은 돈의 양도 똑같지는 않다. 들릴라는 다섯 방백에게 은 1,100개씩을 받았기에 그녀가 받은 돈의 양이 훨씬 더 많다(삿 16:5). 그러므로 미가의 어머니를 들릴라로 보기에는 본문이 제공하는 근거가 너무 약하다고 할 수 있다.
3   예를 들어 사라가 이삭의 이름을, 레아와 라헬이 야곱의 열두 아들의 이름을, 한나가 사무엘의 이름을 지었다.

게 임할지 모르는 저주를 축복으로 상쇄시킨 것이다. 건전한 부모라면 누군가를 속이고 도둑질을 한 자식을 훈계하거나 징계해야 마땅한데, 오히려 미가의 어머니는 돈이 돌아왔다는 결과만을 가지고 하나님의 축복을 남발한다. 과연 이 상황이 야웨의 축복을 빌 수 있는 상황일까? 사사기 화자는 미가 어머니의 말을 직접 인용하면서 청중들에게 암시적으로 질문을 던진다.

더 나아가 미가의 어머니는 그 은으로 아들을 위해 신상[4]을 만들 것이라고 하면서 은을 야웨께 거룩하게 구별해서 드리겠다고 말한다(삿 17:3). 신상을 만드는 것은 어떤 우상도 만들지 말라는 제2계명을 정면으로 어기는 행위다. 하지만 그녀는 뻔뻔하게도 "야웨께 복을 받기 위해" 은을 "야웨께 드려" 신상을 만들려고 한다. 실제로 미가의 어머니는 은 200을 은장색에게 가져다주고 신상을 제작한다.

그 결과 "미가예후"의 집에 신상이 자리하게 되었다(삿 17:4). 이 구절은 언어적 아이러니를 보여준다.[5] 왜냐하면 "누가 야웨와 같을 수 있는가?"라고 물으며 하나님만을 섬기겠다는 사람의 집에 버젓이 신상이 놓인 것이기 때문이다. 미가의 어머니는 자식의 이름을 지을 때뿐

---

4   원어 성경은 여기서 신상을 표현할 때 "페셀"(פֶּסֶל)과 "마세카"(מַסֵּכָה)를 사용했다. 이에 관해 개역개정 성경은 페셀을 "한 신상을 새기며"로, 마세카를 "한 신상을 부어만들기"로 번역해 마치 신상이 2개인 듯한 착각을 불러일으킨다. 하지만 삿 17:4은 "그것이 미가의 집에 있었다"(וַיְהִי בְּבֵית מִיכָיְהוּ)라고 말하면서 3인칭 남성 단수를 사용함으로써 신상이 1개임을 확인시켜준다. 그러므로 이 신상은 "나무로 새기고 은을 입힌 신상"이라고 번역하는 것이 적당하다(참고. Block, *Judges, Ruth*, 480). 한편 페셀과 마세카는 신상들이 사람의 손에 의해 만들어진다는 사실을 강조하는 어휘다(Klein, *The triumph of irony in the Book of Judges*, 150). 또한 버틀러에 따르면 마세카는 황금 송아지와 연관된 단어로서 아론의 죄와 여로보암의 죄를 생각나게 한다(버틀러, 『사사기』, 871).

5   언어적 아이러니는 등장인물의 말과 행동이 일치하지 않는 것을 의미한다(참조. 박유미, 『이스라엘의 어머니 드보라』, 60-61).

만이 아니라 입을 열 때마다 야웨의 이름을 부르며 야웨의 복을 빌거나 야웨를 위해 무언가를 하겠다고 말한다. 하지만 그녀의 삶은 전혀 신앙적이지 않다. 그녀는 자식에게 하나님의 계명을 가르치지 않을 뿐 아니라 스스로 우상을 만들어 하나님의 말씀을 어기는 모습을 보인다. 그런 모습은 신앙의 허울과 형식만 남은 채 하나님의 말씀과는 전혀 관계없이 살아가는 이스라엘의 현실을 잘 보여준다.

단락이 바뀌어 사사기 17:5에서 또다시 "미가"로 번역된 단어는 원래 "미카"(מִיכָה)다. 이는 "미카예후"에서 "예후"(יָהוּ), 즉 "야웨"가 빠진 형태다. 이에 관해 블록은 사사기 화자가 본문에 등장하는 야웨의 이름이 거북한 상황이 이어지자 야웨라는 요소를 뺐다고 보았다.[6] 하지만 그보다는 미가와 이스라엘의 신앙에서 야웨란 본질은 빠지고 형식만 남았다는 사실을 상징하는 표현으로 보는 것이 더 적절하다.

집안에 신당을 마련하게 된 미가는 거기서 한 걸음 더 나간다. 그는 에봇과 드라빔을 만들고 아들 하나를 세워 자신을 위한 제사장으로 삼는다(삿 17:5). 드라빔은 일반적으로 "작은 가정용 신상"(창 31:30)을 의미한다. 에스겔 21:21은 "바벨론 왕이…점을 치되 화살들을 흔들어 우상[드라빔]에게 묻고"라고 말하는데, 이를 보면 드라빔은 신탁을 위해서도 사용되었음을 알 수 있다. 즉 미가는 은으로 만든 신상에 만족하지 않고 신탁을 받을 수 있는 도구들을 마련하기 위해 일반인이 가져서는 안 되는 에봇과 작은 우상을 만든 것이다.

또한 미가가 자기 아들을 제사장으로 삼은 것도 큰 문제다. 레위기

---

6   Block, *Judges, Ruth*, 478.

에 따르면 레위인 중 오직 아론 계열만 제사장이 될 수 있다. 하지만 미가는 이 율법을 정면으로 어기고 자기 아들을 제사장으로 삼아버렸다. 이와 관련해 열왕기상 13:33-34은 다음과 같이 말한다.

> 33여로보암이 이 일 후에도 그의 악한 길에서 떠나 돌이키지 아니하고 다시 일반 백성을 산당의 제사장으로 삼되 누구든지 자원하면 그 사람을 산당의 제사장으로 삼았으므로 34이 일이 여로보암 집에 죄가 되어 그 집이 땅 위에서 끊어져 멸망하게 되니라(왕상 13:33-34).

여기서 우리는 일반인을 제사장으로 삼는 일이 얼마나 큰 죄인가를 알게 된다. 그런데 미가는 하나님의 복을 받기 위해서 오히려 하나님이 큰 죄로 여기시는 일을 저지른 것이다.

이처럼 미가는 신상과 에봇과 드라빔과 제사장 등을 자신의 집에 두어 야웨를 섬기려고 했다. 하지만 이런 방식은 철저하게 이방인들이 우상을 섬기는 방식이지 결코 하나님이 말씀하신 방식이 아니었다. 이에 관해 사사기 화자는 "그때에는 이스라엘에 왕이 없었으므로 사람마다 자기 소견에 옳은 대로 행하였더라"고 평가한다(삿 17:6). 이 평가는 이후에 이어지는 레위인 청년의 이야기를 미가의 이야기와 연결해 준다. 즉 그 레위인 역시 자기 소견에 옳은 대로 행하고 있다는 평가에서 벗어나지 못한다.

그런데 "왕이 없었으므로"라는 구문에 관한 해석은 꽤 다양하다. 첫째, 여기서 왕은 인간 왕을 의미한다고 보는 해석이다. 이 관점에 따르면 사사기 화자는 심각하게 타락한 이스라엘에 왕정이 필요하다는 것

을 강조하면서 이스라엘 역사에 등장하는 사울과 다윗 왕가를 맞을 준비를 하고 있다.[7]

둘째, 이 구문은 단지 이스라엘에 공식적 혹은 제의적인 지도자가 이어지지 않았던 왕조 이전 시대의 임시적 성격을 부정적으로 평가한다는 것이다. 즉 왕정을 긍정적으로 본다고 평가하기는 어려운데, 이에 관해 탈몬(Shemaryahu Talmon)은 이스라엘의 지도자는 어차피 하나님에 의해 선택되거나 하나님이 받아주신 자들이므로 지도자의 문제는 결국 하나님과 이스라엘 간의 관계 문제라고 지적했다.[8]

셋째, 하나님을 왕으로 보는 관점이다. 이에 따르면 이스라엘에 왕이 없다는 것은 이스라엘 백성들이 이제 하나님을 섬기거나 그분의 말씀에 따라 살지 않는다는 의미다. 이 세 번째 관점은 사사기의 에필로그를 이루는 두 개의 이야기가 왜 그렇게 타락한 이스라엘의 모습을 묘사하는지를 잘 설명해준다. 즉 이스라엘의 타락은 정치적인 왕이 없어서라기보다는 하나님을 왕으로 여기지 않는 데서 오는 영적 문제라는 것이다. 이 관점에 따르면 사사기 화자는 미가와 그의 어머니가 왕이신 하나님의 말씀을 따르지 않고 철저히 자신의 방식대로 살아가는 모습을 강하게 비난하고 있다.

---

7   김의원, 민영진 『사사기, 룻기』, 580.

8   Shemaryahu Talmon, "In Those Days There was No King in Israel," *Proceedings of the 5th World Congress of Jewish Studies*, ed, Pinchas Peli et al.(Jerusalem: Hacohen, 1969), 242–43.

2. 전개(삿 17:7-18:10)

1) 에피소드 1(삿 17:7-13): 미가 집의 제사장이 된 레위인

사사기 17:7에는 새로운 인물이 등장한다. 그는 유다 베들레헴에서 온 레위인으로서 "나아르"(נַעַר), 즉 청년이다. 여기서 사사기 화자가 그를 "나아르"라고 지칭하는 이유는 그가 공식적으로 제사장직을 맡을 수 있는 30세가 아직 안 되었다는 사실을 분명히 하기 위해서다.[9] 그는 여러모로 제사장이 되기에는 부적합한 인물이었다.

사사기 17:7-9에는 그 레위인 청년이 유다 베들레헴 출신 거류민이라는 사실이 세 번이나 반복해서 기록된다. 이는 그가 하나님이 주신 기업을 벗어나 여기저기 떠돌고 있음을 보여준다. 여호수아 21:4에 따르면 레위인에게 주어진 거주지는 따로 있었다. 하지만 유다의 베들레헴은 그 목록에 들어 있지 않다. 또한 율법에 따르면 레위인이 거주지를 떠날 수 있는 경우는 간절한 소원이 있을 때로 제한된다. 그때도 레위인은 야웨 하나님이 택하신 곳, 즉 야웨의 성소가 있는 곳으로 가야 한다(신 18:6-7). 왜냐하면 레위인은 하나님이 이스라엘 백성 중에서 특별히 선택한 사람들로서 늘 예배에 봉사해야 하기 때문이었다.

이런 규정에도 불구하고 사사기 17장의 레위인 청년은 유다 지파에 속한 거주지에서 이탈해 성소도 없는 베들레헴에서 거류민으로 살다가 다시 에브라임 산지까지 오게 되었다. 이런 설명을 통해 우리는 그

---

9   Block, *Judges, Ruth*, 485.

가 떠돌이로서 하나님이 그에게 주신 의무를 전혀 신경 쓰지 않는 인물임을 알 수 있다. 그런 그가 우연히 미가의 집에 이르게 된다.

미가는 거주지를 찾는다는 레위인 청년의 말을 듣고는 그에게 자신의 집에 거하며 자신을 위한 아버지와 제사장이 되어달라고 요청한다(삿 17:10). 여기서 "아버지"란 호칭은 존경의 표시로서, 제사를 집행하고 신탁을 받아 조언을 해주는 제사장의 역할을 강조해준다.[10] 앞서 살펴보았듯이 사사 드보라도 "이스라엘의 어머니"라고 불렸다. 왕정 시대에는 예언자 엘리야나 엘리사가 "아버지"라고 불렸다(왕하 6:21; 13:14).

하지만 사사기 17장의 상황에서 이 칭호는 아이러니를 유발한다. 사사기 화자가 그 레위인을 아직 미성숙하고 책임감이 없는 "청년"이나 "거류민"으로 규정했기 때문이다. 그런데도 미가는 그런 인물에게 책임이 막중한 한 가정의 "아버지"가 되어달라고 요청하는 것이다. 여기서 청중은 과연 이 레위인이 그 역할을 잘 감당할 수 있을지 의문을 갖게 된다.

한편 미가의 요청은 야웨의 말씀에 분명하게 어긋난다. 레위인은 이스라엘 전체에서 선별된 지파로, 하나님이 지정하신 성소에서 하나님을 섬기는 일을 해야 한다. 그들은 절대로 어느 개인에게 소속되어 사사로운 직무를 맡아서는 안 되며 철저하게 하나님께만 속해야 한다. 하지만 미가는 레위인 청년에게 연봉을 주고 자신이 개인적으로 만든 제단에서 봉사하게 하려 한다. 그리고 레위인 청년은 미가가 제시한 연봉, 즉 1년마다 주기로 한 은 10세겔 및 옷과 음식을 만족하게 여겨 그의 개인 신당에서 일하기로 한다.

---

10 Boling, *Judges*, 257.

사사기 17:11-12은 미가의 집에서 생활하던 레위인 청년의 상황을 요약해서 보여준다. 레위인 청년은 그런 생활을 "만족스럽게"(יָאֶל[야알]) 생각했다(삿 17:11). 그럴 수밖에 없는 이유는 그 레위인이 "미가의 아들 중 하나 같이" 되었기 때문이다. 이는 미가와 그의 식구들이 그를 한 가족처럼 잘 대해주었다는 말이다. 우리는 여기서 미가와 레위인 청년 간의 협상이 그들 모두에게 매우 흡족한 결과를 가져왔다는 사실을 알게 된다.

그러나 사사기 화자는 이런 상황을 "아들"이란 단어를 통해 살짝 비틀고 있다. 왜냐하면 미가는 그 레위인이 아버지가 되기를 바랐으나 실제로는 아들처럼 되었다는 말이기 때문이다. 지금은 그들이 서로 만족할지 모르지만 사사기 화자는 어딘지 모르게 불안이 서려 있음을 "아들"이라는 단어를 통해 암시한다.

한편 사사기 17:12에서 "거룩하게 구별하다"라는 의미로 번역된 히브리어는 "예말레 에트-야드"(וַיְמַלֵּא אֶת-יַד)다. 이는 직역하면 "손을 가득 채우다"라는 의미인데, 숙어적으로 "제사장으로 임명하다"라는 의미로 사용된다(출 28:41; 레 8:33). 앞서 사사기 17:5에서 미가가 아들 하나를 그의 제사장으로 삼았다는 내용 역시 같은 구문으로 표현되었다. 따라서 사사기 17:12은 시간 순서에 따른 인과관계로 해석할 것이 아니라 미가와 레위인 간의 상호작용을 강조하는 의미로 해석해야 한다. 즉 "미가는 레위인을 제사장으로 세우고 레위인은 그의 제사장이 되었다."[11] 이처럼 사사기 화자는 서로 만족하는 미가의 관점과 레위인

---

11 이 내용에 해당하는 본문은 다음과 같다. וַיְמַלֵּא מִיכָה אֶת-יַד הַלֵּוִי וַיְהִי-לוֹ הַנַּעַר לְכֹהֵן.

의 관점을 반복해서 보여준다. 이로써 우리는 이 어이없는 상황이 어느 한 사람의 일방적인 강요가 아니라 상호 합의로 이루어졌음을 알게 된다.

레위인 청년은 하나님의 명령과 규례보다는 편하고 만족스러운 것을 더 중시하는 인물로 그려진다. 그는 하나님께 구별된 지파에 속한 사람이지만 오히려 철저히 사적인 유익을 추구하며 하나님의 규례와 율법을 어기는 문제에 관해서는 별로 개의치 않는다. 이런 그의 모습은 당시 이스라엘의 무질서하고 타락한 현실을 분명하게 보여준다. 미가와 같은 일반인뿐만 아니라 종교 지도층까지도 자신의 소견에 옳은 대로 행하는 모습이기 때문이다.

사사기 17:13에서 "에피소드 1"이 마무리된다. 미가는 레위인이 자신의 제사장이 되었기에 이제 야웨 하나님이 자신에게 복을 주실 것이라고 말한다. 여기서 우리는 미가가 이상적으로 생각한 신앙의 형식을 엿볼 수 있다. 그는 제단과 우상 및 레위인 제사장까지 완벽하게 갖추었기 때문에 하나님이 자신에게 복을 주실 수밖에 없다고 생각했다.

그런데 이처럼 하나님의 말씀이 아니라 세속화·이방화한 종교 형식에 의지하는 미가의 모습은 결코 낯설지가 않다. 복음의 진수를 잃어버린 채 외형적 성장과 형식적 예배, 기도 생활과 헌금만이 기독교 신앙의 전부인 줄 알고 그런 것만 잘 지키면 복을 받는다고 생각하는 한국 교회의 모습과 다르지 않기 때문이다. 이어지는 이야기를 통해 과연 그런 신앙이 미가의 생각대로 복을 불러왔는지 그 결과를 살펴보자.

2) 에피소드 2(삿 18:1-10): 단 지파의 정탐

이어지는 에피소드는 새로운 장소에서 새로운 이슈와 함께 시작한다. 하지만 이는 새로운 내러티브를 형성하는 것이 아니라 결국에는 미가 이야기와 만나 서로 하나가 된다. 새롭게 시작된 이 이야기가 미가의 집이라는 장소를 거쳐 가면서 이전 이야기와 자연스레 합쳐지는 것이다.

> 그때에 이스라엘에 왕이 없었고 단 지파는 그때에 거주할 기업의 땅을 구하는 중이었으니 이는 그들이 이스라엘 지파 중에서 그때까지 기업을 분배받지 못하였음이라(삿 18:1).

사사기 18장은 "그때 이스라엘에 왕이 없었다"는 구절로 문을 연다. 이 구절은 새로운 이야기의 시작을 알리는 일종의 표시다. 하지만 우리는 여기서 단 지파의 이야기도 부정적일 수밖에 없다는 암시를 발견할 수 있다. 단 지파는 아직 거주지를 얻지 못해 거주할 지역을 찾는 중이다. "그들이 이스라엘 지파 중에서 그때까지 기업을 분배받지 못하였음이라"라는 번역은 이해하기가 쉽지 않다. 지파별 땅 분배는 이미 여호수아 19:40-46에서 이루어졌고 삼손 이야기를 보면 단 지파가 소알과 에스다올에 살고 있었기 때문이다(삿 13:2, 25). 하지만 이에 해당하는 원문을 살펴보면 단 지파가 기업으로 분배받은 땅을 아직 자신의 소유로 만들지 못했다는 의미임을 알 수 있다.[12]

---

12 이 본문을 직역하면 다음과 같다. "왜냐하면 그때까지 이스라엘 지파들의 기업이 그들에게 떨어지지 않았기 때문이다." 이를 약간 의역하면 다음과 같다. "왜냐하면 그때까지 이스라엘 지

단 지파가 분배를 받은 기업은 아모리 족속이 점령하고 있는 땅이었다. 그런데 단 지파는 그곳으로 들어가지 못했다(삿 1:34). 대신 그들은 소알과 에스다올로 물러나 그곳에서 살며 새로운 정착지를 찾으려 했다. 그들은 갈렙처럼 "그곳에 아낙 사람이 있고 그 성읍들은 크고 견고할지라도 여호와께서 나와 함께하시면 내가 여호와께서 말씀하신 대로 그들을 쫓아내리이다"(수 14:12)라고 고백할 믿음이 없었다. 그들은 아모리 족속을 몰아내고 그들에게 주어진 기업을 얻으려 하지 않았다. 또한 그들은 자신들의 사사였던 삼손과 힘을 합쳐 전쟁을 벌일 생각도 하지 못했다. 대신 그들은 다른 적당한 곳을 찾기 위해 5명의 용사를 뽑아 정탐을 보낸다.

이런 단 지파의 선택은 여호수아 17:14-18에서 자신들이 분배받은 지역에는 강력한 철 병거가 있으니 차라리 다른 지역을 더 달라고 요청한 요셉 지파의 모습과 다르지 않다. 이에 대해 여호수아는 다음과 같이 말하며 그들을 독려했다.

> 그 산지도 네 것이 되리니 비록 삼림이라도 네가 개척하라. 그 끝까지 네 것이 되리라. 가나안 족속이 비록 철 병거를 가졌고 강할지라도 네가 능히 그를 쫓아내리라(수 17:18).

여호수아의 명령처럼 단 지파도 믿음으로 그곳을 점령했어야 한다. 자신들에게 주어진 땅 대신 다른 땅을 찾아 이리저리 돌아다니는 것

파들에게 분배된 기업을 단 지파가 정복하지 못했기 때문이다."

은 믿음이 없어 하나님의 명령을 회피하는 행위일 뿐이다. 그리고 이런 모습은 미가의 집에서 제사장이 된 레위인 청년의 모습과 다르지 않다. 그들 모두 하나님이 주신 사명을 감당하기보다는 자신의 안락한 삶을 추구하고 있다.

길을 떠난 단 지파의 정탐꾼들은 우연히도 에브라임 산지에 있는 미가의 집에 도착해서 그곳에 잠시 머무르게 되었다. 이렇게 해서 두 개의 에피소드가 한 장소에서 만난다. 그런데 그들은 미가의 집에서 떠날 때 레위인의 목소리를 알아듣고는[13] 가던 길에서 돌아와[14] 그 레위인과 이야기를 나눈다. 이 만남은 사건이 절정으로 치닫게 되는 도화선이 된다.

단 지파의 정탐꾼들은 뜻밖의 장소에서 레위인을 만나게 되자 "누가 너를 이리로 인도하였으며, 네가 여기서 무엇을 하며, 여기서 무엇을 얻었느냐?" 하고 질문을 쏟아놓는다(삿 18:3). 레위인은 미가가 자신을 고용했으며 자신은 그의 제사장이 되었다고 대답한다.[15] 사실 미가는 그 레위인을 제사장으로 세웠을 뿐 아니라 자기 아들같이 여겼다(삿

---

13 그들이 레위인의 목소리를 어떻게 알아들었는지에 관한 설명은 본문에 나오지 않는다. 이에 관해 볼링은 북쪽 에브라임의 말투가 아닌 남쪽 유다의 말투가 단서였을 것이라고 보았다(Boling, *Judges*, 263). 클라인도 레위인의 말투가 그 지방이 아닌 타지방 거류민의 것이었으리라는 데 주목한다(Klein, *The triumph of irony in the Book of Judges*, 154). 하지만 그보다는 그들이 레위인 특유의 어투로 토라를 외우는 소리를 들었을 가능성이 더 크다. 왜냐하면 사사기 화자는 그들이 유다 지방 사람의 목소리가 아니라 레위인의 목소리를 알아들었다고 설명하기 때문이다.

14 여기서 사용된 히브리어는 "바야수루 샴"(ויסורו שם)이며 이를 직역하면 "그리고 그곳으로 돌이켜 왔다"는 의미다. 참고로 삿 4:18에서도 이 구문이 사용되었는데 거기서는 야엘이 천막을 지나쳐 가던 시스라를 이쪽으로 돌이켜 오라고 부른다.

15 개역개정 성경은 "나를 자기의 제사장으로 삼았느니라"고 번역했지만 문자적으로는 "내가 그의 제사장이 되었다"는 뜻이다.

17:11-12). 하지만 여기서 레위인은 단순히 미가가 자신을 고용했다고만 말한다. 그들은 어떤 특별한 관계여서가 아니라 단지 돈 때문에 제사장이 되었다고 말하는 것이다. 여기서 우리는 그가 하나님의 종도, 미가의 가족도 아님을 알게 된다. 그는 단지 돈을 받고 일하는 삯꾼일 뿐이다.

하지만 단 지파 사람들은 그런 레위인의 모습에 일절 아랑곳하지 않는다. 그들은 단지 그가 제사장이라는 사실만을 생각하며 하나님께 그들의 길이 형통할지 여쭤봐 달라고 부탁한다(삿 18:5). 그들에게는 그 레위인이 제대로 된 제사장인지는 중요하지 않았다. 단지 제단이 있고 신상이 있고 제사장이 있으니 신앙심이 발동한 것이다. 이에 레위인은 태연하게 제사장 행세를 하면서 그들이 듣고 싶어 하는 축복의 말을 해준다(삿 18:6).

사사기 화자는 여기서 레위인이 기도를 했다던가, 하나님께 여쭈어 보았다는 말을 하지 않는다. 즉 레위인은 하나님께 진심으로 물어보고 답을 얻은 것이 아니라 그냥 정탐꾼들의 비위를 맞추기 위해 기계적으로 축복의 말을 해준 것이다. 이렇게 평가할 수 있는 이유는 그 레위인이 신뢰할 수 없는 인물이기 때문이다.[16] 사사기 화자는 처음부터 그 레위인이 하나님의 말씀을 어기고 자신의 고향을 떠난 인물이라고 소개했다. 그리고 지금 상황은 그런 전력을 가진 사람이 하나님의 말씀을 어기고 다른 곳을 찾아 떠나는 사람들에게 야웨의 이름을 운운하며 복을 빌어주는 상황이다. 그러므로 그의 말은 야웨께 받은 말씀이라기

---

16 화자의 신뢰성에 관한 문제는 박유미, 『이스라엘의 어머니 드보라』, 36-37을 참조하라.

보다는 그 자신의 말이라고 보아야 한다. 누구나 야웨의 이름으로 말하고, 야웨께 뜻을 물으며, 제의를 드리지만 실은 그 누구도 야웨의 올바른 뜻을 행하지 않고 모두가 자기 소견에 옳은 대로 행하는 모습은 안타까움을 자아낸다.

제사장의 신탁을 들은 정탐꾼들은 그곳을 떠나 라이스에 이른다. 사사기 화자는 라이스를 다음과 같이 묘사한다.

> 이에 다섯 사람이 떠나 라이스에 이르러 거기 있는 백성을 본즉 염려 없이 거주하며 시돈 사람들이 사는 것처럼 평온하며 안전하니 그 땅에는 부족한 것이 없으며 부를 누리며 시돈 사람들과 거리가 멀고 어떤 사람과도 상종하지 아니함이라(삿 18:7).

여기서 강조되는 것은 라이스가 "평화로운 곳"이라는 사실이다. 라이스는 시돈 사람들의 영향력 아래 있었지만[17] 별다른 간섭을 받지 않으면서 평온히 살아가는 성읍이었다. 여기서 "그 땅에는 부족한 것이 없으며 부를 누리며"로 번역된 구문을 직역하면 "그 땅에는 일에 대해 굴복시키는 것이 없었고 강제력을 가진 자도 없었다"라는 말이다. 즉 라이스 사람들이 외적의 침입이나 압제로 인해 고통당하는 일 없이 매우 평온하게 지냈다는 것이다.

하지만 라이스는 하나님이 이스라엘에게 정복하라고 명령하신 지역에 속하지 않는 곳이다. 이스라엘에게 주어진 땅은 블레셋의 다섯 왕,

---

17 Boling, *Judges*, 272; Block, *Judges, Ruth*, 500.

모든 가나안 족속, 시돈 사람들, 레바논에 사는 헷 족속의 땅뿐이다.[18] 그런데 라기스를 살펴보고 돌아간 정탐꾼들은 "우리가 그 땅을 본즉 매우 좋더라"고 말하며 그들을 치러 올라가자고 자기 지파 사람들을 선동한다(삿 18:9). 그들이 사람들을 재촉하면서 라이스를 차지해야 한다고 말하는 이유는 다음과 같다.

첫째, 그곳에 사는 자들이 "평화로운 백성"이기 때문이다. 정탐꾼들은 그들이 전쟁에 익숙하지 않다는 의미로 이렇게 표현한다. 그렇다면 단 지파는 그들을 아모리 족속처럼 두려워할 필요가 없다. 하지만 청중은 여기서 싸울 의사도 없고 정복당할 아무런 이유도 없는 사람들을 공격하려는 단 지파의 폭력성을 느끼게 된다. 둘째, 그곳은 부족함이 없는 곳이기 때문이다. 이것이 그들이 라이스로 쳐들어가려는 이유의 핵심이다. 그들이 지금 사는 곳은 한 지파가 살기에는 너무 부족하다. 셋째, 이 전쟁의 승리를 야웨 하나님이 약속해주셨기 때문이다. "하나님이 그 땅을(혹은 누구누구를) 너희 손에 넘겨주셨다"라는 표현은 야웨 하나님이 승리를 약속하실 때 사용된다. 그리고 이 구문은 일반적으로 야웨의 전쟁을 배경으로 등장한다(삿 1:2; 3:28; 4:14; 7:2 등). 그런데 단 지파의 정탐꾼들은 미가의 집에 있던 레위인에게서 받은 엉터리 신탁을 정말 하나님의 뜻으로 믿었다. 그리고 자기 동족들에게 이 전쟁이 하나님의 뜻이며 하나님이 승리를 주실 것이라고 서슴없이 말한다. 이런 근거들을 확인한 단 지파 사람들은 전혀 망설일 이유가 없었다.

어디서부터 잘못되었다고 콕 집어 말하기 어려울 정도로 상황은 꼬

---

18 Klein, *The triumph of irony in the Book of Judges*, 156.

여간다. 훔친 은으로 만든 신상을 모신 제단을 섬기는 자격 미달의 제사장이 해준 축복에 의지해서 하나님이 명령하지 않은 곳을 공격하려는 단 지파의 모습은, 한 가정의 문제가 한 지파의 문제로 확대되는 양상을 띠며 점점 복잡하게 전개된다.

3. 절정(삿 18:11-26): 단 지파의 이주 및 미가의 신상과 제사장 탈취

드디어 단 지파에서 전쟁을 준비한 600명의 용사가 출정해 정탐꾼들이 개척한 루트를 통해 에브라임 산지에 있는 미가의 집에 이른다(삿 18:11-13). 다섯 명의 정탐꾼은 이전에 라이스뿐만 아니라 미가의 집도 정탐했다. 그들은 미가의 집에 에봇과 드라빔과 신상이 있음을 수사적 질문을 사용해 은근하게 그의 형제들에게 알린다. 그리고 "이제 너희는 마땅히 행할 것을 생각하라"고 간접적으로 말하며 그것들을 빼앗자고 선동한다(삿 18:14). 여기서 그들의 말이 매우 간접적이고 은밀한 것은 그들도 자신들의 행동이 정당하지 못하다는 사실을 인식했기 때문인 듯하다.

다섯 명의 정탐꾼들은 600명의 군사를 대동하고 미가의 집으로 향한다. 여기서 사사기 화자는 "청년 레위 사람의 집"이라는 명칭을 하나 더 넣음으로써 그들의 목적이 다름 아닌 레위인에게 있음을 드러낸다(삿 18:15). 그들은 레위인을 만나자 "샬롬"이라고 인사를 건넨다. 그때 600명의 군사는 무기를 들고 문 입구에 섰다. 이는 일종의 무력시

위로, 레위인 청년을 겁주기 위한 행동이다. 600명이 문 앞에 지켜 서 있는 동안 정탐꾼들은 안으로 들어가 신상과 에봇과 드라빔을 들고 나왔다.

사사기 18:16-18에서 그들이 미가의 집에서 신상과 에봇과 드라빔을 훔쳤다는 사실은 "라카흐"(לקח)라는 동사를 통해 세 번이나 언급된다. 그런데 이 동사는 사사기 17:2-4에서 미가가 어머니의 은을 훔쳤다고 말할 때도 세 번 사용되었다. 이런 구성은 미가가 어머니에게 훔친 은으로 만든 신상을 이제 단 사람들이 훔쳐가고 있다는 사실을 강조하며 인과응보의 원리를 뚜렷하게 부각한다.

이렇게 신상과 에봇과 드라빔이 도둑질당하는 사이에 레위인은 문 앞에 서 있다가 "너희가 무엇을 하느냐?"고 소극적으로 저항한다(삿 18:18). 하지만 "잠잠하라. 네 손을 입에 대라"는 협박에 아무 말도 못하고 모든 저항을 포기한다.[19] 그런데 단 지파 사람들은 그에게 "우리와 함께 가서 우리의 아버지와 제사장이 되라"고 제안한다. 그들은 "네가 한 사람의 집의 제사장이 되는 것과 이스라엘의 한 지파 한 족속의 제사장이 되는 것 중에서 어느 것이 낫겠느냐?"고 묻는다(삿 18:19). 이에 레위인 청년은 기뻐하며 자발적으로 미가의 신상과 에봇과 드라빔을 들고 단 지파에 합류한다.

사사기 18:20은 "그 제사장이 마음에 기뻐하여"라고 말한다. 이는 그가 단 지파에서 제사장으로 인정받고 있으며 또한 그가 강압에 의한

---

19 "네 손을 입에 대라"는 표현은 손으로 입을 막으라는 것으로 결국 "잠잠하라"는 말과 같은 뜻이다. 이렇게 같은 뜻을 다르게 두 번 표현하는 것은 일종의 평행법으로서 내러티브에 나오는 직접화법에서 종종 발견할 수 있다. 여기서 "손을 입에 대라"는 표현은 앞의 "잠잠하라"는 말을 좀 더 구체화하는 기능을 한다.

것이 아니라 자발적으로 단 지파와 함께하고 있음을 강조하는 표현이다. 그뿐 아니라 그는 직접 에봇과 드라빔과 신상을 챙기는데, 이는 그가 미가의 물건을 훔친다는 죄책감을 느끼지 못한다는 사실을 알려준다. 그는 단지 그 물건들이 자신이 제사장직을 수행하는 데 중요한 도구들이기 때문에 직접 챙겨야겠다는 생각밖에 하지 않는 듯하다.

사실 그 레위인 청년이 고향을 떠나 유다 베들레헴으로, 그리고 미가의 집으로 떠돈 것도 좀 더 살기 좋은 곳을 찾기 위해서였다. 그런데 이제 한 지파의 제사장이 되는 길이 열렸으니 이를 마다할 이유가 전혀 없었다. 미가는 그를 아들처럼 대하며 가족으로 여겼지만 그가 미가의 집에 머물며 제사장이 된 것이 돈 때문이었음은 앞서도 분명하게 언급되었다(삿 18:4). 그는 레위인이지만 야웨의 종이 아니며 돈만 주면 어디든 가서 무엇이든 할 수 있는 삯꾼이자 종교업자다. 하지만 주변 인물들은 모두 그를 여전히 야웨의 종으로 여기며 그가 있어야만 야웨 제의가 온전하게 된다고 생각한다. 이렇게 해서 미가가 불의하게 만든 신상 및 레위인 제사장과 제단은 완전히 실패로 돌아가게 되었다.

행군할 때는 일반적으로 가족과 귀중한 물건들을 뒤에 놓고 보호하기 마련이다. 그런데 미가의 신상을 훔친 단 지파는 어린아이들과 가축과 값진 물건들을 앞세우고 미가의 집을 떠난다(삿 18:21). 이들의 특이한 진형은 뒤에서 미가가 쫓아올 것에 대비한 행동으로 보인다.[20]

단 지파가 미가의 집에서 어느 정도 멀어지자 미가는 이웃 사람들을 불러 모은다(삿 18:22). 미가는 일단 600명의 군사가 두려웠기에 그들이

---

20 김의원, 민영진, 『사사기, 룻기』, 602.

가까이 있을 동안에는 얼씬도 못 하다가 그들이 떠나자 비로소 사람들을 불러 모아 그들과 함께 단 지파 사람들을 뒤쫓는다. 개역개정 성경은 이 부분을 "미가의 이웃집 사람들이 모여서"라고 번역해서 이웃들이 자발적으로 모인 것처럼 말한다. 하지만 "모이다"로 번역된 "니즈아쿠"(נִזְעֲקוּ)는 "부르다" 혹은 "외치다"를 의미하는 "자아크"(זָעַק)의 니팔형으로서 수동태다. 즉 "이웃집 사람들이 부름을 받았다"가 정확한 번역이며, 여기서 생략된 주체는 미가다. 이때 "자아크"는 주로 어려움을 당한 사람들이 도움을 요청하거나 외치는 것을 표현하는 어휘다(삿 3:9; 4:3 등).

이렇게 사람들을 모아 단 지파 사람들을 따라잡은 미가는 그들을 불러 세운다. 하지만 그들은 태연하게 미가를 돌아보며 "무슨 일로 이같이 모아서 왔느냐?"고 묻는다(삿 18:23). 무슨 일인지 뻔히 알면서도 능구렁이처럼 오만하게 묻는 물음에 미가는 분통을 터뜨리며 "내가 만든 신들과 제사장을 빼앗아갔으니 이제 내게 오히려 남은 것이 무엇이냐? 너희가 어찌하여 나더러 무슨 일이냐고 하느냐?" 하고 반문한다(삿 18:24).

미가의 질문은 그의 생각을 잘 반영해준다. 일단 그는 신상을 가리켜 "내가 만든 나의 신들"이라고 부른다. 이 말은 미가의 신앙이 야웨와는 상관이 없다는 사실을 드러낸다. 야웨 신앙에서 인간은 신이 만드신 피조물이다. 따라서 인간이 창조주이신 하나님을 만들었다고 말하면 안 된다. 하나님은 우상에 관해 다음과 같이 말씀하셨다.

3여러 나라의 풍습은 헛된 것이나 삼림에서 벤 나무요 기술공의 두

손이 도끼로 만든 것이라. 4그들이 은과 금으로 그것에 꾸미고 못과 장도리로 그것을 든든히 하여 흔들리지 않게 하나니 5그것이 둥근 기둥 같아서 말도 못 하고 걸어 다니지도 못하므로 사람이 메어야 하느니라. 그것이 그들에게 화를 주거나 복을 주지 못하니 너희는 두려워하지 말라…(렘 10:3-5).

야웨 신앙의 관점에서 보면 사람이 만든 신상은 결코 신이 아니라 단순한 물건일 뿐이다. 하지만 미가와 단 지파는 사람이 만든 신상을 "하나님"으로 섬긴다.

또한 미가의 말을 보면 신은 인간이 서로 빼앗고 빼앗길 수 있는 존재로 그려진다. 신이 인간을 선택하는 것이 아니라 인간이 신을 선택한다는 것이다. 그러나 야웨 신앙에서는 처음부터 끝까지 모든 주도권을 야웨 하나님이 쥐고 계신다. 선택도 야웨 하나님이 하시고 구원과 은혜도 하나님이 그의 의지에 따라 베푸시는 것이다.

한편 "나에게 남은 것은 무엇이냐?"는 미가의 말은 신상과 제사장을 모두 빼앗겨 그에게는 아무것도 남은 것이 없다는 뜻이다. 이것이 신상과 제사장과 제단에 의지한 신앙의 말로다. 보이는 물건이나 제도에 의지한 신앙은 그 물건이나 제도가 사라지면 함께 사라질 수밖에 없다. 그것은 예루살렘 성전이라도 마찬가지였다. 이스라엘이 성전 자체에 의지하는 신앙에 빠지게 되었을 때 하나님은 예언자 예레미야를 통해 신앙의 핵심이란 물리적인 성전에 의지하는 것이 아니라 말씀에 따라 사는 것이라고 알려주시며 예루살렘 성전이 허물어질 것이라고 말씀하셨다(렘 7:1-20). 그리고 예루살렘 성전은 실제로 허물어졌다. 하지만 미가는 하나님을 모르기에 그 같은 사실도 알 수 없었다. 우리는 기독교 신앙이 눈에 보이는 것에 의지하는 것이 아니라 보이지 않는 하나님을 의지하는 것임을 잊지 말아야 한다.

자신들이 저지른 도둑질과 뻔뻔함에 분노하는 미가에게 단 지파 사람들은 한술 더 떠 "네 목소리를 우리에게 들리게 하지 말라. 노한 자들이 너희를 쳐서 네 생명과 네 가족의 생명을 잃게 할까 하노라"고 말한다(삿 18:25). 아까도 레위인에게 "잠잠하라"고 하면서 위협하던 그들은 이제 미가의 항의를 완전히 뭉개면서 그를 죽일 수도 있으니 조심하라고 협박한다. 이는 강자가 약자를 압제하는 것을 전혀 죄라고 생각하지 않는 모습이다. 그들은 철저하게 약육강식의 법칙을 따르고 있다.

미가가 신상을 만들고 레위인 청년을 제사장으로 삼은 이유는 야웨께 복을 받기 위해서였다. 그런데 그런 것들 때문에 이제 미가와 그의 가족은 살해 위협을 받는 처지가 되었다. 이 장면이 미가 이야기의 절정을 이룬다. 하나님은 미가의 잘못된 신앙을 그가 의지하던 모든 것에 대한 상실과 죽음의 위협으로 심판하셨다. 도둑질로 시작한 미가는 결국 단 지파가 자행한 도둑질의 희생자가 되어 모든 것을 잃고 빈손으로 집에 돌아갔다.

여기서 그가 복을 받기 위해 만들었던 신상과 제사장은 복을 가져다주는 것이 아니라 오히려 재앙을 가져다주는 존재임이 밝혀진다. 그런데 이제 이 재앙의 물건들이 단 지파를 따라 움직이기 시작한다. 한 집안을 위험에 빠뜨린 물건들이 이제는 한 지파 전체에게 영향을 주게된 것이다.

4. 결말(삿 18:27-31): 단 지파의 정착과 제의 제도 확립

사사기 18:27-31은 미가의 신상과 제사장이 어떻게 단 지파에 정착했는지를 말해준다. "미가가 만든 것"이라는 개념이 결말의 첫 절(삿 18:27)과 마지막 절(삿 18:31)에 등장하면서 인클루지오를 형성한다. 이는 결론의 주제가 미가의 신상과 제사장이 어떻게 되었는지를 보여주는 데 있다는 증거다. 여기서 단 지파가 라이스로 이동한 문제는 부차적이 된다.

단 지파 사람들은 미가가 만든 신상과 제사장을 취하여 그들의 목적지인 라이스에 도착한다(삿 18:27). 사사기 화자는 다시 한번 라이스 사람들을 한가하고 걱정 없이 사는 백성들이라고 묘사한다. "한가하다"는 원래 "샤카트"(שׁקט)로서 직역하면 "조용하다" 혹은 "소동이 없다"라는 의미이고, "걱정이 없다"는 원래 "바타흐"(בטח)로서 "신뢰하다" 혹은 "믿다"라는 의미다. 즉 라이스의 백성들은 어떤 분쟁이나 폭력도 없이 서로를 신뢰하며 살아가는 사람들이었다. 이런 라이스의 모습은 앞서 드러난 단 지파의 폭력적인 모습과 대조를 이룬다.

단 지파는 만만한 상대와 마주하자 폭력성을 유감없이 발휘해 평화로운 라이스를 칼날로 치고 성읍을 불살랐다. "칼날로 치고 불사르다"라는 표현은 일반적으로 진멸을 나타낸다. 즉 그들은 라이스 사람들을 상대로 진멸하는 전쟁을 벌였다. 사사기 18:28은 라이스가 그처럼 속수무책으로 당한 이유를 설명하는데, 그것은 앞서 말한 대로 다른 도시들과 거리가 멀어 그들을 도와줄 동맹이 없었기 때문이었다.

여기서 사사기 화자가 라이스의 평화로운 모습을 여러 차례 묘사하는 것은 단 지파의 폭력성과 믿음 없음을 드러내기 위해서다. 그들은 미가의 신상을 힘으로 빼앗았던 것처럼 힘과 폭력으로 라이스를 빼앗는다. 그리고 그곳에 성읍을 세우고 거주한다. 이어지는 사사기 18:29은 그렇게 해서 라이스가 단이라는 이름으로 바뀌게 된 배경을 잠시 설명한다.

결국 단 지파 사람들은 하나님이 그들에게 주신 땅을 포기하고 평화롭게 살고 있던 라이스를 침공해 그곳에 정착했다. 하나님이 주신 기업을 그들이 포기한 이유는 그들보다 힘이 센 아모리 사람들이 그곳을 차지하고 있었기 때문이었다. 여기서 우리는 단 지파 사람들이 전쟁은 하나님께 속했으며 인간 숫자의 많고 적음에 있지 않다는 것을 전혀 믿지 못했다는 사실을 알게 된다.

여호수아는 하나님을 의지해 여리고 성을 정복했다. 갈렙도 믿음으로 가나안에서 가장 강한 아낙 자손의 땅을 정복했다. 또한 드보라는 철 병거가 900승이나 있었던 가나안 왕 야빈을 정벌했고, 기드온은 용사 300명만을 데리고 미디안의 본대를 격파했다. 이렇게 하나님을 의지하면서 승리를 거둔 수많은 신앙의 유산들을 모두 잊어버리고 단 지파는 자신의 보잘것없는 힘만을 의식한 채 아모리 족속을 피해 도망쳤다. 그리고 그 대신 만만한 라이스를 진멸하고 땅을 빼앗았다.

결과적으로 단 지파의 라이스 정복은 단 지파의 폭력성을 드러낼 뿐만 아니라 하나님에 대한 그들의 불신앙을 보여주는 사건이었다. 하지만 그들은 그렇게 생각하지 않았다. 그들은 라이스를 정복하고 그곳에 미가의 집에서 가져온 신상을 세웠다. 아마 그들도 미가처럼 신상을 세우고 제단을 만들고 제사장을 모시면 하나님을 신실하게 섬기는 것이며 그로 인해 복을 받을 것이라고 생각한 듯하다.

사사기 화자는 단 지파의 제사장이 된 레위인 청년에 관한 설명을 덧붙인다. 그가 모세의 손자요,[21] 게르솜의 아들인 요나단이라는 것이다(삿 18:30a). 그런데 이런 설명은 여러 가지 주석적 문제를 불러일으킨다. 예를 들어 이(Gale A. Yee)는 이 구절이 후대 신명기 사가가 첨가한 것으로서 사독 가문과 모세 가문 사이의 경쟁 관계를 드러낸다고 보았다.[22] 그 결과 그는 원 본문에서 이 부분을 제거하려 한다. 하지만 블록은 이 부분을 제거하는 것은 사사기 화자의 의도를 무시하는 처사라고 보았다. 그에 따르면 사사기 화자가 레위인 청년의 정체를 분명하게 밝힌 것은 제사장 계층 전체에 만연한 가나안화의 문제를 알리기 위함이다. 즉 이스라엘의 역사상 가장 유명한 모세의 가문까지 영적으로 부패한 현실은 청중에게 충격을 주기에 충분하다.[23] 이런 블록의 주장은 매우 설득력이 있다. 청중은 모세의 손자였던 레위인 청년의 모습을 통해 이스라엘이 가나안에 들어온 지 100년 정도밖에 되지 않았지만 가나안화가 매우 심각하게 진행되고 있음을 깊이 깨닫게 된다. 사실 가나안화의 문제는 사사기 2:1-5에서부터 이미 언급되었다. 어떻게 보면 가나안에 들어서자마자 이스라엘은 가나안화되지 않기 위해 싸워야 할 운명이었다. 타락과 심판과 구원이라는 사사기의 사이클 역시 그런 싸움의 과정이라고 볼 수도 있다.

---

21 여기서 모세라는 이름을 70인역과 타르굼은 "므낫세"라고 번역한다. 모세의 이름이 불법적인 제의와 연결되는 것이 불편했기 때문이다.

22 G. A. Yee, "Ideological Criticism: Judges 17-21 and the Dismembered Body," ed. G. A. Yee, *Judges and Method*, 160.

23 Block. *Judges, Ruth*, 512.

이어지는 사사기 18:30b은 그 땅의 백성이 사로잡히는 날까지 단 지파에 제사장이 있었다고 알려준다. 여기서 "사로잡히는 날"이란 말은 북조 이스라엘이 아시리아에 멸망하고 그 백성들이 포로로 잡혀간 날을 가리킨다.[24] 여기서 우리는 모세의 가문이 단 지파에서 꽤 오랫동안 제사장직을 수행했음을 알게 된다. 하지만 이는 결코 긍정적인 서술이 아니다. 그들은 제사장이 될 자격이 없는 자들이었기 때문이다. 모세의 후손인 젊은 레위인 청년 요나단은 잘못된 선택으로 선조인 모세의 명성에 먹칠을 했을 뿐만 아니라 대대손손 잘못된 신앙을 남겨주게 되었다. 그리고 사사기 18:31은 다시 "미가가 만든 바 새긴 신상"이 이스라엘에 성전이 세워지기 전까지 단 지파에 있었다고 말한다. 즉 단 지파에서 오랫동안 잘못된 예배가 드려졌으며 그 원흉이 바로 미가가 만든 신상이었다는 것이다. 사사기 화자는 이렇게 미가의 책임을 상기시키며 이 이야기를 마무리 짓는다.

지금까지 살펴본 사사기 17-18장의 내용을 요약해보자. 맨 처음 발생한 미가의 도둑질이라는 도덕적 잘못은 신상을 만드는 종교적 범죄로 넘어갔다. 그리고 이 일에 레위인이 동참함으로써 일반 백성뿐만 아니라 종교 지도자들도 이스라엘의 타락에 일조하고 있다는 사실이 드러났다. 또한 한 가정과 한 레위인의 문제에 단 지파가 합류함으로써 개인들의 타락과 잘못된 선택이 한 지파 전체가 잘못된 종교적 행위를 지속하게 되는 결과를 가져오는 모습을 보여주었다. 이처럼 사사

---

24 이렇게 보면 사사기의 저작 시기가 포로기까지로 늦춰진다. 그렇기에 몇몇 학자는 본문을 수정하여 "언약궤가 사로잡힌 날까지"로 번역하기도 한다. 이렇게 되면 사사기의 연대를 사무엘서 기록 시기 정도로 볼 수 있기 때문이다.

기의 첫 번째 에필로그는 한 개인의 종교적 타락이 점차 심화하고 확대되어 온 이스라엘로 퍼져나가는 모습을 묘사한다. 그리고 이런 모습은 역설적으로 우리에게 한 개인이 올바로 신앙을 갖는 일이 얼마나 중요한지를 알려준다.

5. 사사기의 연대 문제

사사기의 에필로그에 기록된 사건들이 발생한 시기는 모두 출애굽을 기준으로 3세대다. 첫 번째 에필로그인 미가 이야기에서는 모세의 손자 요나단이 등장하고, 두 번째 에필로그인 레위인 첩의 죽음과 이스라엘의 전쟁 이야기에서는 아론의 손자 엘리에셀이 등장하기 때문이다. 출애굽 1세대는 모세와 함께 광야에서 죽었고, 2세대는 여호수아와 함께했던 사람들이며, 그 이후가 3세대에 해당한다.

여기서 우리는 사사기의 에필로그가 프롤로그와 거의 같은 시기의 이야기라는 사실을 알게 된다. 즉 에필로그에 기록된 사건들은 생각보다 일찍 일어났으며 이스라엘 백성들은 사사 시대 초기부터 아주 빠르게 하나님을 잊고 다른 신을 섬기며 자신의 소견에 옳은 대로 살아간 것이다.

그런데도 사사 시대가 유지될 수 있었던 이유는 무엇일까? 첫째, 끊임없이 사사들을 세우셔서 이스라엘을 돌보시고 징계하시며 자신에게 돌아오도록 이끄신 하나님의 열심 때문이다. 둘째, 악조건 속에서도 하나님의 부르심에 부응해 구원 사역을 이루어간 사사들 덕분이다.

그래서 이스라엘은 계속은 아니더라도 한 세대, 한 세대가 유지되면서 하나님과의 관계가 완전히 끊기지는 않을 수 있었다.

물론 세대가 지날수록 그것마저도 쉽지 않았다. 그래서 결국에 사사기 화자는 사사기 마지막 부분에 사사 시대에 일어났던 사건 중 가장 끔찍한 두 사건을 배열함으로써 이스라엘이 신학적·영적·사회적 파산 상태에 이르렀다고 고발할 수밖에 없었다. 그리고 그는 그런 타락의 이유가 이스라엘이 하나님을 왕으로 섬기지 않았기 때문임을 밝히고, 그들의 중심을 잡아줄 왕이 필요하다는 것을 역설하면서 사사기를 마무리한다.

10장

이스라엘과 베냐민 지파의 전쟁

(삿 19-21장)

사사기의 마지막 부분인 19-21장은 사사기의 두 번째 에필로그를 담고 있다. 여기에 기록된 사건은 첫 번째 에필로그인 미가 이야기와 비슷한 시기에 일어났다. 이 에필로그는 또다시 이스라엘에 왕이 없다는 구문으로 시작하며 이스라엘 백성들이 하나님을 왕으로 섬기지 않고 자기 생각대로 행동하며 종교적·도덕적으로 심각하게 타락했다는 사실을 선명하게 드러내 준다.

사사기 19-21장의 주제적 구조를 간단하게 정리하면 다음과 같다. 여기서 초점은 "폭력"에 맞춰지는데, 힘없는 여성에 대한 폭력이 앞뒤에 나오고 가장 큰 폭력인 전쟁이 중심을 차지한다.

사사기 19-21장의 주제적 구조

A. 사사기 19장: 아내와 폭력

  B. 사사기 20장: 전쟁(가장 큰 폭력)

A′. 사사기 21장: 아내와 폭력

이런 구조를 통해서 사사기 19-21장은 이스라엘의 법과 질서가 붕

괴해 약자가 짓밟히고 정의가 훼손되며 폭력이 난무하는 상황을 묘사한다.

한편 사사기 19-21장의 서사 구조는 다음과 같다. 이 구조에 따라 사사기의 마지막 부분을 자세히 살펴보면서 신학적 의미를 탐구해보자.

사사기 19-21장의 서사 구조

발단(삿 19:1-30): 죽임을 당하는 레위인의 첩(전쟁의 원인)
전개(삿 20:1-18): 이스라엘이 소집됨
절정(삿 20:18-48): 이스라엘과 베냐민 간의 전쟁
결말(삿 21:1-25): 베냐민 지파에게 신부를 구해줌

---

1. 발단: 죽임을 당하는 레위인의 첩(삿 19:1-30)

1) 해설(삿 19:1-2): 레위인과 그의 첩 소개

사사기 19:1은 "이스라엘에 왕이 없을 그때에"라고 말하며 시대적 배경을 설명한다. 이는 표면적으로는 단순히 사사 시대를 가리킨다. 하지만 사사기 17-18장과의 관계 속에서 보면 이 표현은 이스라엘이 하나님을 왕으로 섬기지 않는, 영적으로 어두운 시기를 암시한다는 사실을 알 수 있다.

이번 이야기의 주인공은 에브라임 산지 구석에 거류하는 레위인이다. 이 레위인 역시 앞서 17장의 레위인 청년처럼 "거류자"다. 장소적 배경과 등장인물의 성격이 갖는 동일성은 사사기 19장의 이야기가 앞

선 17-18장의 이야기와 상당히 많은 유사성이 있음을 보여준다.

그런데 사사기 화자는 등장인물들의 이름을 소개하지 않는다. 앞서도 잠시 살펴보았지만 영거는 이런 무명성이 인간 존재로서의 개별적 가치가 붕괴했음을 반영한다고 보았다.[1] 반면 블록은 이 무명성이 이스라엘의 가나안화가 보편성을 띠었다는 사실을 반영하는 문학적 장치라고 해석했다.[2] 즉 등장인물들의 무명성은 그들의 모습이 어떤 특별한 개인의 일탈이 아니라 당시의 보편적인 인간상을 대표하며, 당시 타락한 이스라엘 백성의 일반적인 성격을 보여준다는 의미가 있다.

여하간 사사기 19장에 등장한 레위인은 유다 베들레헴 출신의 첩을 얻는다. 첩은 정부인이 아닌 다른 부인을 일컫는다. 첩은 주로 정부인의 불임으로 인해 아들을 얻으려고, 혹은 단지 성적 욕망을 해소하려고 맞이한다. 그런데 사사기의 맥락에서 보면 입다나 아비멜렉의 예에서 알 수 있듯이 첩을 보는 시각은 부정적이다.

레위인의 첩은 아버지 집으로 돌아가 넉 달이나 그곳에 머물렀다. 이에 관해 개역개정 성경은 그녀가 "행음하고" 남편을 떠났다고 번역했다. 하지만 여기에 해당하는 히브리어 "자나"(זָנָה)는 일반적인 "행음하다"라는 의미와 함께 아카드어 기원에서 파생된 "싫어하다" 혹은 "화를 내다"라는 의미도 있다.[3] 그리고 문맥의 정황상 첫 번째 의미보다는 두 번째 의미가 더 어울린다고 보아야 한다. 왜냐하면 아내의 행음은 남편이 아내를 죽일 수도 있는 심각한 범죄이며 명백한 이혼 사

---

1   Younger, *Judges / Ruth*, 348.

2   Block, *Judges, Ruth*, 517.

3   참조. 버틀러, 『사사기』, 945.

유가 되는데, 이런 경우 남편이 첩을 데리러 간다는 것은 그다지 설득력이 없기 때문이다. 대신 첩이 남편을 싫어해, 혹은 남편과 다투고 아버지 집으로 가버린 것이라면 남편이 그녀를 데리러 가는 상황이 어색하지 않다. 특히 사사기 19:3은 남편이 그녀에게 "다정하게 말하고 그를 데려오고자" 했다고 말한다. 이는 오히려 남편이 첩을 설득하고 달래야 하는 처지임을 말해준다. 최근에는 대다수 학자들이 레위인의 첩이 남편에게 화가 나서 집을 나간 것으로 보는 해석을 지지한다.

2) 발단(삿 19:3-10): 첩을 데리고 옴

첩이 집을 나간 지 넉 달 만에 레위인은 그녀와 화해하기 위해 장인어른을 찾아간다. 아마도 그녀가 스스로 돌아오기를 기다리다가 안 돌아오자 직접 길을 나섰을 것이다. 이에 관해 버틀러는 레위인이 넉 달이나 시간을 지체한 것을 보면 그가 자신의 첩에게 진실한 애정이 있었는지 의문을 품게 된다고 한다.[4] 하지만 레위인은 "여자에게 다정하게" 말하려고, 직역하면 "그녀의 마음에 말하기 위해" 그녀를 찾아간다(삿 19:3). 이 표현은 일반적으로 화를 풀어주거나 마음을 얻기 위해 부드럽게 설득하는 모습을 가리킨다(창 34:3). 또한 레위인은 하인과 함께 나귀 두 마리를 가지고 가는데 그중 한 마리는 첩을 태우기 위한 것이었다. 그러므로 현재 레위인은 첩을 잘 설득해서 다시 집으로 데리고 오고 싶은 마음이 가득하다는 것을 알 수 있다.

---

4   버틀러, 『사사기』, 948.

그리고 그 레위인이 장인의 집에 도착하자 첩도 마중을 나와서 그를 자신의 아버지 집으로 데리고 들어간다(삿 19:3). 이런 모습을 보면 그녀도 그사이에 남편에 대한 화가 많이 풀렸고 오랜만에 보는 남편이 반가웠던 것 같다. 또한 첩의 아버지도 사위의 방문을 매우 기뻐하며 환영해준다. 그런데 이 이야기에서 첩이 문장의 주어로 나오는 것은 여기 19:3과 그녀가 죽을 때인 19:26뿐이다. 그 외에는 항상 남자들이 여성을 배제한 채 자기들끼리 흥정을 벌인다.

사사기 19:4에서 첩의 호칭은 "소녀" 혹은 "여종"을 의미하는 "나아라"(נַעֲרָה)다. 이는 첩이 어리다는 것과 정식 부인이 아니라는 사실을 드러낸다. 하지만 사사기 화자는 첩의 아버지를 "그의 장인"이라고 부름으로써 그녀가 비록 첩이긴 하지만 레위인의 아내임을 분명히 밝히고 있다.

이렇게 사위가 딸을 데려가기 위해 직접 찾아오자 장인은 사흘에 걸쳐 환영하는 잔치를 연다(삿 19:4). 사사기 화자가 레위인이 사흘 동안 먹고 마시며 장인의 집에 머문 사건을 간략하게 언급하는 것을 보면 사위가 왔을 때 그 정도로 환대하는 것은 당시의 관습이었던 듯하다. 여기까지의 흐름을 보면 이 사건은 부부 싸움으로 갈라섰던 부부가 다시 만나 화해하게 된 평범한 사건이다. 환대가 끝나자 화해한 부부는 일찍 일어나서 길을 떠나려고 한다.

근동은 낮에는 햇빛이 강하기에 여행을 하려면 한낮을 피해 주로 오전이나 오후에 움직여야 한다. 유다 베들레헴에서 에브라임 산지까지는 반나절 정도의 거리이기에 오전 일찍 출발하면 늦어도 정오 전에는 도착할 수 있다. 하지만 첩의 아버지는 사위에게 음식을 좀 더 먹고 기운을 얻은 후에 출발하라고 권한다. 그의 강권을 못 이긴 레위인은 또다시 장인과 함께 먹고 마신다. 분위기가 무르익자 장인은 레위인에게 하루 더 묵고 가라고 부드럽게 설득한다(삿 19:6). 앞의 강압적인 태도와는 달리 매우 부드럽게 의사를 타전한 것이다. 그럼에도 레위인은 일어나서 가려고 했지만 장인이 그를 강제로 잡아놓았기에 하루를 다시 머물 수밖에 없었다.[5]

그다음 다섯째 날도 넷째 날과 똑같은 일이 반복되었다. 레위인은 아내와 함께 출발하려고 하고, 장인은 이들을 하루라도 더 잡아두려고 애쓴다. 여기서 장인이 일반적인 수준을 벗어나서 강압적인 방법으로 사위를 환대하려고 하는 모습은 두 가지를 생각하게 한다. 먼저, 환대는 긍정적인 것으로서 구약성경에서 남을 대접하는 일은 분명한 미덕이다. 이런 모습은 나중에 기브아 거민들이 레위인 일행을 환대하지 않고 오히려 공격하려고 했던 모습과 대조를 이룬다. 하지만 반대로 생각해볼 것은 그의 과도한 환대가 본질을 흐렸다는 사실이다. 장인은 풍성한 환대를 통해 사위의 마음을 즐겁게 만들어 딸과 사이좋게 지내게 하려고 한 듯하다. 하지만 아이러니하게도 이런 환대의 장면에 딸의 모습은 보이지 않는다. 오히려 그의 환대로 인해 딸의 존재는 잊히고 그녀의 의사는 무시된다. 그녀의 아버지나 남편은 그녀에게 지금의 상황에 관해 물어보지 않는다.[6]

결국 레위인은 극진한 환대에도 불구하고 출발을 더 지연시키고 싶

---

5 우리말에서 "간청"이라고 번역된 동사 "파차르"(פָּצַר)는 "강요하다" 혹은 "압박하다"라는 뜻으로서 장인이 레위인을 억지로 붙잡았다는 사실을 알게 해주니다.

6 Fewell, Gunn, *Gender, Power & Promise*, 134.

지는 않았기에 대접을 받는 동안 음식만 먹고 술을 마시지는 않았다. 사사기 19:8을 보면 6절과는 다르게 "마셨다"라는 표현이 없다. 이는 레위인이 이날은 반드시 떠나야겠다고 결심하고 맨정신을 유지하기 위해 노력했다는 의미다. 또다시 시간이 지체되자 레위인은 첩과 그의 하인을 데리고 떠나려고 한다(삿 19:9). 이때도 장인은 해가 이미 지기 시작했다면서 하루를 더 머물고 가라고 간청한다.

사사기 19:8에서 "해가 기울도록 머물라"는 말은 한낮이 지나서 출발하라는 의미이고, 이어지는 9절에서 "날이 저물어간다"는 말은 해가 지고 있다는 의미다. 장인은 사위가 오전에 쉬었다가 한낮이 지나고 떠날 수 있도록 연회를 베풀었지만 그것이 너무 길어져서 이미 저녁이 가까워지고 있었다. 아무리 베들레헴에서 에브라임 산지가 반나절 거리라고 해도 어두워질 때 출발하는 것은 결코 지혜로운 행동이 아니다. 그렇기에 장인은 이번에도 사위를 붙잡으려고 하는 것이다.

하지만 레위인은 그곳에 더는 머물고 싶지 않았기에 장인의 제안을 거절한다. 그는 날이 어두워지면 위험하다는 이성적 판단보다는 그곳에 더 머물고 싶지 않다는 감정적 판단을 따라 해가 곧 떨어질 것을 알면서도 늦은 오후에 길을 나선다. 아마도 그는 장인의 지나친 환대가 지겨워져서 빨리 그 상황에서 벗어나고 싶었던 듯하다. 이처럼 무엇이든지 지나치면 올바른 판단을 가로막게 된다. 그는 결심이 서자 바로 일어나서 출발한다. 여기서 이들의 출발 시각이 저녁 무렵이라는 것은 밤을 어디에선가 보내야 한다는 불안감을 불러일으킨다. 그리고 이런 불안한 출발이 사건의 발단이 된다.

사사기 화자는 레위인 일행이 곧바로 여부스 근처에 이르렀다고 말한다(삿 19:10). 이는 중간 과정을 모두 생략함으로써 레위인의 급한 마음을 전해주는 표현이다. 앞서 살펴보았듯이 여부스는 예루살렘의 다른 이름이다. 유다 지파는 여부스에서 아도니 베섹을 죽이면서 승리했고(삿 1:7-8), 그 이후 베냐민 사람들도 여부스를 공격했으나 여부스가 완전히 정복되지는 않았다(삿 1:21). 그렇기에 그곳에는 여전히 이방인들인 여부스 사람들이 살고 있었다.

3) 전개(삿 19:11-21): 기브아에서 밤을 보내게 됨

레위인 일행이 여부스 근처에 갔을 때는 이미 해가 지려고 했다. 이에 레위인의 종은 여부스로 들어가서 유숙하는 것이 좋겠다고 조심스레 요청한다(삿 19:11). 하지만 레위인은 이방 사람에게 속한 성읍에는 들어가지 않을 것이라고 말하면서 베냐민이 완전히 정복한 기브아로 가자고 말한다(삿 19:12). 당시 이방인은 제의적으로는 부정한 존재이며 이스라엘과 적대 관계에 있었기에 위험하기도 했다. 이런 이유로 레위인은 이방인의 성읍인 여부스보다는 동족이 사는 기브아가 훨씬 안전할 것으로 생각했다.

기브아는 여부스에서 8킬로미터 정도 떨어진 성읍으로서 베냐민 지파에게 할당된 기업이었다. 또한 기브아는 이스라엘의 초대왕인 사울의 고향으로 유명하다. 레위인이 여부스 대신 기브아를 고른 것은 매우 상식적이며 바람직한 선택처럼 보인다. 하지만 이런 그의 선택은 이후에 일어나는 일련의 사건들을 거치면서 이스라엘 사람들이 사는 성읍이 이방인의 성읍보다 안전하거나 정결하지 않았다는 사실을 더욱 강조하는 역할을 하게 된다. 정말 안전한 여행을 바랐다면 그는 차라리 장인의 제안대로 다음 날 아침 일찍 떠났어야만 했다.

레위인은 기브아 말고 라마라는 다른 성읍도 있으니 길을 계속 가자고 말한다(삿 19:13). 베들레헴에서 에브라임으로 가려면 남북으로 뻗은 길을 따라가다 동쪽으로 빠지면 되는데 이때 여부스, 기브아, 라마를 차례로 거치게 된다. 즉 레위인의 종은 여부스쯤 와서 이제 유숙할 곳을 찾자고 한 반면, 레위인은 좀 더 북쪽에 있는 동족의 땅 기브아나 라마까지 가자고 주장한 것이다. 레위인은 지금 길을 매우 서두르고 있다.

레위인 일행은 여부스를 지나 기브아까지 갔는데 이미 해가 져서 여행을 더 계속할 수는 없었다. 이때 사사기 화자는 기브아가 베냐민 지파에 속해 있다는 사실을 밝힌다. 이는 기브아에서 일어난 사건이 이스라엘의 경내에서 일어났으며 베냐민 지파에게 그 책임이 있다는 사실을 모두 말하기 위한 것이다. 레위인 일행은 기브아로 들어가 하룻밤을 머물기로 한다(삿 19:14-15).

그런데 동족의 성읍 기브아에서 레위인 일행을 집으로 초대하는 사람이 아무도 없었다. 성문에서 자신들을 맞아줄 사람을 만나지 못한 그들은 성문 가까이에 있는 광장으로 가서 그곳에 앉았다. "성읍 넓은 거리"라고 번역된 "레호브"(רְחוֹב)는 성문 근처에 있는 넓은 광장을 의미하며, 이곳은 사람들이 모여 공적 혹은 사적인 결정을 하거나 행사를 하는 장소로서 사람들이 많이 지나다니는 곳이다. 그곳에서도 그들에게 말을 거는 사람이 없었는데 이는 당시의 관습에서 볼 때 매우 놀랄 만한 상황이었다. 여행객이 자신의 성읍으로 오면 그를 집으로 초청해 하룻밤 재워주는 것은 당시 사람들이 행해야 할 당연한 의무였기 때문이다. 따라서 지금 상황은 기브아가 사회적 윤리와 미덕이 무너진, 각박하고 몰인정한 성읍임을 잘 보여주고 있다.

그런데 이때 한 노인이 등장한다. 우리말 성경에는 생략했지만 사사기 화자는 "보라!"라는 단어를 사용해 그의 등장을 강조한다. 그로 인해 상황에 변화가 생기기 때문이다. 그런데 그 노인은 베냐민 사람이 아닌 에브라임 사람으로서 기브아에 "거류하는 자"였다(삿 19:16). 이런 설명은 베냐민 사람들의 무정함과 노인의 호의를 비교하기 위한 포석이다. 그 노인은 베냐민 사람들과 달리 눈을 들어 나그네를 바라보고 그들에게 관심을 두고 다가와 그에게 어디로 가며 어디에서 왔는지 묻는다(삿 19:17). 그는 기브아에서 여행객에게 관심을 둔 최초의 인물이다.

이런 호의에 레위인은 자신이 베들레헴에서 에브라임 산지로 간다고 말하면서 야웨의 집으로 돌아가는 중임을 밝힌다(삿 19:18). 그는 야웨의 집이란 말을 통해 자신의 경건한 모습을 부각하여 좀 더 호의를 얻으려 한다. 그는 자신의 처지를 솔직히 이야기할 뿐 아니라 자신들이 쓸 것은 충분히 가지고 있어서 어떤 폐도 끼치지 않겠다고 매우 조심스럽게 말한다. 심지어 레위인은 자신의 첩과 종을 "당신의 종"으로 소개한다(삿 19:19).

기브아 성읍의 야박함을 체험한 레위인은 자신에게 관심을 두는 이 노인에게 호의를 입기 위해 최대한 겸손하고 조심스럽게 말한다. 환대를 구걸하는 그의 상황은 장인의 지나친 환대에 지쳐 급하게 떠나온 것과 대조를 이룬다. 장인의 지나친 환대, 기브아의 지나친 냉대, 레위인의 구걸에 가까운 말씨는 그 당시 사회가 상식이 통하는 정상적인 사회가 아니라 비상식적인 사고와 행동이 만연한 사회임을 암시한다.

레위인의 간청에 대해 노인은 안심하라고 다독이며 레위인을 자신의 집으로 데리고 간다. 게다가 그는 자신이 그들의 쓸 것을 모두 담당할 것이라고 말한다(삿 19:20). 그 노인은 그들의 나귀에게 먹을 것을 주고 그들이 발을 씻고 음식을 먹을 수 있게 돌봐준다(삿 19:21). 이는 고대 근동에서 정형화된 환대의 모습이다.

비정상적인 베냐민 사람들과는 다르게 노인은 매우 정상적이고 상식적인 환대를 베풀었다. 그리고 이런 환대 속에서 레위인은 장인의 집에서처럼 편안하게 먹고 마시며 노인의 집에 머물게 된다. 레위인 일행은 늦은 출발로 말미암아 어려운 상황에 부닥쳤지만 기브아에서 만난 노인의 환대로 하루를 잘 마무리하는 듯했다.

4) 절정(삿 19:22-26): 기브아의 성폭력 사건

하지만 레위인과 노인이 마음 편하게 즐기고 있을 때 성읍의 불량배들이 갑자기 등장한다(삿 19:22). "불량배"는 하나님의 말씀을 따르지 않으며 사회적 질서를 파괴하는 자들을 뜻하는 구약의 관용적 표현이다. 새로운 인물들이 등장하며 긴장이 고조된다. 상식적으로는 성읍에 들어온 손님에게 호의를 베풀어야 하는데 그들은 오히려 폭력을 행사하려 한다. "집을 에워쌌다"는 표현은 그 불량배들이 한두 명이 아니라 상당히 많은 수라는 사실을 알게 해준다.

불량배의 등장으로 평화로운 밤이 공포와 전율의 밤으로 뒤바뀐다. 많은 사람이 도망도 못 치게 집을 전부 에워싸고 문을 쾅쾅 두드리며 사람을 내놓으라고 소리소리 지르는 모습은 매우 위협적이다. 그들은 레위인을 내놓으라고 말하며 그와 관계하겠다고 하는데 이는 성관계를 하겠다는 말이다.

처음 보는 동성을 성관계의 대상으로 삼겠다는 것은 이 성읍의 성윤리가 바닥에 떨어졌다는 사실을 간접적으로 보여주지만 여기서 주목할 것은 동성애가 아니라 성폭행이다. 동성이든 이성이든 간에 상대방의 동의 없이 이루어지는 성관계는 분명한 폭력이다. 성폭행은 상대방에게 가장 치욕스러운 폭력이기에 오늘날에는 성폭행을 "영혼의 살인"이라고 부른다. 즉 불량배들은 자신의 성에 들어온 손님인 레위인에게 가장 악랄한 폭력을 행사하려고 하는 것이다.

이처럼 상대방을 파괴하는 폭력의 수단으로 성을 악용하고 동성 간의 관계에 대해서도 아무런 거리낌이 없는 모습을 보면, 그들이 가나안의 악한 풍습에 깊이 빠져 있을 뿐만 아니라 그것을 즐기고 있음을 알 수 있다. 그들의 모습은 창세기 19장에 등장하는 소돔과 고모라를 연상시킨다. 여기서 우리는 기브아가 하나님께 멸망당한 소돔과 고모라처럼 하나님 보시기에 악한 성읍임을 깨닫게 된다. 게다가 소돔과 고모라는 하나님의 선택받은 백성이 아니었다. 하지만 기브아는 하나님의 백성들이 사는 곳이기에 이 사건은 더욱 참담할 수밖에 없다.

집주인은 불량배들의 요구에 대해 그들을 형제라고 부르며 이런 악행을 저지르지 말라고 간곡히 부탁한다. 그는 이런 일이 망령된 일이라고 주장한다(삿 19:23). 여기서 "망령된 일"은 히브리어로 "네발라"(נְבָלָה)이고 우리말 성경에서는 주로 "어리석음"으로 번역된다. 하지만 "네발라"는 기본적으로 "감각이 없음"이라는 뜻이 있기에 옳고 그름을 올바로 분별하지 못한다는 의미로 사용되며 때로는 하나님께 대적하는 죄를 지칭하기도 한다. 그리고 이 단어는 성폭행과 관련되어 사용되는데, 예를 들면 디나가 세겜에서 당한 성폭력이나 다말이 암논에게 당한 성폭력, 예레미야 29:23에서 이웃의 아내와 간음하는 자들에 관련해 등장한다. 즉 "네발라"는 공동체의 질서를 깨고 혼돈과 무질서를 가져오는 성폭행을 의미한다.

그런데 집주인인 노인은 기브아의 불량배들이 말을 듣지 않자 놀라운 제안을 내놓는다. 레위인 대신 자신의 처녀 딸과 첩을 끌어낼 테니 그들에게 눈에 좋은 대로 행하라는 것이다(삿 19:24). 여기서 다시 한번 "눈에 좋은 대로 행한다"라는 모티프가 등장한다.

노인의 제안은 오직 레위인만은 건드리지 말라는 것이었다. 우리는 여기서 노인의 가부장적이고 남성 중심적인 관점을 볼 수 있다. 그는 오직 남자인 레위인만을 자신이 보호해야 할 대상으로 보고 "망령된 일"을 행해서는 안 되는 대상으로 삼았다. 그 외에 여성들인 자신의 딸과 레위인의 첩은 남성들의 안전을 위해 얼마든지 희생당해도 좋은 존재라고 생각한다.

지금까지 매우 좋은 인상을 끼치던 노인은 위급한 상황이 벌어지자 강자와 남성을 중심으로 행동하는 부정적인 면모를 드러낸다. 원래 정상적인 사회에서 아버지와 남편은 딸들과 아내를 지켜야 할 책임을 진다. 그런데 그 노인은 자신이 보호하고 책임져야 할 약자들을 보호하기는커녕 오히려 자신의 안전을 위해 여성들을 희생양으로 내놓으려 한다. 영거는 이런 노인의 행동 역시 "자기 눈에 보기에 옳은 대로 행동하는 것"이라고 평가한다.[7] 이처럼 사회 전체가 하나님의 말씀에서 멀어질수록 강자의 차별과 횡포는 심해지고 약자는 희생될 수밖에 없다.

그런데 기브아 사람들은 자신의 딸과 레위인의 첩을 내놓겠다는 노인의 제안마저 듣지 않는다(삿 19:25). 그들은 노인의 옳은 말도, 어리석은 말도 모두 듣지 않고 오직 자신들의 주장만을 되풀이한다. 이미 죄가 그들의 마음을 사로잡고 있기에 어떤 말도 귀에 들리지 않는 것이다. 기브아 사람들의 위협이 계속되자 레위인은 자신의 첩을 직접 붙잡아 밖으로 끌어내어 그들에게 넘겨주었다. "붙잡다"로 번역된 동사 "하자크"(חזק)는 "강하게 하다"라는 뜻으로 이는 그녀를 단순히 잡은 것이 아니라 강하게 꽉 잡아 강제로 끌어냈다는 의미다. 이는 레위인의 강압과 폭력성을 드러낸다.

친정집으로 가버린 첩을 데리고 오기 위해 나귀까지 챙겨가며 애정을 표현했던 레위인은, 위험한 상황에 놓이자 자신이 살기 위해 자신의 보호 아래 있어야 할 아내를 희생양으로 내놓는다. 아마도 첩은 끌려나가지 않기 위해 발버둥치며 저항했을 것이다. 그리고 레위인은 그녀를 질질 끌어 밖으로 내보냈을 것이다. 하지만 여기서 그녀의 반항도, 그녀의 울부짖는 목소리도 전혀 들리지 않는다. 이렇게 그녀의 의사는 철저히 무시된다.

니디치에 따르면 이런 레위인과 노인의 행동에는 필요에 따라 여성들을 이용한 후 버릴 수 있는 존재로 여기거나 대체 가능한 존재로 여기는 세계관이 함축되어 있다. 또한 비겁한 이 남성들은 여성에 대한

---

7 Younger, *Judges / Ruth*, 357.

강간과 살해에 공모하고 언약을 파기한 것이 분명하므로 비난받아 마땅하다.[8] 더 나아가 슈나이더는 이 부분이 사사기에서 가장 강력하고 두려운 부분이라고 말하면서 레위인의 첩은 가장 안전한 아버지의 집으로부터 가장 끔찍한 곳으로 끌려나왔기에 더욱 끔찍한 악몽을 꾸는 것이라고 지적한다.[9]

결국 남편의 손에 붙잡혀 밖으로 내쫓긴 첩은 기브아의 남자들에게 성폭력을 당한다. 사사기 화자는 그녀가 얼마나 오랫동안 끔찍한 폭력에 시달려야 했는지를 시간의 흐름을 표시함으로써 나타낸다. 그녀는 밤새도록 성폭력을 당하다 새벽에 풀려났고 동틀 때에야 남편이 있는 집으로 왔다(삿 19:25-26). 시간을 나타내는 "밤새도록", "새벽 미명에", "동틀 때" 등의 부사구는 그녀가 밤새도록 폭력에 방치되어 있었다는 사실을 강조한다.

레위인의 첩은 동틀 때 간신히 풀려나 남편에게 돌아왔지만 아무도 그녀가 돌아온 것을 몰랐다. 따라서 그녀는 날이 밝아 남편이 길을 떠나려고 할 때까지 집 문 앞에 엎드려 있어야 했다. 여기서 집 안과 집 밖이라는 장소에는 안전과 폭력이라는 상징적인 의미가 있다. 밤새도록 남편이 안전한 집 안에서 잠을 자는 동안, 여성은 그곳에서 쫓겨나 집 밖에서 그녀에게 가해지는 폭력을 홀로 감당해야 했다. 그리고 간신히 집으로 돌아왔지만 그녀는 여전히 집 안으로 들어가지 못하고 집 문 앞에 있어야 했다. 어느 누구도 그녀의 안위를 걱정하며 밤을 지새

---

8   Niditch, *Judges*, 193.
9   Schneider, *Judges*, 261-62.

우거나 창밖을 보며 문 앞을 서성이지 않았기 때문이다. 이렇게 문 앞에 쓰러져서 아침을 맞이하는 첩의 모습을 통해 또다시 레위인과 기브아 노인의 무자비함과 무정함이 강조된다.[10]

남편은 편히 자면서 첩의 고통을 외면했지만 사사기 화자는 그녀의 고통스러운 상황에서 눈을 돌리지 않고 직시하는 가운데 그 사건을 보고하고 그녀의 고통에 동참한다. 이것이 하나님의 관점이다. 하나님은 결코 폭력 속에 놓인 그녀를 외면하지 않으신다. 이는 사사기 19:26에서 확연하게 드러난다. 거기서 사사기 화자는 그녀를 "첩"(פִּילֶגֶשׁ[필레게쉬])이나 "소녀"(נַעֲרָה[나아라])가 아닌 "아내"(אִשָּׁה[이샤])라고 부른다. 그리고 레위인을 "그녀의 주인" 즉 "남편"이라고 지칭함으로써 그 둘이 부부였음을 강조한다. 이는 아내를 보호해야 할 의무가 있는 남편이 모든 의무를 저버리고 비열하게 행동한 것에 대한 거센 비난이다. 이렇게 날이 밝아오고 폭력으로 얼룩진 폭풍의 밤이 지나갔다.

5) 결말(삿 19:27-30): 첩의 죽음과 고소

드디어 날이 완전히 밝았고 그녀의 주인, 즉 첩의 남편은 "일찍 일어나" 길을 떠나기 위해 문을 연다(삿 19:27). 그의 머릿속에는 첩에 관한

---

10 트리블은 다음과 같이 첩의 상황을 평가한다. "첩은 성경에 나오는 모든 인물 가운데 가장 비참한 인물이다.…그녀는 남자들의 세계에서 혼자였다. 다른 인물들이나 화자 누구도 그녀를 인간으로 여기지 않았다. 그녀는 재산, 대상물, 도구, 문학적 장치다. 이름도 말도 힘도 없을 뿐만 아니라 그녀가 살 수 있도록 도와줄 수 있는, 혹은 그녀의 죽음을 슬퍼해주고 통곡해줄 친구조차 가지지 못했다. 그녀가 그들 사이를 오갈 때, 이스라엘 남성들은 그녀를 완전히 잊었다"(P. Trible, *Texts of Terror: Literary-Feminist Readings of Biblical Narratives*[Fortress, 1984], 80-81).

생각은 전혀 없고 오직 기브아를 일찍 떠나고 싶은 마음뿐이었던 것 같다. 그런데 그가 문을 열었을 때 문 앞에는 첩이 엎어져 있었다.

여기서 사사기 화자는 첩의 모습을 자세히 묘사한다. 그녀는 집 문에 쓰러져 있었고, 그녀의 손은 문지방 위에 놓여 있었다. 이 장면은 사사기 혹은 구약성경 전체에서 가장 가슴 아픈 장면 중 하나다. 손이 문지방에 놓여 있었다는 것은 그녀가 안전한 집 안으로 들어가기를 간절히 바랐다는 사실을 보여준다. 처참한 폭력에도 불구하고 간신히 살아서 집 앞까지 온 그녀는 문을 두드릴 힘도 없이 문 앞에 쓰러져서 손만 간신히 뻗었다. 앞서 말한 대로 집 안은 안전한 곳이지만 집 밖은 폭력과 죽음이 난무한다. 문은 대립하는 이 두 공간의 경계로서 첩은 안전한 장소인 집 안으로 들어가려고 애를 썼지만 결국에는 실패한 것이다.

하지만 무정한 남편은 문 앞에 쓰러져 있는 첩을 보자 안부를 묻거나 그녀의 상태를 살펴보지 않고 일어나라고 명령한다(삿 19:28). 그는 한시바삐 기브아를 떠나고 싶을 뿐이다. 이런 레위인의 말에 첩은 아무 대답이 없었다. 남편은 그녀가 대답이 없자 첩을 나귀에 싣고 바로 자기의 집으로 돌아간다. 여기서 첩이 아무런 대답이 없다는 것은 상당히 애매한 표현이다. 이는 레위인의 관점에서 그가 질문을 던졌지만 대답을 듣지 못했다는 말이다.

이 부분을 해석할 때 대부분은 그녀가 죽어서 대답을 못 한다고 본다. 하지만 사사기 화자나 등장인물들이 그녀가 죽었다고 명확하게 언급하지 않음으로써 그녀가 살아 있을 가능성을 열어준다. 즉 그녀는 의식을 잃었지만 그때까지 숨이 붙어 있었을 가능성이 있는 것이다.

이에 관해 개역개정 성경은 "시체"라는 말을 넣어 그녀가 확실하게 죽었다고 표현한다. 하지만 히브리어 원문에는 시체라는 말이 없다. 레위인은 시체가 아니라 "그녀를" 잡아 나귀에 실었을 뿐이고(삿 19:28), 이어지는 사사기 19:29에서도 그가 열두 덩이로 나눈 것은 "첩의 시체"가 아니라 그냥 "첩"이다. 즉 사사기 화자는 그녀가 죽었다고 확정하지 않는다. 따라서 이런 모호한 표현은 레위인이 도망치기에 급급한 나머지 첩의 상태를 살피거나 치료할 생각을 하지 못하고 오히려 짐짝처럼 나귀에 실어 이동함으로써 그녀가 죽음에 이르도록 방치했다는 의심을 불러일으킨다. 이는 뒤이어 묘사되는 레위인의 비상식적이고 무정하고 비인간적인 행동을 더욱 뚜렷하게 강조해준다.

레위인은 집에 도착하자 첩을 꽉 붙들고는[11] 칼을 가져다가 뼈 마디를 찍어 열두 토막으로 나누었다. 여기서 사용된 동사 "나타흐"(נָתַח)는 제사를 드리기 위해 각을 뜨는 행위를 말한다(왕상 18:23). 그리고 레위인이 사용했다는 "칼"은 히브리어로 "마아켈레트"(מַאֲכֶלֶת)이며 이는 짐승을 잡는 칼로서 아브라함이 이삭을 잡으려 할 때 썼던 것이다(창 22:6, 10). 즉 레위인이 첩을 토막 내는 모습은 전체적으로 제사에 쓸 짐승을 잡는 것과 비슷하다.

레위인은 마치 자신의 첩을 제물 삼아 제사를 드리고 있는 듯하다. 어떻게 보면 실제로 그는 첩을 제물 삼아 자신의 복수를 위한 전쟁을 일으킨다. 그는 레위인이기에 짐승을 잡는 것에 익숙했고 따라서 사람을 토막 내는 일도 어렵지 않았을 것이다. 하지만 어찌 되었든지 그의

---

11   여기서 사용된 동사 "하자크"(חָזַק)는 앞에서 첩을 붙잡아 밖으로 내보낼 때 사용한 단어와 같다.

행위는 반인륜적 범죄다. 그렇기에 그에게서 시신 조각을 받은 온 이스라엘 백성은 "애굽 땅에서 올라온 날부터 오늘까지 이런 일은 일어나지도 아니하였고 보지도 못하였도다. 이 일을 생각하고 상의한 후에 말하자"라고 말하며 경악할 수밖에 없었다(삿 19:30).

사실 군대의 소집을 위해 짐승의 사체를 나누어 보내는 것은 고대 근동의 풍습이었다. 사무엘상에도 사울이 군대를 소집하기 위해 두 마리의 소를 잡아 각을 떠서 이스라엘 전 지역으로 보내는 장면이 나온다(삼상 11:7). 이는 만일 자신의 부름에 응하지 않으면 그 짐승에게 한 것처럼 보복하겠다는 의미였다.

그런데 짐승이 아닌 사람의 시신을 보낸 것은 왜일까? 두 가지 이유를 생각할 수 있다. 첫째, 그 정도로 강한 자극이 아니면 이스라엘이 꿈적도 안할 정도로 이스라엘의 공동체성과 도덕성이 둔감해졌기 때문이다. 둘째, 레위인의 비정상적인 분노와 잔인성 때문이다. 그는 첩의 시체를 토막 냄으로써 폭력에 희생당한 그녀를 다시 한번 모욕한다. 자신을 대신해 죽은 폭력의 희생자를 위로하기 위해 정중하게 장례를 치르고 묘지에 안장하는 것이 인간에 대한 최소한의 도리이고 예의다. 레위인은 자신이 지켜주지 못해 벌어진 일인 만큼 주검이라도 평안을 누리게 함으로써 속죄해야 하지 않을까? 하지만 그는 복수의 수단으로 이용하기 위해 폭력으로 얼룩진 첩의 몸에 더 큰 폭력을 행사한다.

레위인은 사사기에 등장하는 그 누구보다 더 인간성을 상실한 인물이다. 그는 개인적 복수를 위해 자신의 첩을 토막 내어 보냄으로써 온 이스라엘 백성의 이성을 마비시키고 그들로 전쟁에 나서도록 선동한다. 사사기 화자는 계속해서 레위인을 무정할 뿐만 아니라 분노를 못 이겨 비인간적이고 잔인한 짓도 서슴지 않고 행하는 인물로 묘사한 다. 이는 레위인이 온 이스라엘을 한데 모아도 될 만큼 정의로운 인물 이 아님을 보여준다.

이렇게 레위인과 첩의 이야기는 폭력으로 인해 비극으로 끝나게 되지만 이 비극이 더 큰 비극을 일으키는 원인이 된다. 이제 폭력은 이스라엘 전체로 퍼져 동족상잔의 피바람을 몰고 온다. 참고로 사사기 19장의 성폭력 사건만 아니라 디나가 당한 성폭력 사건(창 34장)이나 다말이 당한 성폭력 사건(삼하 13장)도 전쟁이라는 더 큰 폭력의 원인이 된다. 이는 한 여성이 당하는 성폭력이 공동체의 심각한 타락 및 파괴로 연결되어 있음을 보여준다.

사사기 19장에서 하나님은 한 번도 등장하시지 않는다. 이는 등장인물 중 그 누구도 하나님을 생각하지 않기 때문이다. 그들은 모두 하나님이 안 계신 것처럼 자기 생각대로 살아간다. 사사기는 이런 인물 군상을 통해 하나님 없는 세상이 얼마나 끔찍한지를 우리에게 보여준다.

2. 전개(삿 20:1-18): 이스라엘이 소집됨

레위인이 보낸 시체 토막을 본 모든 이스라엘 백성은 충격 속에서 한 자리에 모인다.

이에 모든 이스라엘 자손이 단에서부터 브엘세바까지와 길르앗 땅에서 나와서 그 회중이 일제히 미스바에서 여호와 앞에 모였으니(삿 20:1).

여기서 "야웨 앞"은 야웨의 성막이 있는 곳을 말한다. 그리고 "일제히"로 번역된 "케이쉬 에하드"(כְּאִישׁ אֶחָד)는 직역하면 "한 사람처럼"이란 말로서 이스라엘 전체가 일사불란하게 움직였다는 의미다. 사사기에서 이스라엘 백성 전체가 전쟁을 위해서 이렇게 한자리에 모인 것은 이번이 처음이다. 사사기 화자는 온 이스라엘이 모였다는 사실을 강조하기 위해 최북단에 있는 단과 최남단에 있는 브엘세바, 요단강 동편인 길르앗을 특별히 언급한다.

이어지는 사사기 20:2은 1절의 내용을 부연한다. 그렇게 모인 사람들은 "백성의 어른들"과 보병 40만 명이었다. 우리말에서 "어른"으로 번역된 히브리어 "피나"(פִּנָּה)는 기본적으로 "모퉁이"라는 뜻이다. 그런데 이 단어가 상징적으로 "지도자"라는 뜻으로 쓰이기도 한다. 이는 도로나 건축물의 기준점이 되는 모퉁이가 어떤 일의 중심점이 되는 역할을 하는 사람을 가리킬 수 있기 때문이다.

한편 사사기 화자는 총회에 모인 사람들을 "하나님의 백성"이라고 부른다. 구약성경은 보통 "야웨의 백성"이라는 표현을 쓰기에 "하나님의 백성"은 여기 외에 사무엘하 14:13에 기록된 드고아 여인의 말에만 등장한다. 버틀러에 따르면 이는 이스라엘이 스스로 야웨의 백성이라고 주장하지만, 사사기 화자는 그것을 인정하기가 내키지 않음을 보여주는 것일 수 있다.[12]

---

12 버틀러, 『사사기』, 993.

미스바에 모인 보병 40만은 사사기에서 소집된 인원 중 가장 많다. 사사들의 이야기에서 이스라엘 백성이 이렇게 많이 모인 적은 한 번도 없었다. 지금까지는 지파별로 싸움에 나서거나 이웃 지파를 돕는 정도였다. 예를 들어 드보라는 특별히 소집에 응한 지파와 불응한 지파의 명단을 남겼다. 또한 기드온 이야기와 입다 이야기에는 전쟁에 제대로 참여하지 않은 에브라임 지파가 시비를 거는 모습이 기록되었다. 더 나아가 삼손의 경우에는 유다 지파가 삼손을 잡기 위해 모인 적이 있을 뿐, 전쟁을 위해 이스라엘 백성이 결집한 이야기가 아예 나오지 않는다. 그런데 이런 그들이 레위인의 자극적이고 참혹한 메시지를 접하고는 마치 한 사람처럼 마음을 같이해 모인 것이다. 그들은 그 땅에서 끔찍하고 황당한 일을 겪고서야 비로소 야웨 앞에 모여 예배를 드리며 하나님의 인도하심을 구하게 되었다.

그런데 사사기 화자는 베냐민 사람들이 이 모임의 소식을 듣기만 했다고 말한다(삿 20:3). 베냐민 사람들은 미스바 총회에 관한 소식을 전해 들었다. 하지만 그들은 무슨 일이 일어났는지 이미 알고 있었기에 의도적으로 총회에 참석하지 않았다.

미스바에 모인 이스라엘 백성은 제일 먼저 상황 파악에 나선다. 그들은 이런 악한 일, 즉 사람의 시체를 토막 내서 보내는 끔찍한 일이 어떻게 일어났는지를 레위인에게 묻는다. 이때 사사기 화자는 레위인을 "죽은 여인의 남편"이라고 부른다(삿 20:4). 이는 레위인이 피해자의 남편으로서, 즉 피해 당사자로서 그 자리에 섰다는 사실을 나타내 준다.

사사기 20:5-6에 기록된 진술에서 레위인은 자신에게 불리한 내용은 모두 빼고 어떤 부분은 과장한다. 첫째, "누가" 잘못했는가의 문제에 대해 레위인은 정확하게 기브아의 "불량배들"이라고 답하지 않고 "기브아 사람들"(בַּעֲלֵי הַגִּבְעָה[바알레 하기브아])이라고 답한다. 즉 기브아 주민 전체가 벌을 받아야 한다는 것이다. 둘째, "무엇"이 문제인가에 대해 레위인은 성폭력이 아니라 살해의 위협을 받았다고 말한다. 개역개정 성경에서 "죽이려 하다"로 번역된 "디무 라하로그"(דִּמּוּ לַהֲרֹג)는 직역하면 "죽일 것으로 생각되었다" 혹은 "죽일 것 같았다"라는 의미다. 이는 사건에 관한 객관적인 설명이 아니라 그의 주관적인 평가다. 이런 표현을 통해 레위인은 그들을 성폭력이 아닌 살인죄로 고발하고 있다.

기브아의 불량배들이 레위인의 첩을 욕보이고, 그 결과 그녀가 죽은 것은 사실이다. 하지만 레위인은 자신이 첩을 집 밖으로 끌어내어 그들의 손에 넘겨준 것이나 정신을 잃은 첩의 상태를 제대로 살피지 않았다는 사실은 말하지 않는다. 그는 단지 기브아 사람들이 자신을 죽이려고 했으며 첩을 욕보이고 죽였다고 말함으로써 자신의 잘못은 모두 숨기고 모든 책임을 기브아 사람들에게 돌린다.

더 나아가 레위인은 자신이 첩을 조각내 사방으로 보낸 끔찍한 행동이, 기브아 사람들의 죄악상과 성폭력의 문제를 폭로하고 하나님의 정의를 구현하기 위한 것이라고 포장한다(삿 20:6). 우리말에서 "음행"으로 번역된 단어 "짐마"(זִמָּה)는 기본적으로 "생각" 혹은 "악함"이란 뜻으로서 악한 생각, 악행을 의미하며 음행을 포함한 다양한 죄들을 일컫는다. 기브아에서 일어난 사건은 단순히 음행만이 문제가 아니고 폭력과 살인의 문제도 포함되기에 여기서 "짐마"는 "죄악"이나 "악행"

으로 번역하는 것이 낫다. 이처럼 레위인은 첩의 시체 조각을 통해 기브아 사람들의 죄악을 드러내고 정의를 실현하려 했다고 말함으로써 자신의 정당성을 주장한다. 하지만 이는 그의 이중성과 이기적인 모습을 드러낼 뿐이다.

앞서도 언급했듯이 레위인의 극단적인 행동은 이스라엘의 타락한 상태를 반영한다. 영적·도덕적 감수성을 상실한 그들은 웬만큼 자극적인 사건이 아니면 움직이려 들지 않았다. 만일 레위인이 단순히 말로써 자신의 처지를 알리고 기브아 사람들을 처벌하기 위해 모여달라고 요청했다면 한두 지파도 모이지 않았을 것이다. 사사기를 전체적으로 보았을 때 적들이 쳐들어와서 동족이 큰 어려움에 직면해도 서너 지파가 모이기가 쉽지 않은데, 개인의 원한을 갚아주기 위해 지파들이 모인다는 것은 어불성설이다. 여기서 우리는 사사 시대의 이스라엘이 평범한 상식이나 하나님의 말씀이 전혀 먹히지 않는 사회였음을 알 수 있다.

증언을 다 마친 레위인은 이스라엘 백성에게 명령하면서 지금 당장 대책을 만들어내라고 요구한다(삿 20:7). 그는 마치 판사가 배심원에게 평결을 내리라고 말하는 것처럼[13] "방법을 내라"고 말하는데 이는 전쟁을 하자는 것이다. 첩을 자기 손으로 내주고 그녀의 안위에 관해서는 아무런 관심도 없던 사람이 인제 와서 그녀를 구실삼아 전쟁을 일으키고 있다. 청중에게 전혀 신뢰감을 주지 못하는 그는 "여기"(הֲלֹם[할롬])라는 말을 통해 이스라엘 백성을 몰아붙인다. 좀 더 시간적 여유를

---

13 버틀러, 『사사기』, 995.

갖고 이성적으로 생각하거나 다른 증인들을 불러 사건의 진상을 조사할 수도 있다. 하지만 그는 자신의 말이 무조건 맞으니 그에 따라야 한다고 주장한다. 시간이 지나서 감정이 가라앉고 이성적으로 사건을 조사하다 보면 레위인의 허물이 드러날지도 모른다. 그래서 그는 상황이 불리하게 변하는 것을 막기 위해 격앙된 사람들의 감정을 십분 활용한다. 그는 하나님의 정의를 구하기 위해 행동하는 것처럼 포장하지만 실은 자신의 목적을 이루기 위해 사람들을 선동할 뿐이다.

교회가 영적으로 어둡고 혼란스러우면 이런 선동가들이 일어나 교회와 사회를 더욱 혼란스럽게 만든다. 심각한 문제가 생겼을 때 흥분된 감정으로 한 두 사람의 선동에 휘둘려 행동하기보다는 감정을 가라앉히고 사건을 차근차근 조사한 후에 행동을 시작해도 전혀 늦지 않다. 하나님의 정의를 실현하는 일은 결코 시간에 쫓겨 급하게 해서는 안 된다. 하나님은 결과도 중시하시지만 과정을 더 중요하게 보는 분이시며, 당신의 계획과 일을 인간의 약함이나 더딤 때문에 포기하는 분이 결코 아니시기 때문이다.

하지만 이스라엘 백성은 레위인의 말을 덜컥 믿어버린다. 그들은 사건의 전말에 대해 좀 더 알아볼 생각은 하지 않고 흥분하여 마치 한 사람처럼 들고일어난다. 이에 관해 블록은 "하나님이 부르시고 권능을 주셨던 구원자 중 그 누구도 지금까지 할 수 없었던 일을 에브라임의 알 수 없는 곳에서 온 이름 없는 레위인이 성취할 수 있었다는 것은 정말로 주목할 만한 일이다"라고 비꼰다.[14]

---

14 Block, *Judges, Ruth*, 550.

이스라엘 백성은 전체 군인 중에서 10퍼센트를 제비 뽑아 베냐민의 기브아를 치기로 결정한다(삿 20:10). 그리고 그들은 자신들의 결심이 확고하다는 것을 보여주기 위해 기브아를 칠 때까지 한 사람도 집으로 돌아가지 않겠다고 맹세한다(삿 20:8). "베냐민의 기브아"라는 표현은 기브아를 기업으로 가지고 있는 베냐민 지파의 책임을 묻는 말이다. 사사기 20:11은 또다시 "이스라엘 모든 사람이 하나같이 합심하여 그 성읍을 치려고 모였더라"고 강조한다. 외부의 적과 맞서는 상황에서는 서로 이런저런 갈등을 일으키던 이스라엘이 동족을 치기 위해서는 한 사람처럼 일사불란하게 움직이는 모습은 아이러니하다.

기브아를 치기에 앞서 이스라엘 군대는 일단 베냐민의 모든 사람에게 전갈을 보내 기브아의 악행을 설명하면서 기브아의 불량배를 넘기라고 한다(삿 20:12-13).[15] 그들은 분명히 죄를 저지른 사람들로서 합당한 벌을 받아야 한다. 하지만 베냐민 지파는 이 마땅한 제안을 수용하지 않고 오히려 기브아로 모여 싸움을 준비했다(삿 20:14). 사사기 화자는 베냐민 지파가 "그들의 형제 이스라엘의 말을" 듣지 않았다고 표현함으로써 그들의 판단을 비난한다. 그들은 형제이지 결코 서로 싸울 대상이 아니었다.

사사기 20:15은 베냐민 지파의 전력을 설명한다.

15그때에 그 성읍들로부터 나온 베냐민 자손의 수는 칼을 빼는 자가

---

15 개역개정 성경에서 "기브아 사람들 곧 그 불량배들"로 번역된 "하아나쉼 베네-벨리야알 아쉐르 바기브아"(הָאֲנָשִׁים בְּנֵי־בְלִיַּעַל אֲשֶׁר בַּגִּבְעָה)는 직역하면 "기브아에 있는 불량배들"이다. 즉 이스라엘 사람들은 기브아 사람 중에서 불량배들만 넘기라고 특정해서 말한 것이다.

모두 이만 육천 명이요, 그 외에 기브아 주민 중 택한 자가 칠백 명인데 16이 모든 백성 중에서 택한 칠백 명은 다 왼손잡이라. 물매로 돌을 던지면 조금도 틀림이 없는 자들이더라(삿 20:15-16).

여기서 왼손잡이는 에훗을 떠올리게 하는 요소로서 그들이 매우 용맹스럽고 유능한 군사임을 의미한다. 이런 자신감 때문인지 베냐민 지파는 사과와 회개 대신 전쟁을 선택한다. 이는 매우 어리석은 선택으로서, 그들은 기브아 사람들의 행동이 하나님 보시기에 선한지 악한지를 분별하지 않고 자기 지파 사람이라는 이유로 무조건 그들을 감싸며 형제인 온 이스라엘을 적으로 돌려버렸다. 그들의 이런 선택은 이스라엘에 하나님의 공의가 사라졌음을 분명하게 드러내 준다.

베냐민 지파의 적대 행위에 맞닥뜨린 나머지 이스라엘 백성은 전쟁을 피할 수 없게 되었다. 그들의 숫자는 앞서 밝힌 대로 40만 명이나 되었다. 신실하지도 않은 한 레위인의 개인적 복수를 위해 이스라엘 백성 수십만 명이 모여 형제를 상대로 전쟁을 치르게 된 이 상황은 안타까움을 불러일으킨다.

3. 절정(삿 20:18-48): 이스라엘과 베냐민 간의 전쟁

이스라엘 백성은 전쟁을 시작하기 전에 벧엘로 올라가서 하나님의 뜻을 묻는다. 사사기 20:27-28에 따르면 그 당시에는 벧엘에 야웨의 궤가 있었고 아론의 손자인 비느하스가 제사장으로 섬기고 있었다. 따라서 그들은 벧엘에 있는 야웨의 성소로 찾아간 것이다.

이스라엘 백성은 사사기 1장에서 물었던 것처럼 "우리 중에 누가 먼저 올라가서 베냐민 자손과 싸우리이까?" 하고 묻는다(삿 20:18). 웡 (Gregory T. K. Wong)에 따르면 이 질문은 두 가지 점에서 부적절하다. 첫째, 그들은 먼저 베냐민과 전쟁을 할지 말지를 물어야 한다. 둘째, 사실 이런 질문은 외부의 적들과 전쟁을 할 때 물어야 하는 것이다.[16] 즉 이스라엘 백성은 이미 동족과 전쟁을 하겠다고 스스로 결정한 후 전쟁의 방법에 관해서만 하나님의 뜻을 묻고 있다. 이에 대해 하나님은 "유다가 먼저 갈지니라" 하고 대답하시지만, 여기에는 "그들을 너의 손에 넘겨주겠다"는 승리의 약속이 빠져 있다.

사사기 20:19-21은 베냐민 지파와 이스라엘 간의 첫 번째 전투를 묘사한다. 이를 보면 실제로 이 전쟁이 이방인과 치르는 전쟁과 같은 양상으로 흘러가고 있음을 알 수 있다. 이스라엘 연합군은 첫 번째 교전에서 베냐민에게 패해 2만 2,000명의 전사자가 발생했다(삿 20:21).

그러나 그들은 좌절하지 않고 다시 전열을 가다듬는다(삿 20:22). 이때 이스라엘 진영에 약간의 변화가 생긴다. 그들은 전투에서 패한 것을 애통해하며 하나님 앞에서 저녁까지 울었는데 이는 사사기 2장의 보김 사건을 상기시켜준다. 하나님의 사자에게 질책을 들은 이스라엘 백성은 보김에서 회개하며 눈물을 흘렸었다. 그런데 보김에서와 마찬가지로 그들의 눈물은 고통, 좌절, 분노에서 나온 것이지, 진정한 회개와 탄식의 눈물이라고 보기는 어렵다. 왜냐하면 그들은 다급하고 이해

---

16 Gregory T. K. Wong, *Compositional Strategy of the book of Judges: an inductive, rhetorical study*(Brill, 2006), 34.

할 수 없는 이 순간이 지나가자 곧바로 하나님을 떠나 자기 소견에 옳은 대로 행했기 때문이다.

그들은 하나님 앞에서 울며 이제야 자신들이 과연 형제 베냐민과 싸워야만 하는지를 묻는다(삿 20:23). 늦은 감이 있지만 그들은 베냐민 지파가 적이 아닌 형제이며 자신들과 같은 하나님의 백성임을 자각했다. 그들은 패배를 통해 하나님 앞에서 겸손해졌다. 그리고 근본적으로 이 전쟁이 정당한지를 성찰하며 물은 것이다. 이에 대해 하나님은 "올라가서 치라"고 응답하신다. 하지만 이번에도 승리의 약속은 주어지지 않는다.

이튿날 그들은 다시 베냐민을 치러 나간다(삿 20:24). 하지만 직전의 패배로 인해 다소 소극적인 모습으로 전투에 임한다. "치러 나가다"로 번역된 "카라브"(קָרַב)는 기본적으로 "가까이 가다"라는 뜻이 있다. 이는 그들이 적극적으로 용감하게 싸움에 임했다기보다는 적과의 거리를 좁히며 조심스럽게 접근했다는 사실을 알게 해준다. 첫 번째 전투에서 패한 그들은 베냐민에 대한 두려움이 생긴 듯하다.

반면 베냐민 사람들은 전날과 똑같이 용맹스럽게 전투에 임했다. 그리고 이번에도 이스라엘 연합군이 대패를 경험한다. 사사기 20:25에 따르면 이스라엘 자손 중 칼을 빼는 자 1만 8,000명이 죽었다고 말한다. 여기서 "칼을 빼는 자"라는 것은 무장한 군인을 의미한다. 숫자상으로는 첫날 죽은 2만 2,000명보다 4,000명이 적지만 전쟁에 익숙한 무장 군인이 죽었다는 것은 전력 면에서 매우 큰 손실이다. 반면 베냐민의 전투력은 전혀 감소하지 않았다.

이렇게 두 번째 전투에서도 이스라엘 연합군이 베냐민 지파에게 패배한다. 왜 그들은 두 번의 패배를 맛보아야 했을까? 그 이유는 이 전쟁이 양측 모두에 대한 하나님의 심판이기 때문이다. 비록 베냐민 지파가 잘못했다고 할지라도 그 역시 하나님의 백성이기에 양자가 싸울지 말지는 하나님이 결정하셔야 한다. 하지만 그들은 전쟁을 기정사실로 못 박고 하나님께 물었다. 그렇기에 하나님은 첫 번째 패배로 이스라엘에게 경고하셨다. 그런데도 그들은 슬퍼서 울기만 할 뿐 진정한 회개가 없었다. 그렇기에 두 번째 패배를 통해 하나님은 또다시 경각심을 불러일으키신 것이다. 즉 이스라엘 연합군의 연이은 패배는 이스라엘의 불신앙에 대한 하나님의 심판이었다.

여기서 또 한 가지 생각해볼 주제는 전쟁의 결과는 사람의 수에 달려 있지 않다는 것이다. 베냐민 군대의 수는 상대의 20분의 1 정도밖에 되지 않는다. 하지만 전쟁의 승패는 오직 야웨 하나님의 뜻에 따라 결정된다. 그래서 다수인 이스라엘 군대가 소수인 베냐민 군대에 패하게 된 것이다. 두 번의 패배를 통해 이런 교훈들을 깨달은 이스라엘 백성은 다시 하나님 앞에 모여서 울며 금식하는 가운데 번제와 화목제를 야웨께 드렸다.

이는 그들이 신앙적으로 진일보한 모습이다. 왜냐하면 구약에서 금식은 회개의 모습을 상징적으로 표현하기 때문이다. 또한 번제는 죄에 대한 속죄의 제사이고, 화목제는 하나님과의 교제를 회복하기 위한 제사다. 그러므로 금식과 번제와 화목제는 하나님과의 관계 회복을 위한 행동들이다. 우리가 하나님께 진정으로 돌이키는 방법은 회개뿐이다. 이에 관해 사사기 화자는 사사기 20:27-28a에서 언약궤와 아론의 후손인 대제사장 비느하스에 관해 언급함으로써 그들의 금식과 제의가 올바르다는 것을 암시한다. 이렇게 이스라엘이 회개하고 하나님과의 올바른 관계를 갖춘 뒤에야 비로소 하나님은 베냐민과의 전쟁에서 승리를 주겠다고 말씀하신다.

이스라엘 백성은 다시 하나님께 형제 베냐민과 전쟁을 해야 하는지, 말아야 하는지를 묻는다. 그들의 질문이 갈수록 길어지는 것을 통해 이스라엘 백성이 하나님 앞에서 점점 더 겸손해지고 있다는 사실을 알 수 있다.

하나님께 승리의 약속을 받은 이스라엘 연합군은 전날과는 다른 전법을 구사한다. 이전에 구사했던 전면전은 성을 끼고 전투하는 베냐민에게 유리했다. 그래서 이번에는 매복 전법을 선택한다. 그들은 먼저 군사의 일부를 따로 숨긴 후 전날처럼 전열을 갖추어 기브아로 간다. 이에 베냐민 자손이 맞서 나왔는데 사사기 화자는 그들이 꼬임에 빠졌다고 말한다(삿 20:31).

베냐민 사람들은 성을 중심으로 싸웠던 전법 대신 성에서 나와 적군을 치기 시작했다. 그들은 기선을 잡고는 또다시 승리할 것이라고 생각했다. 하지만 이것은 이스라엘 연합군의 기만술이었다. 사사기 화자는 이스라엘 군대의 속마음을 우리에게 알려준다. 그들은 베냐민을 성에서 끌어내기 위해 지는 척하며 거짓으로 도망치고 있다(삿 20:32).

베냐민의 군대가 큰길로 나오자 도망하던 자들이 뒤로 돌아 전열을 가다듬고 맞섰다. 동시에 매복하고 있던 이스라엘 군대가 모두 일어나 베냐민을 막아섰다. 그리고 1만 명의 정예부대는 베냐민 사람들이 빠져나가 수비가 취약해진 기브아 성을 정복했다. 이런 양동 작전으로 인해 베냐민은 진퇴양난에 빠지게 되었지만 사사기 화자는 그들이 아직도 이런 심각한 상황을 인식하지 못하고 있다고 말한다(삿 20:34). 이는 두 번의 전투에서 이긴 그들이 자만해졌기 때문이다.

이날의 전투는 이전과는 달랐다. 사사기 화자가 야웨 하나님이 이날 이스라엘 앞에서 베냐민을 치셨다고 말하기 때문이다(삿 20:35). 즉 이날의 전투는 하나님이 직접 참여하신 야웨의 전쟁이었다. 왜 사사기는 이 전쟁을 야웨의 전쟁으로 묘사할까? 그 이유는 기브아의 죄가 소돔과 고모라의 죄와 같아 심판당해야 마땅한데도 불구하고 베냐민이 기브아 주민을 싸고돌았기 때문이다. 그런 베냐민을 심판하기 위해 야웨 하나님이 참전하심으로 말미암아 승승장구하던 베냐민은 하루아침에 2만 6,000명 중에 2만 5,000명이 몰살당하는 수모를 겪게 된다. 이는 이스라엘의 적과 싸우시던 야웨 하나님이 이스라엘의 한 지파를 상대로 야웨의 전쟁을 벌이신 결과였다.

사사기 20:37부터는 베냐민의 관점을 중심으로 셋째 날 전투가 다시 상세하게 설명된다. 앞서 사사기 20:35은 이 전쟁을 신학적인 관점에서 하나님이 베냐민을 치셨다고 간략하게 설명했다. 하지만 여기서는 이스라엘 군대의 매복과 기브아성 점령 장면이 매우 자세히 설명된다.

세 번째 전투에서 베냐민 지파는 자신들이 이기는 줄 알고 성을 나와 이스라엘을 치려고 했다. 하지만 틈을 노리고 있던 이스라엘 사람들은 베냐민 사람들이 성을 비운 순간 지체하지 않고 돌진해 기브아성을 차지해버렸다. 성읍에 불이 붙어 큰 연기가 솟구치는 것이 성이 점령되었다는 신호였다. 그리고 베냐민 사람들 앞에서 전열을 갖추었던 이스라엘 군대는 그들을 성에서 멀리 떨어진 곳으로 유인하기 위해 일부러 후퇴했다. 그 와중에 이스라엘의 군인 30여 명이 죽어 쓰러지자 베냐민 자손들은 또다시 승리를 확신했다. 이렇게 그들이 자만심에 빠진 사이에 기브아 성의 함락을 알리는 연기가 피어올랐다.

베냐민 자손이 그 연기가 무엇을 의미하는지 알아차리기도 전에 도망하던 이스라엘 군대는 베냐민을 공격하기 위해 뒤돌아섰다. 그들은 이제야 자신들이 성읍을 빼앗기고 덫에 걸렸다는 사실을 깨달았다. 베냐민이 이렇게 쉽게 덫에 걸릴 수 있었던 까닭은 그들이 이미 두 번이나 전투에서 이기면서 자만했기 때문이다. 하나님은 비록 이스라엘 백성의 잘못을 깨닫게 하시려고 두 번의 전투에서 지게 하셨지만 결국 이를 통해 베냐민을 방심하게 함으로써 유인 작전이 먹혀들게 하셨다. 따라서 우리는 세 번의 전쟁 모두가 하나님의 섭리 안에 있었다는 사실을 알게 된다.

덫에 걸린 베냐민은 광야 길로 도망하려 했지만 그들과 맞붙었던 이스라엘 군대와 성읍을 점령하고 나온 군대가 퇴로를 막아서며 그들을 완전히 포위했다. 이스라엘 군대는 도망치는 베냐민 자손을 쉬지 않고 추격하여 기브아 앞에 있는 해 뜨는 곳까지 따라갔다. 이스라엘 자손의 맹렬한 추격으로 인해 베냐민 자손은 엄청난 피해를 보았다. 이때 죽은 자가 1만 8,000명이나 되었는데 총 병력 2만 6,000명 중에서 8,000명만 남고 모두 죽은 것이었다.

사사기 20:43에서 "쉬는 곳"으로 번역된 "메누하"(מְנוּחָה)는 일반적으로는 "쉴 곳"이라는 의미로 해석된다. 하지만 "누하"(נוּחָה)를 "쉼"이란 뜻의 명사로 보고, 앞의 "멤"(מ)을 "~이 없이"라는 뜻의 전치사로 보면 "메누하"는 "쉼 없이"라고 번역할 수도 있다. 영어 성경 NIV와

KJV는 이 번역을 따른다. 즉 사사기 20:43은 "그들이 쉬지 않고 추적하여 기브아 앞 해 뜨는 곳까지 진군하며 짓밟았다"고 번역할 수 있다. 이는 이스라엘 군대의 맹렬한 추격을 강조하는 표현으로써 이 해석이 더 적절해 보인다.

이번 전쟁은 분명 야웨의 전쟁이었지만 어떤 초자연적인 힘이 아니라 이스라엘의 전술과 베냐민의 착각이 그 수단이었다. 이는 마치 여호수아서에 기록된 아이 성 전투와 같은 양상을 보여준다. 하지만 화자는 "베냐민이 꼬임에 빠졌다"는 표현을 통해 야웨 하나님이 이 전쟁에 참여하고 계시다는 사실을 암시적으로 보여준다. 전쟁을 하나님의 관점과 인간의 관점에서 모두 보여주는 것은, 인간의 눈으로 보면 전략이 좋았다고 하겠으나, 신앙의 관점에서 보면 하나님이 싸워주셨다는 사실을 분명히 하기 위해서다. 우리가 살아가는 것도 인간의 관점에서 볼 때는 우리의 힘과 지혜로 사는 것 같지만 신앙의 눈으로 보면 우리 뒤에 계신 하나님의 능력이 보인다.

사사기 20:45-48은 전쟁이 어떻게 마무리되었는지를 보여준다. 이스라엘 군대는 림몬 바위로 도망가려는 잔당을 쫓아가서 5,000명을 죽였고, 또 여기서 살아남아 기돔까지 도망친 자들을 쫓아가서 2,000명을 죽인다. 이로써 살아남은 베냐민 사람 8,000명 중 7,000명이 죽게 되었다. 사사기 20:45은 이스라엘 군대가 5,000명을 "이삭줍듯" 했다고 표현하는데, 이는 싸울 힘도 남지 않은 패잔병들을 손쉽게 죽였다는 의미다. 싸울 힘도 없이 도망하는 동족에게 이렇게까지 하는 모습은 지나치다고 느껴진다. 이스라엘 연합군은 베냐민에게 항복을 받아내는 데서 끝내지 않고 동족을 진멸하려는 듯하다. 결국 이런 살육의 현장에서 살아남은 베냐민 사람은 2만 6,000명 중 600명뿐이었고, 그들은 림몬 바위로 도망쳐 넉 달을 지내게 되었다 (삿 20:47).

이스라엘 백성은 기브아 성읍을 정복하고 베냐민의 군사를 몰살시키는 데서 그치지 않고 베냐민 지역에 있는 성읍들을 전부 불태우고 짐승들과 사람들을 모조리 죽였다. 이때 죽은 사람들은 전투 능력이 없는 노인과 여자들과 아이들이었다. 사사기 화자는 이스라엘 백성이 적극적으로 찾아다니면서 사람들을 죽이고 성읍을 파괴했다고 말한다 (삿 20:48). 이는 베냐민 지파 전체를 진멸하려는 듯한 행동이다. 그들은 베냐민 지파가 진멸의 대상이 아닌 동족임에도 불구하고 여리고 성이나 가나안 땅을 대하듯이 잔인하게 정복한다. 이런 이스라엘 연합군의 복수는 분명히 지나치다고 할 수 있다.

결국 이 전쟁에서도 이스라엘 백성이 적당한 선에서 멈추지 못하고 동족에게 지나친 폭력과 학살을 자행하는 어리석은 모습이 드러난다. 이를 보면 이스라엘 자손이 비록 회개하고 하나님의 심판의 도구로 사용되기는 했지만, 그들이 여전히 하나님께로 온전히 돌이키지 못하고 자기 소견에 옳은 대로 행하는 습관을 버리지 못했음을 알 수 있다. 하나님은 전쟁을 통해서 이스라엘 자손과 베냐민 지파 모두를 정죄하시고 그들의 회개를 바라셨지만, 그들은 하나님의 처벌에도 불구하고 여전히 자기 생각을 따를 뿐이다. 이는 우리도 마찬가지다. 한두 번의 기적적인 체험을 한다고 해도 하나님께 온전히 돌이키기는 쉽지 않다. 오히려 하나님의 말씀을 바로 알고 자기 생각이 아닌 하나님의 생각대로 살아가기 위한 훈련과 노력이 매우 중요하다.

4. 결말(삿 21:1-25): 베냐민 지파에게 신부를 구해줌

1) 발단(삿 21:1-7): 베냐민 지파에 관한 염려

사사기 21장은 이스라엘과 베냐민 지파 간의 전쟁 이후 살아남은 600명의 베냐민 남자들에게 아내를 얻어주는 사건을 전해준다. 그런데 사사기 21:1은 이스라엘 백성이 미스바에서 모였을 때 자신들의 딸을 베냐민 사람들에게 아내로 주지 않겠다고 맹세했던 사건을 언급한다. 이스라엘 백성은 레위인이 보낸 첩의 시체를 보고 미스바에 모였었는데, 이때 개전을 결정하고 선포하는 과정에서 이런 맹세를 한 것이다.

그런데 이런 결정은 아이러니하다. 하나님은 이스라엘 백성에게 이방인과 결혼하지 말라고 명령하셨다. 하지만 사사기 3:6에 따르면 그들은 이방인에게 딸을 주고 이방 여인을 며느리로 삼았다. 즉 그들은 이방인과의 결혼에 대해서는 어떤 금기도 없었으면서 오히려 동족인 베냐민에게는 딸을 주지 않겠다고 맹세한 것이다. 이런 모습 역시 당시 이스라엘 백성이 상식적이고 이성적인 판단을 내리기보다 그때그때 자기의 소견에 옳은 대로 행동했음을 보여준다. 이전에 입다의 맹세가 자신과 딸에게 크나큰 비극을 가져왔듯이, 이스라엘 백성의 어리석은 맹세는 또다시 이스라엘 전체를 비극으로 몰아가게 된다.

사사기 21:2은 전쟁이 끝난 후의 상황을 보여준다. 전쟁이 끝난 후 이스라엘 백성은 벧엘에 모였는데, 그들은 승리를 축하하지 않고 오히려 큰 소리로 통곡한다. 비록 그들은 베냐민과의 전쟁에서는 이겼지만 동족상잔의 전쟁으로 인해 아군 적군 할 것 없이 희생이 너무나 컸기 때문이다. 특히 사사기 21:3은 그들이 베냐민 지파가 거의 전멸된 것에 대해 슬퍼했다고 기록한다.

그런데 그들은 그 책임을 야웨 하나님께 돌린다. 그들은 하나님이 베냐민 지파를 없어지게 했다고 말하며 하나님을 원망한다. 이는 매우 황당한 반응이다. 왜냐하면 하나님이 비록 베냐민 지파의 잘못을 징계하기 위해 전쟁을 허락하셨다고 하더라도 그들을 진멸하라고 명령하신 것은 아니었기 때문이다. 오히려 이스라엘 백성은 하나님의 뜻을 제대로 분별하지 못하고 베냐민 사람들을 가나안 사람처럼 대하며 그들과의 결혼을 금지하고 진멸해버렸다. 그로 인해 이번 전쟁은 하나님의 뜻과는 다른 방향으로 흘러간 것이다.

이처럼 이스라엘 백성은 자신들이 선을 넘어놓고는 하나님더러 왜 그렇게 하셨냐고 원망한다. 이런 모습은 우리에게도 있다. 하나님의 뜻을 확인하거나 제대로 분별하지도 않은 상태에서 하나님의 일이라고 무조건 달려들었다가 일이 꼬이면 원망과 불평을 쏟아놓는 것이다. 그러므로 일을 열심히 하는 것보다 하나님의 뜻을 올바르게 분별하는 지혜를 가지고 올바른 방법으로 일을 해나가는 것이 훨씬 더 중요하다. 그래야만 진정으로 하나님이 원하시는 선한 결과를 얻을 수 있다.

여하튼 이스라엘 백성은 다음 날 그곳에 제단을 쌓고 번제와 화목제를 드린다. 원래 화목제는 하나님께 감사하는 의미의 제사다. 즉 그들은 승리를 주신 하나님께 감사를 표한 것이다. 하지만 이는 종교적 행위일 뿐 하나님을 향한 진정한 예배는 아닌 듯하다. 왜냐하면 그들이 하나님의 마음을 알고 하나님의 뜻을 좇았다면 이후에 벌어질 일들이 절대 일어나지 않았을 것이기 때문이다.

사사기 21:5에서는 이전에 미스바에서 했던 다른 맹세가 언급된다. 아마도 이 맹세는 앞서 베냐민 사람에게 딸을 주지 않겠다고 한 맹세와 함께 이루어졌을 것이다. 그 내용은 이스라엘 온 지파 중에서 야웨 앞에 오지 않은 자들을 반드시 죽이겠다는 것이었다. 이 맹세는 이스라엘 전체를 전쟁에 참여시키기 위한 것이었다. 그 당시에 이 맹세는 그들의 결의를 다지는 의미가 있었지만 이제는 다른 의미를 띠게 된다.

이스라엘 백성은 이제야 비로소 베냐민 사람을 600명밖에 남기지 않고 모두 죽인 것을 후회한다(삿 21:6). 죽일 때는 적의에 가득 차서 과도한 살육을 일삼던 그들이 600명만 남은 베냐민 지파의 처지를 생각하며 제정신이 돌아온 것이다. 그들은 자신들의 공격으로 이스라엘 지파 중 하나가 사라질 위기라는 사실을 안타까워한다. 그리고 600명의 베냐민 남자에게 신붓감을 구해주어 다시 그들을 부흥시켜야 한다고 입을 모은다. 그런데 한 가지 딜레마가 있다. 그들은 전에 한 맹세 때문에 그들에게 보낼 신붓감을 이스라엘 내에서는 구할 수 없다. 즉 맹세를 지키자니 베냐민 사람의 신부를 구해줄 수 없고, 지키지 않자니 하나님께 저주를 받을 것 같은 진퇴양난의 상황이 펼쳐진 것이다. 사사기 21장에 기록된 2개의 맹세는 감정적으로 격앙된 상태에서 전의를 고양하려는 목적으로 한 것이었다. 하지만 이 맹세는 결국 자신들에게 부메랑처럼 돌아오는 어리석은 행위였다. 결국 이런 맹세로 인해 사사기의 마지막 부분은 더 큰 혼돈으로 빠져들어 간다.

한편 사사기에서 맹세는 항상 부정적인 요소로 나타난다. 이런 까닭에 예수님도 마태복음 5:33-34에서 맹세에 관해 가르치실 때 헛된 맹세뿐만 아니라 "도무지 맹세하지 말라"고 말씀하셨다.

2) 전개(삿 21:8-15): 야베스 길르앗을 정복하고 신붓감을 얻음

이스라엘 백성은 진퇴양난의 상황을 타개할 묘안을 찾아낸다. 그들은 앞서 사사기 21:5에서 언급한 맹세를 들어 총회에 참가하지 않은 사람들을 공격하고, 그곳에서 처녀들을 남겨 베냐민 남자들의 아내로 주려고 한다. 이 방법이 하나님의 벌도 피하고 베냐민의 남자들에게 아내도 구해줄 수 있는 묘수라고 생각한 그들은 미스바 총회에 참가하지 않은 자가 누구인지 조사한다. 그리고 마침 베냐민과 유대 관계에 있는 것으로 보이는 야베스 길르앗 주민이 한 명도 참석하지 않았다는 사실을 발견하게 된다.

이스라엘 백성들은 곧 야베스 길르앗을 치기 위해 "큰 용사" 1만 2,000명을 보낸다(삿 21:10). 특별히 전투 능력이 뛰어난 군사를 선발하여 보내는 모습에서 그들의 확고한 의지를 느낄 수 있다. 하지만 이 역시 동족을 향해 지나친 군사력을 동원한 것이며 힘없는 약자를 힘으로 제압하는 행태에 불과하다. 정벌대는 야베스 길르앗에 가서 "주민과 부녀와 어린아이"를 칼로 치고(삿 21:10), "남자 및 남자와 잔 여자"를 진멸하여 바치라는 명령을 받고 출정한다(삿 21:11).

그런데 사사기 21:11의 내용은 두 가지 문제를 불러일으킨다. 첫째, 앞서 말한 것처럼 결코 동족인 이스라엘은 진멸의 대상이 될 수 없기 때문이다. 이는 베냐민 지파를 거의 진멸에 이르게 한 것과 똑같은 잘못을 반복하는 어리석은 행동이다. 둘째, 이 명령은 그 자체로 모순이 되기 때문이다. "진멸"은 살아 숨 쉬는 모든 것을 죽이는 것이다. 하지만 그들은 남자와 잔 여자들은 죽이고 처녀들은 살려놓았다. 이는 이 전쟁의 목적이 하나님 앞에서 한 맹세를 지키는 데 있는 것이 아니라 베냐민 남자들에게 아내를 얻어주기 위한 것임을 보여준다. 즉 그들은 하나님 앞에서 한 맹세를 악용하고 있다.

결국 그들은 야베스 길르앗에서 400명의 처녀를 사로잡아 실로로 데리고 온다. 하지만 베냐민 남자는 600명이었기에 아직 200명이 부족했다. 이런 베냐민의 상황을 보고 이스라엘 사람들은 동정심을 느끼며 깊이 후회한다. 그들은 자신들의 잘못을 너무 늦게 깨달은 것이다.

이스라엘 백성은 기브아의 불량배를 처벌해야 한다는 대의명분을 앞세워 전쟁을 일으켰다. 하지만 오히려 베냐민 지파에게 지나친 폭력을 행사했고 그 결과 한 지파가 사라질 위기를 맞이한다. 그들은 자신들의 행동을 후회하지만 이를 회개하거나 하나님께 해결 방안을 여쭤보지는 않는다. 그들은 단지 이 난국을 어떻게 돌파할 것인지를 고민하며 자신들의 눈에 좋은 대로 행하기 시작한다. 그들은 베냐민 지파에게 신붓감을 마련해주는 것을 절대적 선으로 삼고는 그것을 이루기 위해 어떤 수단이나 방법을 사용해도 좋다고 생각한다. 그들에게는 동족을 몰살하는 것도, 진멸의 규칙이 깨지는 것도 전혀 중요하지 않다.

그들의 행태를 지켜보는 우리는 결코 그들의 행동이 정당하지 않으며 하나님 보시기에는 더더욱 옳지 않다는 사실을 알고 있다. 우리가 옳다고 주장하며 추진하는 일도 하나님과 다른 사람들에게는 선하지 않을 수 있다. 그렇기에 우리는 늘 하나님의 말씀에 비추어 자신의 행동을 돌아보고 기도하는 가운데 겸손한 마음으로 일을 해나가야 한다.

야베스 길르앗을 공격하고 400명의 처녀를 데려온 이스라엘 백성은 이제 베냐민 사람들에게 화해의 손길을 내민다. 그들은 림몬 바위에 숨은 베냐민 사람들에게 사절을 보내 평화 협정을 맺는다(삿 21:13). 그리고 이스라엘로 돌아온 베냐민 사람들에게 화해의 선물로 야베스 길르앗에서 데려온 처녀들을 준다. 고대 사회에서는 전쟁 후에 포로를 부인이나 첩으로 맞이하는 경우가 있었다. 신명기 21:11-14에서도 여자 포로를 아내로 삼는 것에 관한 규정이 나온다. 하지만 구약성경에서 동족을 포로로 삼고 화해의 선물로 제공하는 비인간적인 행위가 기록된 곳은 이곳이 유일하다.

이렇게 사람을, 특히 여성을 하나님의 형상대로 지어진 소중한 존재라고 인식하지 못하고 오히려 고대 근동의 풍습을 따라 물건 취급하며 수단화하는 이스라엘의 참담한 모습은, 하나님의 말씀을 따르지 않는 비신앙의 절정을 보여준다. 어느 시대이고 사람을, 특히 약자를 인격적으로 대우하지 않고 무시하면서 도구화하는 사회는 하나님의 뜻에 어긋나는 죄가 지배하는 사회다. 우리는 한국 사회와 교회가 혹시 이런 모습은 아닌지 되돌아보아야 한다.

3) 절정(삿 21:16-24): 실로의 처녀들을 납치함

베냐민 지파에 관한 이스라엘 백성의 동정심과 후회는 사건을 엉뚱한 방향으로 흐르게 한다. 이스라엘의 지도자인 장로들은 베냐민 자손 중에서 나머지 200명을 결혼시켜야 한다는 의무감에 사로잡힌다. 하지만 그들의 딜레마는 여전하다(삿 21:16-18). 그들은 자기 딸을 베냐민 사람에게 주지 않기로 맹세했기에 그 200명을 이스라엘 여자와 결혼시키는 일이 현재로서는 불가능하다. 야베스 길르앗에서 600명의 여자를 다 얻었으면 좋았겠지만, 그들은 신붓감을 남자를 알지 못하는 처녀로 엄격하게 제한함으로써 결혼이 가능한 이혼녀나 과부들까지 모두 죽여버렸다. 이런 어설픈 판단은 이제 새로운 잘못으로 이어진다.

장로들은 살아남은 베냐민 사람들에게 기업을 주어 한 지파가 사라지지 않게 해야 한다고 말한다(삿 21:17). 이는 사사기 20:28에서 베냐민 지파를 진멸하는 모습과 대조를 이룬다. 베냐민 지파를 과도하게 공격하며 진멸을 수행한 당사자들이 인제 와서 그들의 처지를 걱정하는 모습에서 우리는 이스라엘 백성의 변덕과 어리석음을 발견하게 된다. 사사기 21:18에서 다시 등장하는 맹세도 마찬가지다. 그들은 자기 딸을 베냐민 자손의 아내로 주는 자는 저주를 받을 것이라고 맹세했기에 자신들의 딸을 줄 수는 없다고 말한다. 하지만 그들은 하나님의 뜻도 묻지 않고 자기 마음대로 맹세를 해놓고는 그 맹세 때문에 임할 하나님의 저주가 두렵다고 말함으로써 하나님께 그 책임을 떠넘기고 있다. 이는 매우 파렴치하고 무지한 모습이다.

고민을 이어가던 이스라엘 장로들은 또다시 하나님께 묻지 않고 매우 심각한 범죄에 해당하는 방안을 해결책으로 내놓는다. 그것은 바로 납치다. 그들은 실로에서 열리는 야웨의 명절을 생각해내고 베냐민 자손에게 다음과 같이 명령한다.

20베냐민 자손에게 명령하여 이르되 "가서 포도원에 숨어 21보다가 실로의 여자들이 춤을 추러 나오거든 너희는 포도원에서 나와서 실로의 딸 중에서 각각 하나를 붙들어 가지고 자기의 아내로 삼아 베냐민 땅으로 돌아가라"(삿 21:20-21).

이는 제안이 아니라 명령이었다. 여기서 "붙잡아 가다"로 번역된 단어 "하타프"(חָטַף)는 구약성경에서 이곳과 시편 10:9에만 나오는데, 시편 10:9의 묘사를 보면 "붙잡아 가는" 상황을 좀 더 잘 이해할 수 있다.

사자가 자기의 굴에 엎드림 같이 은밀한 곳에서 엎드려 가련한 자를 잡으려고 기다리며 자기 그물을 끌어당겨 가련한 자를 잡나이다(시 10:9).

즉 이스라엘의 장로들은 베냐민 남자들에게 여자들을 먹잇감 사냥하듯이 잡아가라고 명령한 것이다. 이는 여성을 하나의 인격으로 생각하지 않는, 너무도 야만적이고 폭력적이며 비인간적인 명령이다. 토라에서 납치는 명백히 사형에 해당하는 죄다(출 21:16). 그런데 그들은 이런 하나님의 말씀은 무시하고, 그럼에도 자신들의 맹세는 지켜야 한다면서 이런 야만적인 방법을 해결 방안으로 내놓은 것이다.

더 나아가 그들은 납치당한 딸의 가족이 항의하거나 소송을 제기할 것에 대해서도 철저히 대비한다. 장로들은 당시 사회에서 재판관의 역할도 맡았기 때문에 그런 소송이나 항의는 크게 문제가 되지 않을 것이다. 만일 납치된 처녀의 가족이 문제를 제기하면 딸을 자발적으로 준 것이 아니니 죄가 되지 않는다고 말하면 되기 때문이다(삿 21:22).

그런데 영거는 이 말을 뒤집으면 "문제를 제기하면 딸을 자의적으로 준 것으로 간주하여 죄가 있는 것이 되며 그렇게 되면 맹세의 저주 아래 놓이게 된다"는 것으로 해석할 수 있다고 보았다.[17] 이처럼 장로들의 논리를 자세히 살펴보면 그들이 얼마나 하나님의 말씀에서 멀어져 있는지를 알 수 있다. 그들은 자신들이 한 일에 문제를 제기하면 처벌하겠다고 협박하면서 다른 한편으로는 피해자의 가족들에게 은혜를 베풀라고 설득한다(삿 21:22). 그들은 범죄를 "은혜"라는 말로 포장하며 피해자들에게 대의를 위한 희생을 강요한다.

장로들, 즉 이스라엘의 지도자들은 납치당하고 성폭력 당하고 강제로 결혼해야 하는 힘없는 여성들과 그의 가족들이 겪는 고통에는 전혀 관심이 없다. 그들은 자신들이 중요하다고 생각하는 맹세 엄수와 베냐민 지파의 보존에만 관심을 둔다. 심하게 말하면 장로들의 눈에는 젊은 처녀들이 베냐민 남자의 아이를 낳아줄 "자궁"으로밖에 보이지 않는다. 이런 장로들의 모습은 사사기 5:30에서 시스라의 어머니가 포로로 잡힌 여성들을 "자궁"으로 묘사하는 것과 별반 다르지 않다. 즉 이스라엘의 장로들도 하나님이 악하게 여기신 가나안 민족의 시각을 그대로 가진 것이다.

이스라엘의 장로들은 목적을 위해서라면 수단과 방법을 가리지 않는다. 우리는 그런 모습을 통해 당시 이스라엘이 겉으로는 매우 종교적이었지만 실제로는 도덕과 사회 질서와 사법 체계가 왜곡되어 혼돈에 빠져 있었다는 사실을 알게 된다. 그리고 정의가 실종된 이런 상황

---

17 Younger, *Judges / Ruth*, 382.

속에서 가장 쓰라린 희생을 맛보는 것은 힘없는 여성들이다.

베냐민 남자들은 장로들의 명령대로 처녀들을 붙들어 고향으로 데리고 가서 성읍을 건설하고 다시 살기 시작한다(삿 21:23). 여기서 "붙들다"로 번역된 히브리어 "가잘"(גָּזַל)은 "찢다"(미 3:2; 레 5:23), "~의 권리를 빼앗다"(사 10:2), "강탈하다"(욥 24:9), "도둑질하다"(레 19:13) 등으로 번역되는 단어다.[18] 사사기 화자는 이 단어를 통해 베냐민 남자들의 행동이 사형을 받을 만한 심각한 범죄였다는 사실을 분명하게 드러낸다.

웹은 장로들이 실로의 처녀들을 대속물로 내어준 것은 기브아 노인이 자기의 딸을 내어주려 한 것과 같다고 보았다.[19] 하지만 그보다는 레위인이 자신의 첩을 내어놓은 것과 비슷하다.[20] 두 경우 모두 여성이 남성 폭력의 희생양이 되기 때문이다. 기브아의 불량배들이 레위인의 첩을 성폭행한 것이나 베냐민 사람들이 실로의 처녀들을 납치하고 강제 혼인한 것은 둘 다 도덕적으로 심각한 문제가 되는 야만적인 행위다. 파웰(Danna N. Fewell)과 건(David M. Gunn)도 레위인의 첩과 실로의 처녀들이 말 한마디 하지 못하고 어떤 선택권도 얻지 못한 채 남자들의 결정에 따라 그들의 운명이 바뀐 것은 이스라엘 사회가 여성들을 그만큼 통제한 결과라고 본다.[21]

결론적으로 베냐민의 악행을 징벌하기 위해 모인 이스라엘이 결국

---

18 버틀러, 『사사기』, 1039.
19 Webb, *The Book of Judges*, 507.
20 Younger, *Judges / Ruth*, 383.
21 Fewell, Gunn, *Gender, power, and promise*, 136. "여자들은 아버지의 집과 남편들의 집에 잡혀 있다. 그 어느 곳도 그녀들에게 피난처가 되지 못한다. 그곳에 잡혀 움직이지도 못하고 그녀들은 조각조각 찢기고 이스라엘 남자들에 의해 운명이 바뀌었다."

베냐민과 동일한 악행을 저지르는 가해자가 되고 말았다. 이는 이스라엘과 베냐민 간의 전쟁에서 승리한 대가치고는 너무나 끔찍하다. 액커만은 이런 결과가 역설적이라고 지적하면서 다음과 같이 말한다.

> 이 스토리는 베냐민 사람이 한 에브라임 사람의 여성을 폭행한 것을 비난하면서 시작하며, 베냐민 사람들이 에브라임 사람의 여성들을 파괴하는 것을 용서하는 모습으로 마무리된다.[22]

사사기는 하나님이 함께하심으로 인해 이스라엘이 가나안의 적들을 이긴 사건들과 부모의 축복을 받는 결혼을 보여주며 시작했다. 하지만 그 마지막을 장식하는 것은 동족을 진멸하고, 동족의 딸들을 자궁 취급하며, 처녀들을 납치해서 강제 결혼시키는 폭력의 향연이다.

4) 결말(삿 21:25): 사사기의 결론

사사기 화자는 파국으로 치달은 사사 시대의 역사 이야기를 마무리하면서 다음과 같은 한마디를 남긴다.

> 그때에 이스라엘에 왕이 없으므로 각기 자기 소견에 옳은 대로 행하였더라(삿 21:25).

22　Ackerman, *Warrior, Dancer, Seductress, Queen*, 254-55.

이는 단순히 사사 시대에 인간 왕이 없었다는 사실을 말하는 것이 아니다. 사사기 화자는 지금 이스라엘이 진정한 왕이신 하나님을 제대로 섬기지 않고 그분의 말씀을 기준으로 삼아 살아가지 않는 것, 또한 그와 비슷하게 하나님의 뜻을 무시하면서 자기 생각을 하나님의 생각이라고 착각하며 자기 마음대로 살아가는 사람들을 신랄하게 비판하고 있다. 그는 지금까지 자기 소견에 옳은 대로 살아가는 삶이 얼마나 끔찍한 결과를 불러오는지를 자세히 보여주었다.

사사기의 마지막 책장을 덮으며 우리가 심각하게 생각해볼 문제는 과연 우리 시대가 사사 시대보다 더 나은가 하는 것이다. 이 점에서 나 자신과 우리 교회와 우리 사회가 과연 하나님을 왕으로 모시고 경외하면서 그분의 말씀에 따라 살고 있는지, 아니면 각자 자기 소견대로 살고 있는지 깊이 돌아보아야 할 것이다.

맺음말

사사기 화자는 마지막 구절에서 "그때에 이스라엘에 왕이 없으므로 각기 자기 소견에 옳은 대로 행하였더라"(삿 21:25)고 말한다. 이는 왕 정체제가 제대로 자리 잡지 못해 사사 시대가 춘추전국시대처럼 혼란 스러웠다고 말하는 것 같다. 하지만 사사 시대 초기에는 왕이 없었지 만 그렇게까지 혼란스럽지는 않았다. 왕이 없어도 각 지파가 사사를 중심으로 질서를 유지했기 때문이다. 사사기 초반에 기록된 여성들의 이야기가 이를 뒷받침한다. 거기에는 구약시대에 사회적 약자로 여겨 지던 여성들도 자신의 이름을 갖고 목소리를 내며, 자신들의 권리를 요구하고, 자신들에게 맡겨진 사명을 감당하는 모습이 묘사되어 있다.

하지만 사사 시대가 후반기로 오면서 사사들이 제대로 된 지도력을 발휘하지 못하고 오히려 하나님이 주신 지도력을 가지고 사익을 취하 거나, 권력을 유지하거나, 욕망을 채우는 데 사용하는 모습을 보인다. 지도자들이 그랬다면 일반 백성은 볼 것도 없었을 것이다. 사사 시대 후반의 혼돈과 무질서 역시 여성들이 하나님의 형상을 가진 인간으로 서 대접받지 못하고 남성들의 폭력에 희생당하는 모습에서 분명하게 드러난다. 그들은 물건 취급을 받고, 죽임을 당하며, 납치되어 강제로 결혼한다. 이런 여성들의 모습은 이스라엘에 하나님의 정의가 사라졌 다는 증거다.

하지만 이런 모습은 이스라엘에 왕정이 세워진 이후에도 마찬가지였다. 이스라엘의 왕조들도 처음에는 하나님을 잘 섬기는 모습으로 시작하지만 갈수록 점점 더 하나님과 멀어지는 모습으로 귀착된다. 우상 숭배가 만연하고 공평과 정의가 사라진 이스라엘은 결국 심판을 받아 완전히 망하게 된다. 사사 시대의 이스라엘 백성은 왕이 없어서 자신들이 혼란스럽게 살았다고 변명할지도 모르지만, 결국 이스라엘의 성공과 실패는 그들의 참된 왕이신 하나님을 온전히 섬기느냐 마느냐의 문제라는 사실이 분명하다.

따라서 "그때에 이스라엘에 왕이 없으므로 각기 자기 소견에 옳은 대로 행하였더라"는 말은 이스라엘 백성이 자신들의 왕이신 하나님을 제대로 섬기지 않았다는 의미다. 하나님의 백성은 어느 시대이건 하나님을 왕으로 인정할 때에야 보호와 풍요를 맛보며 살 수 있다. 하지만 하나님을 제대로 섬기지 않으면 내적인 타락과 외부의 공격으로 말미암아 피폐한 삶을 살아갈 수밖에 없다.

한편 우리는 하나님이 세우신 사사들의 모습을 편견 없이 정직하게 바라보아야 한다. 특히 왼손잡이 에훗이나 여사사 드보라는 과소 평가되거나 부정적으로 이해되어온 측면이 있다. 기실 그들은 다른 어떤 사사보다도 도덕적으로 흠이 없으며, 하나님의 부르심에 온전하게 응답한 이스라엘의 영웅들이다. 하지만 그들은 왼손잡이이기 때문에, 혹은 여성이기 때문에 받지 않아도 될 의심을 받았다. 수많은 연구가와 목회자가 그들의 행동 자체나 의도에 관심을 두기보다는 편견을 가지고 지엽적인 문제나 인격적 특성을 문제 삼으려고 했다. 하지만 앞서 살펴본 대로 사사기 본문은 그들에 관해 부정적인 평가를 하지 않는다. 반대로 위대한 영웅으로 널리 알려진 기드온이나 삼손은 부정적인 모습도 적지 않게 드러낸다.

성경 인물들에 관한 평가가 성경의 의도와 다르게 흘러가는 이유는 해석자들이 가지고 있는 가치관, 혹은 해석이 이루어지는 시대의 가치관이 성경 이해에 영향을 끼치기 때문이다. 그리고 이것은 이전 세대의 해석자들만의 문제가 아니라 현재를 살아가는 우리도 똑같이 겪는 문제다. 그렇기에 기존의 해석자에 대한 비판은 늘 존재할 수밖에 없다. 나 역시 언제든지 비판의 대상이 될 수 있음을 알고 있다. 그렇기에 나도 본문에 관한 또 하나의 해석을 더한다는 마음으로 이 책을 세상에 내놓을 뿐이다.

오늘날 한국교회를 보면 모두가 자기 소견에 옳은 대로 행하는 사사 시대의 모습을 보는 것 같다. 교회는 복음을 전하고 정의와 사랑을 행하며 이 땅에 하나님 나라를 실현하는 통로여야 한다. 하지만 한국교회는 예수 그리스도가 보여주신 섬김과 낮아짐의 모습을 통해 정의와 사랑을 행하는 모습은 잘 보여주지 않는다. 그 대신 교회 건물을 크고 화려하게 세우기 위해 막대한 돈을 사용하고, 권력을 누리기 위해 사회 지도층과 결탁하고, 자신의 주장을 관철하기 위해 부당한 방법도 서슴지 않는 모습을 보여준다. 거기서는 기독교의 세력을 키우는 것이 복음 전파를 위해 유용하다는 소리가 크게 들려오고, 교회의 부당함 때문에 괴로워하는 사람들의 신음은 작게 들려온다. 그리고 교회의 핵심부로 들어갈수록 돈과 힘과 권모술수를 사용하는 데 주저하지 않는 모습은 더욱 선명해진다.

이런 모습은 우상을 만들어 섬기면서 하나님께 복을 받기를 기대한 미가의 모습과 유사하다. 또한 권력을 갖기 위해 약자를 억압하는 모습은 딸을 희생시키면서까지 자신의 권력을 지키려고 했던 입다의 모습과 비슷하다. 그리고 기독교라는 이름을 내걸고 있지만 자신들의 욕망에 충실하게 살아가는 모습은 삼손을 연상시키기도 한다. 이처럼 오늘날 많은 교회가 성경 역사상 가장 무질서했던 사사 시대의 모습을 고스란히 닮아가는 상황은 매우 안타깝다. 이런 무질서를 바로잡지 못하는 영적 지도자들은 결국 하나님의 혹독한 심판을 받게 될 것이다. 사무엘서에 기록된 엘리의 가문처럼 말이다.

그런데도 우리가 아직 희망을 놓지 않을 수 있는 것은 하나님의 사랑 때문이다. 사사기를 보면 하나님은 죄를 범한 이스라엘을 벌하시지만 동시에 그들이 돌이켜 부르짖으면 구원하는 일을 멈추지 않으신다. 우리는 반복되는 이스라엘의 범죄 때문에 절망하지만 그럼에도 하나님의 반복된 구원을 보며 희망을 건다. 하나님은 이스라엘의 죄 때문에 진노하시고 다시는 그들을 구원하지 않겠다고 말씀하시면서도 그 백성의 부르짖는 소리에 마음이 흔들리며 근심하신다. 이런 하나님의 모습은 우리를 향하신 하나님의 사랑이 얼마나 큰지 알게 해준다.

하나님의 사랑은 하나님을 신뢰하는 사람들을 통해 전달된다. 소수이고 약자일지라도 하나님의 부르심에 응답하며 하나님의 말씀에 따라 정의로운 싸움에 나설 사람이 필요하다. 하나님의 사랑은 그들을 통해 세상에 전달되며, 그들 안에 하나님의 정의로운 나라가 세워진다. 하나님이 사사들을 통해 꿈꾸셨던 나라는 바로 그런 나라다. 물론 소수의 사사만이 이런 하나님의 꿈에 다가섰고, 대다수는 실패했다. 하지만 사랑의 하나님은 인간의 반역과 실패에도 불구하고 결코 포기하지 않으시고 또다시 새로운 시대, 새로운 가능성을 준비해가셨다.

그러므로 우리가 기억해야 할 사사기의 가장 중요한 메시지는, 하나님이 계속해서 당신의 언약 백성인 이스라엘을 사랑하신다는 것이다. 하나님은 사랑이시다.

참고 문헌

◇ 단행본

김의원. 민영진, 『사사기/룻기』, 대한기독교서회, 2007.

김지찬. 『요단강에서 바벨론 물가까지: 구약 역사서의 문예적-신학적 서론』, 생명의 말씀사, 1999.

박유미, 『이스라엘의 어머니 드보라』, 목양, 2012.

이경숙. 『구약성서의 여성들』, 대한기독서회, 1994.

장일선. 『다윗 왕가의 역사 이야기』, 대한기독교서회, 1997.

전성민. 『사사기를 어떻게 읽을 것인가』, 성서유니온, 2015.

매캔, J. 클린턴. 오택현 옮김, 『사사기: 목회자와 설교자를 위한 주석』, 한국 장로교출판사, 2010.

버틀러, 트렌트. 조호진 옮김, 『사사기』, 솔로몬, 2011.

세터트웨이트, 필립, 고든 맥콘빌. 김덕중 옮김, 『역사서』, 성서유니온, 2008.

엑섬, J. 체릴. 김성래 외 옮김, 『산산이 부서진 여성들』, 한들출판사, 2001.

월키, B. 김귀탁 옮김, 『구약신학』, 부흥과개혁사, 2012.

월튼, 존. 『IVP 성경배경주석』, 한국기독학생회출판부, 2010.

쿠건, M. 유선명 옮김, 『우가릿 신화의 세계』, 은성, 1992.

Ackerman, Susan. *Warrior, Dancer, Seductress, Queen: Women in Judges and Biblical Israel,* Doubleday, 1998.

Berlin, A. *The Dynamics of Biblical Parallelism,* Indiana Univ. Press,

1985.

Biddle, Mark E. *Reading Judges: a literary and theological commentary*, Smyth & Helwys, 2012.

Block, Daniel I. *Judges, Ruth*, Broadman & Holman Publishers, 1999.

Boling, R. G. *Judges*, AB, Doubleday, 1975.

Buswell, S. *The Challenge of Old Testament Women*, Baker Book House, 1986.

Chisholm, Robert B. *A Commentary on Judges and Ruth*, Kregel, 2013.

Fewell, D. N., D. D. Gunn. *Gender, Power & Promise: The Subject of the Bible's First Story*, Abingdon Press, 1993.

Klein, Lillian R. *The Triumph of Irony in the Book of Judges*, Almond Press, 1988.

Lindars, B. *Judges 1-5: A New Translation and Commentary*, ed. A. D. H. Mayes, T & T Clark, 1995.

Long, B. O. *2 Kings*, Eerdmans, 1991.

Niditch, Susan. *Judges*, Westminster John Knox Press, 2008.

Rainey, Anson F. *The Sacred Bridge: Carta's Atlas of the Biblical World*, Carta, 2006.

Sasson, J. M. *Judges 1-12*, Yale Univ. Press, 2013.

Schneider, Tammi. *Judges*, Liturgical Press, 2000.

Trible, P. *Texts of Terror: Literary-Feminist Readings of Biblical Narratives*, Fortress, 1984.

Webb, Barry G. *The Book of Judges*, Eerdmans, 2012.

_____. *(The) Book of the Judges: an intergrated reading*, JSOT Press, 1987.

Wong, Gregory T. K. *Compositional Strategy of the Book of Judges: an inductive, rhetorical study*, Brill, 2006.

Yoder, John C. *Power and Politics in the Book of Judges*, Fortress, 2015.

Younger, K. Lawson. *Judges / Ruth*, Zondervan, 2002.

◇ 논문

강규성, "하나님의 고통, 불행한 사사 입다: 사사기 10:6-12:7에 관한 문예적 고찰", 「교회와 문화」 제17호(2006), 133-63.

Exum, C. J. "The centre Cannot Hold: thematic and textual instabilities in Judges," *CBQ* 52(1990), 410-31.

____. "The Theological Dimension of the Samson Saga," *VT* 33(1983), 3-29.

Globe, A. "Judges 5:27," *VT* 25(1975), 362-67.

Hackett, J. A. "Violence and Women's Lives in the Book of Judges," *INt* 58(2004), 356-64.

Lindars, B. "Jotham's fable: A new Form-Critical analysis," *JTS* 24(1973), 355-66.

Murray, D. F. "Narrative Structure and Technique in Debora-Barak Story(Judges IV 4-22)," *Studies in the Historical Books of the Old Testament*, ed. J. A. Emerton, VTSup 30, E. J. Brill, 1979, 155-98.

Ogden, G. S. "Jotham's fable: Its Structure and Function in Judges 9," *BT* 46(1995), 301-8.

Schöpflin, K. "Jotham's Speech and Fable as Prophetic Comment on

Abimelech's Story," *SJOT* 18(2004), 3-22.

Talmon, Shemaryahu. "In Those Days There was No King in Israel," *Proceedings of the 5th World Congress of Jewish Studies*, ed. Pinchas Peli et al., Jerusalem: Hacohen, 1969, 242-43.

Tatu, Silviu. "Jotham's fable and the crux Interpretum in Judges IX," *VT* 56(2006), 111-24.

Yee, G. A. "Ideological Criticism: Judges 17-21 and the Dismembered Body," ed. G. A. Yee, *Judges and Method*, Fortress Press, 2007, 146-70.

_____. "By The Hand of a Woman: The Metaphor of The Woman Worrior in Judges 4," *Semeia* 61(1993), 99-132.

내러티브로 읽는 사사기
사사기의 구조와 의미에 관한 서사 분석

Copyright ⓒ 박유미 2018

1쇄 발행 2018년 7월 17일
2쇄 발행 2022년 9월 20일

지은이 박유미
펴낸이 김요한
펴낸곳 새물결플러스

편 집 왕희광 정인철 노재현 정혜인 이형일 나유영 노동래
디자인 박인미 황진주
마케팅 박성민 이원혁
총 무 김명화 이성순
영 상 최정호 곽상원
아카데미 차상희

홈페이지 www.holywaveplus.com
이메일 hwpbooks@hwpbooks.com
출판등록 2008년 8월 21일 제2008-24호
주 소 (우) 04118 서울특별시 마포구 마포대로19길 33
전 화 02) 2652-3161
팩 스 02) 2652-3191

ISBN 979-11-6129-068-3 03230

책값은 뒤표지에 있습니다.